新法科·法律实务和案例教学系列教材

本书受上海市高水平地方高校（学科）建设项目资助

Course of Criminal Law Case（Specific Theories）

刑法案例教程

分论

李 翔 主编

法律出版社
LAW PRESS·CHINA
北京

图书在版编目(CIP)数据

刑法案例教程. 分论 / 李翔主编. -- 北京 : 法律出版社, 2023

ISBN 978-7-5197-8313-6

Ⅰ. ①刑… Ⅱ. ①李… Ⅲ. ①刑法-案例-中国-教材 Ⅳ. ①D924.05

中国国家版本馆CIP数据核字(2023)第169384号

刑法案例教程(分论)
XINGFA ANLI JIAOCHENG (FENLUN)

李 翔 主编

责任编辑 陆帅文
装帧设计 臧晓飞

出版发行 法律出版社
编辑统筹 法律教育出版分社
责任校对 王晓萍
责任印制 刘晓伟
经　　销 新华书店

开本 710毫米×1000毫米 1/16
印张 19.75 **字数** 331千
版本 2023年9月第1版
印次 2023年9月第1次印刷
印刷 保定市中画美凯印刷有限公司

地址:北京市丰台区莲花池西里7号(100073)
网址:www.lawpress.com.cn
投稿邮箱:info@lawpress.com.cn
举报盗版邮箱:jbwq@lawpress.com.cn
销售电话:010-83938349
客服电话:010-83938350
咨询电话:010-63939796

书号:ISBN 978-7-5197-8313-6　**定价**:52.00元

凡购买本社图书,如有印装错误,我社负责退换。电话:010-83938349

明德崇法　华章正铸

——华东政法大学“十四五”规划教材系列总序

教材不同于一般的书籍，它是传播知识的主要载体，体现着一个国家、一个民族的价值体系，是教师教学、学生专业学习的重要工具，更是教师立德树人的重要途径。一本优秀的教材，不仅是教师教学实践经验和学科研究成果的完美结合，更是教师展开思想教育和价值引领的重要平台。一本优秀的教材，也不只是给学生打下专业知识的厚实基础，更是通过自身的思想和语言的表达，引导学生全方位地成长。

习近平总书记深刻指出：“当代中国的伟大社会变革，不是简单延续我国历史文化的母版，不是简单套用马克思主义经典作家设想的模板，不是其他国家社会主义实践的再版，也不是国外现代化发展的翻版，不可能找到现成的教科书。”新时代教材建设应当把体现党和国家的意志放在首位，要立足中华民族的价值观念，时刻把培养能够承担民族发展使命的时代新人作为高校教师编写教材的根本使命。为此，编写出一批能够体现中国立场、中国理论、中国实践、中国话语的有中国特色的高质量原创性教材，为培养德智体美劳全面发展的社会主义接班人和建设者提供保障，是高校教师的责任。

华东政法大学建校70年以来，一直十分注重教材的建设。特别是1979年第二次复校以来，与北京大学出版社、法律出版社、上海人民出版社等合作，先后推出了“高等学校法学系列教材（北大版）”“法学通用系列教材（上海人民版）”“法学案例与图表系列教材（法律版）”“英语报刊选读系列教材（北大版）”“研究生教学系列用书（北大版）”“海商法系列教材（北大版）”“新世纪法学教材（北大版、上海人民版）”等，其中曹建明教授主编的《国际经济法学概论》、苏惠渔教授主编的《刑法学》等教材荣获了司法部普通高校法学优秀教材一等奖；史焕章研究员主编的《犯罪学概论》、丁伟教授主编的《冲突法论》、何勤华教授与魏琼教授编著的《西方商法史》及我本人主编的《诉讼证据法学》等教材荣获了司法部全国法学教材与科研成果二等奖;苏惠渔教授主编的《刑法学》、何勤华教授主编的《外国法制史》获得了上海市高校优秀教材一等奖;孙潮教授主编的《立法学》获得"九五"普通高等教育国家级重点教材立项;杜志淳教授主编的《司法鉴定实验教程》、何勤华教授主编的《西方法律思想史(第二版)》和《外国法制史(第五版)》、高富平教授与黄武双教授主编的《房地产法学(第二版)》、高富平教授主编的《物权法讲义》、余素青教授主编的《大学英语教程:读写译1、2、3、4(政法类院校版)学生用书》、苗伟明副教授主编的《警察技能实训教程》等分别入选第一批、第二批"十二五"普通高等教育本科国家级规划教材;王立民教授副主编的《中国法制史(第二版)》荣获首届全国优秀教材二等奖。1996年以来,我校教师主编的教材先后获得上海市级优秀教材一等奖、二等奖、三等奖共计72项。2021年,由何勤华教授主编的《外国法制史(第六版)》、王迁教授主编的《知识产权法教程(第六版)》、顾功耘教授主编的《经济法教程(第三版)》、王莲峰教授主编的《商标法学(第三版)》以及我本人主编的《刑事诉讼法学(第四版)》等5部教材获评首批上海高等教育精品教材,受到了广大师生的好评,取得了较好的社会效果和育人效果。

进入新时代,我校以习近平新时代中国特色社会主义思想铸魂育人为主线,在党中央"新工科、新医科、新农科、新文科"建设精神指引下,配合新时代背景下新法科、新文科建设的需求,根据学校"十四五"人才培养规划,制定了学校"十四五"教材建设规划。这次的教材规划一方面力求巩固学校优势学科专业,做好经典课程和核心课程教材建设的传承工作,另一方面适应新时代的人才培养需求和教育教学新形态的发展,推动教材建设的特色探索和创新发展,促进教学理念和内容的推陈出新,探索教学方式和方法的改革。

基于以上理念,围绕新文科建设,配合新法科人才培养体系改革和一流学科专业建设,在原有教材建设的基础上,我校展开系统化设计和规划,针对法学专业打造"新法科"教材共3个套系,针对非法学专业打造"新文科"教材共2个套系。

"新法科"教材的3个套系分别是:"新法科·核心课程系列教材""新法科·法律实务和案例教学系列教材""新法科·涉外法治人才培养系列教材"。"新文科"教材的2个套系分别是:"新文科·经典传承系列教材"和"新文科·特色创新课程系列教材"。

"新法科"建设的目标,就是要解决传统法学教育存在的"顽疾",培养与时代相适应的"人工智能+法律"的复合型人才。这些也正是"新法科"3套系列教材的设计初心和规划依据。

“新法科 · 核心课程教材系列”，以推进传统的基础课程和核心课程的更新换代为目标，促进法学传统的基础和核心课程体系的改革。“新法科”理念下的核心课程教材系列，体现了新时代对法学传统的基础和核心课程建设的新要求，通过对我国司法实践中发生的大量新类型的法律案件的梳理、总结，开阔学生的法律思维，提升学生适用法律的能力。

“新法科 · 法律实务和案例教学系列教材”，响应国家对于应用型、实践型人才的培养需要，以法律实务和案例教学的课程建设为基础，推进法学实践教学体系创新。此系列教材注重理论与实践的融合，培养真正能够解决社会需求的应用型人才；以“新现象”“新类型”“新问题”为挑选案例的标准和基本原则，以培养学生学习兴趣、提升学生实践能力为导向。通过概念与案例的结合、法条与案例的结合，从具体案情到抽象理论，让更多的学生明白如何在实践中解决疑难复杂问题，体会情、理与法的统一。

“新法科 · 涉外法治人才培养系列教材”，针对培养具有国际视野和家国情怀、通晓国际规则、能够参与国际法律事务、善于维护国家利益、勇于推动全球治理体系变革的高素质涉外法治人才的培养目标，以涉外法治人才培养相关课程为基础，打造具有华政特色的涉外法治人才培养系列教材。

“新文科 · 经典传承系列教材”，以政治学与行政学、公共事业管理、经济学、金融学、新闻学、汉语言文学、文化产业管理等专业的基础和主干课程为基础，在教材建设上，一方面体现学科专业特色，另一方面力求传统学科专业知识体系的现代创新和转型，注重把学科理论与新的社会文化问题、新的时代变局相联结，引导学生学习经典知识体系，以用于分析和思考新问题、解决新问题。

“新文科 · 特色创新课程系列教材”，以各类创新、实践、融合等课程为基础，体现了“新文科”建设提出的融合创新、打破学科壁垒，实现跨学科、多学科交叉融合发展的理念，在教材建设上突破“小文科”思维，构建“大文科”格局，打造具有华政特色的各类特色课程系列教材。

华东政法大学 2022 年推出的这 5 个教材系列，在我看来，都有如下鲜明的特点：

第一，理论创新。系列教材改变了陈旧的理论范式，建构具有创新价值的知识体系，反映了学科专业理论研究最新成果，体现了经济社会和科技发展对人才培养提出的新要求。

第二，实践应用。系列教材的编写紧密围绕社会和文化建设中亟需解决的新问题,紧扣法治国家、法治政府、法治社会建设新需求,探索理论与实践的结合点,让教学实践服务于国家和社会的建设。

第三,中国特色。系列教材编写的案例和素材均来自于中国的法治建设和改革开放实践,传承并诠释了中国优秀传统文化,较好地体现了中国立场、中国理论、中国实践、中国话语。

第四,精品意识。为保证本系列教材的高质量出版,我校遴选了各学科专业领域教学经验丰富、理论造诣深厚的学科带头人担任教材主编,选派优秀的中青年科研骨干参与教材的编写,组成教材编写团队,形成合力,为打造出高质量的精品教材提供保障。

当然,由于我校"新文科""新法科"的建设实践积累还不够丰厚,加之编写时间和编写水平有限,系列教材难免存在诸多不足之处。希望各位方家不吝赐教,我们将虚心听取,日后逐步完善。我希望,本系列教材的出版,可以为我国"新文科""新法科"建设贡献华政人的智慧。

是为序。

华东政法大学校长、教授 叶青

2022 年 8 月 22 日于华政园

目　录

1　**海某某、龚某某故意伤害案**
法律拟制与注意规定之辨析
7　**王某某叛逃案**
叛逃罪"叛逃境外"的理解与适用
12　**孙某某以危险方法危害公共安全案**
危害公共安全类犯罪主观心态之判断
16　**唐某交通肇事逃逸案**
交通肇事罪"逃逸致死"情节的认定
22　**黎某某危险驾驶案**
醉酒驾驶机动车的犯罪构成认定
27　**卢某某、刘某某司乘冲突案**
妨害安全驾驶罪之擅离职守型行为认定
31　**夏某某重大责任事故案**
准确适用重大责任事故罪、交通肇事罪
37　**卢某某生产、销售不符合安全标准的食品案**
亚硝酸盐的性质认定
43　**赵某某、钱某某非法买卖毒品原植物种子，王某某生产、销售有毒、有害食品案**
走私、贩卖、运输、制造毒品罪之毒品的认定
48　**A公司、程某等走私普通货物、物品案**
单位实施走私普通货物、物品罪的刑事责任

53 **郑某某非国家工作人员受贿案**
非国家工作人员受贿犯罪主体的判断
57 **周某某、张某非法吸收公众存款案**
非法吸收公众存款罪与集资诈骗罪的区分
61 **王某某信用卡诈骗案**
恶意透支行为的认定
65 **吴某、薛某虚开增值税专用发票案**
“骗取国家税款”要素的审查判断
69 **张某某假冒 Panasonic 商标案**
旧货翻新行为的性质认定
73 **乐拼侵犯著作权案**
拼装玩具的作品类型认定
78 **徐某侵犯商业秘密案**
商业秘密的具体认定
83 **周某某非法经营案**
如何认识和理解非法经营罪中的“违反国家规定”
91 **“酒托”类案分析**
强迫交易及其关联罪的体系解释
99 **刘某性侵学生案**
负有照护职责人员性侵罪的刑事违法性判断
105 **骆某猥亵儿童案**
网络猥亵行为的刑事违法性判断
109 **燕某等人非法拘禁案**
索债型绑架、拘禁犯罪的认定
113 **纵某某绑架案**
绑架罪与抢劫罪的界分
117 **龚某收买被拐卖的妇女、强迫卖淫案**
收买被拐卖的妇女罪的定罪处罚问题

122 **张某甲、张某乙抢劫案**
盗窃时为抗拒抓捕而喷射辣椒水能否转化为抢劫
127 **李某某盗窃案**
偷换收款二维码取财的行为定性
132 **臧某某等盗窃、诈骗案**
诱骗他人点击虚假付款链接取财的行为定性
137 **陆某某等职务侵占案**
隐名股东无权向公司主张股东权益
141 **宋某某、李某等知假买假索赔案**
敲诈勒索罪的刑事违法性判断
151 **关某故意毁坏财物案**
故意毁坏财物罪中“毁坏”行为的认定
157 **熊某袭警案**
“辅警”可否解释为“人民警察”
162 **张某某等非法获取计算机信息系统数据案**
非法获取计算机信息系统数据罪中“获取”行为的内涵
166 **谭某羽等非法利用信息网络案**
非法利用信息网络罪与帮助信息网络犯罪活动罪的区分
171 **万某提供技术服务案**
帮助信息网络犯罪活动罪与诈骗罪帮助犯的区分
176 **张某某帮助信息网络犯罪活动案**
帮助信息网络犯罪活动罪的法益本质
180 **王某艳高空抛物案**
高空抛物罪与以危险方法危害公共安全罪的区分
185 **翟某某、韩某某虚假诉讼案**
如何区分民事诉讼中的诉讼策略与虚假诉讼
191 **张某智妨害传染病防治案**
妨害传染病防治罪的罪过形式认定

197 **张某污染环境案**
污染环境罪中“严重污染环境”的认定
202 **沈某某非法捕捞水产品案**
非法捕捞水产品罪中“恢复性司法”的运用
207 **黄某某危害珍贵、濒危野生动物案**
危害珍贵、濒危野生动物罪中“违法性认识”的必要与否
211 **郭某走私毒品案**
因失眠从海外购买含有列入精神药品管制品种目录成分的安眠药的定性
216 **何某某组织卖淫案**
如何理解组织卖淫罪中“卖淫人员在三人以上”的含义
219 **王某军强迫卖淫案**
如何认定多次强迫已满十四周岁的未成年人卖淫的行为
223 **丁某等组织卖淫、协助组织卖淫案**
如何认定在组织卖淫过程中采取非法限制卖淫人员人身自由等强迫行为
226 **阎某某介绍卖淫案**
如何认定利用“QQ”网络建群为群成员卖淫嫖娼活动提供方便的行为
230 **王某传播性病案**
明知自己携带艾滋病病毒而卖淫多年的如何定性
233 **深圳市快播科技有限公司、王某等人传播淫秽物品牟利案**
网络视频缓存加速服务提供者构成传播淫秽物品牟利罪的认定
240 **李某冒充军人招摇撞骗案**
冒充不同对象量刑均衡之问题
244 **夏某贪污案**
贪污与受贿的区分
248 **良某等人挪用公款案**
不同阶段挪用公款行为的法律适用

257 **熊某某受贿案**
收受银行卡被挂失后是否既遂的判断
261 **向某利用影响力受贿案**
斡旋受贿与利用影响力受贿的区分
265 **何某某滥用职权案**
滥用职权罪的因果关系及其与其他犯罪的竞合适用
272 **某银行支行、童某等国有公司人员滥用职权罪**
私分国有资产的司法认定
276 **罗某华、罗某添、朱某灿、罗某游滥用职权案**
滥用职权罪的“重大损失”认定
281 **蔡某失职致使在押人员脱逃案**
渎职犯罪中“严重不负责任”的认定
286 **崔某国环境监管失职案**
环境监管失职罪的主体认定
291 **黎某文等人受贿、食品监管渎职案**
不作为渎职类案件追诉时效起算
295 **孟某非法低价出让国有土地使用权罪**
渎职犯罪共犯的认定
299 **张某某逃离部队案**
“违反兵役法规”之判断

303 **后记**

海某某、龚某某故意伤害案

法律拟制与注意规定之辨析

案情介绍

海某某以索债为由，伙同龚某某，于 2018 年 2 月 3 日将被害人侯某某（男，殁年 35 岁）骗出并带至北京市朝阳区常营乡连杰酒店 1520 房间内拘禁至同年 3 月 6 日。其间，海某某指使龚某某采取殴打、禁食、开水烫等手段，致侯某某经抢救无效死亡。经鉴定，侯某某被热液及钝性外力多次作用，全身广泛、大面积烫伤及擦伤、挫伤，体液大量流失，有效循环血量降低，因低血容量性休克死亡。被告人海某某、龚某某案发后拨打"120"急救电话并报警，后于 2018 年 3 月 7 日 2 时许被民警拘传到案。北京市第三中级人民法院于 2018 年 12 月 27 日作出（2018）京 03 刑初 114 号刑事判决，认定：（1）被告人海某某犯故意伤害罪，判处无期徒刑，剥夺政治权利终身。（2）被告人龚某某犯故意伤害罪，判处有期徒刑 15 年，剥夺政治权利 3 年。宣判后，海某某、龚某某提出上诉，北京市高级人民法院于 2020 年 12 月 22 日作出（2019）京刑终 53 号刑事裁定，驳回上诉，维持原判。[1]

理论争议

关于本案如何定罪处罚，存在以下三种观点：

第一种观点认为，《刑法》第 238 条第 2 款后半段"使用暴力致人伤残、死亡的，依照本法第二百三十四条、第二百三十二条的规定定罪处罚"的立法性质为法律拟制，只要非法拘禁的行为人使用暴力，出现了死亡结果的，即使没有杀人故意，也应拟制为故意杀人罪。[2] 因此，本案中被告人在拘禁他人的过程中，使用暴力致被害人死亡的，应认定为故意杀人罪。

---

〔1〕 案例来源：北京市高级人民法院刑事裁定书，（2019）京刑终 53 号。

〔2〕 参见张明楷：《刑法学》（下）（第 5 版），法律出版社 2016 年版，第 885 页。

第二种观点同样认为,《刑法》第238条第2款后半段的立法性质为法律拟制,但拟制的内容仅为使用暴力行为的主观心态,即将犯罪过失拟制为犯罪故意,再根据其暴力的性质等因素推断其主观故意的内容究竟为伤害还是杀人,并分别论处之。因此,本案中行为人主观上至多可评价为伤害故意,应依照故意伤害罪论处。

第三种观点认为,《刑法》第238条第2款后半段的立法性质为注意规定,依照故意伤害罪、故意杀人罪定罪处罚的前提是具有伤害与杀人的故意。因此在本案中,被告人在不具有杀人故意的情况下,至少具备伤害的故意,使用暴力致人死亡的,也只能依照故意伤害罪定罪处罚。

■ 法理分析

在我国《刑法》分则中,大量存在诸如"……的,以……论处"及类似的法律规定。刑法理论界通常依照其立法性质的不同,将其划分为注意规定或法律拟制。所谓注意规定,是指该条款并不改变相关规定的内容,只是对相关规定内容的重申,即使不设置该注意规定,也存在相应的法律适用根据。因此,注意规定条款在功能上具有提示性,其表述的内容与相关规定的内容完全相同。而法律拟制,则是指将原本不符合某种规定的行为也按照该规定处理,也即立法者出于某种目的,在明知两种事实并不相同的情况下,将两个不同的犯罪构成在规范上予以等同评价。[3]

刑法中区分法律拟制和注意规定的主要意义在于修正和补充刑法条文的基本规定。所以,认定哪些条款属于法律拟制,哪些条款属于注意规定显得十分重要,会直接影响部分案件的定性结论。

在本案中,行为人在非法拘禁被害人后,采用了拘禁以外的暴力手段,并出现了被害人死亡的后果。其行为模式完全符合《刑法》第238条第2款"使用暴力致人伤残、死亡的"之规定,在法律后果上应当"依照本法第二百三十四条、第二百三十二条的规定定罪处罚"。而在具体案件处理过程中产生争议的原因就在于如何理解"依照本法第二百三十四条、第二百三十二条的规定定罪处罚"。对于这一条款立法性质的理解,刑法理论上存在"注意规定说"与"法律拟制说"两种。

"注意规定说"主要认为,本条规定并未改变相关规定的基本内容,其实

---

〔3〕 参见赵春玉:《刑法中拟制规定与准用规定之别》,载《法商研究》2016年第4期。

质意义在于提示司法人员注意，必须在查明行为人的故意的具体内容为伤害或是杀人时，才分别按照故意伤害罪与故意杀人罪定罪处罚。[4] 而“法律拟制说”主要认为，在非法拘禁案件中，行为人使用拘禁以外的暴力致人伤残或死亡的，其主观心态无须额外查明，当出现被害人伤残的结果时，认定为伤害故意，拟制为故意伤害罪；出现死亡结果时，认定为杀人故意，拟制为故意杀人罪。[5]

笔者赞同“法律拟制说”，主要理由如下。

1 “注意规定说”不符合该条文本质

刑法理论一般认为，立法者在《刑法》分则中设置注意规定条款的目的在于提示司法人员注意，以免司法人员混淆或忽略。那么，如果认为《刑法》第238条第2款后半段的立法性质属注意规定，应当认为这一规定在立法上具有相当的提示必要性。例如，《刑法》第198条第4款规定的保险诈骗罪的共犯条款、[6]《刑法》第183条第2款规定的以贪污罪论处条款[7]等。此类条款的立法目的或是避免司法人员忽略某种情形，或是由于构成要件的解释原因避免司法人员混淆相关情形，因此具有设置注意规定条款的必要性。

但是，就本条款所涉及的内容而言，其指向的罪名为故意伤害罪与故意杀人罪，并不具有设置注意规定条款的必要性。一方面，在非法拘禁过程中，如行为人出于伤害或杀人的故意，使用暴力致人伤残或死亡的，司法人员毫无疑问会以故意伤害罪或故意杀人罪论处，几乎不会存在忽略此种情形的可能性；另一方面，理论与实务上对故意伤害罪、故意杀人罪的构成要件解释已不存在较大争议，也无必要以设置注意规定的方式避免司法人员混淆此类情形。因此，就本条文所指向的内容而言，不存在单独设置注意规定条款的必要性，因此并不符合注意规定的实质。

---

〔4〕 参见余诤、栾广平：《转化犯法律适用的个案考察》，载北京市第三中级人民法院网，https://bj3zy.bjcourt.gov.cn/article/detail/2021/06/id/6117491.shtml。

〔5〕 参见张明楷：《刑法学》（下）（第5版），法律出版社2016年版，第885页。

〔6〕 《刑法》第198条第4款规定：“保险事故的鉴定人、证明人、财产评估人故意提供虚假的证明文件，为他人诈骗提供条件的，以保险诈骗的共犯论处。”

〔7〕 《刑法》第183条第2款规定：“国有保险公司工作人员和国有保险公司委派到非国有保险公司从事公务的人员有前款行为的，依照本法第三百八十二条、第三百八十三条的规定定罪处罚。”

Ⅱ “法律拟制说”有利于保护法益

认为《刑法》第238条第2款属于法律拟制的本质就在于,行为人只要具备本款规定的客观行为,即便其不具备特定的犯罪故意,也可以依照其犯罪结果,按照故意伤害罪、故意杀人罪定罪处罚。

在我国刑法所一贯遵循的“主客观相一致”基本原则中,认定行为人的行为构成某种犯罪,必须同时具备行为、结果、因果关系等客观要素,也必须具备相应的主观要素。然而,在本款所涉及的故意伤害罪、故意杀人罪的认定中,则无须行为人具备相应的主观故意,即可认定为本罪。此种明知不同而等同视之的处理方式即法律拟制。

将本款的立法性质认定为法律拟制,在理论和实践中至少具备以下两个方面的实益。

第一,有利于防止暴力行为升级,保护被害人的人身法益。在本条款所涉及的非法拘禁、使用暴力等一系列行为中,非法拘禁行为属于基础性行为。此时被害人相对于行为人而言处于被限制人身自由的严重弱势地位,其人身法益处于随时可遭受升级暴力之侵害状态。[8] 基于此,《刑法》第238条根据情节、结果的不同,设置了具有梯度性的法定刑。[9] 这一规定体现了立法者在非法拘禁犯罪中保护被害人人身法益的立法目的。同时,在《刑法》第238条第2款后半段设置法律拟制,只要行为人使用非法拘禁以外的暴力,致人伤残或死亡的,无论其主观心态是否出于故意,均依照故意伤害罪、故意杀人罪论处。如此一来,可以通过将过失拟制为故意的方式,显著提高行为人的注意义务,也能从提高处罚严厉程度的角度避免行为人使用进一步升级的暴力行为,以保护被害人的人身法益。

第二,可简化司法证明标准,严厉打击犯罪。有学者指出,行为人非法拘禁他人后,又另外使用暴力致人死亡的,其法益侵害性质与故意杀人罪相同。[10] 在此情形下,此类行为则具备依照故意杀人罪严厉打击的必要性。犯

---

〔8〕 类似的立法例还有《刑法》第247条,该条规定:“司法工作人员对犯罪嫌疑人、被告人实行刑讯逼供或者使用暴力逼取证人证言的,处三年以下有期徒刑或者拘役。致人伤残、死亡的,依照本法第二百三十四条、第二百三十二条的规定定罪从重处罚。”

〔9〕 分别为:具有殴打、侮辱情节的,从重处罚;非法拘禁行为致人重伤的,处3年以上10年以下有期徒刑;非法拘禁行为致人死亡的,处10年以上有期徒刑。

〔10〕 参见张明楷:《刑法分则的解释原理》(下)(第2版),中国人民大学出版社2011年版,第645页。

罪故意的构成需要证明行为人具备“明知”的认识因素和“希望”或“放任”的意志因素，而犯罪过失的构成仅需要行为人对犯罪结果具备一种预见可能性即可。因此，在司法实践中，证明构成故意的难度要远高于构成过失。再者，在暴力案件中，行为人主观故意的内容究竟是伤害还是杀人，本就是理论与实践中的难点，如依照“注意规定说”，只有分别证明行为人具有伤害或杀人的主观故意时，才分别认定为故意伤害罪、故意杀人罪，那么由此而带来的极高证明标准可能在一定程度上导致诉讼成本的增加。基于此，立法者在此处设置法律拟制条款，有利于从司法上简化证明标准，从而依法从严打击此类对人身安全侵害极大的犯罪。

Ⅲ “法律拟制说”能合理评价本罪罪数形态

如采用“注意规定说”，只有在后行为具备对应犯罪故意的情况下才依照故意伤害罪、故意杀人罪定罪处罚，实际上又是将原本即符合两个不同犯罪构成的事实（非法拘禁罪、故意伤害罪或故意杀人罪）仅仅依照一个罪名（最终全案认定为故意伤害罪或故意杀人罪）定罪处罚。由此将导致无法充分认定行为人的犯罪事实，属于对行为人在前非法拘禁这一犯罪事实的遗漏评价。因此，这一观点在本罪罪数形态的评价上存在较大的缺陷与不足。

如采用“法律拟制说”，则不存在罪数评价方面的缺陷。在“法律拟制说”的观点下，适用《刑法》第 238 条第 2 款后半段的构造为“非法拘禁罪 + 使用暴力（过失）致人伤残（或死亡）= 故意伤害罪（或故意杀人罪）”。其实质即在前行为已经构成非法拘禁罪的基础上，结合后行为触犯的过失犯罪，将全案拟制为处罚更重的故意犯罪，此种处理方式既不存在对不同犯罪事实的遗漏评价，也不会导致对同一犯罪事实的重复评价。而如果行为人使用非法拘禁以外的暴力，其主观心态本就属于故意，后行为单独构成故意伤害罪或故意杀人罪的，则无须适用《刑法》第 238 条第 2 款后半段，直接以非法拘禁罪与故意伤害罪（或故意杀人罪）数罪并罚即可，更能全面评价犯罪事实。

综上所述，《刑法》第 238 条第 2 款后半段的规定在立法上并不存在设置注意规定的必要性，而是出于保护被非法拘禁人脆弱的人身法益与简化司法证明的目的而设置的法律拟制条款，同时认定其立法性质属法律拟制条款也有利于克服“注意规定说”观点下出现的罪数形态评价缺陷。因此，宜将《刑法》第 238 条第 2 款后半段的规定认定为法律拟制。故笔者不赞同理论争议中的第三种观点。

对于第一种观点，实质上是不论行为人主观上对于伤残、死亡结果心态的差异如何,完全凭借客观结果拟制为特定的罪名,在一定程度上有违责任主义原则。因此,笔者不赞同理论争议中的第一种观点。

本案中,海某某、龚某某将被害人侯某某非法拘禁后,采取殴打、禁食、开水烫等暴力手段,致侯某某在抢救无效后死亡。首先,殴打、禁食、开水烫等手段毫无疑问属于拘禁以外的暴力,具备了适用《刑法》第 238 条第 2 款后半段的前提条件。其次,从其施加暴力的目的(索债)与手段而言,一般难以证明其具备杀人的主观故意,但从社会一般人的基本认知出发,至少可以认定行为人对其暴力行为有可能导致被害人伤残或死亡的结果具有预见可能性,也即至少具有犯罪过失。因此,可将其主观心态拟制为伤害的故意。笔者同意理论争议中的第二种观点,应当依据《刑法》第 238 条第 2 款后半段的规定,依照《刑法》第 234 条规定的故意伤害罪定罪,并适用故意伤害致人死亡的法定刑。

综上所述,在刑法理论上严格区分《刑法》分则某一具体条文中的规定系注意规定抑或是法律拟制,不仅在完备刑法分则的逻辑体系方面具有解释学上的积极意义,更对司法机关在处理具体案件时的定罪量刑具有极强的实践指导意义。具体而言,可以法益保护原则为指导,推导出应然状态下的解释结论,并可以进一步从解释结论的合逻辑性和解释结论的合规范性两方面入手予以检视。前者主要是从解释结论是否符合刑法分则罪名体系的逻辑周延性入手予以检视,包括相关罪名之间在构成要件上的重合性、填补处罚漏洞等;后者主要是指检视解释结论是否符合立法者在设置具体刑法条文的立法原意,具体则涵盖立法上设置注意规定的必要性以及解释结论是否使具有不同社会危害性的罪名之间符合罪刑均衡的要求。最后,在加强类案检索制度的大背景下,从统一法律适用的角度来看,最高司法机关有必要针对部分理论争议较大的刑法规定,适时出台典型案例或指导性案例,供地方各级司法机关参照适用,以此促进法律适用的统一性。

(周辉、刘择)

王某某叛逃案

叛逃罪“叛逃境外”的理解与适用

案情介绍

2012年2月初,重庆市原副市长、公安局局长王某某职务被宣布调整,身边多名工作人员被非法审查,王某某感到自身处境危险,遂于2月6日14时13分私自进入美国驻成都总领事馆,请求美方庇护,并提出政治避难申请。后经有关方面劝导,王某某于2月7日23时35分自动离开该领事馆。经司法机关调查,其存在徇私枉法、滥用职权、受贿等行为。成都市中级人民法院认为,王某某作为国家机关工作人员,同时是掌握国家秘密的国家工作人员,在履行公务期间,擅离岗位,叛逃外国驻华使领馆,其行为已构成叛逃罪,且情节严重,依法应从重处罚,考虑到自首、立功情节,以叛逃罪判处有期徒刑2年,剥夺政治权利1年。[1]

理论争议

关于本案中王某某是否应以叛逃罪定罪处罚,存在以下两种观点:

第一种观点认为,王某某潜入美国驻成都总领事馆,属于叛逃行为。且根据国际条约和惯例,“我国驻外使领馆”属于我国领土的延伸,适用我国《刑法》。根据对等原则,美国驻我国使领馆同样属于其领土的延伸。因此,其构成叛逃罪。

第二种观点认为,叛逃罪属于故意犯罪,王某某的行为只是为了自保,并未危害国家安全。且各国驻外使馆、领馆不应当被视为派遣国领土的延伸,各国驻外使领馆虽然享有特殊的限制所在国强制行使权力的豁免权,但是,它们仍然是所在国领土的一部分。因此,其不构成叛逃罪。

---

〔1〕 参见《王某某案一审宣判,因四罪被判处有期徒刑15年》,载中国法院网,http://www.chinacourt.org/article/detail/2012/09/id/599110.shtml。

法理分析

现行《刑法》第109条规定,叛逃罪在客观方面要求国家机关工作人员在履行公务期间,擅离岗位,叛逃境外或者在境外叛逃。根据本案案情,王某某私自进入领事馆滞留,可以认定为“在履行公务期间”。[2] 因此,如何理解“叛逃境外”,成为本案的争议焦点所在。

1 对“叛逃”行为的认定

2011年《刑法修正案(八)》对叛逃罪进行修订,取消了“危害国家安全”的表述。这表明,叛逃罪从需要对国家安全这一保护客体产生紧迫危险的具体危险犯转变为实施相应行为即成立犯罪的抽象危险犯。尽管条文表述发生了变化,但实际上是将“危害国家安全”内嵌于行为构成中,并未改变罪质。换言之,叛逃罪仍然是分则第一章危害国家安全罪下的一个罪名,仍以国家安全作为犯罪客体。只是在立法层面进行了类型化,提前了刑法介入时点,即只要特殊主体在履行公务期间实施叛逃行为就可以认定为产生了侵害国家安全的危险。上述修改体现出立法者扩大叛逃罪处罚范围的立法意图,有利于本罪与其他危害国家安全罪的区分,也是对司法实践中“危害国家安全”证明困难的一种回应。也正因本罪不再以“危害国家安全”作为显性构成要件,在具体适用中需要准确把握“叛逃”行为所体现出的危害性。

根据辞书的解释,所谓“叛逃”,应同时包含“背叛”和“逃离”之意。“逃离”仅仅是指行为人所处地域的变化,即由境内转移至境外的行为,而对国家安全造成的危害性只能体现于“背叛”之中。带来的问题是,“叛逃”是否以“投靠境外组织、机构”作为构成要件要素。肯定论者认为,如果行为人没有背叛我方、投靠境外组织或者机构,则不应认定为叛逃行为。[3] 否定论者则认为,“叛逃”行为不要求“投靠境外的组织或机构”,只要行为人逃离境外即可构成叛逃罪,否则有悖于国家主权利益最大化原则,不当缩小打击范围,无

---

〔2〕《刑法修正案(八)》将《刑法》第109条第2款由原来的“掌握国家秘密的国家工作人员犯前款罪的”修改为“掌握国家秘密的国家工作人员叛逃境外或者在境外叛逃的”。说明,叛逃罪中掌握国家秘密的国家工作人员这一特殊主体不再受到“在履行公务期间,擅离岗位”的限制,扩大了本罪的成立范围。在本案中,王某某既是国家机关工作人员,也是掌握国家秘密的国家工作人员,因而完全符合前述规定。

〔3〕例如,2008年9月19日,温州市委书记杨某某因公率团出国考察滞留法国不归,在劝说无果的情况下,浙江省纪委给予其开除党籍、行政开除处分,但其并不构成叛逃罪。参见赵秉志:《危害国家安全罪暨相关犯罪的法律适用》,中国法制出版社2016年版,第71页。

法应对大量贪官外逃的司法现实。[4] 从叛逃罪条文制定的历史沿革来看,由于和平时期难以区分敌我性质,因而将叛逃罪从1979年投敌叛变罪中分离出来,同时能够针对实践中一些公务员叛逃境外或者在境外叛逃,但又不属于“投敌叛变”的行为。[5] 于是,叛逃罪的背叛行为不要求以“投靠”敌人为要件。在此基础上,笔者赞同否定论观点,即“投靠境外的组织或机构”并非本罪必要的构成要件要素。如果依照2011年修订前的刑法(下文简称旧刑法)的规定,叛逃罪作为具体危险犯,其行为需要造成危害国家安全的紧迫状态,则“投靠境外的组织或机构”应作为构成要件要素存在,并且只能是投靠敌我性质不明的组织或机构,如果投靠敌对组织或机构,则应认定为投敌行为。但在2011年修订后的刑法(下文简称新刑法)的立法意图是扩大本罪适用范围,将其作为抽象危险犯的定位下,如果仍然要求行为人必须“投靠境外的组织或机构”,则与修法精神不符。其中的“叛”应当是单向性的,并不要求必须投靠相应的敌对势力,只要具有危害国家安全的潜在风险即可,[6]应根据实际情况具体把握。例如,掌握国家秘密的国家工作人员因羡慕国外生活或为了逃避法律追究而偷逃出境或滞留境外不归,即便没有投靠境外组织,也足以认定产生了危害国家安全的抽象危险,构成“叛逃”行为。国家机关工作人员在履行公务期间实施相应行为同理。如果行为人已经投靠境外的组织或机构,则抽象危险转变为具体危险,造成了危害国家安全的紧迫状态;一旦行为人投靠后提供国家秘密及相关情报,则已然产生了危害国家安全的实害结果。

不难发现,根据“投靠”的过程可以判断从抽象危险到实害结果的危害递进顺序,新刑法的修改正是将刑法置于危险的最前端展开的提前预防。尽管这种理解可以说是对“叛逃”的最广义解释,但仍是在法解释学框架下得出的合理结论。据此,本案王某某的行为客观上可以认定为“叛逃”。

Ⅱ 对“境外”的认定

当前有关叛逃罪中“境外”的认定,主要争议在于其是否包括外交馆舍,

---

〔4〕 参见石经海、熊亚文:《困境与出路:叛逃罪司法适用新论》,载《甘肃政法学院学报》2015年第1期。

〔5〕 参见陈兴良、刘树德、王芳凯:《注释刑法全书》,北京大学出版社2022年版,第377页。

〔6〕 国家安全应当是广义上的,不仅包括政治、军事安全,同样包括经济、文化、科技、信息、生态等多个领域。参见吴庆荣:《法律上国家安全概念探析》,载《中国法学》2006年第4期。因此,以犯贪污罪等方法造成对国家财产的伤害后,逃离本国的,从某种意义上说也属于危害国家安全的范畴。

这也是认定王某某私自潜入领事馆的行为是否成立叛逃罪的关键。

刑法学界通说与国际法学界对外交馆舍是否属于国家领土的延伸持截然相反的观点。前者认为,根据《维也纳外交关系公约》,在驻外使领馆发生的犯罪适用本国刑法,不受驻在国司法管辖,因此将外交馆舍视为国家领土的延伸。[7] 而在国际法上,将外交机构或称外交馆舍作为拟制领土的观点来源于"治外法权"学说,该说认为外交馆舍的豁免权及不可侵犯性来源于将外交使节视为在本国履行职务。但这种学说在第二次世界大战后遭到了普遍批判。国际法领域权威著作《奥本海国际法》指出,治外法权只是一种虚构,因为外交使节实际上是在接受国的国境以内。[8] 1961 年《维也纳外交关系公约》在序言中也明确规定,"确认此等特权和豁免的目的……在于确保代表国家之使馆能有效地执行职务"。[9] 由此,越来越多的观点摒弃了"治外法权"说,否认"拟制领土"的地位,而主张"职务需要"说,即外交馆舍的不可侵犯性是出于表示国家尊重和执行职务的需要。[10]

笔者认为,尽管传统观点所依据的"拟制领土"论存在较大争议,但刑法中的"境外"仍可进行扩大解释,不仅指国(边)境意义上的"境外",同时包括位于我国领土之上的境外机构、组织所在地。具体理由如下:

第一,部分学者基于使领馆适用派遣国法律,不受驻在国管辖,而主张其属于国家领土的延伸。这种认识显然存在缺陷:一方面,我国《刑法》第 6 条第 2 款规定,凡在中华人民共和国船舶或者航空器内犯罪的,也适用本法。由于该条文是对属地管辖权的规定,因而可以认为船舶或者航空器属于我国领土的延伸。但其并未规定使领馆,可见,在刑事立法层面并不认为我国驻外使领馆属于我国领土。另一方面,国家领土(主权)的界定与管辖权内涵并不一致,不能混为一谈。使领馆不受驻在国刑事管辖而适用派遣国法律,只是因为驻在国主动放弃了刑事管辖权,这是主权意志[11]和国家主权利益最大化原则的体现,并不意味着领土性质发生了变更。并且,(主权意志)也恰恰佐证了使领馆并非派遣国的领土延伸。反之,如果将之视为一国领土的延伸,则在

---

[7] 参见周光权:《刑法总论》(第 3 版),中国人民大学出版社 2016 年版,第 62 页。

[8] 参见[英]詹宁斯、瓦茨修订:《奥本海国际法》(第 1 卷第 2 分册),王铁崖等译,中国大百科全书出版社 1998 年版,第 499 页。

[9] 1961 年《维也纳外交关系公约》第 1 条(壬)项规定,称"使馆馆舍"者,谓供使馆使用及供使馆馆长寓邸之用之建筑物或建筑物之各部分,以及其所附属之土地,至所有权谁属,则在所不问。

[10] 参见周鲠生:《国际法》,商务印书馆 2018 年版,第 581 - 582 页。

[11] 参见高铭暄:《刑法学原理》(第 1 卷),中国人民大学出版社 2005 年版,第 286 页。

王某某案中，美国也具有属地管辖权，如此不仅与事实不符，[12]更会陷入管辖争议与纠纷。

第二，叛逃罪要求行为人叛逃境外的立法规范目的在于，如果行为人进入我国不具有管辖权的空间或者受他国实际控制的区域，就足以认定行为人造成对国家安全的危险，同时会造成刑事侦查和司法追究的困难。因此，对于“境外”不能仅从形式上认定，而应同时注重实质判断。即应重点考察行为人叛逃之地是否具有“他国属性”而可能脱离司法管辖或产生对国家安全的危险。

第三，2017 年国务院出台的《反间谍法实施细则》第 3 条规定，《反间谍法》所称“境外机构、组织”包括境外机构、组织在中华人民共和国境内设立的分支（代表）机构和分支组织；所称“境外个人”包括居住在中华人民共和国境内不具有中华人民共和国国籍的人。为了有效打击危害国家安全的行为，保持法律之间的衔接，刑法中的“境外机构、组织”显然应具有相同的内涵和外延。由此，行为人为我国领域内的境外分支组织非法提供情报，可以构成《刑法》第 110 条规定的犯罪，同理，国家机关工作人员在履行公务期间投靠位于我国领域内的境外分支机构，产生了对国家安全的危险，构成叛逃罪。从刑法条文用语的统一性角度出发，得出的结论是，叛逃罪中的“境外”含义应扩大解释为包括我国领域内的他国机构或组织所在地。

第四，基于当前从严打击危害国家安全犯罪的背景，如果不将使领馆视为“境外”，则意味着特定主体在未实施其他犯罪行为，仅主观具有危害国家安全的故意支配下（如仅仅是对我国现状不满而存在报复心理），潜入他国驻我国使馆，不构成叛逃罪，无疑是不当缩小了处罚范围，难以有效预防和打击此类危害国家安全的行为。

综上所述，根据本文观点，本案被告人王某某作为国家机关工作人员，同时是掌握国家秘密的工作人员，潜入成都总领事馆，寻求美方庇护，提出政治避难申请，无疑属于“叛逃”行为，已经造成了对国家安全的现实紧迫危险。成都总领事馆尽管仍位于我国领土之上，并非他国领土的延伸，但属于他国机构所在地，我国对其不具有管辖权，成立刑法意义上的“境外”。因此，被告人王某某构成叛逃罪。

（旷银）

---

〔12〕 1961 年《维也纳外交关系公约》第 41 条第 3 款规定，使馆馆舍不得充作与本条约或一般国际法之其他规则，或派遣国与接受国间有效之特别协定所规定之使馆职务不相符合之用途。所谓“不相符合之用途”，即我国理论和实践上均不承认使领馆具有外交庇护权，也不能在使领馆内进行司法管辖。如果认为属于一国领土延伸，等同于承认了外交使馆具有实质意义上的外交庇护权。

孙某某以危险方法危害公共安全案

危害公共安全类犯罪主观心态之判断

案情介绍

2008 年 5 月 28 日,孙某某购买了车牌号前缀为川 A 的别克轿车一辆,之后在未取得合法驾驶资格的情况下,长期无驾驶证驾驶该车,并有多次交通违法的记录。2008 年 12 月 14 日中午,孙某某与其父母在位于成都市市区东侧的成华区万年场“四方阁”酒楼为亲属祝寿,其间大量饮酒。酒后孙某某又驾驶别克轿车送其父母前往位于成都市市区北侧的火车北站搭乘火车,尔后驾车折返至位于成都市市区东侧的成龙路,沿成龙路往成都市龙泉驿区方向行驶。当日 17 时许,孙某某行至成龙路“蓝谷地”路口时,从后面冲撞与其同向行驶的川 A 比亚迪轿车尾部。事故发生以后,孙某某为逃避处罚不顾公共安全,立即高速驾车往龙泉驿方向逃逸,当行至限速 60 千米/时的成龙路“卓锦城”路段时,以超过 130 千米/时的速度,越过道路中心黄色双实线,先后撞向对面正常行驶的川 A 长安奔奔轿车、川 A 长安奥拓轿车、川 A 福特蒙迪欧轿车、川 A 奇瑞 QQ 轿车,直至孙某某驾驶的别克轿车不能动弹,造成川 A 长安奔奔轿车内驾驶员张某某,乘客尹某某、金某某、张某秀死亡,代某某重伤,公私财产损失 5 万余元。

案发后,孙某某被接到群众报案后赶至现场的公安人员挡获。后经鉴定,孙某某驾驶的轿车在连续碰撞四车前瞬间的行驶速度为 134 ~ 138 千米/时,孙某某血液中的乙醇浓度为 135.8mg/100ml(按国家标准血液中乙醇浓度超过 80mg/100ml 为醉酒)。2009 年 5 月 22 日,成都市中级人民法院依法公开开庭审理孙某某以危险方法危害公共安全一案。孙某某的辩护人以其不存在主观故意应构成交通肇事罪为由进行辩护。成都市中级人民法院认为:孙某某作为受过一定教育、具有完全刑事责任能力的人,明知必须经过相关培训并经考试合格,取得驾驶执照后才能驾驶机动车辆,但其无视国家交通安全法规和公共安全,在未领取驾驶执照的情况下,长期无证驾驶机动车辆并多次违反交通法规。且在醉酒后,驾车行驶于车辆、人群密集之处,对公共安全构成直接威胁,在发生追尾交通事故后,仍置不特定多数人的生命财产安全于不顾,继续驾车超速行驶,跨越禁止超越的道路中心黄色双实线,与对方正常行驶的多辆车辆相撞,造成四人死亡一人重伤、公私财产损失达数万元的严重后果,其行为已构成以危险方法危害公共安全罪。判决:孙某某犯以危险方法危害公共安全罪,判处死刑,剥夺政治权利终身。一审宣判后,孙某某当庭提出上诉。四川省高级人民法院改判孙某某无期徒刑,剥夺政治权利终身。[1]

■ 理论争议

关于本案中孙某某如何定罪处罚,存在以下两种观点:

第一种观点认为,孙某某作为一名完全刑事责任能力人,明知无证驾驶机动车违反交通法规,醉酒后在车流量较大的城市市区公共道路上超限速驾驶会对不特定多数人的生命、健康安全造成极大威胁,但孙某某在发生一次撞击后仍在车辆、人群密集的路段驾车超限速行驶,以致发生连续撞击事故,造成四人死亡、一人重伤的严重后果。孙某某对可能会发生的严重危害公共安全的危害后果持放任态度,具有危害公共安全的间接故意。孙某某的行为已构成以危险方法危害公共安全罪。

第二种观点认为,根据孙某某的过往表现,没有理由会放任不特定多数人的死伤结果发生。以严重结果倒推孙某某的主观故意并不妥当,孙某某系因醉酒驾驶不能有效控制自己行为导致危害结果的发生,主观上并非间接故意,而是过于自信的过失,应构成交通肇事罪。

■ 法理分析

该案发生,引发社会广泛关注。对于孙某某的行为该如何定性,在审理中争议较大。争议焦点在于危害公共安全类犯罪主观心态判断。其中,尤其是以危险方法危害公共安全罪与交通肇事罪之间的判断为代表。行为人到底是故意心态还是过失心态?需要注意的是,日常生活中的故意、过失与刑法上的故意、过失有一定区别。例如,该案中孙某某对交通规则的违反持故意心态大体是没有争议的,这种故意泛指我们平常生活中的故意,而非刑法中的故意。行为人对所触犯具体犯罪的主观心态,则需要具体分析。无论是阶层理论中将故意、过失作为责任要素或违法要素(双重故意),抑或传统四要件理论中,

---

〔1〕 案例来源:四川省高级人民法院刑事判决书,(2009)川刑终字第690号。

故意、过失是犯罪的主观方面,我们都可以将故意、过失概括为行为人在行为时对自己实施的法益侵害行为及其犯罪结果所持的心理态度,〔2〕它是犯罪成立的要件之一。在区分具体犯罪时,间接故意与过于自信过失的区别,较难区分。

需要讨论的问题是,驾驶行为是否能够作为以危险方法危害公共安全罪的实行行为?有观点认为,将驾驶行为与放火、决水、爆炸以及投放危险物质等以危险方法危害公共安全行为混为一谈并不妥当。理由在于:放火、决水、爆炸以及投放危险物质等危险方法具有基本相当的危险性,而驾驶行为的重点在于驾驶,不在于加害。〔3〕相反观点则认为,孙某某醉酒肇事后,在限速为60千米/时的闹市区,以130千米/时的速度高速违章逆向行驶于下班高峰期路段,其方法已经不亚于放火、决水、爆炸等危害行为。〔4〕我们倾向于后一种观点。理由在于:虽然单纯的驾驶行为本身并不具有加害性,但是不能否认驾驶汽车行为可能达到与放火、决水、爆炸等危害行为相当的客观危险性。因此,孙某某到底是构成以危险方法危害公共安全罪还是交通肇事罪,关键是判断孙某某的主观心态。

如何了解行为人的主观内容,恐怕是世界上最难的事情。按照一审合议庭的观点,孙某某长期无证且酒后驾驶,作为心智健全、具有完全刑事责任能力的人,完全能够预见酒后在人口密集的道路上驾车可能造成严重危害公共安全的后果,虽然并不积极追求这种结果的发生,但也没有采取任何预防措施,在主观上属于放任危害结果的发生,属于间接故意。二审合议庭进一步论证认为,孙某某无证、醉酒、高速驾车发生交通事故,造成重大损害结果的发生是必然的,其主观心理状态上的自信没有客观依据。〔5〕显然,两级法院均认为本案不存在过于自信所必需的客观依据。最高人民法院于2009年专门颁发《关于印发醉酒驾车犯罪法律适用问题指导意见》,其中明确:“行为人明知酒后驾车违法、醉酒驾车会危害公共安全,却无视法律醉酒驾车,特别是在肇事后继续驾车冲撞,造成重大伤亡,说明行为人主观上对持续发生的危害结果

---

〔2〕参见漆昌国:《醉酒驾驶行为的刑法评价——以孙伟铭案件为视角》,载《湖南科技学院学报》2010年第3期。

〔3〕参见刘宪权:《危险驾驶行为的刑事责任认定》,载《法学》2009年第9期;黄丽勤:《孙伟铭交通肇事案判决评析》,载《中国刑事法杂志》2010年第1期。

〔4〕参见赵开年、黄维智、叶锐:《浅析孙伟铭以危险方法危害公共安全罪案》,载《中国刑事法杂志》2010年第5期。

〔5〕参见中华人民共和国最高人民法院刑事审判第一、二、三、四、五庭主办:《刑事审判参考》(总第71集),法律出版社2010年版。

持放任态度,具有危害公共安全的故意。对此类醉酒驾车造成重大伤亡的,应依法以以危险方法危害公共安全罪定罪。”

针对两级法院的说理,有诸多学者提出了不同意见。例如,有观点认为,只有突破交通肇事罪构成要件的行为,才可以纳入以危险方法危害公共安全罪之中。例如,具有反社会性人格的人,驾驶汽车向人群冲撞。而本案没有证据证明孙某某存在放任危害结果的心理状态。再如,有观点提出质疑认为,根据结果发生以后的表现推定行为人心态的做法不够妥当。孙某某虽然在发生普通车辆追尾事故后为逃避责任驾车逃逸与反方向行驶的车辆连环相撞,但并不等同于不顾他人死活的横冲直撞。而多次违规也并不必然表明孙某某具有危害公共安全的故意。〔6〕

我们认为,对肇事后连续驾车冲撞的行为不应“一刀切”地判断。交通肇事后驾车逃逸是常见现象,“逃逸”也是交通肇事罪的加重情节。不能因为肇事后逃逸没有造成事故就认为行为人没有故意,而肇事后逃逸再次发生碰撞就认为存在故意。而本案孙某某肇事后继续驾车发生冲撞的行为,考虑到当时的时间、地点,以及超过限速 2 倍以上的速度、逆向行驶,孙某某应能认识到其行为的现实危险性,仍然继续实施这一行为,难以认为是过于自信的过失。〔7〕

(刘杰)

---

〔6〕 参见马寅翔:《醉酒驾车连续冲撞致多人伤亡行为之定性研究——基于孙伟铭案的判例式分析》,载《中国刑事法杂志》2010 年第 10 期。

〔7〕 参见曾琳:《酒后驾车构成以危险方法危害公共安全罪的情形和死刑适用——以黎景全、孙伟铭醉酒驾车案为视角》,载《人民司法》2009 年第 21 期。

唐某交通肇事逃逸案

交通肇事罪“逃逸致死”情节的认定

案情介绍

2020 年 9 月 23 日 27 分许，被告人唐某驾驶湘 C 号小型轿车沿湘潭市岳塘区书院路由双拥路往芙蓉大道方向行驶至二桥北公交站地段，遇被害人王某步行从湘 C 号小型轿车行驶方向前左往右横过道路时，湘 C 号小型轿车车体前部左侧及车体左侧前部与王某腿部发生碰撞，王某被碰倒在地后又被唐某华驾驶的湘 CX 号小型轿车左前轮碾压头部。被告人唐某肇事后驾车逃离现场。被害人王某经湘潭市第一人民医院抢救无效于 2020 年 9 月 23 日 15 时 23 分死亡。经查明，被告人唐某在事故发生后返回了事故现场，在事故发生后也未及时向交警部门说明情况，而是逃离了现场。

一审法院认为，被告人唐某违反交通运输管理法规，发生重大事故，致一人死亡，负事故主要责任，且在交通肇事后逃逸，其行为构成交通肇事罪，具有自首、积极悔罪的量刑情节。判决被告人唐某犯交通肇事罪，判处有期徒刑 2 年 8 个月。[1]

理论争议

关于本案中唐某是否应认定为“逃逸致死”以及如何处罚，存在以下三种观点：

第一种观点认为，交通肇事罪是典型的过失犯罪，要求出现相应的危害结果，“逃逸致死”这一加重情节应以符合本罪基本犯为前提。本案中唐某对事故负主要责任，但其交通肇事行为并没有引起成立犯罪（致人死亡）的危害结果。因此，只能认定为交通肇事致 1 人死亡，成立交通肇事罪基本犯罪，处 3 年以下有期徒刑，而不构成“逃逸致死”。

---

〔1〕 案例来源：湖南省湘潭市岳塘区人民法院刑事判决书，(2021)湘 0304 刑初 286 号。

第二种观点认为,在行为人逃逸与发生死亡结果之间,尽管有“二次肇事”因素介入,但并非异常介入因素,行为人仍应对死亡结果承担刑事责任,因而构成交通肇事罪。由于唐某同时存在客观上的逃逸行为,因此将其单独评价,认定为“肇事逃逸”,故应适用第二档量刑幅度,判处被告人唐某3年以上7年以下有期徒刑。

第三种观点认为,“逃逸致死”不以行为人构成交通肇事罪基本犯罪为前提。据此,尽管唐某“第一次肇事”并不足以构成交通肇事罪,但唐某在事发后逃逸造成被害人死亡,应认定为“逃逸致死”,判处7年以上有期徒刑。

■ 法理分析

上述见解从不同角度出发分别主张适用交通肇事罪的三档法定刑,足见理论上对“二次碰撞”案件的巨大分歧。争议的焦点在于“逃逸致死”是否以构成基本犯罪为前提及在相应结论上的具体认定问题。欲合理解决本案的定罪量刑问题,需要追根溯源,回到“逃逸致死”情节中展开分析,以还原其本来面貌。判断“逃逸致死”是否以构成基本犯罪为前提,首先需要回答的是“逃逸致死”的主客观方面应如何理解的问题。

从主观方面来看,交通肇事罪属于过失犯罪,而行为人对“逃逸致死”的主观罪过形式也只能是过失,理由是:一则,交通肇事罪主观上虽然要求行为人明知自己的肇事行为造成了一定的危害后果,但如果认为“逃逸致死”的主观罪过形式包括故意,则无法将本罪与不作为故意杀人罪进行区分。二则,理论上一般不承认存在“过失基本犯+故意加重犯”的犯罪构成,[2]过失行为不可能涵盖造成加重结果的故意行为。如果行为人基于过失行为产生作为义务,而故意促成危害结果的发生,则根据重罪吸收轻罪的原理,直接认定为故意犯罪即可。例如,过失致人重伤后,为了逃避法律追究而故意不实施救治,致其流血过多死亡,也仅成立故意杀人罪。三则,2000年11月最高人民法院出台的《关于审理交通肇事刑事案件具体应用法律若干问题的解释》(以下简称《交通肇事案件解释》)第6条规定:“行为人……将被害人带离事故现场后隐藏或者抛弃,致使被害人无法得到救助而死亡或者严重残疾的……以故意杀人罪或者故意伤害罪定罪处罚。”将被害人带离事故现场后隐藏或者抛弃同样可以成立“交通肇事后逃逸”,如果认为“逃逸致死”包含犯罪故意,则

---

〔2〕 参见张明楷:《刑法学》(第6版),法律出版社2021年版,第928页。

该情形同样可以适用,没有理由再进行明确规定。笔者认为,该解释作出该项规定的意图在于,将能够明显认定行为人对伤亡结果存在故意的情形从“逃逸致死”中予以剔除,直接以故意犯罪论处。这说明,如果能够查明行为人主观上对死亡结果发生持希望或放任态度,应成立故意犯罪而非交通肇事罪。因此,本罪中行为人对“逃逸致死”只能持过失心态。

从客观方面来看,致人死亡的结果应由“逃逸”所导致,即“逃逸”与死亡结果之间存在直接因果关系,其因果进程未被中断。如此,才能符合“逃逸致死”的文字表述。其中包含两点特征:其一,死亡结果并非是肇事行为所引起。肇事行为只能作为引起救助义务的先行行为。在致人当场死亡及不存在救助可能性(即便及时送医也无法避免死亡结果的发生)[3]等情形中,不能将死亡结果归因于“逃逸”行为。其二,“逃逸”应当区别于肇事行为而具有独立性。“逃逸致死”并非“肇事致死”,不同于结果加重犯中的加重结果,如抢劫致人重伤、死亡,其要求死亡结果的发生能归因于抢劫行为,或至少相应的暴力行为能够为抢劫行为所涵盖。“逃逸致死”中死亡结果的因果流程虽由肇事行为开启,但只能由“逃逸”行为背后的不作为造成,[4]从犯罪构成来看,二者是两个独立的行为,肇事行为也不可能涵盖“逃逸”,二者虽具有“无A则无B”的条件关系,但绝不是包容关系。

在上述认识的基础上,从当前立法及司法解释的规定出发,无论是“交通肇事后逃逸”抑或“逃逸致死”都应当以构成基本犯罪为前提。理由是:其一,从立法角度来看,刑法条文在“交通肇事后逃逸”之后紧接着设置了“因逃逸致人死亡”的加重情形,“因逃逸致人死亡”实际上是立法者为了表述的简洁而省略了“交通肇事后逃逸”。可以看出“因逃逸致死”是在前一“交通肇事后逃逸”的基础上再次加重,要求造成实害结果,二者具有紧密的逻辑关联。其二,从司法角度来看,《交通肇事案件解释》第3条规定:“‘交通运输肇事后逃逸’,是指行为人具有本解释第二条第一款规定和第二款第(一)项至第(五)项规定的情形之一,在发生交通事故后,为逃避法律追究而逃跑的行为。”“交

---

〔3〕 例如,冯某交通肇事案中,行为人在逃逸过程中再次发生交通事故,撞倒行人林某后逃逸,李某被送往医院抢救无效死亡,一审法院判决被告人构成“肇事后逃逸”。此时逃逸行为与死亡结果之间没有因果关系,不应认定为逃逸致人死亡。参见刑事判决书,(2005)皖1203刑初95号。

〔4〕 笔者认为,仅从履行救助义务的角度来看,“逃逸”可以解读为“逃避法律对不履行救助义务的责任追究”,其在应然层面包含作为与不作为的形式。如《交通肇事案件解释》第6条的规定可以看作“积极作为的逃逸”(积极消灭救助义务),不作为的逃逸则是消极不履行救助义务的行为。根据前文认识,其中不能包括持故意心态的不作为。

通运输肇事后逃逸”可以分为“交通运输肇事”和“逃逸”,前者必然对应的是“行为人具有本解释第二条……情形之一,在发生交通事故后”,后者对应的是“为逃避法律追究而逃跑的行为”。该规定明确表明,“交通运输肇事”应当以构成交通肇事罪为前提。《交通肇事案件解释》第5条采用的表述是“交通肇事后”,[5]尽管其并未像第3条一样作出明确规定,但已然内含了构成基本犯罪这一前提。如果认为“逃逸致死”不要求该前提,则其完全可以“发生交通事故后”进行明确,而非径直使用“交通肇事后”的表述。既然“交通肇事后逃逸”已然要求以构成基本犯罪为前提,则没有理由认为“逃逸致死”可以弃该前提于不顾。其三,如果否定“逃逸致死”以构成交通肇事罪为前提,则会导致难以区分作为加重因素考量的“逃逸”与《交通肇事案件解释》第2条第2款中作为定罪因素考量的“逃逸”。[6] 在唐某交通肇事案中,应将“逃逸”作为定罪要件还是加重要件便存在疑问。其四,否认“逃逸致死”以构成基本犯罪为前提,则没有理由认为行为人主观上对死亡结果只能持过失心理。进而,在类似本案的情形中,行为人完全可能以间接故意放任死亡结果的发生,造成交通肇事罪(逃逸致死)与不作为故意杀人罪的区分困难。同时,适用“逃逸致死”的法定刑还会导致罪责刑不相适应的问题。

有学者认为,由于司法解释不当抬高了交通肇事罪的入罪门槛,认为“逃逸致死”的结果只能持过失态度,又要求以成立基本犯罪为前提,会造成“逃逸致死”条款近乎虚置化的困境,导致肇事致1人重伤后逃逸导致死亡的常态案件无法成立“逃逸致死”。[7] 但笔者认为,在行为人构成交通肇事罪的前提下,如当场死亡一人,重伤两人,行为人对死亡结果持过失心态逃逸的,完全可以适用该条款以实现罪责刑相适应,这才是该条款追求的主要目的,并不存在虚置化的问题。该条款的适用率较低是由于司法实践中的证明困难,而不在法律规定本身。这种谨慎的态度也恰恰是司法理性的表现。对于本案“二次碰撞”的被告人,可以认定为过失致人死亡罪,这足以解决学者对处罚较轻的担忧。理由是:

第一,交通肇事罪的入罪门槛应高于一般过失犯罪。交通肇事罪的本质是业务过失领域的特殊过失犯罪,根据可容许的风险理论,如果将交通运输领

---

〔5〕《交通肇事案件解释》第5条规定,“因逃逸致人死亡”,是指行为人在交通肇事后为逃避法律追究而逃跑,致使被害人因得不到救助而死亡的情形。

〔6〕根据《交通肇事案件解释》第2条第2款,交通肇事致1人以上重伤,负事故全部或者主要责任,并为逃避法律追究逃离事故现场的,以交通肇事罪定罪处罚。

〔7〕参见陈洪兵:《“因逃逸致人死亡”条款虚置化的原因及其克服》,载《法学》2018年第2期。

域的过失行为完全等同于过失致人重伤行为,将会极大限制人们的行为自由,不利于社会生产发展的需要,因而该理论为提高交通肇事罪的入罪门槛提供了依据。

第二,肇事者具有“特殊受害人”性质。立法之所以严格限制本罪,就在于考虑到了肇事者往往也是卷入交通事故中的受害人,不应对其过于严苛。而如果行为人选择逃逸或者具有无证驾驶等特殊情形,就可以剥夺其“特殊受害人”地位。[8] 但正是由于交通肇事致1人重伤后逃逸致其死亡的情形较为常见,如果为了体现“逃逸致死”条款的适用,不要求以构成交通肇事罪为前提,而一律判处7年以上有期徒刑,无疑是司法适用上的重刑化,与我国当前整体上向轻刑化过度的趋势并不相符。上述学者的质疑实际上误读了立法精神。

第三,仅构成基本犯罪或适用“逃逸致死”条款要么理论上存在障碍,要么造成刑罚不均衡的问题。如果认为“二次碰撞”情形成立交通肇事罪基本犯罪,由于其根据时间顺序包含三个要素“肇事致1人重伤—逃逸—致人死亡”,则依据《交通肇事案件解释》第2条第2款的规定,死亡结果并未得到充分评价;若将死亡结果归于肇事行为(实际上无法归责于肇事行为,见下文分析),同样未能对逃逸行为进行评价。从主客观角度而言,客观上,该认定无法在“逃逸致死”与“肇事致死”之间进行区别;主观上,显然具有救助可能性而不作为的主观恶性更大,但适用量刑却更轻,有违罪责刑相适应原则。单纯由于被害人死亡顺序的不同导致截然不同的量刑,也会形成错误的价值宣示,[9] 违背立法价值追求。

与交通肇事后致1人死亡后逃逸的情形相比,如果适用“逃逸致死”条款,同样会造成错误的价值宣示。如果行为人致一人重伤后逃逸致其死亡,构成“逃逸致死”,适用第三档法定刑,那么行为人致一人死亡后逃逸只能适用第二档法定刑,同样容易形成错误的价值导向,即行为人为了避免较重的法定刑,在发生交通事故后,不仅不会实施救助义务,更可能会积极促成被害人的死亡,以追求适用较轻的量刑幅度。

第四,承认以构成基本犯罪为前提,则难以适用“肇事后逃逸”条款。认为行为人构成“肇事后逃逸”,似乎能够符合罪刑均衡原则,但实则缺乏根据。

---

[8] 参见车浩:《车浩的刑法题》,北京大学出版社2016年版,第7-10页。

[9] 如在相同的情况下,行为人肇事后如果发现被害人尚未死亡,为了减轻自己的责任,必然选择逃逸,而不会实施法律期待的救助行为,其结果是若被害人未死亡,则不构成犯罪;若被害人死亡,也仅成立“逃逸后致1人死亡”的交通肇事罪基本犯罪。

司法解释认为"肇事后逃逸"以符合交通肇事罪基本犯罪为前提,尽管"逃逸"存在定罪情节和加重情节两种不同的定位,但此处"逃逸"一定是作为加重情节加以考虑,死亡结果与"逃逸"之间存在先后顺序。依前文所述,肇事行为与逃逸行为具有实质上的独立性,并不存在包容关系,如果将逃逸导致的死亡结果认定为交通肇事致人死亡,无异于承认逃逸行为可以由肇事行为所涵盖,否定了其不作为的独立性。因此,为了满足"构成基本犯罪"这一前提,以达到适用相应法定刑幅度的目的,将至少由逃逸行为所造成的死亡结果归责于肇事行为的做法过于牵强,实际上对"逃逸"行为存在重复评价之嫌,造成了行为与结果的错位,这种有意模糊"逃逸"情节的属性的做法,显失理论根据。

第五,在不构成交通肇事基本犯罪的场合下,应根据行为人的主观罪过予以定罪。"二次碰撞"情形的认定困难在于先行行为不构成犯罪,而"逃逸致死"条款的适用存在以构成基本犯罪为前提、行为人主观上对死亡结果只能持过失态度两种限制。笔者认为,视角不必始终局限于交通肇事罪的犯罪构成中,完全可以将之作为一个违法行为处理。在不真正不作为犯理论中,一般认为先行行为包括违法行为,行为人在造成交通事故后具有法律上的救助义务,无论其逃逸的主观目的为何,客观上只能表现为不作为致人死亡,因而以不作为行为的主观心态径直认定构成故意杀人罪或过失致人死亡罪即可,不必诉诸"逃逸致死"条款。具体到本案中,被告人唐某明知事故发生而抱有侥幸心理逃离事故现场,属于过于自信的过失。虽然其肇事行为不构成交通肇事罪基本犯罪,但不履行救助义务的行为与被害人王某的死亡结果具有因果关系(根据案件具体情况,后车的碾压并不具有异常性),因而其构成过失致人死亡罪,应处3年以上7年以下有期徒刑。如果行为人能够成立基本犯罪,在其他情形相同的情况下,构成"逃逸致死",处7年以上有期徒刑,二者能够在法定刑上衔接。如此认定避免了上述观点的缺陷,从社会危害性和法定刑来看也并无不妥。

笔者认为,如果确实能够证明行为人主观上持间接故意,则无论依肇事行为能否构成基本犯罪,均直接根据吸收犯原理,以不作为的故意杀人罪定罪处罚即可。如此,既能符合《交通肇事案件解释》第6条的规定,也不会出现"轻罪重刑、重罪轻刑"等罪刑不相适应的情形。至于实践中的证明则是另一层面的问题,不应混为一谈。

(旷银)

黎某某危险驾驶案

醉酒驾驶机动车的犯罪构成认定

案情介绍

2017年6月5日23时许，被告人黎某某饮酒后到派出所院内欲挪动其事先由他人停放在此处的小型轿车，在倒车时与院内住户停放的另三辆小型轿车发生碰撞，造成四车受损的事故。后经公安交警部门认定，被告人黎某某承担此次事故全部责任。经司法鉴定，被告人黎某某血液中乙醇浓度为241.2mg/100ml。

公诉机关认为，被告人黎某某违反交通运输管理法规，醉酒后在道路驾驶机动车，应当以危险驾驶罪追究其刑事责任。

一审法院经审理认为，被告人黎某某醉酒后在单位院内挪动机动车的行为，不属于在道路上醉酒驾驶机动车，依照法律规定不构成犯罪。据此依法宣告被告人黎某某无罪。

对一审判决，检察机关提出抗诉。

二审法院经审理后认为，本案案发地不具有“公共性”，不属于公共交通管理的范围，不是《道路交通安全法》所规定的“道路”。故原审被告人黎某某醉酒后在派出所院内挪动机动车的行为，不属于在道路上醉酒驾驶机动车，依照法律规定不构成犯罪。依法判决驳回抗诉，维持原判。

公诉机关依照审判监督程序提出抗诉。

再审法院认为，案发地点具有“通行”功能，属于《道路交通安全法》规定的道路，亦认为原审被告人黎某某醉酒后在派出所院内挪动机动车的行为属于危险驾驶的行为。但依照《刑法》第13条的规定，情节显著轻微危害不大的，不认为是犯罪，故对黎某某醉酒后驾驶机动车行为的社会危害性、刑事违法性和应受惩罚性的认定应当结合本案客观事实进行评判。首先，从主观故意上看，黎某某选择在深夜、进出人员稀少的时间段在相对封闭的小区停车场挪动车辆，其对危险驾驶行为可能造成的危害结果并不持积极追求的主观心态，其行为对社会公共安全造成危险的可能性也显著降低；其次，从行为目的及客观行为上看,黎某某系为了避免阻挡其他车辆进出而主动前往停车地点,仅在小区内短距离挪动机动车,并未驶离停车场,其行为的动机及社会危害性与酒后长距离驾驶机动车明显有所区别;再次,从行为结果上看,黎某某醉酒驾驶机动车的行为仅造成车辆轻微擦刮的财产损害后果,并未造成人员伤亡,损害结果显著轻微;最后,黎某某积极赔付,取得被撞车主的谅解,且真诚悔过。综上,黎某某虽然实施了酒后挪车的行为,但鉴于其行为情节显著轻微危害不大,依法可不认为是犯罪。故依法判决驳回抗诉,维持原判。[1]

■ 理论争议

关于本案,黎某某的行为该如何定罪处罚,有以下三种观点:

第一种观点认为,黎某某在单位院内醉酒挪车的行为属于醉酒在道路上驾驶机动车,故而构成危险驾驶罪。

第二种观点认为,单位院内道路不属于道路交通安全法规所规定的道路,欠缺危险驾驶罪的犯罪构成要件要素,故而不构成危险驾驶罪。

第三种观点认为,黎某某在单位院内醉酒挪车的行为属于危险驾驶机动车的行为,但由于情节显著轻微危害不大,可以不认定为是犯罪。

■ 法理分析

之所以产生上述不同的观点,主要原因是司法工作人员对危险驾驶罪犯罪构成要件的认识和理解存在差异。《刑法》第 133 条之一规定,在道路上醉酒驾驶机动车的,构成危险驾驶罪。拆解该法条中的关键词,可以分为“道路”“醉酒”“驾驶”“机动车”。根据《道路交通安全法》的规定,“机动车”是指是指以动力装置驱动或者牵引,上道路行驶的供人员乘用或者用于运送物品以及进行工程专项作业的轮式车辆。“道路”,是指公路、城市道路和虽在单位管辖范围但允许社会机动车通行的地方,包括广场、公共停车场等用于公众通行的场所。根据该定义的实质,具有为任何机动车提供通行功能的场所均可认定为道路。由于行政法规已经明确了“道路”和“机动车”的概念,故在学理界和实务界对危险驾驶罪中的“道路”和“机动车”的争议较小。

Ⅰ 危险驾驶罪中醉酒的认定

“醉酒”,根据最高人民法院、最高人民检察院和公安部发布的《关于办理

---

〔1〕 案例来源:四川省高级人民法院刑事判决书,(2019)川刑再 18 号。

醉酒驾驶机动车刑事案件适用法律若干问题的意见》第 1 条的规定,血液酒精含量达到 80mg/100ml 以上的,属于醉酒。司法实务据此将血液酒精含量是否达到 80mg/100ml 作为罪与非罪的严格且明晰的标准。但学理界对于“醉酒”的认定,是应以血液酒精含量作为唯一且客观的标准,还是应当结合行为人不同的酒精耐受度而具体认定,是存在不同看法的。周光权教授建议增加“不能正常驾驶”的犯罪构成要件要素,即行为人因为醉酒而难以通过迅速、妥当和有目的的意识行为进行操控,难以满足安全驾驶的需要。[2] 梁根林教授则从域外立法、破坏危险驾驶罪的本体构造、徒增执法和司法成本以及可能导致司法腐败等角度予以否定。[3] 本文认为,“醉酒”应当是指行为人因受酒精的作用而无法像正常人一样恰当、合理地控制自己的行为。换言之,处于醉酒状态的人容易行为失格。当醉酒的人实施驾驶行为时,立法者其实推定了行为人不具有正常驾驶的行为控制力。所以,在“醉酒”之外并无另设“不能正常驾驶”这一犯罪构成要件要素的必要。

Ⅱ 危险驾驶罪中驾驶行为的界定

刑法并不处罚单纯的“醉酒”的人。如上文所述,当“醉酒”与“驾驶机动车”相结合的时候,行为人因为“醉酒”而丧失了正常驾驶的行为控制力,就会对道路上的其他机动车、行人或者交通设施造成损害。所以,危险驾驶罪中的客观行为仍是驾驶行为。如何理解驾驶行为?从日常语义分析,驾驶是指操纵机动车使之处于运动状态。照此理解,挪车属于驾驶机动车,出入停车库也属于驾驶机动车。本文认为,行为由行为方式和行为目的组合而成。就驾驶的行为方式来说,就是使机动车处于持续的运动状态,行为目的则是通过机动车将人或物从一地运输至另一地。如果欠缺了行为目的,那么诸如挪车、出入停车库这类行为就应当直接排除出驾驶行为的范畴,不被认定为刑法规范语境下的驾驶。同时,若发生事故的,仍可以要求行为人承担相应的民事责任或者行政处罚,不会出现放纵违法行为的结果。

Ⅲ 危险驾驶罪的社会危害性讨论

犯罪行为的本质是社会危害性。无论是四要件说还是三阶层论,无论是

---

〔2〕 参见周光权:《论刑事一体化视角的危险驾驶罪》,载《政治与法律》2022 年第 1 期。

〔3〕 参见梁根林:《刑事政策与刑法教义学交互审视下的危险驾驶罪》,载《中国法律评论》2022 年第 4 期。

形式解释还是实质解释，都不会认为一个没有社会危害性的行为应当归入犯罪行为之列。如果上述观点成立，那么意味着不是所有的醉酒驾驶机动车都属于危险驾驶的行为。学理界和实务界的通说认为危险驾驶罪属于抽象危险犯，即只要行为人实施了醉酒驾驶的行为就推定了危险发生的可能性，并且这种危险并不需要发展到紧迫的程度。行为人处于醉酒状态下时，在有其他车辆或行人通行的道路上驾驶机动车，由于行为人本身已经丧失了操纵机动车的正常控制能力，为了防止危险的现实发生，因而推定其行为会对其他车辆或行人可能造成不法侵害，故对其进行刑事处罚。这种推定是符合社会民众的一般日常逻辑和内心期待的。但是，当行为人已经完成了驾驶行为，如已经将车驶入封闭的物理空间，或者是在田间无人无车的小道上行驶的，这类驾驶行为是否具有社会危害性是存疑的。在前一情况中，驾驶行为已经完成，且从行为的客观结果来看并未发生社会危害性，也就不能再推定该行为存在发生社会危害的可能性。在后一情形中，田间小道与城市道路之间存在一定的差别，加之当时环境下没有其他车辆或行为人，也不会发生危害社会公共利益或他人合法利益的可能性。至于在无人无车的城市道路上醉酒驾驶机动车的情形，由于城市道路属于市政规划项目，其建造投入了公共资金，并且配备各种保障通行的交通设施或设备，故行为人醉酒驾驶机动车还是会发生破坏道路本身或交通设施、设备的可能性，仍可纳入危险驾驶罪的规制范围。

Ⅳ 危险驾驶罪中主观方面的辨析

学理界有学者认为危险驾驶罪属于故意犯罪。[4] 也有学者提出危险驾驶罪应当属于过失犯罪。[5] 对于危险驾驶罪系过失犯罪的批评理由主要在于两点：一是过失犯罪必须以刑法明文规定为限；二是过失犯罪必须是结果犯。

刑法所规制的行为是由人的意志控制的身体动静。诸如梦游之类的无意识的举动则不属于刑法意义上的行为。关于醉酒驾驶的人，其酒后驾驶机动车的行为是在其意志支配下所实施的，所以是故意而为。但这种故意不是故意犯罪中的故意。根据《刑法》第 14 条规定，故意犯罪是指明知自己的行为会发生危害社会的结果，并且希望或者放任这种结果的发生。若醉酒的人知道驾驶机动车会对他人合法利益产生危害风险而仍然为之，那么就应当以

---

〔4〕 参见张明楷：《刑法学》（第 6 版），法律出版社 2021 年版，第 931 页。

〔5〕 参见冯军：《论〈刑法〉第 133 条之 1 的规范目的及其适用》，载《中国法学》2011 年第 5 期。

《刑法》第 114 条、第 115 条以危险方法危害公共安全罪认定。《刑法》第 15 条规定了过失犯罪,即应当预见自己的行为可能发生危害社会的结果,因为疏忽大意而没有预见,或者已经预见而轻信能够避免,以致发生了这种结果。从条文表述来看,过失犯罪中的行为人对于自己所实施的不法行为具有主观上的认识和认知,并且在客观上积极地实施了该行为。与故意犯罪不同的是,醉酒驾驶机动车的行为人不希望发生危害结果。所以,故意犯罪与过失犯罪的区分不在于行为人是否意识到自己正在实施某种不法行为,而是行为人对结果的发生所持的态度。对于故意犯罪而言,直接故意的行为人是积极追求危害结果的发生,间接故意的行为人是放任危害结果的发生。对于过失犯罪的行为人,其不希望发生危害结果。根据上述分析,从犯罪的主观方面来看,醉酒驾驶机动车的行为人应当属于过失犯罪而非故意犯罪。

从刑罚体系上分析,危险驾驶罪作为《刑法》第 133 条之一与交通肇事罪规定在同一刑法条文之中。通常认为故意犯罪的社会危害性要大于过失犯罪,因此,立法者为故意犯罪配置了相对较重的刑罚,而为过失犯罪配置相对较轻的刑罚。交通肇事罪属于过失犯罪,根据犯罪情节分为三档刑罚,其中第一档最高法定刑是有期徒刑 3 年,第二档最高法定刑是有期徒刑 7 年,第三档最高法定刑责是有期徒刑 15 年。若将危险驾驶罪划分为故意犯罪,那么其最高法定刑为拘役 6 个月。从法定刑的比较来看,作为过失犯罪的交通肇事罪的处罚力度反而比作为故意犯罪的危险驾驶罪更大。因此,只有将危险驾驶罪作为过失犯罪,才能在刑罚体系上与交通肇事罪保持一致。有反对观点提出,过失犯罪属于结果犯,刑法只处罚已经发生实害结果的过失行为。据此将危险驾驶罪作为过失犯罪的话,就破坏了过失犯罪的法律构造。本文认为,自醉酒驾驶机动车的行为入刑以来,对该犯罪行为的讨论已经从感性转向了理性,学理界和实务界都已经意识到了严格限制危险驾驶罪刑罚圈的必要性。将危险驾驶罪作为过失犯罪,可以最大程度上避免行为人因此得到的负面社会评价,减少犯罪对其个人生活、工作或者学习的影响。

(王明森)

卢某某、刘某某司乘冲突案

妨害安全驾驶罪之擅离职守型行为认定

案情介绍

被告人刘某某从大连市中山广场公交车站上车，乘坐由被告人卢某某驾驶的16路公交车，上车后，被告人刘某某因公交卡（注：优待卡）刷卡无显示而与卢某某交涉。刘某某因认为卢某某对其蔑视地笑，遂辱骂卢某某，被告人卢某某将公交车停在港湾广场车站，与之理论，乘客见状后下车离开。两人争执期间，被告人刘某某欲下车，被卢某某阻拦。被告人卢某某驾驶车辆前行，被告人刘某某上前抢夺公交车方向盘，卢某某将车刹停。两人继续争执，被告人卢某某启动车辆继续前行，被告人刘某某再次抢夺方向盘，被告人卢某某见状后，丢开方向盘，任由刘某某抢夺，致使公交车撞到路边行道树后停止，事故导致公交车挡风玻璃等受损。原审法院以妨害安全驾驶罪判处被告人刘某某拘役6个月，缓刑9个月，并处罚金人民币3000元；判处被告人卢某某管制一年，并处罚金人民币2000元。辽宁省大连市中山区人民检察院抗诉认为，卢某某在刘某某抢夺方向盘时擅离职守手丢开方向盘，严重违背其职业道德，鉴于卢某某在本案中的行为及其职业的特殊性，且其一直拒不认罪，未有悔意，为有效维护社会安全秩序，法院对其判处管制时应同时对其判处禁止令。二审法院维持一审对卢某某和刘某某的定罪量刑部分；并禁止卢某某在3个月内从事公交车驾驶工作。[1]

理论争议

关于本案中卢某某的行为如何定罪处罚，存在以下两种观点：

一种观点认为，被告人卢某某的行为应当定性为《刑法》第114条以危险方法危害公共安全罪。主要理由是，《刑法》第133条之二第2款“驾驶人员

---

〔1〕 辽宁省大连市中级人民法院刑事判决书，(2021)辽02刑终610号。

擅离职守,与他人互殴或者殴打他人"表明,公共交通工具驾驶员需要同时满足"擅离职守"和"殴打或与他人互殴"这两个行为要件要素才能构成本罪。本案中,被告人卢某某放开方向盘后并未殴打刘某某,或与刘某某互殴。被告人卢某某放任刘某某抢夺行驶中的公交车的方向盘的行为已然危害了公共安全。因此,被告人卢某某的行为构成《刑法》第 114 条以危险方法危害公共安全罪,应依法予以定罪处刑。

另一种观点认为,被告人卢某某的行为应当定性为《刑法》第 133 条之二妨害安全驾驶罪。"擅离职守"是指擅自离开其驾驶岗位,因此,不应简单理解为物理空间上的位移。公共交通工具驾驶员脱离驾驶岗位,既可以表现为在物理空间上挪动位置,也可以表现为双手脱离方向盘等失去对公共交通工具控制的其他行为。公共交通工具驾驶员在公共交通工具行驶过程中放弃对公共交通工具的控制,本身就违背了安全谨慎驾驶的义务,这种行为本身就具有一定危险性。因此,被告人卢某某双手离开方向盘并放任刘某某抢夺的行为,引起了危及公共安全的危险,构成妨害安全驾驶罪,应依法定罪处刑。

■ 法理分析

前述争议聚焦于擅离职守型妨害安全驾驶罪中,"擅离职守"与"殴打或与他人互殴"是否必须同时存在,方能构成本罪。即公共交通工具驾驶员脱离驾驶岗位后,是否仅在实施了殴打他人或与他人互殴后才符合擅离职守型妨害安全驾驶罪。

2019 年,最高人民法院、最高人民检察院和公安部联合发布了《关于依法惩治妨害公共交通工具安全驾驶违法犯罪行为的指导意见》(以下简称《惩治妨害安全驾驶的意见》),试图对已经出现的各种妨害公共交通安全的行为,在现有刑法规范的框架内进行规制。《惩治妨害安全驾驶的意见》指出了妨害公共交通安全的行为在司法实践中的裁判规则要点:其一,在行为方面,该类案件应重视殴打驾驶员、抢夺方向盘、拉扯驾驶员、强迫制动四种行为类型;其二,在结果方面,应将造成公交车与车辆设施发生碰撞、致人受伤、紧急停车,以及其他危险行驶状态(如车体摇晃、偏离行驶路线等)作为重点关注对象;其三,在特殊情节方面,对部分特殊情节进行了强调,如"持械袭击""载客 10 人以上""时速 60 公里以上"等。为进一步维护人民群众的出行安全,全国人大常委会在总结司法实践经验的基础上,于 2020 年 12 月 26 日通过了《刑法修正案(十一)》并增设妨害安全驾驶罪。消除司法实践中对以危险方法危害公共安全罪的不当解释适用，是增设妨害安全驾驶罪的原因之一。尽管妨害安全驾驶罪的增设对于维护公共交通安全、保护人民群众的人身安全和财产安全、健全社会主义法治、促进国家治理体系和治理能力现代化具有十分重要的意义，但确实在一定程度上不当扩大了犯罪圈，并导致了罪刑失衡现象。例如，在黄某锦、陈某某以危险方法危害公共安全案中，同样是公共交通工具驾驶员双手离开方向盘引起的危险，本案中陈某某的行为却构成了刑罚更严厉的以危险方法危害公共安全罪。〔2〕基于此，我们在理解妨害安全驾驶罪的构成要件时应当坚守本罪为轻罪的立场，不应过多地对构成要件作限制性理解，避免在刑事司法实践中不当地扩大本罪的适用范围。

公共交通工具驾驶员掌控公共交通工具的运行，对乘载人员的安全负有法律义务，应严格遵守驾驶规则。若其违背职责要求擅离自开自己的岗位，置乘客及公共交通安全于不顾，极有可能会危及公共交通安全。基于此，《刑法修正案（十一）》增设妨害安全驾驶罪，将这种行为规定为犯罪。立法者设立本罪，一方面，为维护公共交通工具驾驶员的职业环境；另一方面，则意在提示其面对乘客的拉扯、推搡或轻微暴力行为，应当以乘载人员的安全为先。擅离职守型妨害安全驾驶行为表现为“擅离职守，殴打或与他人互殴”。根据法条的表述，公共交通工具驾驶员只有在为了“殴打或与他人互殴”而擅离职守时，才可能构成本罪。司乘冲突的起因复杂多样，但公共交通工具驾驶员的职业道德素养要求其不能逞一时之气，应当以保障乘客安全为重。纵然，公共交通工具驾驶员殴打他人或者与他人互殴会失去使其对公共交通工具的控制，从而危及公共安全。但这并不意味着公共交通工具驾驶员在离开驾驶岗位后，仅在“殴打或与他人互殴”时，才构成妨害安全驾驶罪。

“殴打他人”或者“与他人互殴”仅仅是公共交通工具驾驶员妨害安全驾驶行为的典型代表。一如司乘冲突起因复杂多样，公共交通工具驾驶员可能实施的行为类型亦具有多样性。公共交通工具驾驶员妨害安全驾驶的行为既包括积极的作为也包括被动的不作为。立法者在对既往的刑事司法实践进行考察、总结的基础上，认为“殴打他人”“与他人互殴”行为具有多发性以及危

〔2〕案例来源：湖南省张家界市中级人民法院刑事裁定书，（2020）湘08刑终22号。案情简介：陈某某以车上载有乘客为由不同意等待并驾驶公交车行驶，车内载有乘客十余名，黄某某见状便抓住公交车方向盘向右拉要求陈某某停车，陈某某故意将双手脱离方向盘，并吼道“你抢，你抢”，其后司机陈某某夺回方向盘并继续向右加速行驶，致使所驾驶的公交车撞到公路右侧绿化带中的景观灯和行道树，造成车上多名乘客不同程度受伤以及公交车车头、景观灯灯柱损坏的后果。

及公共安全的高度盖然性,因此才将它们作为公共交通工具驾驶员妨害安全驾驶行为的典型类型,并以文字的形式予以固定。换言之,除《刑法》第133条之二第2款条文所明确列举的公共交通工具驾驶员妨害安全驾驶的行为类型外,客观上确实存在其他的手段能够危及公共安全。例如,在前文所述的黄某锦、陈某某以危险方法危害公共安全案中,驾驶员陈某某夺回方向盘后向右加速行驶,致使所驾驶的公交车撞到公路右侧绿化带中的景观灯和行道树,造成车上多名乘客不同程度受伤以及公交车车头、景观灯灯柱损坏的后果。可见,只将"殴打他人"和"与他人互殴"两种行为类型规定为公共交通驾驶员妨害安全驾驶的行为类型,可能会不当限缩妨害安全驾驶罪的行为范围。

对擅离职守型妨害安全驾驶行为的理解,应当聚焦于该类行为与危及公共安全这一危险结果之间的因果关系。一般而言,"危及公共安全"是妨害安全驾驶罪成立的结果条件,故可以视本罪为具体危险犯。因此,在刑事司法实践中,应当在公共交通工具驾驶员妨害安全驾驶行为的基础上,结合各种客观要素进行综合考量,对"危及公共安全"作具体判断。例如,司乘冲突起因、是否主动升级冲突或案发时的路况、车流量、载客人数等客观因素。具体来说,若公共交通工具驾驶员主动挑起司乘冲突或在冲突升级中发挥主要作用,或在城市主干道、高速公路、桥梁、隧道等路段,在上下班高峰时段或在车辆高速行驶时等情形下实施妨害安全驾驶的行为,因车辆失控、发生事故的可能性大,所以危及公共安全的可能性相对较高。故而,在刑事司法实践中,只要公共交通工具驾驶员擅自离开驾驶岗位,即没有履行安全谨慎驾驶义务,综合考量案发时的客观因素,在能够判断妨害安全驾驶行为足以危及公共安全时,即使公共交通工具驾驶员没有与他人互殴或殴打他人,亦可径直认定其构成妨害安全驾驶罪。反之,当公共交通工具驾驶员在行驶过程双手紧握方向盘,牢牢掌握着公共交通工具的控制权,但却实施故意逆行、横冲直撞、超速行驶等行为时,因其行为违反了安全谨慎的驾驶义务,并对公共交通安全造成了影响,若结合具体的时空条件判断其妨害安全驾驶行为达到了危及公共安全的危险程度,即应当认定其符合妨害安全驾驶罪的构成要件。

(张雯)

夏某某重大责任事故案

准确适用重大责任事故罪、交通肇事罪

案情介绍

被告人夏某某原系“×号”平板拖船股东、经营者、驾驶员。被告人刘某某原系“×号”平板拖船驾驶员、平板拖船联营股东。告人左某某原系“×号”平板拖船联营股东、经营者。被告人段某某原系“×号”平板拖船联营股东、经营者。

2012年3月,在左某某的召集下,“×号”等四艘平板拖船的股东夏某某、刘某某、段某某、伍某某等十余人协商签订了联营协议,左某某负责日常经营管理及财务,并与段某某共同负责船只调度;夏某某、夏英某、刘某某负责“×号”平板拖船的具体经营。在未依法取得船舶检验合格证书、船舶登记证书、水路运输许可证、船舶营业运输证等经营资质的情况下,上述四艘平板拖船即在湖南省安化县资江河段部分水域进行货运车辆的运输业务。

2012年12月8日晚12时许,按照段某某的调度安排,夏某某、刘某某驾驶的“×号”在安化县烟溪镇十八渡码头搭载四台货运车,经资江水域柘溪水库航道前往安化县平口镇。夏某某、刘某某违规夜间航行、违规超载、无证驾驶。因“×号”无车辆固定装置,夏某某、刘某某仅在车辆左后轮处塞上长方形木条、三角木防止其滑动,并且未要求驾乘人员离开驾驶室实行“人车分离”。次日凌晨3时许,“×号”行驶至平口镇安平村河段时,因刘某某操作不当,船体发生侧倾,致使所搭载的四台货运车辆滑入柘溪水库,沉入水中。该事故造成10名司乘人员随车落水,其中9人当场溺亡,直接经济损失100万元。[1]

理论争议

对于夏某某违规夜间航行、违规超载、无证驾驶的行为应如何定罪,有以

---

〔1〕 湖南省安化县人民法院刑事判决书,(2015)安法刑初字124号。

下两种观点:

第一种观点认为,夏某某的行为构成交通肇事罪。理由是:夏某某违规夜间航行、违规超载、无证驾驶的行为违反交通运输管理法规,即《内河交通安全管理条例》《航运公司安全与防污染管理规定》,其性质属于违反交通运输管理法规,符合《刑法》关于交通肇事罪的规定,即违反交通运输管理法规,因而发生重大事故,致人重伤、死亡或者使公私财产遭受重大损失的,构成交通肇事罪。

第二种观点认为,夏某某的行为构成重大责任事故罪,理由是:夏某某的上述行为违反了《安全生产法》《内河交通安全管理条例》《航运公司安全与防污染管理规定》,上述规定属于"有关安全管理的规定"。夏某某的行为符合《刑法》关于重大责任事故罪的规定:在生产、作业中违反有关安全管理的规定,因而发生重大伤亡事故或者造成其他严重后果的,构成重大责任事故罪。

■ 法理分析

1 夏某某的行为构成重大责任事故罪

重大责任事故罪,是指在生产、作业中违反有关安全管理的规定,因而发生重大伤亡事故或者造成其他严重后果的行为。船舶从事海上运输生产作业,违反安全管理规定,因而发生事故构成犯罪的,应当依照刑法第 134 条第 1 款规定追究行为人的刑事责任。一方面,由于经营模式、生产作业、事故损害等均存在较大差异,船舶海上重大责任事故犯罪与陆上其他重大责任事故犯罪既有共性,也有其特殊性;另一方面,船舶海上重大责任事故犯罪和海上交通肇事犯罪,都是违反安全管理规定、危害公共安全的犯罪,都是典型的海事刑事案件,有许多共性,但也存在差异,同时还可能构成竞合。

(1)根据《安全生产法》,夏某某的行为构成重大安全事故罪

第一,《安全生产法》规定,生产经营单位必须遵守本法和其他有关安全生产的法律、法规,加强安全生产管理,建立健全全员安全生产责任制和安全生产规章制度,加大对安全生产资金、物资、技术、人员的投入保障力度,改善安全生产条件,加强安全生产标准化、信息化建设,构建安全风险分级管控和隐患排查治理双重预防机制,健全风险防范化解机制,提高安全生产水平,确保安全生产。本案中,夏某某作为"×号"等四艘平板拖船的经营者未遵守有关安全生产的法律、法规(主要是《内河交通安全管理条例》),也未加强日常

安全生产管理。

第二,《安全生产法》规定,生产经营单位应当对从业人员进行安全生产教育和培训,保证从业人员具备必要的安全生产知识,熟悉有关的安全生产规章制度和安全操作规程,掌握本岗位的安全操作技能,了解事故应急处理措施,知悉自身在安全生产方面的权利和义务。未经安全生产教育和培训合格的从业人员,不得上岗作业。本案中,夏某某作为"×号"等四艘平板拖船的经营者未配备拥有适任证的船员。

第三,《安全生产法》规定,安全设备的设计、制造、安装、使用、检测、维修、改造和报废,应当符合国家标准或者行业标准。生产经营单位必须对安全设备进行经常性维护、保养,并定期检测,保证正常运转。维护、保养、检测应当作好记录,并由有关人员签字。生产经营单位不得关闭、破坏直接关系生产安全的监控、报警、防护、救生设备、设施,或者篡改、隐瞒、销毁其相关数据、信息。本案中,夏某某作为"×号"等四艘平板拖船的经营者未在船舶上设置固定货运车辆的设施和安全救援设施。因"×号"无车辆固定装置,夏某某、刘某某仅在车辆左后轮处塞上长方形木条、三角木防止其滑动,导致了事故的发生。

第四,《安全生产法》规定,生产经营单位应当建立健全并落实生产安全事故隐患排查治理制度,采取技术、管理措施,及时发现并消除事故隐患。本案中,夏某某作为"×号"等四艘平板拖船的经营者未建立健全并落实生产安全事故隐患排查治理制度。

第五,《安全生产法》规定,生产经营单位应当教育和督促从业人员严格执行本单位的安全生产规章制度和安全操作规程;并向从业人员如实告知作业场所和工作岗位存在的危险因素、防范措施以及事故应急措施。本案中,夏某某作为"×号"等四艘平板拖船的经营者未教育和督促从业人员严格执行本单位的安全生产规章制度和安全操作规程,致使事故发生。

(2)根据《内河交通安全管理条例》,夏某某的行为构成重大安全事故罪

首先,《内河交通安全管理条例》规定,船舶具备下列条件,方可航行:经海事管理机构认可的船舶检验机构依法检验并持有合格的船舶检验证书;经海事管理机构依法登记并持有船舶登记证书;配备符合国务院交通主管部门规定的船员;配备必要的航行资料。本案中,行为人在未依法取得船舶检验合格证书、船舶登记证书、水路运输许可证、船舶营业运输证等经营资质的情况下,即在湖南省安化县资江河段部分水域进行货运车辆的运输业务。

其次,《内河交通安全管理条例》规定,船员经水上交通安全专业培训,其

中客船和载运危险货物船舶的船员还应当经相应的特殊培训,并经海事管理机构考试合格,取得相应的适任证书或者其他适任证件,方可担任船员职务。严禁未取得适任证书或者其他适任证件的船员上岗。本案中,经营者违反规定未配备适格船员。联营协议仅确定了利益分配方案和经营管理人员,左某某、段某某作为联营组织的管理人员,夏某某、刘某某等作为联营船舶的经营管理人员,违反《安全生产法》《内河交通安全管理条例》等规定,未配备拥有适任证的船员。

最后,《内河交通安全管理条例》规定,船舶在内河航行,应当保持瞭望,注意观察,并采用安全航速航行。船舶安全航速应当根据能见度、通航密度、船舶操纵性能和风、浪、水流、航路状况以及周围环境等主要因素决定。船舶在限制航速的区域和汛期高水位期间,应当按照海事管理机构规定的航速航行。从事货物或者旅客运输的船舶,必须符合船舶强度、稳性、吃水、消防和救生等安全技术要求和国务院交通主管部门规定的载货或者载客条件。任何船舶不得超载运输货物或者旅客。船舶在内河通航水域载运或者拖带超重、超长、超高、超宽、半潜的物体,必须在装船或者拖带前 24 小时报海事管理机构核定拟航行的航路、时间,并采取必要的安全措施,保障船舶载运或者拖带安全。船舶需要护航的,应当向海事管理机构申请护航。本案中,行为人无视上述规定,未在船舶上设置固定货运车辆的设施和安全救援设施,且无视海事、交通管理等部门多次作出的停航等行政处罚,无视“禁止夜间渡运,禁止超载、货运车辆人车分离”等安全规定,甚至私自拆除相关部门在船舶上加装的固定限载措施,长期危险营运。

Ⅱ 准确适用交通肇事罪与重大责任事故罪

夏某某系“×号”经营管理人员和驾驶人员,具有双重身份,对违规和危险作业情况明知,且长期参与营运,又是事故当晚驾驶人员,实施了超载运输、无证驾驶、超速行驶等违规行为,同时违反了有关安全管理的规定和交通运输法规,因而发生重大事故,由于联营船舶运输活动具有营运性质,是生产经营活动,不仅是交通运输,以重大责任事故罪认定罪名更为准确,更能全面评价夏某某的行为。

最高人民法院、最高人民检察院《关于办理危害生产安全刑事案件适用法律若干问题的解释》规定,刑法第 134 条第 1 款规定的犯罪主体,包括对生产、作业负有组织、指挥或者管理职责的负责人、管理人员、实际控制人、投资人等人员,以及直接从事生产、作业的人员。《关于进一步加强危害生产安全刑事案件审判工作的意见》规定，非矿山生产安全事故中，认定“直接负责的主管人员和其他直接责任人员”“负有报告职责的人员”的主体资格，认定构成“重大伤亡事故或者其他严重后果”“情节特别恶劣”，不报、谎报事故情况，贻误事故抢救，“情节严重”“情节特别严重”等，可参照最高人民法院、最高人民检察院《关于办理危害矿山生产安全刑事案件具体应用法律若干问题的解释》的相关规定。《关于办理危害矿山生产安全刑事案件具体应用法律若干问题的解释》规定，刑法第 134 条第 1 款规定的犯罪主体，包括对矿山生产、作业负有组织、指挥或者管理职责的负责人、管理人员、实际控制人、投资人等人员，以及直接从事矿山生产、作业的人员。

据此，船舶海上重大责任事故犯罪主体主要有两类：第一类是对船舶运输生产作业负有组织、指挥、管理职责的人员，如船舶所有人、船舶经营人、船舶管理人、船舶承租人的负责人、管理人员、实际控制人、投资人等。第二类是直接从事船舶运输生产作业的人员，主要是船员。对于前述第一类主体，如其对重大生产安全事故发生起决定性、关键性作用，应当承担主要责任；对于其中负有安全生产管理、监督职责的工作人员，应根据其岗位职责、履职依据、履职时间等，综合考察工作职责、监管条件、履职能力、履职情况等，合理确定罪责。而对于第二类主体，即使事故调查认定其为直接责任人，也还应当综合考虑各种因素，不能简单地将直接责任等同于主要责任。本案中，夏某某具有双重身份，既是管理人员，又是驾驶员，对其行为不宜简单地认定为交通肇事，以重大责任事故罪认定罪名更为准确，更能全面评价夏某某的行为。

危害生产安全犯罪，往往涉案人员较多，犯罪主体复杂，既包括直接从事生产、作业的人员，也包括对生产、作业负有组织、指挥或者管理职责的负责人、管理人员、实际控制人、投资人等，有的还涉及国家机关工作人员渎职犯罪。对相关责任人的处理，要根据事故原因、危害后果、主体职责、过错大小等因素，综合考虑全案，正确划分责任，做到罪责刑相适应。一般情况下，对生产、作业负有组织、指挥或者管理职责的负责人、管理人员、实际控制人、投资人，违反有关安全生产管理规定，对重大生产安全事故的发生起决定性、关键性作用的，应当承担主要责任。实践中既要依法追究直接造成损害的从事生产、作业的责任人员，更要依法从严惩治对生产、作业负有组织、指挥或者管理职责的负责人、管理人、实际控制人、投资人。

交通肇事罪与重大责任事故罪均属危害公共安全犯罪，前罪违反的是“交通运输法规”，后罪违反的是“有关安全管理的规定”。一般情况下，在航道、公路等公共交通领域，违反交通运输法规，驾驶机动车辆或者其他交通工具,致人伤亡或者造成其他重大财产损失,构成犯罪的,应认定为交通肇事罪;在停车场、修理厂、进行农耕生产的田地等非公共交通领域,驾驶机动车辆或者其他交通工具,造成人员伤亡或者财产损失,构成犯罪的,应区分情况,分别认定为重大责任事故罪、重大劳动安全事故罪、过失致人死亡罪等罪名。需要指出的是,对于从事营运活动的交通运输组织来说,航道既是公共交通领域,也是其生产经营场所,“交通运输法规”同时亦属交通运输组织的“安全管理的规定”,交通运输活动的负责人、投资人、驾驶人员等违反有关规定,导致在航道、公路上发生交通事故,造成人员伤亡或者财产损失的,可能同时触犯交通肇事罪与重大责任事故罪。鉴于两罪前两档法定刑均为 7 年以下有期徒刑(交通肇事罪有因逃逸致人死亡判处 7 年以上有期徒刑的第三档法定刑),要综合考虑行为人对交通运输活动是否负有安全管理职责、对事故发生是否负有直接责任、所实施行为违反的主要是交通运输法规还是其他安全管理的法规等,准确选择适用罪名。具有营运性质的交通运输活动中,行为人既违反交通运输法规,也违反其他安全管理规定(如未取得安全许可证、经营资质、不配备安全设施等),发生重大事故的,由于该类运输活动主要是一种生产经营活动,并非单纯的交通运输行为,为全面准确评价行为人的行为,一般可按照重大责任事故罪认定。

(周辉)

卢某某生产、销售不符合安全标准的食品案

亚硝酸盐*的性质认定

案情介绍

2020年7月3日，顺平县市场监督管理局联合顺平县公安局食品药品安全保卫大队对顺平县西安阳村卢某某经营的饭店进行食品安全检查，后对被告人卢某某加工的酱鸡进行食品亚硝酸盐快检，检测结果为不合格，并在该饭店操作间发现亚硝酸盐一瓶。顺平县市场监督管理局执法人员将被告人卢某某加工好的酱鸡随机抽样送检，经河北卓润技术服务有限公司检测，每千克含64mg亚硝酸盐。法院审理认为，被告人卢某某在煮制酱鸡的过程中，非法超量添加亚硝酸盐，并将自制酱鸡进行销售，足以造成严重食物中毒事故或严重食源性疾病，其行为已构成生产、销售不符合安全标准的食品罪。法院依法判决：(1)被告人卢某某犯生产、销售不符合安全标准的食品罪，判处有期徒刑6个月，缓刑1年，并处罚金人民币3000元，上缴国库。(2)禁止被告人卢某某在缓刑考验期限内从事食品相关职业。(3)责令向附带民事公益诉讼机关河北省顺平县人民检察院支付赔偿金人民币1400元。[1]

理论争议

关于本案中被告人的行为如何定罪处罚，存在以下两种观点：

第一种观点认为，被告人的行为涉嫌生产、销售有毒、有害食品罪。主要理由是，被告人生产、售卖的酱鸡中添加的亚硝酸盐，系禁止添加、使用的物质。原卫生部、原国家食品药品监督管理局2012年第10号公告明确指出，为保证食品安全，确保公众身体健康，根据《食品安全法》及其实施条例的规定，

---

* 本案例所讨论的亚硝酸盐均为食品级亚硝酸盐。

〔1〕 案例来源：河北省顺平县人民法院刑事判决书，(2020)冀0636刑初95号。

禁止餐饮服务单位[2]采购、贮存、使用食品添加剂亚硝酸盐(亚硝酸钠、亚硝酸钾)。2018 年,原国家食品药品监督管理总局发布第 18 号公告,禁止餐饮服务提供者采购、贮存、使用亚硝酸盐(包括亚硝酸钠、亚硝酸钾),严防将亚硝酸盐误作食盐使用加工食品。结合最高人民法院、最高人民检察院《关于办理危害食品安全刑事案件适用法律若干问题的解释》(法释〔2021〕24 号,以下简称《食品案件解释》)第 9 条第 1 项规定,被国家食品药品监督管理局所禁止使用的亚硝酸盐应认定为“被法律、法规禁止在食品生产经营活动中添加、使用的物质”[3],综合近年来日趋严峻的食品安全环境来看,被告人的行为应当认定为生产、销售有毒、有害食品罪。

第二种观点认为,被告人的行为涉嫌生产、销售不符合安全标准的食品罪。主要理由是,被告人在加工酱鸡过程中添加的亚硝酸盐属于食品添加剂(亚硝酸钠、亚硝酸钾),不应当理解为非食品原料。在原卫生部发布的《食品中可能违法添加的非食品物质和易滥用的食品添加剂名单》中,硝酸盐、亚硝酸盐被界定为限量使用的食品添加剂;《食品安全国家标准—食品添加剂使用标准》(GB 2760—2014)中也规定亚硝酸钠在安全使用标准内可以作为食品添加剂使用,酱卤肉制品类食品中的最大使用量为 0.15g/kg,残留量应不超过 30mg/kg。故卢某某生产、销售的酱鸡不属于掺入有毒、有害非食品原料

〔2〕 在冷某某生产、销售不符合安全标准的食品案[四川省宜宾市中级人民法院刑事判决书,(2016)川 15 刑终 221 号]中,一审法院认为冷某某在生产过程中添加了国家明令禁止使用的亚硝酸盐,其行为构成生产、销售有毒、有害食品罪;二审法院以冷某某经营的卤制品小作坊非餐饮服务单位为由,认定其行为不适用此公告,故改判冷某某构成生产、销售不符合安全标准的食品罪。在陈某某生产、销售有毒、有害食品案[四川省高县人民法院刑事判决书,(2019)川 1525 刑初 78 号]中,法院认为被告人陈某某经营的卤制品小作坊系公告中的餐饮服务提供者,其在生产、加工卤制品过程中使用国家食品药品监管总局 2018 年第 18 号公告所禁用亚硝酸盐,属于在生产、销售的食品中掺入有毒、有害的非食品原料,构成生产、销售有毒、有害食品罪。上述两起案件发生时,《餐饮服务许可管理办法》(2022 年 5 月 1 日废止)仍然有效,该办法第 39 条规定,餐饮服务,指通过即时制作加工、商业销售和服务性劳动等,向消费者提供食品和消费场所及设施的服务活动;第 2 条规定,本办法适用于从事餐饮服务的单位和个人,不适用于食品摊贩和为餐饮服务提供者提供食品半成品的单位和个人。尽管如此,司法实践中餐饮服务提供者的认定仍存在争议。本案中,卢某某饭店系该办法所规定的餐饮服务单位,不存在上述争议。

〔3〕 最高人民法院、最高人民检察院《关于办理危害食品安全刑事案件适用法律若干问题的解释》第 9 条规定:“下列物质应当认定为刑法第一百四十四条规定的‘有毒、有害的非食品原料’:(一)因危害人体健康,被法律、法规禁止在食品生产经营活动中添加、使用的物质;(二)因危害人体健康,被国务院有关部门列入《食品中可能违法添加的非食用物质名单》《保健食品中可能非法添加的物质名单》和国务院有关部门公告的禁用农药、《食品动物中禁止使用的药品及其他化合物清单》等名单上的物质;(三)其他有毒、有害的物质。”

的食品,应以涉嫌生产、销售不符合安全标准的食品罪定罪量刑。

■ 法理分析

食品中的非法添加类物质可以分为禁止添加和限制添加两类。禁止添加物质指添加的物质本身未被获准使用,即所添加的物质是明令禁止或尚未被批准添加的。限制添加物质指添加的物质虽然获准使用,但添加的方式方法不符合相关限制规定,超出了使用范围或使用限量。[4] 本案中具有争议的亚硝酸盐包括亚硝酸钠、亚硝酸钾,在过量使用的情况下具有致癌风险,因其外观与食用盐类似,存在误服误用的可能。鉴于此,行政机关的相关公告禁止餐饮服务单位采购、贮存、使用亚硝酸盐,在此种意义上,很多案例将亚硝酸盐认定为禁止添加物质。具有食品生产资质的食品生产加工企业可以在食品生产、加工过程中使用食品添加剂,但须符合使用量规定。在国家有关食品添加剂的标准中,亚硝酸盐系允许限量使用的食品添加剂。此种意义上,亚硝酸盐属于限制添加物质。对于亚硝酸盐的定性不同,即应将其视作禁止添加物质还是限制添加物质,是导致司法实践混乱的原因。

禁止添加物质主要规定在《食品安全法》第 34 条第 1 项[5]中。违反此规定,但不构成犯罪的,依据《食品安全法》第 123 条进行处罚。罪与非罪的界限主要在于该物质是否有毒、有害。无论是行政规定还是刑事规定,禁止添加物质的表现形式均为非食品原料。《食品案件解释》第 9 条在规定禁用物质时,也以"非食品原料"作为前提。原卫生部、原国家食品药品监督管理局 2012 年第 10 号和原国家食品药品监督管理总局 2018 年第 18 号公告均未否定亚硝酸盐食品添加剂的定性,援引这两个公告作为判断亚硝酸盐属于非食品原料的标准,不符合生产、销售有毒、有害食品罪的构成要件。且相关公告的规范目的在于防止餐饮提供者将亚硝酸盐误当作食盐使用,进而导致食品中的亚硝酸盐含量超量,造成危险。法院在案件审理的过程中,忽视"非食品原料"这一先决条件,机械适用司法解释和相关公告,难免会出现问题。如在杨某某生产、销售有毒、有害食品案[6]中,被告人杨某某在合阳县城经营一

---

〔4〕 参见魏麟、李春雷:《非法添加类食品安全犯罪刑事规制体系的不足与完善——以法释〔2021〕24 号司法解释为视角》,载《食品科学》(网络首发时间:2022 年 6 月 22 日)。

〔5〕 《食品安全法》第 34 条规定:"禁止生产经营下列食品、食品添加剂、食品相关产品:(一)用非食品原料生产的食品或者添加食品添加剂以外的化学物质和其他可能危害人体健康物质的食品,或者用回收食品作为原料生产的食品;……"

〔6〕 案例来源:陕西省合阳县人民法院刑事判决书,(2018)陕 0524 刑初 30 号。

家“老三清汤羊肉”店,在每天制作羊肉过程中添加亚硝酸盐予以销售,经检测发现羊肉中亚硝酸盐含量为3.7mg/kg。法院以被告人杨某某明确知道“国家明令禁止在餐饮服务业中购买、贮存、使用亚硝酸盐”为由,认定杨某某违反国家食品安全管理法规,在生产、销售的食品中故意添加使用亚硝酸盐,判处杨某某构成“生产、销售有毒、有害食品罪”。案涉羊肉中的亚硝酸盐含量尚未超过食品安全标准,杨某某却因此被判处重罪,此判决难以获得肯定性评价。

刑法中食品安全标准应以《食品安全法》为基础,即刑法上的“不符合安全标准的食品”要依据《食品安全法》中规定的“食品安全标准”进行判断。[7] 具体而言,不符合食品安全标准,是指不符合《食品安全法》规定的从事食品生产、经营应当执行的安全标准。从依据上说,食品安全标准应当以国家标准为准。从范围上看,应当包括《食品安全法》有关条款规定的所有安全标准,如其第26条的8项内容。在此基础上,《食品安全法》第33条、第34条规定的关于食品安全标准的具体内容以及禁止生产经营食品、食品添加剂和相关产品等,也是判断食品安全标准的重要依据。这些条款共同构成了“不符合安全标准”的体系框架[8]。食品安全标准属于一种技术标准,是在适用法律规范前识别事实的工具[9],在刑事法规范的适用过程中,技术标准在事实认定环节中发挥着重要的作用,它往往会左右着法律构成要件内容的解释与认定[10]。

一般情况下,超范围或超限量使用食品添加剂仅构成行政违法,只有这种滥用行为在客观上满足“足以造成严重食物中毒事故或者其他严重食源性疾病”,且行为人主观上明知时,才构成刑事犯罪。[11] 也就是说,违反《食品安全法》为行政法意义上的“不符合安全标准”,是构成本罪的基础要件,刑法学意义上的“不符合安全标准”仍需要结合“足以”这一要件。因此,应在“足以”的框架范围之内将行政不法与刑事不法区分开来,准确把握刑事犯罪的处罚范围。《食品案件解释》第1条以类型化的方式规定了“足以”的判定方法,只要

---

[7] 参见张明楷:《刑法学》(第5版),法律出版社2016年版,第742页。

[8] 参见赵秉志、张伟珂:《食品安全犯罪司法认定问题研究——以法释〔2013〕12号司法解释为视角》,载《中南民族大学(人文社会科学版)》2017年第2期。

[9] 参见陈伟:《作为规范的技术标准及其与法律的关系》,载《法学研究》2022年第5期。

[10] 参见宋华琳:《论行政规则对司法的规范效应——以技术标准为中心的初步观察》,载《中国法学》2006年第6期。

[11] 参见魏麟、李春雷:《非法添加类食品安全犯罪刑事规制体系的不足与完善——以法释〔2021〕24号司法解释为视角》,载《食品科学》(网络首发时间:2022年6月22日)。

符合“含有严重超出标准限量的致病性微生物、农药残留、兽药残留、生物毒素、重金属等污染物质以及其他严重危害人体健康的物质”等情形，就可以认定为“足以造成严重食物中毒事故或者其他严重食源性疾病”。这一规定将本罪从具体危险犯塑造为抽象危险犯，更有将本罪推向形式犯方向的可能。本条规定使用“严重”这一不确定的概念，使其自身的适用还要依靠法官规范的、评价的价值判断。由于对“足以”这一要件的认识不同，法官在个案的审理中判断是否属于刑法学意义上的“不符合安全标准”的食品具有较大的差异。

如“酒全十美”饭店经营者王某在卤制的牛肉中添加亚硝酸盐，经检验，熟牛肉中亚硝酸盐含量达34mg/kg，法院以王某违反食品安全标准，在生产、销售的食品中私自添加超限量的食品添加剂，足以造成严重食物中毒事故或者其他严重食源性疾病为由，判处王某的行为构成生产、销售不符合安全标准的食品罪。〔12〕 再如，“江南庭院”饭店的经营者刘某某为了使牛肉增色，安排其厨师在卤制牛肉时加入亚硝酸盐浸泡。次日，被害人夏某一家三口在该饭店食用卤制的牛肉后出现中毒现象，被诊断为亚硝酸盐中毒。经检测，酱牛肉中亚硝酸盐含量为11000mg/kg。法院以刘某某及其厨师违反食品安全管理法规，在卤制牛肉时违规添加亚硝酸盐致三人中毒为由，判处二被告构成“生产、销售不符合安全标准的食品罪”。〔13〕 上述两起案件，同样是经营饭店，同样是在食品中超标添加亚硝酸盐，王某案件中亚硝酸盐含量仅略微超过食品安全标准，法院略过《食品案件解释》第1条规定的“严重”标准，直接认定符合“足以”要件，对王某定罪量刑，难言妥当。

司法解释应当尽可能地科学合理。以本案的亚硝酸盐为例，作为具有争议的食品添加剂，添加的量在什么范围内是安全的，什么范围会造成危害人体健康的严重后果应当进行刑事处罚，应是司法解释的科学合理性所要求的内容。现实中，前述王某案件并非偶然，法院在判断是否构成本罪时存在很大的裁量空间，尽管《食品案件解释》第24条规定，“足以造成严重食物中毒事故或者其他严重食源性疾病”“有毒、有害的非食品原料”等专门性问题难以确定的，司法机关可以依据鉴定意见、检验报告、地市级以上相关行政主管部门组织出具的书面意见，结合其他证据作出认定。必要时，专门性问题由省级以上相关行政主管部门组织出具书面意见。但在实践中，鉴定意见、检验报告也

---

〔12〕 案例来源：安徽省宿州市中级人民法院刑事判决书，(2021)皖13刑初5号。

〔13〕 案例来源：安徽省淮北市中级人民法院刑事裁定书，(2018)皖06刑终134号。

通常对“足以”要件一笔带过。刑法学意义的“不符合安全标准”的认定既不可以仅仅依靠《食品安全法》中的安全标准,也不可以片面地理解《食品案件解释》的规定,还是要以“事实为依据、以法律为准绳”,综合考虑涉案食品添加剂违反“食品安全标准”的程度、剂量和数量等因素,协调好不同因素之间的关系。与此同时,随着社会科技以及食品形式的瞬息万变,各种食品添加剂被广泛应用于食品加工,甚至有的物质经过处理已经完全无害。这就要求裁判者应根据形势的变化逐步对刑法规范内的“食品安全标准”进行更为深入的理解,找到恰当的裁判尺度。

回到本案,亚硝酸盐为食品原料,而非生产、销售有毒、有害食品罪中所规定的“非食品原料”,以生产、销售有毒、有害食品罪对卢某某的行为进行定罪,不甚妥当。被告人卢某某在销售肉制品的过程中使用添加了亚硝酸盐的肉制品,其亚硝酸盐含量为64mg/kg,检验报告仅能证实卢某某存在超限量使用食品添加剂生产食品的行为,无法判断是否构成“足以造成严重食品中毒事故或者其他严重食源性疾病”这一要件,因此,仍需进行进一步的说理。

(陈伟)

赵某某、钱某某非法买卖毒品原植物种子，王某某生产、销售有毒、有害食品案

走私、贩卖、运输、制造毒品罪之毒品的认定

案情介绍

2019 年 12 月，被告人赵某某为赚取利润，购买 3 袋罂粟壳准备当作香料出售给他人。随后，赵某某将购买罂粟壳的情况告知其妻子被告人钱某某，并商定出售的价格。被告人王某某准备到从江开一家早餐店，便向赵某某购买经营早餐店需要的香料。王某某听赵某某介绍说罂粟果放进汤粉里会增加香味、生意好后，便向赵某某购买一斤多的罂粟果。2019 年 12 月中旬，王某某经营的早餐店开业后，每次在制作早餐的汤时都添加罂粟果，并将添加有罂粟果的汤加到粉、面条、馄饨、饺子里，卖给前来吃早餐的顾客。2020 年 7 月 15 日，从江县公安局与从江县市场监督管理局对丙妹镇辖区内的早餐店进行食品安全检查时，发现王某某经营的“姐妹快餐（粉）店”粉汤中添加有罂粟果，并查获罂粟壳疑似物 1 袋。经称量，罂粟壳疑似物（含种子）净重 0.67 千克。2020 年 7 月 17 日，从江县公安局民警在赵某某、钱某某共同经营的“赵家副食店”二楼查获罂粟共计 5 包，净重 55.6 千克。2020 年 10 月 23 日，从江县人民检察院提起公诉，指控被告人赵某某、钱某某犯贩卖毒品罪，被告人王某某犯生产、销售有毒、有害食品罪，同时提起刑事附带民事公益诉讼。贵州省从江县人民法院作出刑事附带民事判决：（1）被告人赵某某犯非法买卖毒品原植物种子罪，判处有期徒刑 2 年，并处罚金人民币 20，000 元；（2）被告人钱某某犯非法买卖毒品原植物种子罪，判处有期徒刑 1 年 6 个月，缓刑 2 年，并处罚金人民币 1 万元；（3）被告人王某某犯生产、销售有毒、有害食品罪，判处有期徒刑 1 年，缓刑 2 年，并处罚金人民币 1 万元。[1]

---

〔1〕 案例来源：贵州省从江县人民法院刑事附带民事判决书，（2020）黔 2633 刑初 134 号。

■ 理论争议

关于本案中赵某某和钱某某如何定罪处罚,存在以下三种观点:

第一种观点认为,案涉罂粟属于《刑法》走私、贩卖、运输、制造毒品罪中的“毒品”,被告人赵某某、钱某某为牟取非法利益贩卖毒品罂粟壳以及未经灭活的毒品原植物种子罂粟籽,其二人的行为已触犯《刑法》第 347 条、第 352 条之规定,构成贩卖毒品罪和非法买卖毒品原植物种子罪,依法应实行数罪并罚。

第二种观点认为,赵某某的行为不构成贩卖毒品罪,应当以非法买卖毒品原植物种子罪追究其刑事责任。主要理由是,被告人赵某某并不明知罂粟壳是毒品;被告人赵某某未对罂粟壳进行提炼、加工成毒品,仅作为香料出售,主观上没有贩卖毒品的故意。钱某某的行为也不构成贩卖毒品罪,应当以非法持有毒品原植物种子罪对其定罪量刑。主要理由是,根据最高人民法院研究室《关于贩卖、运输经过取汁的罂粟壳废渣是否构成贩卖、运输毒品罪的答复》,经过取汁的罂粟壳不属于毒品;被告人钱某某主观上的表现仅为知晓未阻止,并未贩卖过罂粟壳,不是贩卖罂粟壳的共犯,不构成共同犯罪。

第三种观点(法院判决)认为,被告人赵某某、钱某某主观上没有贩卖毒品牟取暴利的故意,二人将罂粟壳作为香料出售的行为应区别于传统贩卖毒品的行为。另外,公安机关无法对扣押的罂粟壳的吗啡含量进行鉴定,根据最高人民法院研究室《关于贩卖、运输经过取汁的罂粟壳废渣是否构成贩卖、运输毒品罪的答复》,若被告人贩卖、运输的是经过取汁的罂粟壳废渣,吗啡含量极低,不宜以贩卖毒品罪论处。由于本案无法对罂粟壳的吗啡含量进行鉴定,根据刑法有利于被告人的原则,本案不宜以贩卖毒品罪定罪。最高人民法院《关于审理毒品犯罪案件适用法律若干问题的解释》第 10 条规定:“非法买卖、运输、携带、持有未经灭活的毒品原植物种子或幼苗,具有下列情形之一的,应当认定为刑法第三百五十二条规定的‘数量较大’:(一)罂粟种子五十克以上、罂粟幼苗五千株以上的……”被告人赵某某、钱某某非法买卖毒品原植物种子 1054.6 克,数量较大,且经鉴定罂粟种子平均发芽率 19.67%,为具有生活力(未灭活)的种子,二被告人的行为触犯了《刑法》第 352 条的规定,构成非法买卖毒品原植物种子罪。

■ 法理分析

上述争议焦点在于,案涉“罂粟壳”“罂粟果”等是否属于《刑法》第 347 条走私、贩卖、运输、制造毒品罪中的"毒品",最高人民法院研究室《关于贩卖、运输经过取汁的罂粟壳废渣是否构成贩卖、运输毒品罪的答复》对于"经过取汁的罂粟壳废渣"的规定能否适用于本案。换言之,认定被告人赵某某、钱某某是否构成走私、贩卖、运输、制造毒品罪的关键在于,如何正确理解和把握《刑法》第357条所规定的犯罪客体及其所适用的技术指标。

罂粟具有麻醉性,是制取鸦片的主要原料,同时其提取物也是多种镇静剂的来源,如吗啡、蒂巴因、可待因、罂粟碱、那可丁,[2]非法种植、买卖、运输、携带、持有罂粟都是法律明令禁止的。进而,根据毒品成分的含量、外观形态、灭活程度等情况,相应违法行为所适用的法律条文并不完全相同。例如,《刑法》第352条规定:"非法买卖、运输、携带、持有未经灭活的罂粟等毒品原植物种子或者幼苗,数量较大的,处三年以下有期徒刑、拘役或者管制,并处或者单处罚金。"由此可见,非法买卖、运输、携带、持有毒品原植物种子、幼苗罪属于基于犯罪客体的特殊性而单列的特殊罪名,与《刑法》第348条的非法持有毒品罪,第347条的走私、贩卖、运输、制造毒品有所区别。准确地说,罂粟是毒品原植物,纯粹意义上的"罂粟"不能直接认定为"毒品"。但是,司法实践中对于持有、运输、买卖"罂粟壳"的处理不尽相同。"罂粟壳"中同样含有吗啡、可待因、蒂巴因、那可汀等鸦片中所含有的成分,虽含量较小,但久服亦有成瘾性,故对其适用何种罪名仍值得讨论。

对此,可以从刑法中有关技术性规范之规定与效力的角度进行分析。事实上,刑法条文中存在两类技术性规范。一类是由刑法条文援引的技术标准(如产品质量标准)。此类技术标准并非公法规范,而是为法律提供合理定型的一种参照规定。在行政执法和司法裁判的大部分案件中,基于能力和成本的考虑,宜尊重标准的合理定型功能;如果个案中确实存在更好的合理定型事实的工具,则应当用此种工具取代之。[3] 另一类则是由刑法直接规定的技术指标(如责任年龄、期间期限、量刑幅度)。进而,同样是刑法直接规定的技术指标,也会因规定位置的不同产生差异。一部分是总则规定的技术指标,如责任年龄、追诉时效;另一部分是分则中的技术指标,有关毒品犯罪的规定是其中比较典型的情形。基于历史和现实原因,我国对毒品犯罪的打击非常严厉,这就需要在刑法规范上直接规定毒品的重量以量化犯罪构成,这种量化的技

---

〔2〕 参见百度百科,https://baike. baidu. com/link? url = Zf6WhFXR8Y4kfZr4eBZs4YgehWwXMyvoeVP9RwMyzbFSp3bsdcuDnokNlJVnt3vlBpmfXS cRWBmww69XSvQKIXRux2_noP8BeB3zV–GfGlG。

〔3〕 参见陈伟:《作为规范的技术标准及其与法律的关系》,载《法学研究》2022年第5期。

术指标实际上就是法律规范的组成部分。

根据上述分类标准,有关毒品犯罪的规范属于规定在《刑法》分则部分的技术指标。不同于前述援引技术标准的方式,这些技术指标直接规定在刑法条文当中,实际上是通过民主立法程序规范化的事实。理论上讲,即使法官认为相关规定不合理,也不具有自由裁量权,必须严格依法判决。《刑法》第357条规定了毒品的范围及毒品数量的计算,即"本法所称的毒品,是指鸦片、海洛因、甲基苯丙胺(冰毒)、吗啡、大麻、可卡因以及国家规定管制的其他能够使人形成瘾癖的麻醉药品和精神药品。毒品的数量以查证属实的走私、贩卖、运输、制造、非法持有毒品的数量计算,不以纯度折算。"但是,有观点认为,"单纯强调对毒品不以纯度折算,从刑事政策考虑似乎是满足了对毒品犯罪的强烈否定和严厉打击、遏制的要求,然而从罪刑均衡等实现刑法正义的角度来看,有必要考虑毒品纯度,将其作为量刑时从轻或减轻处罚的法定情节"〔4〕。

事实上,司法实践中对于毒品"质"的认定并未完全脱离"量"的影响。在个案中的极端情况下,为避免判决结果的畸轻畸重,也存在从司法角度对此类技术指标进行灵活处理的路径。例如,《刑法》第347条第1款规定:"走私、贩卖、运输、制造毒品,无论数量多少,都应当追究刑事责任,予以刑事处罚。"据此,决定该罪名成立与否的是犯罪客体的"质","量"仅在犯罪情节的认定和量刑过程中发挥作用。〔5〕然而,对于贩卖、运输经过取汁的罂粟壳废渣是否构成贩卖、运输毒品罪,最高人民法院的答复为"不宜以贩卖、运输毒品罪论处"〔6〕,主要理由为:(1)被告人贩卖、运输的是经过取汁的罂粟壳废渣,吗啡含量只有0.01%,含量极低,从技术和成本看,基本不可能用于提取吗啡;(2)国家对经过取汁的罂粟壳并无明文规定予以管制,实践中有关药厂也未按照管制药品对其进行相应处理;(3)无证据证明被告人购买、加工经过取汁的罂粟壳废渣是为了将其当作毒品出售,具有贩卖、运输毒品的故意。此外,2015年最高人民法院颁布的《全国法院毒品犯罪审判工作座谈会纪要》对此

---

〔4〕司冰岩:《毒品犯罪疑难问题研究》,载《法律适用》2015年第12期。

〔5〕例如,《刑法》第348条对非法持有毒品罪之刑罚的规定完全建立在案涉毒品的"量"上,即"非法持有鸦片一千克以上、海洛因或者甲基苯丙胺五十克以上或者其他毒品数量大的,处七年以上有期徒刑或者无期徒刑,并处罚金;非法持有鸦片二百克以上不满一千克、海洛因或者甲基苯丙胺十克以上不满五十克或者其他毒品数量较大的,处三年以下有期徒刑、拘役或者管制,并处罚金;情节严重的,处三年以上七年以下有期徒刑,并处罚金"。

〔6〕参见最高人民法院研究室《关于贩卖、运输经过取汁的罂粟壳废渣是否构成贩卖、运输毒品罪的答复》。

问题也做了相关规定,即"对于废液、废料的认定,可以根据其毒品成分的含量、外观形态,结合被告人对制毒过程的供述等证据进行分析判断,必要时可以听取鉴定机构的意见"。据此,毒品成分的含量(表现之一为"经过取汁成为废渣")成为罪名成立与否的决定性因素,实质上是从技术指标层面对《刑法》第347条第1款"无论数量多少,都应当追究刑事责任,予以刑事处罚"的规定予以矫正性解释。

本案的争议焦点同样在于案涉"罂粟壳""罂粟果"等在技术指标层面是否属于《刑法》第347条规定的"毒品",这也直接决定了被告人赵某某、钱某某的行为是否符合走私、贩卖、运输、制造毒品罪的构成要件。从法院的判决结果来看,法院在无法对罂粟壳的吗啡含量进行鉴定的情况下,认定被告人贩卖、运输的是经过取汁的罂粟壳废渣,吗啡含量极低,根据最高人民法院的答复,不宜以贩卖毒品罪定罪,同样适用了上述解决路径。

此外,被告人王某某在生产、销售的食品中,掺入有毒、有害的非食品原料罂粟壳的行为触犯《刑法》第144条之规定,构成生产、销售有毒、有害食品罪,对此实践中并无异议。不论被告人赵某某、钱某某构成贩卖毒品罪还是非法买卖毒品原植物种子罪,抑或是数罪并罚,王某某在制作食品时添加罂粟果并对外出售的行为所侵害的法益是消费者的生命健康权和社会公共利益,符合生产、销售有毒、有害食品罪的构成要件。

(陈伟)

A公司、程某等走私普通货物、物品案

单位实施走私普通货物、物品罪的刑事责任

案情介绍

2013年1月至2019年11月，A公司法定代表人程某利用外供免税店向国际航行船舶专供免税香烟、酒等的业务便利和海关监管漏洞，授意、指挥该公司负责国际航行船舶供船业务的李某某、高某、侍某某和负责免税品商店仓库管理及财务工作的仇某某等人，采用向连云港海关虚高申报专供国际航行船舶免税香烟、酒数量的方式，将部分免税香烟、酒等截留在境内销售牟利。为逃避海关监管，李某某、高某、侍某某、仇某某等人在程某的授意、指挥下，分工协作，通过套取国际航行船舶印章、制作虚假单证等方式，向连云港海关虚高申报供应国际航行船舶免税香烟、酒的数量，办理免税商品核销手续，并通过现金平账、其他账目充账等方式做平A公司免税品仓库商品的销售账目，以应对连云港海关检查。2013年1月至2019年11月，A公司采用上述方式共计将357船次的免税香烟、酒截留且均已核销完毕。其中2018年9月7日，A公司在采用上述方式向某国籍国际航行船舶申报供应免税香烟时截留200条香烟，被连云港海关当场查获。经连云港海关核定，A公司涉嫌偷逃应缴税款共计5,546,823.65元。[1]

理论争议

关于本案中程某某和其他涉案人员的定罪处罚，存在以下两种观点：

第一种观点认为，357船次走私均为单位犯罪，缺少认定程某参与每一船次走私的相关证据，认定程某参与全部走私活动证据不足。业务人员李某某、高某及侍某某个人银行账户有异常的现金存款入账，三人对该款项来源未作出合理解释，且案发后有连续、大额的转移资产行为，存在利用公司管理漏洞，

[1] 案例来源：江苏省高级人民法院刑事裁定书，(2021)苏刑终137号。

假借程某名义从监管仓库中提出免税烟酒自行出卖牟利的可能，应将超过三人正常工资部分从认定偷逃税额中扣除。

第二种观点认为，程某作为 A 公司直接负责的主管人员，指使业务人员实施走私犯罪，应当对 A 公司全部犯罪数额负责。走私的 357 船次免税烟酒，供船业务人员李某某、高某和侍某某作为交账人所收船上的钱款均已入 A 公司单位账，与 A 公司记账凭证和出库单的记载匹配，且有财务人员作为接账人核对供船烟酒品种、数量及对应的钱款后签名，也与 A 公司向银行账户交款的数额基本一致，应当认定为走私既遂。

■ 法理分析

走私普通货物、物品罪的犯罪主体既包括自然人，也包括单位。其中，单位犯罪刑事责任的认定存在难点。根据犯罪主体的性质和数量，单位犯罪刑事责任的认定可类型化为以下两种情形：一是犯罪主体仅为单位时，单位刑事责任与单位内部人员刑事责任的认定；二是犯罪主体包括多个单位或者包括单位与自然人时，各单位之间刑事责任以及单位与自然人之间刑事责任的认定。

根据《刑法》第 31 条的规定："单位犯罪的，对单位判处罚金，并对其直接负责的主管人员和其他直接责任人员判处刑罚。"单位犯罪的刑罚设置主要采取双罚制。由于自然人亦可构成走私普通货物、物品罪，因此，有必要区分构成单位犯罪时自然人的刑事责任和构成自然人犯罪时自然人的刑事责任。2002 年 7 月 8 日，最高人民法院、最高人民检察院、海关总署印发《办理走私刑事案件适用法律若干问题的意见》(法〔2002〕139 号，以下简称《走私刑事案件适用法律的意见》)，单位实施走私犯罪应符合如下条件："(1)以单位的名义实施走私犯罪，即由单位集体研究决定，或者由单位的负责人或者被授权的其他人员决定、同意；(2)为单位谋取不正当利益或者违法所得大部分归单位所有。"该意见强调了应将出于单位意志和基于单位利益作为判断单位实施走私犯罪的依据，是贯彻单位犯罪理论的注意性规定。在构成单位犯罪的情形下，单位内部自然人的身份认定和刑事责任认定值得探讨。

2001 年 1 月 21 日施行的《全国法院审理金融犯罪案件工作座谈会纪要》(法〔2001〕8 号，以下简称《金融犯罪案件纪要》)对单位犯罪中直接负责的主管人员和其他直接责任人员的身份认定进行了规定。"直接负责的主管人员，是在单位实施的犯罪中起决定、批准、授意、纵容、指挥等作用的人员，一般是单位的主管负责人,包括法定代表人。其他直接责任人员,是在单位犯罪中具体实施犯罪并起较大作用的人员,既可以是单位的经营管理人员,也可以是单位的职工,包括聘任、雇佣的人员。”从该纪要的表述看,其虽未提及共同犯罪,但实际上为运用共同犯罪相关理论对单位内部直接负责的主管人员和其他直接责任人员进行认定提供了参考。直接负责的主管人员为“起决定、批准、授意、纵容、指挥等作用的人员”,其中“决定、批准、授意、纵容、指挥”是按照共同犯罪分工分类法进行的表述,具有兜底意义的“作用”则是按照共同犯罪作用分类法进行的表述。其他直接责任人员为“具体实施犯罪并起较大作用的人员”,其中“实施”在本质上属于行为人的行为方式,是按照共同犯罪分工分类法进行的表述,而“作用”是按照共同犯罪作用分类法进行的表述。综上,《金融犯罪案件纪要》对直接负责的主管人员和其他直接责任人员的身份认定采取的是分工分类和作用分类相结合的方式。《走私刑事案件适用法律的意见》规定:“根据单位人员在单位走私犯罪活动中所发挥的不同作用,对其直接负责的主管人员和其他直接责任人员,可以确定为一人或者数人。”该意见对直接负责的主管人员和其他直接责任人员的身份认定强调以“作用”为主。笔者认为,单位犯罪中行为人依其在单位中的地位、影响力不同而对犯罪产生的实质作用存在差异,行为人的“作用”则更多影响直接负责的主管人员和其他直接责任人员作为刑事责任承担主体之整体范围。实践中,直接负责的主管人员和其他直接责任人员发挥“作用”相当的情形并不少见。主要原因在于直接负责的主管人员“决定、批准、授意、纵容、指挥”犯罪,是犯罪的决定者、教唆者,对犯罪起主要作用;而直接责任人员“实施”犯罪,是犯罪的主要推动者,对犯罪也起主要作用。在直接负责的主管人员和其他直接责任人员“作用”相当的场合,“分工”就成为区分二者的主要依据。

《金融犯罪案件纪要》对单位犯罪中直接负责的主管人员和其他直接责任人员的刑事责任进行了规定。“对单位犯罪中的直接负责的主管人员和其他直接责任人员,应根据其在单位犯罪中的地位、作用和犯罪情节,分别处以相应的刑罚,主管人员与直接责任人员,在个案中,不是当然的主、从犯关系,有的案件,主管人员与直接责任人员在实施犯罪行为的主从关系不明显的,可不分主、从犯。”据此,单位内部直接负责的主管人员和其他直接责任人员的刑事责任,并不必然区分主从犯,这弱化了刑事责任认定中共同犯罪理论的适用。

犯罪主体包括多个单位或者包括单位与自然人时,各单位之间的刑事责任以及单位与自然人之间的刑事责任要运用共同犯罪理论认定。《金融犯罪案件纪要》规定,两个以上单位以共同故意实施的犯罪,应根据各单位在共同犯罪中的地位、作用大小,确定犯罪单位。《走私刑事案件适用法律的意见》规定,单位和个人(不包括单位直接负责的主管人员和其他直接责任人员)共同走私的,单位和个人均应对共同走私所偷逃应缴税额负责。由于走私普通货物、物品罪对单位犯罪和自然人犯罪规定了不同“应缴税额”的犯罪成立条件,因此,在单位与自然人实施共同犯罪时,秉着以起主要作用的主体之“应缴税额”为首要判断依据,采取共同行为、责任自负的原则认定。[2]

本案为典型的犯罪主体仅为单位的案件。A 公司违反海关法规,逃避海关监管,采用向海关虚高申报专供国际航行船舶免税烟、酒数量并于事后申报核销的方式,将免税品截留并销售牟利或变相销售牟利,偷逃应缴税额特别巨大,其行为构成走私普通货物罪,犯罪主体为 A 公司。程某作为 A 公司的法定代表人,授意、指挥其他人走私普通货物,是单位犯罪中直接负责的主管人员;李某某、高某、侍某某、仇某某均系单位犯罪的其他直接责任人员。上述主体均为 A 公司的工作人员,其作为单位犯罪直接负责的主管人员和其他直接责任人员承担刑事责任,而不是单独的犯罪主体。一般而言,只要行为人具备“概括的故意”,意识到自己的行为是走私行为,即可按照实际走私的物品定罪量刑。[3] 对于走私的具体数量亦仅具有“概括的故意”即可。本案中,程某作为 A 公司直接负责的主管人员,指使他人实施走私普通货物罪,并不需要对每一笔截留、销售的具体数额有明确的认知。因此,只要李某某、高某、侍某某、仇某某等人在程某的授意、指挥下,实施了没有超出授意、指挥范围的行为,程某均应当对全部犯罪数额负责。对于其他直接责任人员在授权、指挥下实施犯罪行为时,利用公司管理漏洞、假借程某名义从监管仓库中提出免税烟酒自行出卖牟利的事实,若有证据证明,则应当单独对自然人作为犯罪主体实施的走私普通货物行为进行刑事评价,并从 A 公司单位犯罪的犯罪数额中扣除自然人犯罪数额。本案中,钱款均已入 A 公司单位账,与 A 公司记账凭证和出库单的记载匹配,且有财务人员作为接账人核对供船烟酒品种、数量及对

---

〔2〕《走私刑事案件适用法律的意见》规定,对单位和个人共同走私偷逃应缴税额为 5 万元以上不满 25 万元的,应当根据其在案件中所起的作用,区分不同情况做出处理。单位起主要作用的,对单位和个人均不追究刑事责任,由海关予以行政处理;个人起主要作用的,对个人依照刑法有关规定追究刑事责任,对单位由海关予以行政处理。无法认定单位或个人起主要作用的,对个人和单位分别按个人犯罪和单位犯罪的标准处理。

〔3〕参见李荣冰、张显武、姜康康:《办理走私刑事案件中存在的问题与解决对策》,载《人民检察》2016 年第 14 期。

应的钱款后签名,因此,相关数额不能从 A 公司的犯罪数额中扣除,作为直接负责的主管人员的程某应当对所有数额负责。

(侯艳芳)

郑某某非国家工作人员受贿案

非国家工作人员受贿犯罪主体的判断

案情介绍

2002年7月至2013年1月，郑某某任中国石油化工股份有限公司某分公司物资装备中心化工采购部化工三剂组采购员、组长兼采购员期间，利用职务便利，非法收受某公司法定代表人张某（与郑某某为亲属关系）给予的人民币24万元，帮助某公司成为某分公司的供应商，并在采购物品的采购价格和采购比例上为张某经营的某公司谋取利益。[1]

理论争议

关于本案中郑某某的行为如何认定，存在以下三种观点：

第一种观点认为，郑某某的行为构成受贿罪，但郑某某在2004年至2006年尚未担任三剂组组长，无法认定其利用了职务便利，亦无法认定请托事项系不正当利益，此期间郑某某利用他人职务便利帮助张某谋取利益从而收受张某给予的13万元涉嫌违纪，但不应认定为受贿数额。

第二种观点认为，郑某某身为国有公司的工作人员，利用职务便利，以明显高于市场的价格向自己的亲友经营管理的单位采购商品，使国家利益遭受重大损失，其行为已构成为亲友非法牟利罪。

第三种观点认为，郑某某身为公司、企业的工作人员，利用职务上的便利，非法收受他人财物，为他人谋取利益，数额较大，其行为已构成非国家工作人员受贿罪。

法理分析

非国家工作人员受贿罪与受贿罪的界限是理论与实践的难点，二者的重

---

〔1〕 案例来源：北京市第二中级人民法院刑事判决书，（2017）京02刑终27号。

要区别之一为犯罪主体不同。非国家工作人员受贿罪与受贿罪犯罪主体的界分主要体现在主体所在单位要素和主体从事公务要素两个维度。

受贿罪的主体是“国家工作人员”。《刑法》第93条规定:“本法所称国家工作人员,是指国家机关中从事公务的人员。国有公司、企业、事业单位、人民团体中从事公务的人员和国家机关、国有公司、企业、事业单位委派到非国有公司、企业、事业单位、社会团体从事公务的人员,以及其他依照法律从事公务的人员,以国家工作人员论。”立法用列举的方式将受贿罪主体所在单位的范围限定于国家机关和国有公司、企业、事业单位、人民团体,其外延较为明确。但是,上述单位中哪些人员能够认定为受贿罪的主体,立法则强调“从事公务”这一公权力行使的要素。

根据《刑法》第163条的规定,公司、企业或者其他单位的工作人员,利用职务上的便利,索取他人财物或者非法收受他人财物,为他人谋取利益,数额较大的,构成非国家工作人员受贿罪。公司、企业或者其他单位的工作人员在经济往来中,利用职务上的便利,违反国家规定,收受各种名义的回扣、手续费,归个人所有的,依照前述非国家工作人员受贿罪处罚。非国家工作人员受贿罪的主体是公司、企业或者其他单位的工作人员,也即受贿罪犯罪主体以外的主体。

从犯罪主体所在单位要素区分非国家工作人员受贿罪与受贿罪。《刑法》对受贿罪的犯罪主体所在单位进行了明确且周延的规定。但是,对非国家工作人员受贿罪的犯罪主体,除规定“公司、企业”外,2006年的《刑法修正案(六)》增加了“其他单位”的兜底性表述。2008年11月20日,最高人民法院、最高人民检察院颁布的《关于办理商业贿赂刑事案件适用法律若干问题的意见》(以下简称《商业贿赂刑事案件适用法律的意见》)规定,“其他单位”既包括事业单位、社会团体、村民委员会、居民委员会、村民小组等常设性的组织,也包括为组织体育赛事、文艺演出或者其他正当活动而成立的组委会、筹委会、工程承包队等非常设性的组织。根据该意见,非国家工作人员受贿罪与受贿罪之犯罪主体所在单位的外延具有交叉重合关系。例如,事业单位、村民委员会既可以是非国家工作人员受贿罪犯罪主体的所在单位,也可以成为受贿罪犯罪主体的所在单位。单纯的犯罪主体所在单位要素难以区分非国家工作人员受贿罪与受贿罪。

从犯罪主体从事公务要素区分非国家工作人员受贿罪与受贿罪。2003年最高人民法院发布的《全国法院审理经济犯罪案件工作座谈会纪要》(〔2003〕167号,以下简称《经济犯罪案件纪要》)规定,从事公务是指代表国家机关、国有公司、企业、事业单位、人民团体等履行组织、领导、监督、管理等职责。公务主要表现为与职权相联系的公共事务以及监督、管理国有财产的职务活动。根据该纪要,“从事公务”的判断要义在于“职权”的行使。有学者提出,应当提倡对“公务”行为的实质解释,将从事“公共服务”这一新的国家利益的维护和公权力运行的方式纳入受贿罪认定过程中。[2]《经济犯罪案件纪要》同时规定了不属于“从事公务”的情形,即不具备职权内容的劳务活动、技术服务工作,如售货员、售票员等所从事的工作,一般不认为是公务。纪要主要针对劳务、技术等较为明确不涉及职权行使的工作进行列举,却没有涉及争议较大的问题。《商业贿赂刑事案件适用法律的意见》尝试对“从事公务”的疑难问题进行规定,但对于医疗机构的工作人员、学校及其他教育机构的工作人员,并没有从医疗机构、学校及其他教育机构性质的角度判断犯罪性质,而是从行为人是国家工作人员抑或非国家工作人员的角度进行判断。[3] 该意见对医疗机构中的医务人员利用开处方的职务便利为医药产品销售方谋取利益以及学校及其他教育机构中的教师利用教学活动的职务便利为教材、教具、校服或者其他物品销售方谋取利益之行为,规定以非国家工作人员受贿罪论处。这是对公办与民办体制并存的医疗机构和教育机构进行的特殊规定。非国家工作人员受贿罪与受贿罪的界分一般以行为人的身份作为判断依据,但是对医务人员、教师“为销售方谋利”的行为,进行了有利于医务人员、教师的犯罪认定,即构成犯罪门槛较高、刑罚较轻的非国家工作人员受贿罪。《刑法》第 184 条对金融工作人员受贿的处理,则采取了不同的处理方式。[4] 金融机构工作人员受贿适用非国家工作人员受贿罪抑或受贿罪,主要依据金融

---

〔2〕 参见刘晓山、吴洪江:《关于受贿罪主体之重构》,载《武汉大学学报(哲学社会科学版)》2014年第3期。

〔3〕 《商业贿赂刑事案件适用法律的意见》第 4 条规定:“医疗机构中的国家工作人员,在药品、医疗器械、医用卫生材料等医药产品采购活动中,利用职务上的便利,索取销售方财物,或者非法收受销售方财物,为销售方谋取利益,构成犯罪的,依照刑法第三百八十五条的规定,以受贿罪定罪处罚。医疗机构中的非国家工作人员,有前款行为,数额较大的,依照刑法第一百六十三条的规定,以非国家工作人员受贿罪定罪处罚。”第 5 条规定:“学校及其他教育机构中的国家工作人员,在教材、教具、校服或者其他物品的采购等活动中,利用职务上的便利,索取销售方财物,或者非法收受销售方财物,为销售方谋取利益,构成犯罪的,依照刑法第三百八十五条的规定,以受贿罪定罪处罚。学校及其他教育机构中的非国家工作人员,有前款行为,数额较大的,依照刑法第一百六十三条的规定,以非国家工作人员受贿罪定罪处罚。”

〔4〕 《刑法》第 184 条规定:“银行或者其他金融机构的工作人员在金融业务活动中索取他人财物或者非法收受他人财物,为他人谋取利益的,或者违反国家规定,收受各种名义的回扣、手续费,归个人所有的,依照本法第一百六十三条的规定定罪处罚。国有金融机构工作人员和国有金融机构委派到非国有金融机构从事公务的人员有前款行为的,依照本法第三百八十五条、第三百八十六条的规定定罪处罚。”

机构的性质。国有金融机构工作人员和国有金融机构委派到非国有金融机构从事公务的人员受贿,认定为受贿罪;其他银行或者其他金融机构的工作人员则认定为非国家工作人员受贿罪。

本案中,2002 年 7 月至 2013 年 1 月,郑某某的身份为中国石油化工股份有限公司某分公司物装中心采购一部三剂组采购员、组长兼采购员。某分公司不具有独立的法人资格,其性质判断应依据中国石油化工股份有限公司的性质进行。郑某某所在单位为股份有限公司,该公司存在国家出资,但不属于受贿罪中规定的国有公司、企业。根据《经济犯罪案件纪要》,国有公司、企业改制为股份有限公司后,原国有公司、企业的工作人员和股份有限公司新任命的人员中,除代表国有投资主体行使监督、管理职权的人外,不以国家工作人员论。郑某某所在单位由国有公司改制为股份有限公司,但郑某某不是代表国有投资主体行使监督、管理职权的人员。郑某某也未因承包、租赁、临时聘用等而管理、经营国有财产。郑某某既不是国家工作人员,也不能以国家工作人员论。因此,郑某某不能成为受贿罪的主体。

郑某某的行为不构成为亲友非法牟利罪。本案发生于《刑法修正案(十二)》生效前,行为时《刑法》第 166 条将为亲友非法牟利罪的犯罪主体规定为国有公司、企业、事业单位的工作人员。尽管该案中,郑某某的行为符合为亲友非法牟利罪关于危害行为的规定,即以明显高于市场的价格向自己的亲友经营管理的单位采购商品,但是郑某某不属于国有公司、企业、事业单位的工作人员,因此不宜适用为亲友非法牟利罪处罚。

郑某某的行为构成非国家工作人员受贿罪。郑某某任组长期间,对采购具有管理监督的职责。郑某某未按照规定召开小组会将价格调低,也未向相关领导汇报,而是让采购员仍按照协议价向某公司采购。反之,当采购协议价低于市场价时,郑某某作为组长参加小组讨论,及时调高采购协议价。郑某某作为公司工作人员,利用组长职务上的便利,非法收受张某的财物,用采购差价为其谋取利益,构成非国家工作人员受贿罪。

(侯艳芳)

周某某、张某非法吸收公众存款案

非法吸收公众存款罪与集资诈骗罪的区分

案情介绍

2014年4月15日,张某、周某某注册设立了某工艺品销售有限公司,法定代表人为张某,聘请刘某某及杨某等人为业务员,在石家庄市长安区等处,通过随机拨打电话等方式向社会公开宣传,谎称公司经营邮票投资业务,邮票在南京文交所上市交易,邮票升值空间大,投资邮票周期短、收益高、无风险,以和客户签订跟庄协议、托管协议,承诺3个月到6个月后回购,返还利息10%~20%为手段,欺骗客户购买纪念邮票,非法吸收社会公众存款。为逃避法律追究,2014年9月2日,公司将法定代表人变更为赵某(身份不明)。2014年9月底,张某携带33万元集资款离开公司,周某某继续进行非法集资活动。经司法鉴定,该公司向社会公众非法集资2,706,460元,涉及集资参与人45人,造成损失2,324,170元。其中,张某非法集资数额为475,300元,刘某某非法吸收公众存款数额为1,450,940元,涉及集资参与人20人,造成损失1,214,402元。[1]

理论争议

关于本案中周某某、张某如何定罪处罚,主要存在以下两种观点:

第一种观点认为,周某某、张某未经有关部门依法批准,借用合法经营的形式吸收资金,通过媒体、推介会、传单、手机短信等途径向社会公开宣传,承诺在一定期限内以货币、实物、股权等方式还本付息或者给付回报,向社会公众即社会不特定对象吸收资金,无证据证实周某某、张某具有非法占有的目的,二人的行为构成非法吸收公众存款。

第二种观点认为,周某某、张某以非法占有为目的,使用诈骗的方法非法

---

〔1〕 案例来源:河北省石家庄市中级人民法院刑事判决书,(2019)冀01刑终961号。

集资,其行为均构成集资诈骗罪。

■ 法理分析

非法吸收公众存款罪与集资诈骗罪分别规定于《刑法》分则第三章破坏社会主义市场经济秩序罪中第四节“破坏金融管理秩序罪”和第五节“金融诈骗罪”。二者的界分是理论与实践的难点。《刑法》第176条规定,非法吸收公众存款或者变相吸收公众存款,扰乱金融秩序的,成立非法吸收公众存款罪。第192条规定,以非法占有为目的,使用诈骗方法非法集资,骗取集资款数额较大的,成立集资诈骗罪。非法吸收公众存款罪与集资诈骗罪均侵害了金融管理秩序,法益侵害具有相似性;危害行为均表现为承诺高额回报以向公众吸收资金的行为。二罪名在客观要素与主观要素方面具有本质差别。客观要素方面,非法吸收公众存款罪的危害行为体现为违反国家金融管理法律规定向社会公众吸收资金,资金去向往往具有盈利特点;集资诈骗罪本质上为诈骗,需要具备虚构事实、隐瞒真相的行为,资金去向多为挥霍、转移。主观要素方面,非法吸收公众存款罪不以非法占有为目的,而集资诈骗罪要求以非法占有为目的。鉴于犯罪构成主客观要素的统一性,非法吸收公众存款罪与集资诈骗罪的客观要素和主观要素相互印证。对非法占有目的的判断,要秉承主客观相一致原则,防止片面客观归罪或单纯依赖言词证据的做法,采取综合判断的方式。

以集资诈骗故意统摄本罪主观要件,可以为区分集资诈骗罪和非法吸收公众存款罪提供实质性依据。[2] 2001年最高人民法院发布的《全国法院审理金融犯罪案件工作座谈会纪要》(法〔2001〕8号,以下简称《金融犯罪纪要》)规定,以下情形可认为金融诈骗犯罪具有非法占有的目的:(1)明知没有归还能力而大量骗取资金的;(2)非法获取资金后逃跑的;(3)肆意挥霍骗取资金的;(4)使用骗取的资金进行违法犯罪活动的;(5)抽逃、转移资金、隐匿财产,以逃避返还资金的;(6)隐匿、销毁账目,或者搞假破产、假倒闭,以逃避返还资金的;(7)其他非法占有资金、拒不返还的行为。2017年最高人民检察院《关于办理涉互联网金融犯罪案件有关问题座谈会纪要》(高检诉〔2017〕14号)第14条规定,犯罪嫌疑人存在以下情形之一的,原则上可以认定具有非法占有目的:(1)大部分资金未用于生产经营活动,或名义上投入生产经营但又

〔2〕 参见贾占旭:《集资诈骗罪“非法占有目的”要件的理论修正与司法检视》,载《法学论坛》2021年第1期。

通过各种方式抽逃转移资金的;(2)资金使用成本过高,生产经营活动的盈利能力不具有支付全部本息的现实可能性的;(3)对资金使用的决策极度不负责任或肆意挥霍造成资金缺口较大的;(4)归还本息主要通过借新还旧来实现的;(5)其他依照有关司法解释可以认定为非法占有目的的情形。2022 年最高人民法院《关于审理非法集资刑事案件具体应用法律若干问题的解释》(以下简称《非法集资解释》)规定,使用诈骗方法非法集资,具有下列情形之一的,可以认定为"以非法占有为目的":(1)集资后不用于生产经营活动或者用于生产经营活动与筹集资金规模明显不成比例,致使集资款不能返还的;(2)肆意挥霍集资款,致使集资款不能返还的;(3)携带集资款逃匿的;(4)将集资款用于违法犯罪活动的;(5)抽逃、转移资金、隐匿财产,逃避返还资金的;(6)隐匿、销毁账目,或者搞假破产、假倒闭,逃避返还资金的;(7)拒不交代资金去向,逃避返还资金的;(8)其他可以认定非法占有目的的情形。

相较于本质在于信任缺失的非法吸收公众存款,集资诈骗的特有属性是信任滥用或盗用,表现形式为"非法占有目的",该目的可以解释为"非法处分和非法利用"。[3] 最高人民检察院发布的指导性案例"周某集资诈骗案"(检例第40 号)的指导意义在于,对非法占有目的的认定,应当围绕融资项目真实性、资金去向、归还能力等事实、证据进行综合判断。其中,项目真实性、归还能力具有事前性,资金使用情况和获取资金后的行为情况等说明资金去向的内容具有事后性。该事前性和事后性是针对"获取资金"行为而言的。事后性的判断因素占比非常大,如非法获取资金后逃跑、使用骗取的资金进行违法犯罪活动等情形。事后性的判断因素要与行为发生前、发生时的相关因素相结合,进行综合判断。例如,事后性的判断因素要与项目的真实性相结合以作出主客观相统一的判断。《金融犯罪纪要》规定,不能仅凭较大数额的非法集资款不能返还的结果,推定行为人具有非法占有的目的。这一定程度上体现了对事后性判断因素使用的审慎态度。尽管事后性判断因素较之于"不能返还的结果"发生的时间点大多更为提前,但是仍存在争议问题。如对于"肆意挥霍骗取资金"的情形,购买房产是投资行为还是恣意挥霍行为如何判断,不可预测的房市下行难以套现是否属于"不能返还的结果",需要结合获取资金时行为人是否真实告知等因素进行综合判断。

非法吸收公众存款罪与集资诈骗罪界分时,对非法占有目的的判断要根

---

[3] 参见梁译如:《非法吸收公众存款罪与集资诈骗罪的区分适用:基于信任法益》,载《河北法学》2021 年第 8 期。

据不同阶段和金额进行细化。行为人对部分资金不具有非法占有目的,而对其他部分资金具有非法占有目的的认定问题,《金融犯罪纪要》规定,行为人将大部分资金用于投资或生产经营活动,而将少量资金用于个人消费或挥霍的,不应仅以此便认定具有非法占有的目的。而《非法集资解释》规定,行为人部分非法集资行为具有非法占有目的的,对该部分非法集资行为所涉集资款以集资诈骗罪定罪处罚。笔者认为,二者规定并不矛盾。行为人应当对具有非法占有目的的资金数额承担集资诈骗罪的刑事责任,对不具有非法占有目的的资金数额承担非法吸收公众存款罪的刑事责任。若行为达不到二罪名“扰乱金融秩序”或者“数额较大”成立条件的,则相应犯罪不成立。

根据《金融犯罪纪要》,非法获取资金后逃跑的,可认定为以非法占有为目的;根据《非法集资解释》,携带集资款逃匿和拒不交代资金去向、逃避返还资金,可认定为以非法占有为目的。本案中,周某某、张某将法定代表人由张某变更为不知身份的赵某是为逃避法律追究而做准备;张某携带 33 万元集资款逃匿,周某某在之后的非法集资过程中逃匿,均具有非法占有的目的。周某某、张某以非法占有为目的,使用诈骗的方法非法集资,其行为均构成集资诈骗罪。

(侯艳芳)

王某某信用卡诈骗案

恶意透支行为的认定

案情介绍

2009年11月24日，经广发银行业务员电话销售，王某某申请了广发银行信用卡。2009年12月3日，广发银行将额度为2.3万元的信用卡发放给王某某。财智金业务系广发银行提供的通过信用卡办理的个人小额贷款业务，由持卡人提出申请，银行审核后按照固定额度批准，一次性打入持卡人另一张借记卡中。王某某共通过广发银行信用卡申请过3笔财智金贷款。在此期间，王某某存在正常使用该信用卡进行小额透支消费的情况。涉案期间（2014年2月至2016年12月），王某某合计向广发银行信用卡还款3.44万元，其中包括13期本金（未还清）与其他透支消费。截至2017年1月10日案发，王某某尚欠广发银行财智金本金2.36万元，账单利息、滞纳金、账单分期手续费2.2万元，财智金手续费等费用5.46万元，合计欠款总额10万元。2015年年中，王某某发现自己无力还清借款和高额手续费，与银行协商不成，就多次拒绝接听催收电话。其间，王某某更换了单位、住宅及电话，均未通知银行。广发银行自2015年5月5日起至2017年1月4日止，拨打王某某手机、单位电话及住宅电话共计26次，上门通知一次，间隔最短为4天，最长为3个月。王某某只接听两次并表示无能力还款。[1]

理论争议

关于本案中王某某的行为如何认定，存在以下两种观点：

第一种观点认为，王某某恶意透支信用卡，数额较大，已构成信用卡诈骗罪，依法应予惩处。鉴于王某某具有如实供述、退赔本金等情节，应对其从轻

---

〔1〕 案例来源：北京市朝阳区人民法院刑事判决书，(2017)京0105刑初807号；北京市第三中级人民法院刑事判决书，(2017)京03刑终416号。

处罚。

第二种观点认为,王某某不构成信用卡诈骗罪,其与广发银行之间系贷款债务纠纷。

■ 法理分析

该案争议的焦点在于王某某的行为是刑法上的恶意透支信用卡行为还是民法上的贷款债务纠纷。《刑法》第 196 条规定,有下列情形之一,进行信用卡诈骗活动的,构成信用卡诈骗罪:(1)使用伪造的信用卡,或者使用以虚假的身份证明骗领的信用卡的;(2)使用作废的信用卡的;(3)冒用他人信用卡的;(4)恶意透支的。根据该规定,恶意透支构成信用卡诈骗罪。恶意透支与民事借贷如何界分关系罪与非罪的界限。

2018 年,最高人民法院、最高人民检察院发布《关于办理妨害信用卡管理刑事案件具体应用法律若干问题的解释》(法释〔2018〕19 号,以下简称《妨害信用卡管理刑事案件的解释》),将恶意透支的条件修改为,"持卡人以非法占有为目的,超过规定限额或者规定期限透支,经发卡银行两次有效催收后超过三个月仍不归还的,应当认定为刑法第一百九十六条规定的'恶意透支'"。据此,恶意透支的主观要素为以非法占有为目的,客观要素为超限额或期限、经特定次数的有效催收后,3 个月不还的危害行为。

信用卡诈骗罪作为诈骗犯罪的特殊形式,其主观上为故意且以非法占有为目的。主观罪过的认定对言辞证据的依赖性较大,是司法实践中的难题。而恶意透支需以非法占有为目的,虽有利于从有意性上区分刑事犯罪与民事纠纷,但同时增加了司法实践证明的难度。对"以非法占有为目的",《妨害信用卡管理刑事案件的解释》要求不得单纯依据持卡人未按规定还款的事实认定非法占有目的,同时规定了五种具体情形和一个兜底性条款。[2] 首先,"明知没有还款能力而大量透支,无法归还的"情形,因"明知没有还款能力"本身亦是对主观要素的判断、证明难度较大,因此,核心在于具有"大量透支"且"无法归还"的行为。其中,"大量透支"的判断不是绝对数额的大小,而应当

---

〔2〕《妨害信用卡管理刑事案件的解释》第 6 条第 3 款规定:"具有以下情形之一的,应当认定为刑法第一百九十六条第二款规定的'以非法占有为目的',但有证据证明持卡人确实不具有非法占有目的的除外:(一)明知没有还款能力而大量透支,无法归还的;(二)使用虚假资信证明申领信用卡后透支,无法归还的;(三)透支后通过逃匿、改变联系方式等手段,逃避银行催收的;(四)抽逃、转移资金,隐匿财产,逃避还款的;(五)使用透支的资金进行犯罪活动的;(六)其他非法占有资金,拒不归还的情形。"

综合行为人的还款能力、还款可能等要素判断。其次,“使用虚假资信证明申领信用卡后透支,无法归还的”情形判断具有客观性。申请信用卡时使用虚假资信证明本身足以证明行为人“以非法占有为目的”。再次,“透支后通过逃匿、改变联系方式等手段,逃避银行催收的”情形,改变联系方式是客观行为,其主观包括故意改变联系方式和过失地改变联系方式。后者常见的情形为在校学生毕业后因工作转到外地等原因,同时改变了联系地址和联系电话,客观上造成了逃避银行催收的后果。此时,若将该行为认定为主观上以非法占有的目的显然不符合罪责刑相适应原则。此种情形应当在形式上分析银行催收是否符合法律规定,实质上明确行为人是否实施了逃避催收的行为,〔3〕进行综合判断。复次,“抽逃、转移资金,隐匿财产,逃避还款的”情形,“抽逃”“转移”“隐匿”行为本身具有主观要素的判断,证明存在较大难度。最后,“使用透支的资金进行犯罪活动的”情形,事实上属于拟制性规定。只有当持卡人在实施透支行为时具有非法占有目的,才能认定持卡人具有非法占有目的。〔4〕 在信用卡透支时行为人未必存有实施犯罪活动之目的,存在透支后决定实施犯罪活动的可能。若依据事后实施的犯罪活动认定行为人以非法占有为目的,是对现有理论的突破,属法律的拟制。

对“以非法占有为目的”,《妨害信用卡管理刑事案件的解释》中的兜底性条款为“其他非法占有资金,拒不归还的情形”,其中,“占有”资金是否包括使用资金的情形值得探讨。例如,某公司员工被诊断为癌症晚期,进而向多家银行申领信用卡透支用于治疗,无法偿还的情形。因该员工尚在工作,其具有一定的还款能力,只是由于癌症导致的存活期长短不定而难以判断还款能力的大小,此种情形难以适用“明知没有还款能力而大量透支,无法归还”来判断是否具有非法占有的目的。但是,此种情形是否属于“其他非法占有资金,拒不归还的情形”也值得探讨。按照文义解释,该员工将透支的资金用于癌症治疗,并不属于“非法占有资金”的情形,因此,不宜追究其恶意透支的刑事责任。这一判断与人道主义的要求具有一致性,但是否符合信用卡诈骗罪设置的初衷值得商榷。基于刑法谦抑性原则,《妨害信用卡管理刑事案件的解释》在规定五种具体情形和一个兜底性条款的同时,仍保留规定“但有证据证明持卡人确实不具有非法占有目的的除外”。这一但书规定具有例外规定的法

〔3〕 参见赵运锋:《恶意透支型信用卡诈骗罪“非法占有目的”研究》,载《中国刑事法杂志》2020年第4期。

〔4〕 参见张明楷:《恶意透支型信用卡诈骗罪的客观处罚条件——〈刑法〉第196条第2款的理解与适用》,载《现代法学》2019年第2期。

律意义。这表明了司法解释对于“非法占有目的”的审慎态度,允许行为人提出证据排除有责性。

恶意透支的客观要素为超限额或期限、经特定次数的有效催收后,3 个月不还的危害行为。客观要素的内涵丰富,成立恶意透支的范围相应缩小,有利于在谦抑性原则下准确划定刑民界限。2010 年最高人民法院研究室《关于信用卡犯罪法律适用若干问题的复函》(法研〔2010〕105 号)中,对发卡银行“两次催收”的方式进行了规定,要求一般应分别采用电话、信函、上门等三种以上催收形式。《妨害信用卡管理刑事案件的解释》对“有效催收”作出四个方面的要求。[5] 值得探讨的是,“催收应当采用能够确认持卡人收悉的方式”如何确定,如果行为人因工作、生活等原因变换了联系方式,是否必然属于“持卡人故意逃避催收”的情形。“持卡人故意逃避催收”本质上仍需对持卡人的主观心态进行判断,其适用存在难度。

《妨害信用卡管理刑事案件的解释》规定:“发卡银行违规以信用卡透支形式变相发放贷款,持卡人未按规定归还的,不适用刑法第一百九十六条‘恶意透支’的规定。构成其他犯罪的,以其他犯罪论处。”根据该规定,“恶意透支”中的“透支”应采取狭义理解,要与发放贷款产生的民事纠纷进行严格界分。对于本质上属发放贷款过程中产生的民事纠纷,不能认定为“恶意透支”,而应当通过民事程序解决。

本案中,广发银行将额度为 2.3 万元的信用卡发放给王某某,王某某得以实施透支行为;同时,王某某通过该卡开通了财智金业务,该业务是个人小额贷款业务。造成王某某逾期欠款的原因存在透支和贷款的双重可能,但从账单明细可见,广发银行提供的、通过信用卡办理的个人小额贷款业务是造成逾期欠款的主要原因。根据《妨害信用卡管理刑事案件的解释》,“以信用卡透支形式变相发放贷款,持卡人未按规定归还的”情形,不属于恶意透支。同时,王某某主观上缺乏非法占有的主观故意,因此不成立信用卡诈骗罪。

(侯艳芳)

---

〔5〕《妨害信用卡管理刑事案件的解释》规定:“催收同时符合下列条件的,应当认定为本解释第六条规定的‘有效催收’:(一)在透支超过规定限额或者规定期限后进行;(二)催收应当采用能够确认持卡人收悉的方式,但持卡人故意逃避催收的除外;(三)两次催收至少间隔三十日;(四)符合催收的有关规定或者约定。”

吴某、薛某虚开增值税专用发票案

"骗取国家税款"要素的审查判断

案情介绍

吴某系 A 公司法定代表人、实际控制人，薛某系 B 公司总经理。2019 年初，吴某与薛某经共谋，由 B 公司以含税价格对外销售以不含税价格采购的煤炭，采购和销售煤炭均不开具增值税专用发票。B 公司销售煤炭后，由 A 公司向下游煤炭采购方收取煤炭销售资金并开具增值税专用发票。结算后，双方按照一定比例对税款部分进行分成。2019 年 3 月至 2020 年 9 月，A 公司为 B 公司虚开增值税专用发票价税金额共计人民币 20 余亿元、税款金额共计 2.3 亿余元。在上述犯罪活动中，B 公司分得税款 4100 万元，吴某分得税款 1.8 亿余元。A 公司为 B 公司虚开销项发票后，为取得进项发票，吴某在没有真实业务的情况下，指使某合伙企业对 A 公司虚开增值税专用发票价税金额共计 9 亿余元。由于某合伙企业开给 A 公司发票的煤炭价格低，A 公司为 B 公司对下游开具发票的煤炭价格高，存在巨额增值，需要缴纳税款，吴某遂联系上游对 A 公司虚开油类和化工产品类增值税专用发票虚增成本进行抵扣。法院以虚开增值税专用发票罪，分别判处 B 公司罚金人民币 500 万元，吴某无期徒刑、剥夺政治权利终身、并处没收个人全部财产，薛某有期徒刑 15 年。[1]

理论争议

关于本案中吴某、B 公司和薛某是否构成虚开增值税专用发票罪，存在以下两种观点：

一种观点认为，吴某、B 公司和薛某不构成虚开增值税专用发票罪，理由是：B 公司与 A 公司之间不存在虚开增值税专用发票的合意；B 公司是挂靠 A

---

〔1〕 案例来源：辽宁省大连市中级人民法院刑事判决书，(2021) 辽 02 刑初 101 号。

公司进行经营,A 公司系为 B 公司代缴税款、代开发票;A 公司作为市场主体,销售其具有所有权的煤炭并开具销售税票,货、票相符,不应认定为虚开;A 公司、吴某与 B 公司、薛某之间的合作模式没有骗取国家税款的目的,没有给国家税款造成损失。

另一种观点认为,吴某和 B 公司、薛某构成虚开增值税专用发票罪,理由是:A 公司与 B 公司之间不存在挂靠关系,真正的经营主体系 B 公司;B 公司销售煤炭但是 A 公司开具增值税专用发票,即能证明吴某与薛某主观上具有共同骗取国家税款的故意;吴某、薛某虚开增值税专用发票的行为,客观上给国家税款造成了巨大损失。

■ 法理分析

上述争议焦点产生的原因,主要在于认定虚开增值税专用发票罪时,对"骗取国家税款"这一要素如何看待。换言之,构成虚开增值税专用发票罪是否要求行为人主观上具有骗取国家税款的目的、客观上造成国家税款损失的结果,如果对该问题的回答是肯定的,那么又涉及在具体案件中如何审查判断的问题。就本案而言,笔者同意上述第二种观点。

我国《刑法》第 205 条第 1 款规定:"虚开增值税专用发票或者虚开用于骗取出口退税、抵扣税款的其他发票的,处……"从刑法分则条文对虚开增值税专用发票罪的罪状表述看,其并未将"骗取国家税款"的目的和结果作为构成该罪的条件之一,因此有观点认为,虚开增值税专用发票罪是行为犯,只要实施了虚开行为即可构成本罪。[2] 但是,对刑法条文的理解不能仅停留在文字表面,而应当运用刑法解释方法予以精准的阐释。笔者认为,构成虚开增值税专用发票罪需要具有骗取国家税款的目的。

首先,从虚开增值税专用发票罪的立法目的看,虚开增值税专用发票的行为最初被规定为犯罪是在 1995 年全国人大常委会颁布的《关于惩治虚开、伪造和非法出售增值税专用发票犯罪的决定》中,而国家设立虚开增值税专用发票罪的目的即是惩罚骗取国家税款并非法占为己有的行为。立法机关之所以未将"骗取国家税款"这一要素明文规定在该罪的罪状之中,主要原因在于在当时的历史背景下,犯罪分子虚开增值税专用发票的目的就是骗取国家税款,因此,无须再对该要素做明确规定。其次,从虚开增值税专用发票罪的立

---

[2] 参见黎宏:《刑法学》,法律出版社 2012 年版,第 595 页。

法沿革看,1997 年《刑法》第 205 条第 2 款“有前款行为骗取国家税款,数额特别巨大,情节特别严重,给国家利益造成特别重大损失的,处……”的规定,实际上暗含了构成本罪需要具备“骗取国家税款”的要素。即使《刑法修正案(八)》为了废除本罪的死刑而删除了该款规定,但是,并不能就此得出立法机关认为构成本罪不需要具备该要素的结论。最后,在当前的司法实践中,之所以强调构成虚开增值税专用发票罪需要具备骗取国家税款的要素,是因为行为人虚开增值税专用发票除用于骗取国家税款外,还可能用于夸大业绩、招商引资、洽谈业务等非骗税用途。在这种情况下,行为人如果既没有骗取国家税款的目的,也没有给国家造成税款损失,却被认定为虚开增值税专用发票罪并科以重刑,既不符合本罪的规范保护目的,也不符合罪责刑相适应的刑法基本原则。

实际上,上述观点已经得到最高司法机关的认可,并逐渐被各级司法机关广泛适用。例如,2001 年最高人民法院在答复湖北省高级人民法院《关于湖北汽车商场虚开增值税专用发票一案的批复》中认为,被告单位和被告人虽然实施了虚开增值税专用发票的行为,但主观上不具有偷骗税款的目的,客观上亦未实际造成国家税收损失,其行为不符合刑法规定的虚开增值税专用发票罪的犯罪构成,不构成犯罪。再如,最高人民检察院《关于充分发挥检察职能服务保障“六稳”“六保”的意见》提出,注意把握一般涉税违法行为与以骗取国家税款为目的的涉税犯罪的界限,对于有实际生产经营活动的企业为虚增业绩、融资、贷款等非骗税目的且没有造成税款损失的虚开增值税专用发票行为,不以虚开增值税专用发票罪定性处理。需要注意的是,刑法的目的是保护法益,而虚开增值税专用发票罪的虚开行为具有侵害增值税专用发票管理制度和国家税款安全的双重性质,[3]因此,在考察“骗取国家税款”这一要素时,不仅要求行为人主观上具有骗取国家税款的目的,而且要求客观上给国家税款造成损失或者有造成税款损失的危险,这也是前述批复和意见中所共同强调的。

另外,本案中涉及的另一个问题是挂靠关系对认定是否构成虚开增值税专用发票罪的影响。在虚开增值税专用发票案件中,行为人经常会以存在挂靠关系作为无罪的辩解。最高人民法院研究室在《关于如何认定以“挂靠”有关公司名义实施经营活动并让有关公司为自己虚开增值税专用发票行为的性

---

〔3〕 参见陈兴良:《虚开增值税专用发票罪的不法性质与司法认定》,载《法律科学》2021 年第 4 期。

质征求意见的复函》中明确提出:“行为人利用他人的名义从事经营活动,并以他人名义开具增值税专用发票的,即便行为人与该他人之间不存在挂靠关系,但如行为人进行了实际的经营活动,主观上并无骗取抵扣税款的故意,客观上也未造成国家增值税款损失的,不宜认定为刑法第二百零五条规定的‘虚开增值税专用发票’……”最高人民法院发布的张某强虚开增值税专用发票案的裁判要旨也秉持该种观点。笔者认为,在涉及挂靠关系和“有货虚开”的问题时,是否构成本罪不应一概而论。一方面,应当审查行为人之间是否存在真实的挂靠关系和真实交易;另一方面,应当审查虚开行为是否给国家造成税款损失。对于以挂靠关系掩盖骗取国家税款目的,或者虽然形式上存在真实交易的虚开行为,但是实际上给国家造成税款损失的行为,仍然应当认定为骗取国家税款的虚开增值税专用发票行为。

具体到本案,从 B 公司、A 公司和下游资金托盘企业的交易模式看,B 公司的煤炭资金来源于资金托盘企业而非 A 公司,B 公司自主从上游采购煤炭,自主联系下游企业进行销售,并非受 A 公司委托使用 A 公司的资金收购煤炭,A 公司在交易中仅仅与下游企业签订销售合同并代开发票,并非真实的交易主体。B 公司在煤炭交易中,收取煤炭采购方的货款系含税价格,在缺乏进项增值税专用发票的情况下,其交易价格中的税款部分本应全部缴纳,但 B 公司与吴某经过共谋,仅向吴某支付相应比例的费用,由 A 公司为其代开增值税专用发票,目的是规避正常的缴税义务,获得不法利益。A 公司在代 B 公司对下游开具增值税专用发票后,通过接受上游某合伙企业虚开的进项发票以及接受虚开油类及化工产品类发票虚增成本等方式向国家少缴税款,给国家造成巨大的税款损失。在吴某策划的这一犯罪模式中,A 公司没有任何实体经营,其行为无外乎经营代开发票收取票点,然后接受虚开予以抵扣,规避纳税义务,获取非法利益,严重侵犯了国家税收征管秩序和国家财产所有权,因此,吴某和 B 公司、薛某均已经构成虚开增值税专用发票罪。

（曾腾）

张某某假冒 Panasonic 商标案

旧货翻新行为的性质认定

案情介绍

2014 年 3 月始，上诉人张某某为牟取非法利益，伙同原审被告人侯某、戴某以位于中山市××镇××路××号住宅为据点，未经"Panasonic"注册商标所有人的许可，生产假冒上述注册商标的传真机。期间，张某某负责购买旧机、零部件、联系客户、销售，原审被告人侯某和被告人戴某负责通过拆解、更换零部件、冲洗、组装、焊接等方式生产标有上述注册商标的 KX－FP7009CN 型、KX－FP7006CN 型、KX－FT872CN 型、KX－FT956CN 型传真机。上述传真机装入购买的印有"Panasonic"字样的包装箱内，并放入购买的含"Panasonic"字样说明书，再出售给淘宝电商，累计生产 1285 台并予以销售。2015 年 4 月 16 日上午 10 时许，公安人员在上述地点将被告人张某某等人抓获，并当场缴获上述 4 种型号的传真机 28 台。上述已销售的 1285 台及被缴获的传真机共价值人民币 262,600 元（一审法院委托鉴定的价值为 1,192,650 元）。[1]

理论争议

I 将真品旧货翻新后销售并使用原注册商标的行为是否构成假冒注册商标罪

本问题的定性涉及商标权是否用尽的法律问题。商标权用尽，又称为一次销售、权利穷竭，是指当拥有商标权的商品被合法售出之后，商标权人无权禁止转卖人（原受让人）继续使用原商标标志。一般认为，商标权用尽原则适用的前提条件有两个：一是商标标志没有发生变化；二是商品本身的条件没有发生变化。如果商品本身的条件发生变化，以新的"同一种商品"出现，就会影响到商标所有人对其商品质量的控制权，影响到商标的信息传递功能，最终

---

〔1〕 案例来源：广东省中山市中级人民法院刑事判决书，(2016)粤 20 刑终 176 号。

可能损害商标本身的存续。本案中,张某某等对旧的Panasonic牌传真机采用拆解、清洗、更换零部件等方式组装成新的传真机,通过自行制作的丝印板将“Panasonic”字样印制在传真机上,并将上述商品装入购买的印有“Panasonic”字样的包装箱内,放入外购的含“Panasonic”字样说明书,再出售给淘宝商。此种情形不具备商标权用尽的适用条件,已构成假冒注册商标罪。

此外,有必要补充说明的是,有无标示翻新过程对侵犯商标权罪不构成任何影响。只要将旧货翻新,作为一个新的商品出售,未经许可使用原商标或者使用其他已经被注册的商标,均属于侵犯商标权。根据《商标法》的相关规定,正常的修理或者翻新并被不禁止,但修理或者翻新后作为新的商品出售并未经许可使用他人已经注册的商标,就侵犯了商标权。在旧货翻新过程中,是否标示翻新过程,影响的是购买者对商品的认知,即是否认识到是原厂产品。如果翻新者未加标示,又刻意隐瞒,致使购买者认为是原厂产品,但实际存在质量瑕疵的,意味着翻新者使用了欺骗手段,可能同时构成生产、销售伪劣产品罪。

Ⅱ 关于非法经营数额的认定

张某某、侯某均确认销售涉案侵权传真机的数量是由侯某进行登记。庭审中,侯某称销售数量由其登记在现场扣押的笔记本中。经统计,上述笔记本中记录已销售涉案 KX－FP7009CN 型号传真机、KX－FP7006CN 型号传真机、KX－FT872CN 型号传真机、KX－FT956CN 型号传真机共计 1285 台,侯某亦在数量统计表中签名确认;在讯问笔录和亲笔供词中,张某某和侯某多次确认其销售的涉案翻新传真机为 1285 台。一审法院综合书证和各被告人的供述认定本案已销售涉案侵权传真机数量为 1285 台的事实清楚。但是,一审法院认定的非法经营数额为 1,192,650 元,二审法院认定的数额为 262,600 元。

《关于办理侵犯知识产权刑事案件具体应用法律若干问题的解释》第 12 条第 1 款规定:“本解释所称‘非法经营数额’,是指行为人在实施侵犯知识产权行为过程中,制造、储存、运输、销售侵权产品的价值。已销售的侵权产品的价值,按照实际销售的价格计算。制造、储存、运输和未销售的侵权产品的价值,按照标价或者已经查清的侵权产品的实际销售平均价格计算。侵权产品没有标价或者无法查清其实际销售价格的,按照被侵权产品的市场中间价格计算。”对于涉案传真机的销售价格,张某某在工商局查获现场供述为:型号“7006”220 元/台、型号“7009”250 元/台、型号“872”210 元/台、型号“956”190 元/台;在公安机关讯问笔录中供述:型号“956”的松下牌传真机是以 200

元的价格出售的，其他的是以 230 元的价格出售的；侯某在讯问笔录和亲笔供词中均称涉案传真机的售价是 200～230 元，庭审中供述的数额亦为 200～230 元，并明确英文机卖 200 元一台，中文机卖 230 元一台；庭审中，戴某亦供述涉案传真机的价格是 200 元，被告人关于 200～230 元单价的供述基本稳定，能够互相相证，可以据此认定非法经营数额，即已销售的涉案传真机的非法经营数额总计在 257,000 元至 295,550 元。这一数额与侯某在亲笔供词中确认的销售金额 257,000 元相互印证。当场缴获的 28 台传真机价值为 5600～6440 元，即总的非法经营数额应在 262,600 元至 301,990 元。依照有利于被告人的原则，可以按 262,600 元定张某某等人的非法经营数额。

依照上述规定，在涉案传真机实际销售价格能够查清的情况下，非法经营数额应当按照实际销售价格认定，不应依据鉴定意见确定的，按照被侵权产品的市场零售中间价格认定。

■ 法理分析

Ⅰ 从事零部件组装销售、旧货翻新销售与个体有价转让的区别

这里的从事零部件组装销售、旧货翻新销售是指为谋取利益，从事零部件组装、旧货翻新经营，本质上是一种经营行为。日常生活中，自然人、经济实体之间进行商品有价转让、以物易物的情况比较普遍。如某甲将零部件组装、旧货翻新后，准备自用。后因某乙特别喜爱，提出以物易物交换或者购买，甲遂将组装商品、新商品交付给乙。这种行为不属于经营行为，不会影响正常的社会主义市场经济秩序。而侵犯知识产权罪和生产、销售伪劣商品罪都属于严重扰乱社会主义市场经济秩序的行为。

Ⅱ 从事零部件组装销售、旧货翻新销售应当被纳入刑法规制的原理

第一，这种行为侵害了商标的基本功能。按照零部件组装、翻新是否得到生产商、销售商许可，可以大致将零部件组装销售、旧货翻新销售分为两种情形：一种是所有零部件的组装、翻新均未得到生产商、销售商的许可；另一种是部分零部件的组装、翻新到生产商、销售商的许可。无论哪一种情况，均对商标的基本功能在一定程度上造成侵害。

第二，这种行为严重扰乱了社会主义市场经济秩序。与个体之间有偿转让不同，从事零部件组装销售、翻新销售经营行为是一个由量变发展到质变的

过程,大多没有正规厂家,且经营者多数会非法制造商标标识或者非法购买伪造的商标标识,这些行为必然给市场带来混乱,扰乱社会主义市场经济秩序。

(徐宏)

乐拼侵犯著作权案

拼装玩具的作品类型认定

案情介绍

2015 年起，在未经乐高公司许可的情况下，被告人李某某指使被告人杜某某等人购买新款乐高系列玩具，并通过拆解研究，着手复制乐高玩具。同时，李某某指使杜某某以个人名义注册乐拼玩具厂（后变更为利豪玩具厂），并在该厂进行 1∶1 复刻乐高玩具的设计、开模、生产，在智丽包装厂进行成品包装，在小巨蛋玩具厂进行仓储，通过线上、线下等方式销售。2019 年 4 月 23 日，上海市公安局在李某某租赁的厂房内查获用于复制乐高玩具的注塑模具、用于组装模具的零配件、“乐拼”玩具各类包装盒、说明书、销售出货单、相关电脑、手机，以及复制乐高系列的“乐拼”玩具产品等。

经中国版权保护中心版权鉴定委员会鉴定，乐拼的“Great Wall of China”玩具与乐高公司的“Great Wall of China”玩具，乐拼的“PRIMITIVETRIBE”玩具与乐高公司的“THE FLINTSTONES”玩具，乐拼的“FAIRYTALE”玩具与乐高公司的“DISNEY PRINCESS”玩具，乐拼的“TECHNICIAN”玩具与乐高公司的“ALL Terrain Tow Truck”玩具均基本相同，构成复制关系。乐拼的 *NINJAG Thunder Swordsman* 图册与乐高公司的 *NINJAGO Masters of Spinjitzu* 图册相同，构成复制关系。

《会计鉴定意见书》显示，2017 年 9 月 11 日至 2019 年 4 月 23 日，李某某等人生产销售的侵权产品数量为 424 万余盒，涉及 634 种型号，合计 3 亿余元。2019 年 4 月 23 日，在相关仓库扣押待销售的侵权产品数量为 60 万余盒，涉及 344 种型号，合计 3050 万余元。

2020 年 9 月 2 日，上海市第三中级人民法院审理后认为，被告人李某某等 9 人以营利为目的，未经著作权人许可，复制发行乐高公司享有著作权的美术作品，情节特别严重，其行为均已构成侵犯著作权罪。考虑部分被告人具有从犯、自首、立功、坦白等情节，予以从轻处罚，以侵犯著作权罪判处李某某有期徒刑 6 年，并处罚金人民币 9000 万元；对闫某等 8 人判处有期徒刑 3 年至 4

年6个月不等,并处相应罚金。[1]

理论争议

Ⅰ 被侵权拼装玩具是否属于美术作品

《著作权法实施条例》第2条规定:"著作权法所称作品,是指文学、艺术和科学领域内具有独创性并能以某种有形形式复制的智力成果。"

《著作权法实施条例》第4条第8项规定:"美术作品,是指绘画、书法、雕塑等以线条、色彩或者其他方式构成的有审美意义的平面或者立体的造型艺术作品。"

上海市高级人民法院认为,本案被侵权的拼装立体模型共计663款,这些立体模型所承载的表达,均系乐高公司独立创作,具有独创性及独特的审美意义,故拼装完成的立体玩具均属于我国著作权法所保护的美术作品范畴。

Ⅱ 销售侵权复制品罪与侵犯著作权罪辨析

被告人杜某某自2015年起帮助李某某购买乐高玩具、着手复制行为,并以个人名义注册利豪玩具厂,租赁智丽包装厂和小巨蛋仓库,2016年年底离职后开设淘宝网店铺,作为经销商之一,以营利为目的,销售复制乐高玩具的乐拼玩具。被告人杜某某及其辩护人提出,杜某某仅有销售行为,应对其以销售侵权复制品罪定罪处罚,而不是侵犯著作权罪。

根据《刑法》第217条,侵犯著作权罪,包括以营利为目的,未经著作权人许可复制发行其文字、音像、计算机软件等作品,出版他人享有独占出版权的图书,未经制作者许可复制发行其制作的音像制品,制作、展览假冒他人署名的美术作品等违法所得数额较大或者有其他严重情节的行为。

根据《刑法》第218条,销售侵权复制品罪,是指以营利为目的,销售明知是侵犯他人著作权、专有出版权的文字作品、音乐、电影、电视、录像、计算机软件、图书及其他作品以及假冒他人署名的美术作品,违法所得数额巨大的行为。

根据最高人民法院、最高人民检察院《关于办理侵犯知识产权刑事案件具体应用法律若干问题的解释(二)》第2条第1款,侵犯著作权罪中的"复制

---

〔1〕 案例来源:上海市高级人民法院刑事判决书,(2020)沪刑终105号。

发行”,包括复制、发行或者既复制又发行的行为,侵权产品的持有人通过广告、征订等方式推销侵权产品的,属于“发行”。

根据最高人民法院、最高人民检察院、公安部《关于办理侵犯知识产权刑事案件适用法律若干问题的意见》第 12 条,“发行”包括总发行、批发、零售、通过信息网络传播以及出租、展销等活动。

第一,杜某某离职后作为经销商之一,以营利为目的,在销售复制乐高玩具的乐拼玩具期间,一方面积极向利豪玩具厂了解生产情况并定制所需的型号玩具;另一方面还作为经销商,通过批发等方式销售乐拼玩具,销售金额达 621 万余元,其行为属于侵犯著作权罪中的发行行为,应以侵犯著作权罪定罪处罚。

第二,杜某某离职前较长时间且较深地参与了本案复制乐高玩具的侵犯著作权行为,理应承担相应的法律责任;离职后即作为经销商之一,以营利为目的销售复制乐高玩具的乐拼玩具,其离职前的复制行为和离职后的销售行为,在主观故意和客观行为上均具有明确的连续性,应进行整体评判,其行为符合侵犯著作权罪的构成要件。

■ 法理分析

1 积木玩具著作权

积木玩具的著作权主要涉及两类内容:一类是图纸,包括零件图、拼装(过程)图、搭建完成图等。另一类是产品,包括零件和搭建完成成品。积木产品一般是以零件状态出售。其中,图纸产品通常以图形作品保护,而积木产品以何种作品保护?既有判例中出现过不同认定。

北京市第一中级人民法院民事判决书(2010)一中民初字第 16813 号认为,涉案积木系人物形象的零件,具有一定的艺术美感,达到了基本的智力创造性高度,属于美术作品。

北京市第一中级人民法院民事判决书(2009)一中民初字第 05642 号认为,涉案积木块由一个长方形及两个支撑脚构成,长方形及两个支撑脚的形状均为已有常见形状,上述表达并非原告独创,由原告独立创作的表达仅系将现有上述两种形状以涉案积木块所表现出的形态予以结合。对于这一结合形态而言,其虽由原告独立创作,但这一智力成果的创作性高度过于微不足道,未达到作品的独创性所要求的基本的创作性高度。鉴于此,本案法院认为,涉案积木块所承载的表达不具有独创性,不构成美术作品。

北京市高级人民法院民事判决书(2011)高民终字第1496号认为,乐高公司的涉案积木块为马尾辫的形态,马尾辫虽常见,但马尾辫的表现形态却可以多种多样,乐高公司的涉案积木块系对马尾辫的一种艺术抽象,具有一定的艺术美感,体现了乐高公司的选择、取舍、安排,符合著作权法对独创性的要求,构成作品。所承载的表达符合美术作品的要求,故属于美术作品。该积木块是否能够工业化生产以及是否单独或成套销售,均不影响其作品的属性。

上海市徐汇区人民法院民事判决书(2016)沪0104民初24421号认为,费希尔技术公司生产并销售的权利商品,尚处于一种零散拼装组件的状态,而非已搭建完成的30种静态模型。因此,费希尔技术公司主张按照说明书2012所载拼装步骤搭建而成的30种静态模型尚处于一种设想性的“腹稿”状态,还仅停留在“可搭建”的阶段,缺少“已搭建完成”这一关键的外在表达,属于典型的思想领域,不具备可感知性,无法作为作品受到著作权法保护。

上海市知识产权法院民事判决书(2018)沪73民终268号对上述判决进行了纠正,认为构成模型作品需具备三个条件:一是必须具有展示、试验或者观测等用途,如与地理、地形、建筑或科学有关的智力创作等;二是具有独创性,精确地按照一定比例对实物进行放大、缩小或按照原尺寸制成的立体造型仅是实物的复制品,模型作品应当根据物体的形状和结构,按照一定比例制成,但在造型设计上必须具有独创性;三是能以有形形式固定的立体造型。

就本案而言,首先,涉案栅栏、曲柄传动机构等30种立体造型抽象于现实中的机械、工程结构,现实中存在与之相对应的物体或者结构,但又不完全是复制实物,而能展示实物所蕴含的机械原理和物理结构;其次,设计者通过对现有机械及工程结构进行选取和提炼、抽象和简化,在创作过程中对立体结构进行了取舍、浓缩、抽象,展示科学和技术之美,在布局、结构安排、搭配组合等方面,体现了设计者的构思和安排,具有独创性;最后,运用组件,按照说明书步骤图能够搭建成与《安装说明书》所附图样一致的具有实物形态的30种立体造型,即能以有形形式固定。涉案30种立体造型均符合我国著作权法规定的模型作品构成要件,并各自独立于图形作品构成模型作品,应受我国著作权法保护。

Ⅱ 侵犯著作权罪与其他相关罪名的区分

在知识产权犯罪中,部分情形下会出现侵犯著作权罪,销售侵权复制品罪,非法经营罪,生产、销售伪劣产品罪等罪名的适用争议。准确把握此罪与彼罪的界限,相关司法解释对特定概念的界定尤为关键。

（徐宏）

徐某侵犯商业秘密案

商业秘密的具体认定

案情介绍

临海山河电子器件有限公司(以下简称山河公司)经营范围为生产销售节日灯、工艺品等产品。被告人徐某及马某某、朱某某、周某某、潘某某(均另案处理)先后于2004年之前进入山河公司工作。被告人徐某与山河公司签订了《劳动合同》《保守商业秘密协议》,并担任该公司的销售部经理。2008年年初,马某某、徐某、朱某某、周某某共同出资成立平舆县鼎威电子有限公司(以下简称平舆鼎威公司),马某某任法定代表人,经营范围为节日灯加工、销售。马某某负责采购、生产,徐某负责销售订单,朱某某负责质量监督,周某某负责组装生产。公司成立后,被告人徐某及朱某某、周某某继续在山河公司工作,由被告人徐某将山河公司的外贸订单提供给平舆鼎威公司并以此经营获利,潘某某参与制作合同。该公司经营至2008年年底,获利80余万元。

2008年10月24日,被告人马某某注册成立临海市鼎威电子器件有限公司(以下简称临海鼎威公司),该公司工商登记为一人有限责任公司,实为马某某、徐某、周某某、朱某某投资开办,经营范围为节日灯、工艺品制造等。2009年2月,陈某某加入。2009年2—3月,被告人徐某及朱某某、潘某某、周某某、陈某某等人先后向山河公司提出辞职或被免职,2009年4月,潘某某到临海鼎威公司任单证员兼出纳。2009年,被告人徐某利用其掌握的山河公司客户名单等信息,通过临海鼎威公司生产经营,该公司营业利润为200余万元。

2008—2009年,被告人徐某将部分山河公司订单放在台州市金瀚电器有限公司等厂家生产,通过浙江曼嘉进出口有限公司代理出口,累计获利439,393.55元。[1]

---

〔1〕 案例来源:浙江省台州市中级人民法院刑事判决书,(2013)浙台知刑终字第4号。

■ 理论争议

涉案的客户信息、订单信息是否构成客户名单类商业秘密

法院生效裁判认为，订单信息属于特定主体之间的邀约、磋商，客户对询价对象具有选择性，范围有限，并非针对不特定对象广泛宣传，双方询价磋商的过程、内容亦为不公开。山河公司若没有前期合作、参加展会等人力、物力的积累，难以轻易得到客户的询价机会。故上述订单信息应当认为是不为公众所悉，具有秘密性。上述订单信息经过供需双方的磋商可以转化为正式订单，给山河公司带来利润，具有价值性。

关于客户名单信息，山河公司的 11 家客户名单信息包含客户名称、国别、近年交易往来记录（含合同号、签订合同时间、产品类别、数量、交易金额）、备注信息等，信息具有深度性，属于保持长期稳定交易关系的特定客户，能够给山河公司带来经济效益，具有价值性。以上客户名单信息系山河公司前期通过资金投入、展会交流等方式长期积累、努力培育所得，既属于特定客户的名册集合，每一客户信息又属于特定的多重的经营、交易往来等可以促成交易的信息集合，上述信息的内容及组合使该客户名单信息区别于普通的公知信息而不易取得。被告人辩称通过展会参展名录、买家目录或互联网即能够查询到本案涉及的客户信息，但通过上述方式查询到的客户名单仅是对客户的一般列举，缺乏特定性，且仅包括名称、联系方式等基本信息，而不会出现类似交易往来记录等不为公知的深度信息，故不能证明上诉人关于涉案客户名单信息能够从公开渠道取得的主张。故案涉 11 家客户名单具有秘密性。

■ 法理分析

商业秘密分为经营信息和技术信息，客户名单属于经营信息。客户名单不同于技术信息，技术信息一般可通过查新检索等方式，引入第三方鉴定机构评估其新颖性、秘密性，而客户名单等经营性信息的秘密性一般以主观判断和评价为主，具有弹性，缺乏量化标准，这就给司法实务中认定商业秘密带来了难度。因此，从案件数来看，涉及侵害客户名单商业秘密的刑事案件并不多见，有些还与侵害技术秘密的行为混合发生。然而，实际经营活动中，员工跳槽离职导致原单位客户流失的情况非常多见，如何厘清竞争环境下交易关系正常流动与侵害客户名单商业秘密的不正当竞争行为之间的边界，是经营者高度关注的问题，其不仅会直接影响到经营者的合法权益，还将影响到竞争秩序的安全和有序。

1 认定客户名单秘密性的考量因素

对于如何认定客户名单的秘密性,《刑法》及司法解释并未作出规定。然而,这一判断实质指向的是法律保护的权利人权利及法益基础,因此,民刑认定标准并无不同。根据2007年最高人民法院《关于审理不正当竞争民事案件应用法律若干问题的解释》(以下简称《不正当竞争解释》)第13条第1款的规定:“商业秘密中的客户名单,一般是指客户的名称、地址、联系方式以及交易的习惯、意向、内容等构成的区别于相关公知信息的特殊客户信息,包括汇集众多客户的客户名册,以及保持长期稳定交易关系的特定客户。”笔者认为,认定客户名单的秘密性,主要可以从以下方面进行考量:

第一,信息内容的深度性。从经营信息的外观分析,如信息的组成仅涉及客户名称、地址、联系方式等一般交易信息,一般很难被认定构成客户名单商业秘密。如其中还包括了客户的购买需求、要货规律、价格区间、交易习惯、结算方式及客户特定要求等深度信息,这类复杂的信息群较易被认定构成客户名单商业秘密。其中,购买需求体现为商品品种、规格、数量等;要货规律体现为购买频率、时间节点及与时间点相关联的购买需求;价格区间体现为客户对价格底线、价格浮动生、折扣、佣金等接受度;交易习惯可体现为客户的交货方式、物流仓储条件、违约相关条款的设计等;结算方式体现为客户偏好的付款条件、方式、币种、周期、发票开具、税点等;特定要求可体现为客户对包装、标识等的选择。这些深度内容为经营者统筹安排生产周期、合理备货、降低谈判成本、减少营销成本、预估利润空间、据回款速度支配现金流、整合上下游资源并争取最优条件等提供了有利的信息支持,有助于经营者建立并累积竞争优势。

第二,建立客户名单投入的人力、物力。不同于一般的经营信息,构成商业秘密的客户名单特殊性在于信息的持有者为获取该“个性化”信息付出了必要的社会劳动,具有独占的法律根据,应当受到法律的保护。司法实践中,究竟付出多少属于付出“一定的”人力、物力,客观上无法通过简单的数字进行明确,大多通过反向判断进行理解,如通过公共渠道或者对信息进行简单的整理、编排,虽然付出了一定劳动,但缺少创造性成分,不足以达到商业秘密保护的高度。但如需通过市场走访、问卷调查、参展、长期交易等方式收集,并对信息进行分析加工,抽离出一定的规律,则较易被采信构成“付出一定的人力和物力”。

第三,一般人获取客户名单相关信息的难度。《不正当竞争解释》第9条规定"有关信息不为其所属领域的相关人员普遍知悉和容易获得",客户名单的秘密性表现在其并非公知信息,如果客户名单非常易于被一般人通过正当的途径获取,而且获取的过程中不需要付出特别的劳动或努力,法律则没有以商业秘密方式对之加以保护的必要。需要指出的是,此处的"一般人"并非广泛意义上的社会公众,而应当是行业内的一般主体,通常包括竞争对手或与行业存在一定关联的主体。

第四,侵权人获取相关信息的手段。一般而言,侵权手段越特殊,客户信息具备秘密性的可能性越大。如采用窃听电话、秘密窃取、非法入侵计算机系统等手段获得客户信息的,该类信息被认定为商业秘密的可能性就会增加。

Ⅱ 非法披露、使用客户名单的例外

客户名单作为商业秘密的一种类型,侵权行为的判定仍遵循商业秘密侵权认定的一般规则。但经营信息与技术信息存在天然的不同,技术秘密的价值性在于其可直接转化为生产力,通过新产品实现占据市场份额、获取超过行业平均利润的竞争优势,而客户名单的价值性更多体现在通过客户信息的采集和集聚,权利人得以更精准快速抓取客户群及客户需求,实施最优化的经营策略,然而,即便权利人掌握了相关深度信息,该客户是否愿意与其建立业务联系,仍由客户来决定。这种价值主要体现在潜在的竞争优势上,是一种预期利益。因此,需厘清竞争环境下交易关系正常流动与侵害客户名单商业秘密不正当竞争行为之间的边界,准确判定行为的正当性与否。根据《不正当竞争解释》第13条第2款的规定,"客户基于对职工个人的信赖而与职工所在单位进行市场交易,该职工离职后,能够证明客户自愿选择与自己或者其新单位进行市场交易的,应当认定没有采用不正当手段,但职工与原单位另有约定的除外"。该款通常被称为基于员工个人信赖的抗辩。从生效案例的检索结果来看,目前未检索到被告人因该项抗辩成立而不构成商业秘密犯罪的案例。笔者考虑,可能是因为如果该抗辩成立,案件一般很难进入刑事审判阶段。在具体案件审理中,如出现该类辩护意见,可通过以下角度加以甄别:

第一,该种抗辩的适用一般发生在医疗等较为强调个人技能的行业领域,客户是基于与员工之间的特殊信赖关系与其所在单位发生交易,即客户是基于该员工才与单位发生交易。如果员工是利用单位所提供的物质条件、交易平台,才获得与客户进行交易机会的,一般不具有适用该抗辩的空间。

第二,关于客户选择自愿性的判定。一般来说,自愿性可区分为交易前的自愿和交易时的自愿。所谓交易前的自愿,是客户单方准备与他人订立合同时,在众多的交易对象中自由地主动选择了员工或员工所在的新单位,没有受到员工或员工所在的新单位利用原单位经营信息的影响,也就是说,即使员工不利用原单位的经营信息,客户也会自愿与员工或员工所在的新单位交易,这里,在员工与客户间的联络中,员工完全是被动的。所谓交易时的自愿,是指交易双方达成某种交易时,各自的意思表达自由,不存在任何一方违背其真实意思表示的情况。笔者认为,员工离职后,只要不是假冒原单位名义,不致客户对交易对象的身份发生误认混淆,则交易即体现为双方的真实意思表示,因此,"交易时的自愿"对审理客户名单商业秘密案件并不具有法律意义。在认证、采纳员工个人信赖辩护意见时应十分慎重,根据案件的具体案情并结合其他证据,从严把握。若员工提供的证据、客户的陈述仅能指向客户交易时的自愿,该项辩护意见一般不能成立。

第三,对新的交易事实的审查。在具体案件中,还可审查与客户发生新的交易的具体内容、时间和双方是否存在交易历史。如果新交易发生的时间与员工离职时间点高度关联,双方未曾有过交易或接洽记录,且新的交易在产品质量、价格、售后服务等方面与原单位相比较,并不占明显的优势,则认定促成新交易的主要原因仍是员工利用原单位经营信息进行的介绍、磋商,认定披露或使用行为具非正当性的可能性就会增加。

(徐宏)

周某某非法经营案

如何认识和理解非法经营罪中的“违反国家规定”

案情介绍

2010年10月,被告人周某某设立华北中安(北京)安全技术服务有限公司(以下简称中安公司)。2010年11月至2011年11月,周某某在明知中安公司未取得保安服务许可证的情况下,与北京科住物业管理有限公司(以下简称科住公司)签订三份保安服务合同,向科住公司的半导体所项目部、微电子研究所项目部、学术会堂项目部派驻保安员并提供保安服务,其间收取科住公司支付的保安服务费共计人民币95万元,盈利1万元左右。中安公司设立后,主要经营保安服务业务。

截至案发,中安公司拥有保安员50余人,因规模未达到加盟市保安服务总公司要求的100人条件,本着边经营边招募的想法,而未向公安机关申请保安服务许可证。

北京市丰台区人民检察院以周某某犯非法经营罪提起公诉。2012年12月,北京市丰台区人民法院作出裁定,准许北京市丰台区人民检察院撤回对被告人周某某的起诉。[1]

理论争议

本案在审理过程中,法院存在两种观点:

一种意见认为,周某某的行为构成非法经营罪。主要理由是:(1)周某某未经许可,从事保安服务业务经营的行为违反了《保安服务管理条例》(国务院令第564号)[2]第9条的规定,属于违反国家规定从事非法经营的行为。(2)非法经营保安服务业务不仅扰乱了保安服务行业的正常秩序,而且极有

---

〔1〕 案例来源:最高人民法院刑事审判第一、二、三、四、五庭主办:《刑事审判参考》(总第122集),法律出版社2020年版,第25页。

〔2〕 该条例后经2020年、2022年两次修订。

可能侵犯人民群众的人身权利和财产权利,相对于普通非法经营行为,其侵犯的客体更为复杂,可能造成的社会危害更为严重。(3)非法经营行为认定情节严重的标准主要是数额和危害后果。首先,从经营数额分析,周某某的经营数额为95万元,远超出2010年最高人民检察院、公安部联合印发的《关于公安机关管辖的刑事案件立案追诉标准的规定(二)》(以下简称《标准二》)第79条第8项规定的个人非法经营数额5万元的标准,[3]与目前非法经营犯罪案件中"情节严重"的最高认定标准100万元非常接近,应当认定构成"情节严重"。其次,从行业特点分析,保安服务行业具有特殊性,保安人员需具备保安资质,未经审查、备案的保安公司在保安服务能力、保安人员素质、水平等方面欠缺一定的保障,存在潜在危险性,即对社会稳定和人民群众人身、财产安全存在潜在危险,具有一定的社会危害性。

另一种意见认为,被告人周某某的行为不构成非法经营罪。主要理由是:周某某未经许可从事保安服务业务的行为,虽然违反了国家规定,属于非法经营行为,但鉴于保安服务行业的特殊性,对情节严重的认定不能参照普通非法经营5万元的认定标准,而应参照电信、POS机套现业务等经营行为,以100万元作为"情节严重"的认定标准。本案未达到"情节严重"的程度,故不构成非法经营罪。

■ 法理分析

笔者赞同本案不构成非法经营罪的结论,但不同于法院认定的理由,本案主要涉及如何理解《刑法》第225条规定的"违反国家规定"。

[I] 刑法规定"违反国家规定"的意义

我国《刑法》第96条规定:"本法所称违反国家规定,是指违反全国人民代表大会及其常务委员会制定的法律和决定,国务院制定的行政法规、规定的行政措施、发布的决定和命令。"因此,国务院各部委的行政规章、地方政府规章、地方性法规等不能作为处理刑事案件的依据。

刑法之所以在总则中单设条文明确"违反国家规定"的含义,是刑法为保障宪法规定的社会主义法制统一原则而作出的特殊规定。《宪法》第5条第2款规定,国家维护社会主义法制的统一和尊严,该条确定了法制统一原则,根

---

[3] 2022年4月修订的标准对这一数额未做调整。

据这一原则的要求,宪法具有最高的法律效力;一切国家机关和武装力量、各政党和各社会团体、各企业事业组织都必须遵守宪法和法律,以宪法为根本的活动准则,并负有维护宪法尊严、保证宪法实施的职责;公民在法律面前一律平等;任何组织或者个人都不得有超越宪法和法律的特权。

刑法作为部门法,作为“法律的保障法”,理应在这方面有所作为。纵观我国《刑法》分则的规定,涉及“违反国家规定”的犯罪,均为法定犯,而非自然犯,对法定犯,由于历史的、现实的等诸方面的原因,对某种行为是否构成犯罪以及此罪与彼罪的界限,全国各地的法院存在不同做法,这大大降低了法律的权威,有损法律尊严,也严重违反了法制统一原则的要求。为避免出现上述现象,《刑法》第 96 条明确了“违反国家规定”的确切含义,将规定的作出主体限制在全国人大及其常委会和国务院,这有利于实现“全国一盘棋”,避免因地域不同而导致的法律适用不一致。同时,从预防部门保护主义角度出发,《刑法》第 96 条对保障社会主义法制统一原则也具有重要意义。

需要注意的是,2011 年 4 月最高人民法院发布《关于准确理解和适用刑法中“国家规定”的有关问题的通知》(以下简称《通知》),《通知》第 1 条规定:“以国务院办公厅名义制发的文件,符合以下条件的,亦应视为刑法中的‘国家规定’:(1)有明确的法律依据或者同相关行政法规不相抵触;(2)经国务院常务会议讨论通过或者经国务院批准;(3)在国务院公报上公开发布。”《通知》将国务院办公厅制发的一部分文件纳入《刑法》第 96 条规定的国家规定的范围,在某种意义上是对《刑法》第 96 条的类推解释,值得讨论。

Ⅱ 被告人并未违反国家规定

明晰了国务院各部委的行政规章、地方政府规章、地方性法规不属于此处的“国家规定”,是否意味着行为只要违反了全国人大及其常委会、国务院颁布的法律、决定等,就构成非法经营罪呢?

本案中,法院认为,周某某的行为违反了《保安服务管理条例》第 9 条的规定:“申请设立保安服务公司,应当向所在地设区的市级人民政府公安机关提交申请书以及能够证明其符合本条例第八条规定条件的材料。”中安公司未向公安机关提出申请保安服务许可证而经营保安服务业务的行为违反了国家规定,但法院认为,本案没有严重扰乱市场秩序,理由在于:首先,经营保安服务业务虽然属于行政特许行业,但根据《保安服务管理条例》第 8 条的规定,只要达到规定的条件就可以向公安机关提出申请,公安机关不批准的应当说明理由。因此,保安服务业务不属于严格意义上的限制经营许可业务。其次,未经行政许可经营保安服务的主要社会危害在于对人民群众人身和财产安全可能造成一定的潜在危险,对保安服务业务经营行为是否属于《刑法》第225条第4项规定的非法经营行为的认定,重点应当考察经营行为有无实质上违法犯罪及造成严重后果。对没有实施及产生《保安服务管理条例》第43条、《公安机关实施保安服务管理条例办法》第45条规定的泄露国家秘密、参与追索债务、采用暴力处理纠纷等后果的经营行为,不应认定为其他严重扰乱市场秩序的非法经营行为。法院进一步认为:“虽然本案最终宣告无罪,但并不意味着所有非法从事保安服务业务的经营行为都不构成非法经营罪。具体个案是否构成犯罪,仍要结合案情具体分析。”

笔者认为,即便行为人实施了造成泄露国家秘密、参与追索债务、采用暴力处理纠纷等后果的经营行为,也不构成非法经营罪。

从《刑法》第225条的表述来看,“违反国家规定”是成立非法经营罪的要件,但符合这一要件并非意味着就构成非法经营罪,还必须考察行为是否符合该条所列明的四项内容,如果行为人的行为不符合所列明的四项内容,即便违反了全国人大及其常委会、国务院的规定,也不能追究刑事责任。其中,前三项因表述较为明确清晰,在司法实践中争议较小,〔4〕因此,关键在于如何认识第四项“其他严重扰乱市场秩序的非法经营行为”。

如前所述,《标准二》已就追诉标准做了非常清晰的规定,本案已经达到这一标准,因此,问题的关键不在于如何理解“严重”,而在于如何理解“非法经营行为”。

在《刑事审判参考》第1042号“翁某某非法经营案”案中,法院认为,非法经营罪中的“违反国家规定”,是指违反符合《刑法》第96条法律规定中关于从事经营性活动的许可性规定。〔5〕笔者认为这一论断符合对“经营”的定性,也即此处的“经营行为”应该是“经营性活动”,“非法”作为前缀意味着存在

---

〔4〕但这并非意味着对前三项的适用不存在争议,如易某某非法经营案就涉及对第一项“专营、专卖物品”的界定。具体可参见最高人民法院刑事审判第一、二、三、四、五庭主办:《刑事审判参考》(总第122集),法律出版社2020年版,第17-24页。

〔5〕参见最高人民法院刑事审判第一、二、三、四、五庭主办:《刑事审判参考》(总第101集),法律出版社2015年版,第64页。

合法的“经营性活动”。[6] 那是不是所有的未经许可的经营性活动都符合《刑法》第 225 条的规定呢?

从 1997 年修订《刑法》时将投机倒把罪[7]修订为非法经营罪并列明前三项行为的立法方式看,自然不能得出这个结论。根据体系解释的要求,第四项中的“经营行为”应该是与前三项相当的经营行为,[8]前三项的共同点不仅在于都需要经过相关部门的审批,而且审批的事项必须是国家严格管控,关系国计民生的事项。

笔者认为,不能因为需要相关部门审批,审批的依据符合《刑法》第 96 条的规定,非法经营数额达到 5 万元以上,就构成非法经营罪。这一解读不仅符合刑法的体系性解释,也符合当前我国的基本经济政策。党的十八大以来,党和政府进一步简政放权,取消和下放了大量的行政审批项目,在这一大背景下,将需要审批的所有事项均纳入非法经营罪范畴值得商榷,这一做法不仅难以获得法律效果,也难以获得良好的社会效果。

具体到本案,根据前述引用的相关规定,从事保安行业行为确实需要审批,行为人未经审批的行为从表面上看符合“国家规定”的范围,但保安行业与《刑法》第 225 条前三项所规定的行业相比,显然不能相提并论,因此,不能依据《刑法》第 225 条第 4 项追究被告人非法经营罪的刑事责任。此类案件通过民事诉讼、行政处罚就能解决,没有必要启动刑事诉讼追究被告人的刑事责任。

笔者认为,就本案而言,被告人的行为表面上违反了国家规定,但因其并

---

〔6〕《刑事审判参考》第 1077 号案例“李某某、胡某某非法经营案”就涉及对该问题的理解。行为人经营有偿讨债业务,其与债权人签订合同,合同约定以收回欠款的 20%、40% 作为报酬。检察机关以被告人构成非法经营罪提起公诉,法院在处理过程中认为不存在符合《刑法》第 96 条的“国家规定”,后检察机关以法律发生变化为由撤回起诉。参见最高人民法院刑事审判第一、二、三、四、五庭主办:《刑事审判参考》(总第 103 集),法律出版社 2016 年版,第 31 - 37 页。笔者认为,为人讨债收取巨额报酬的行为在实践中并不允许,也即替人讨债并非法律规定的合法经营业务,社会上并不存在这样一个受法律保护的讨债市场秩序。因此,本案根本不需要讨论是否存在符合《刑法》第 96 条规定的“国家规定”。

〔7〕1979 年《刑法》第 117 条规定:“违反金融、外汇、金银、工商管理法规,投机倒把,情节严重的,处三年以下有期徒刑或者拘役,可以并处、单处罚金或者没收财产。”第 118 条规定:“以走私、投机倒把为常业的,走私、投机倒把数额巨大的或者走私、投机倒把集团的首要分子,处三年以上十年以下有期徒刑,可以并处没收财产。”第 119 条规定:“国家工作人员利用职务上的便利,犯走私、投机倒把罪的,从重处罚。”

〔8〕与之类似的解释思路是对《刑法》第 114 条、第 115 条规定的以危险方法危害公共安全罪中的“其他危险方法”的理解。

不具有与《刑法》第225条前三项规定的行业的相当性,因此,其并未违反国家规定,不需要考察其社会危害程度,从而以社会危害程度不够为由出罪。

对这一问题,《通知》第2条做了原则性规定:"各级人民法院在刑事审判工作中,对有关案件所涉及的'违反国家规定'的认定,要依照相关法律、行政法规及司法解释的规定准确把握。对于规定不明确的,要按照本通知的要求审慎认定……对被告人的行为是否'违反国家规定'存在争议的,应当作为法律适用问题,逐级向最高人民法院请示。"由此可见,《通知》是通过设置程序性事项来限制非法经营罪的成立范围。

Ⅲ 对最高人民法院指导性案例"王某某非法经营案"的质疑

本案审判于2012年,无独有偶,最高人民法院于2018年发布第97号指导性案例"王某某非法经营再审改判无罪案",两者的裁判思路基本一致,有必要就此展开进一步说明。

对于王某某非法经营案,法院认定的基本事实是:2014年11月至2015年1月,被告人王某某未办理粮食收购许可证,未经工商行政管理机关核准登记并颁发营业执照,擅自在临河区白脑包镇附近村组无证照违法收购玉米,将所收购的玉米卖给巴彦淖尔市粮油公司杭锦后旗蛮会分库,非法经营数额218,288.6元,非法获利6000元。案发后,被告人王某某主动退缴非法获利6000元。2015年3月27日,被告人王某某主动到巴彦淖尔市临河区公安局经侦大队投案自首。法院一审认定王某某构成非法经营罪并判处缓刑。后最高人民法院指令再审,再审法院认定王某某无罪。

最高人民法院的裁判理由指出:"(1)对于刑法第二百二十五条第四项规定的'其他严重扰乱市场秩序的非法经营行为'的适用,应当根据相关行为是否具有与刑法第二百二十五条前三项规定的非法经营行为相当的社会危害性、刑事违法性和刑事处罚必要性进行判断。(2)判断违反行政管理有关规定的经营行为是否构成非法经营罪,应当考虑该经营行为是否属于严重扰乱市场秩序。对于虽然违反行政管理有关规定,但尚未严重扰乱市场秩序的经营行为,不应当认定为非法经营罪。"

王某某案审判时,相关的"国家规定"系2013年国务院颁布的《粮食流通管理条例》(以下简称《粮食条例》),该条例第2条规定:"在中华人民共和国境内从事粮食的收购、销售、储存、运输、加工、进出口等经营活动(以下统称粮食经营活动),应当遵守本条例。前款所称粮食,是指小麦、稻谷、玉米、杂粮及其成品粮。"《粮食条例》第8条规定了从事粮食收购活动的经营者应当具备的条件,第9条规定了“取得粮食收购资格,并依照《中华人民共和国公司登记管理条例》等规定办理登记的经营者,方可从事粮食收购活动”。[9]

由此可见,王某某违反了当时《粮食条例》的规定,这也是一审法院在判决中强调的内容,同时,其涉案金额也超过5万元,最高人民法院认定其不构成非法经营罪的理由是不具有前三项规定中的社会危害性。由此可见,这一理由与本案最终认定不构成非法经营罪的理由完全相同。

笔者赞同最高人民法院在裁判理由中指出的“应当根据相关行为是否具有与刑法第二百二十五条前三项规定的非法经营行为相当的社会危害性、刑事违法性和刑事处罚必要性进行判断”,但结论完全相反——王某某案涉及的粮食收购领域关系国计民生,毕竟“民以食为天”,因此,一审法院认定王某某构成非法经营罪并非毫无道理。

笔者认为,最高人民法院认定王某某不构成犯罪的理由值得讨论。再审判决认为“尚未达到严重扰乱市场秩序的危害程度”,那应达到多大的数额才能达到非法经营罪的标准?遗憾的是,再审判决对这一至关重要的问题并未展开论证。“不具有与刑法第二百二十五条规定的非法经营罪相当的社会危害性和刑事处罚的必要性”所隐含的前提应该是该行为属于非法经营行为,而认定非法经营行为的依据在于被告人“没有办理粮食收购许可证及工商营业执照买卖玉米”,这显然是依据《粮食条例》的规定所得出的结论。

由此可见,王某某案再审判决忽视了2016年《粮食条例》第40条[10]和《标准二》在案件中的具体适用,单纯依据舆论呼吁予以改判,以评价标准极其模糊的“社会危害性”作为判断被告人王某某行为性质的依据,值得进一步讨论。[11]

---

〔9〕《粮食条例》在王某某案后的2016年经过修订,但收购粮食仍然需要获得许可,需要指出的是,《粮食条例》于2021年再次修订,本次修订取消了粮食收购资格许可制度。据介绍,其背景是:“近年来,粮食市场主体更加多元,粮食购销活动明显活跃,基本形成了‘市场化收购是主体、政策性收购来托底’的新格局。需要加快实现从事先管主体、管门槛、管准入的方式,转向管行为、管规则、管公平竞争、管处罚违法违规这样一种事中事后监管方式的转变。基于这些考虑,取消了粮食收购资格行政许可制度。”参见《粮食流通管理条例大修 粮食收购资格许可制度取消》,载中央人民政府网,http://www.gov.cn/zhengce/2021-04/13/content_5599410.htm。

〔10〕该条规定:未经粮食行政管理部门许可擅自从事粮食收购活动的,由粮食行政管理部门没收非法收购的粮食;情节严重的,并处非法收购粮食价值1倍以上5倍以下的罚款;构成犯罪的,依法追究刑事责任。

〔11〕需要指出的是,笔者并不认为王某某构成非法经营罪,只不过理由在于王某某具有违法性认识错误,因此不具有非法经营罪的主观故意。因与本文主题关联不大,在此不展开论述。

综上所述,在认定非法经营罪中的"违反国家规定"时,除需要考察所引用规定的作出主体是否符合《刑法》第 96 条的规定之外,关键还需要考察行为人所实施的行为是否是国家严格管控、关系国计民生的经营行为,前者可称为形式要件,后者可称为实质要件,两者缺一不可,唯有如此,方能正确限定非法经营罪的范围,实现罪刑法定原则,唯有如此,方能在最大程度上,摆脱非法经营罪沦为"口袋罪"的指责。

(王恩海)

“酒托”类案分析

强迫交易及其关联罪的体系解释

案情介绍

近年来,在消费领域发生的酒吧经营者雇佣酒托制造“消费陷阱”、诱骗或强迫他人高价消费的“酒托”案件,引起社会较大关注,在司法认定中也产生了较大争议,主要涉及强迫交易罪及其关联罪的适用冲突问题。“酒托”案的实际表现比较复杂,以下列举三个案例进行比较。

案例1:宁某承包一家酒吧,招募多名员工分别扮演“小老板”“键盘手”“传号手”“酒托女”等角色。“小老板”负责运作,“键盘手”在网络上假装年轻女性与男性聊天,从聊天中得知对方的个人信息,并由“传号手”进行筛选,然后将选定的信息发给“酒托女”,最后由“酒托女”以女网友的身份引诱对方至酒吧消费,所出售的“高档酒”都是劣质廉价酒,但标价却明显高于市场正常价位。多数被害人在消费前知道酒水价格,但都碍于面子而选择消费并付账。

案例2:张某经营一家咖啡屋。由于生意不景气,就与他人招募多名女性“酒托”上网站与男网友聊天,并将其带到该咖啡屋进行消费。张某事先告诉“酒托”不要让客人看到酒水价目单,由“酒托”自己要“绿薄荷酒”,此种酒水系该咖啡屋用可乐、雪碧和二锅头酒匀兑出的假洋酒,以每杯360元的价格出售。被害人结账时才发现消费的是“天价”酒。当提出质疑或拒不结账时,张某等人就逼迫被害人写欠条、押手机或身份证等,或安排人跟着被害人去取钱;若被害人要报警,张某等人就会对被害人实施拳打脚踢或以暴力相威胁。

案例3:李某新开一家无营业执照的“黑酒吧”,指示其女友甲登录网站,与男性网友乙聊天“交友”,然后将其带到该酒吧消费并故意隐瞒酒水价格。当乙看到高达上万元的“天价”账单而拒绝付费时,李某就指示其事先雇用的“打手”对乙实施暴力致其轻伤。乙身上所带现金不够付账,李某就逼其交出手机、钻戒等物品。

■ 理论争议

以上三个案例的共同之处在于,都是酒吧经营者雇用或指使“酒托”通过网络交友,引诱“网友”上门进行高额消费,但在后续过程中被害人是否事先知道酒水价格、是否自愿选择消费并付账、酒吧经营者是否采取暴力强迫消费者付账等方面的情况不尽相同。实践中,有的酒吧属于合法经营,有的则是无照非法经营的“黑酒吧”;酒吧出售的酒水价格有的虽高于市场正常价格但尚属于正常经营和消费者可接受范围,而有的则远远高于市场正常价格,失去了正常交易和合法经营的性质,纯属欺诈或敲诈性质;有的经营者在客人消费前向其明示酒水价格,客人也知道是高价消费,而有的经营者故意隐瞒酒水价格,对方消费后才知道酒水价格而拒付账单;有的经营者没有采取暴力、胁迫等强迫手段,有的则采取了暴力、胁迫等强迫手段强迫其付费,而有的则采取暴力手段强取被害人的财物,等等。司法实践中,对不同表现形式的酒托案的定性存在认识分歧:

1. 对于案例 1 中被告人宁某等人的行为,法院认定为诈骗罪,[1]但在认定过程中,也有观点主张应定为强迫交易罪或不以犯罪论处。

2. 对于案例 2 中被告人张某等人的行为,有的认为是强迫交易罪,有的认为是敲诈勒索罪,有的则认为是抢劫罪。[2]

3. 对于案例 3 中李某的行为,有的主张以强迫交易罪认定,有的主张以抢劫罪认定。

■ 法理分析

上述“酒托案”中,之所以产生诸多争议,究其原因,主要是没有从刑法整体角度认识和把握强迫交易罪与其的衔接协调问题,以致产生刑法适用上的冲突。实际上,可以将酒托案涉及的强迫交易罪及其关联罪看作一种罪名集合,有学者称之为“罪群”。[3] 强迫交易罪在这个“罪群”中处于核心位置,对于衔接和协调其他罪名的罪刑关系具有重要的纽带作用。因此,正确认定和处理酒托案件,需要运用体系解释方法对强迫交易罪及其关联罪进行整体理

---

〔1〕 参见陆珺怡:《上海最大酒托诈骗案昨日宣判》,载解放牛网 2011 年 1 月 31 日,http://www.jfdaily.com/a/1934148.htm。

〔2〕 参见倪爱静、钟爽、刘丽:《雇人引诱网友高额消费后强索钱财该如何处理》,载《人民检察》2006 年第 14 期。

〔3〕 参见吴允锋:《罪群式经济犯罪规范与体系解释》,载《江西社会科学》2009 年第 3 期。

解和把握。所谓体系解释,是指将某一刑法条文或用语作为刑法文本的系统要素,对其含义、意义进行与其他条文或用语相协调的解释。体系解释在适用过程中,又可推导出如下具体规则:一是同一律规则,即同一用语在刑法体系中应具有相同的含义,对其一般应作出同义解释,以避免“混淆概念”、“偷换概念”或者“偷换论题”的错误。[4] 二是排他律规则,即如果刑法通过明示列举的方式确定了某罪名的适用范围,那么,凡不属于明示列举的事项当然被认为排除在该罪的适用范围之外。三是同类解释规则,即当刑法条文的罪状中设置了概括性规定时,对于附随于确定性词语之后的概括性词语,应当根据确定性词语所涉及的同类或同级事项确定其含义及范围。[5] 须指出,体系解释不必苛求对同一用语作完全相同的解释。由于立法语言所固有的模糊性,刑法中的同一用语在不同语境中其含义未必相同。例如,对“暴力”一词,就应当结合不同罪名的具体规定加以相对近义的解释,否则,不顾上下文的联系进行形式上所谓的“体系解释”,必然违背罪刑法定原则。[6] 承认刑法语言相对的“同一性”,并非破坏了刑法规范的体系性和协调性,而是刑法体系解释科学性的体现。

Ⅰ 强迫交易及其关联罪的体系解释

为了严厉打击黑社会性质组织以暴力或暴力威胁等手段非法攫取经济利益的犯罪行为,《刑法修正案(八)》第 36 条对强迫交易罪的构成要件和法定刑进行了修改,明确列举了强迫交易罪的客观行为形式,除《刑法》第 226 条规定的强买强卖商品、强迫他人提供或接受服务的情形外,又增加规定了三种行为表现形式:强迫他人参与或退出投标、拍卖;强迫他人转让或者收购公司、企业的股份、债券或者其他资产;强迫他人参与或者退出特定的经营活动。同时,规定了该罪“情节特别严重”的法定刑档次,并将最高法定刑从 3 年有期徒刑提高至 7 年有期徒刑。《刑法修正案(八)》给强迫交易罪带来了很大变化,也影响到其与关联罪名之间的罪刑关系。在司法实践中,如果仍然按照过去将强迫交易罪看作轻罪的思维,刻意限制其适用范围,将会带来刑法条文的整体不协调。因而,《刑法修正案(八)》通过之后,司法机关需要运用体系解释方法,将强迫交易罪与其关联罪的适用界域进行科学区分,使其相互之间

---

〔4〕 参见梁根林:《刑法适用解释规则论》,载《法学》2003 年第 12 期。

〔5〕 参见万国海:《论刑法的体系解释》,载《南京社会科学》2009 年第 7 期。

〔6〕 参见刘再辉、邓多文:《论刑法体系解释方法的司法适用——兼谈合同诈骗罪与诈骗罪的区分及认定》,载《金陵法律评论》2009 年第 2 期。

更加衔接和协调。其中,认识和把握强迫交易罪的构成特征是最为关键的。在客观方面,强迫交易的基本特征即在于行为的交易性和强迫性,根据体系解释的适用规则,可对其行为的交易性和强迫性分别进行同类解释和同一解释。

1. 强迫交易行为交易性的同类解释。《刑法修正案(八)》第36条列举了强迫交易罪的5种行为表现形式,其中第5种情形是“强迫他人参与或者退出特定的经营活动”。然而,何为“特定的经营活动”语焉不详,使强迫交易罪的客观构成要件具有不确定性,其可以被看作一种“评价要件”,也可以看作补充性或兜底性条款。如果最高司法机关进一步通过司法解释对“特定经营活动”的范围作出明确限定,强迫交易罪的客观构成要件就会具有一种“排他性”,即凡不属于明示列举的5种表现形式的行为,当然被认为排除在该罪的适用范围之外。如果没有相应司法解释出台,对其只能考虑进行“同类性解释”,即根据上述条文明确列举的买卖商品、商业服务、投标拍卖、转让或收购股份、债券或其他资产的含义,对于“特定的经营活动”这个概括性词语涵盖的行为内容予以确定。对强迫交易罪的5种行为表现形式来说,它们的同类项就是“市场交易”,因此,有必要对其行为的交易性质作具体分析:(1)交易的自愿性与公平性及其位阶关系。平等自愿和等价有偿是构建市场秩序的两大支柱。自愿性是交易的前提条件,公平性是交易的实质内容。从自愿性和平等性的关系来看,两者虽然都是为保证市场交易的正当性,但并不处于同一位阶,自愿性相对于公平性显然更为重要。相较之下,法律更注重保护市场主体的自由选择权,在此基础上,兼顾交易价格的公平性和等价性。如果双方当事人自愿选择交易,即使交易略显不公平,法律一般不会干涉;只有在交易显失公平的情况下法律才会介入,并在公平性与自愿性发生冲突时予以适当平衡。实际上,在一般情况下,只有当事人认为交易价格公平合理时才会自愿选择交易,如果交易显失公平,当事人是不会自愿选择交易的;如果当事人即使在交易明显不公平的情况下也自愿选择交易,也就不值得法律去干涉了。从刑法角度来看,刑事立法者将强迫交易罪设置在《刑法》第三章“扰乱市场秩序罪”一节,说明其犯罪客体主要是自愿、平等交易的市场秩序,行为的交易性是强迫交易罪行为的基本特征。比较而言,寻衅滋事罪中的“强拿硬要”不需要进行交易活动,行为人也不可能愿意支付一定的对价,其行为就不具有强迫交易罪所具有的交易性质。由于自愿性与公平性的位阶关系,刑法更注重通过惩治强迫交易犯罪以保护市场交易的自愿性原则。如果当事人选择交易是非强迫性或者说是自愿的,即使是不完全情愿但也愿意接受,也可排除构成强迫交易罪的可能性;如果一方当事人采取欺诈手段,使另一方当事人"自愿"接受了质次价高或假冒伪劣的商品或服务,则可能构成诈骗罪、销售假冒伪劣产品罪等,应依照处罚较重的规定定罪处罚;如果交易不是自愿的,而是一方采取了暴力、胁迫手段,强迫另一方同意选择交易,即使交易价格是公平合理的,也可能构成强迫交易罪。(2)通过自愿交易获取暴利的行为可认定为强迫交易罪。实际上,强迫他人进行"略高于公平价格"的交易可能性是很小的,行为人之所以采用暴力、胁迫手段,往往都是因为交易价格明显高于市场正常的公平价格,即通过公平交易无法成交的高价或低价形成"暴利",从而导致对方无法同意与其交易。如果按照上述观点,将强迫他人交易获取暴利的行为认定为抢劫或敲诈勒索等罪名,不仅不符合其保护市场交易秩序的客体性质,而且会导致强迫交易罪适用范围过窄。然而,《刑法修正案(八)》对强迫交易罪的修改已经表明了刑事立法扩大该罪名适用范围的趋向,根据这种立法意图,将强迫他人交易获取暴利的行为纳入强迫交易罪的范围,应该说是适当的。(3)假借交易名义获取超暴利的行为不能认定为强迫交易罪。如果一方实际给付的价格与合理的价格有极大的差距,所获得的"暴利"极端不合理时,便可称为"超暴利"。在此情况下,交易不仅失去了公平性,而且还失去了交易最基本的对价性质,只是形式上的"交易"而已。其行为就不能认定为强迫交易罪。此时,行为人已经不是通过交易获取利润,而是凭借暴力威胁手段非法夺取他人财物,因此,应认定其为抢劫罪或敲诈勒索罪。当然,实践中具体判断行为人是否获得"超暴利"也是很困难的。对此,最高人民法院《关于审理抢劫、抢夺刑事案件适用法律若干问题的意见》(以下简称《抢劫、抢夺案件意见》)规定:"从事正常商品买卖、交易或者劳动服务的人,以暴力、胁迫手段迫使他人交出与合理价钱、费用相差不大钱物,情节严重,以强迫交易罪定罪处罚;以非法占有为目的,以买卖、交易、服务为幌子采用暴力、胁迫手段迫使他人交出与合理价钱、费用相差悬殊的钱物的,以抢劫罪定罪处刑。在具体认定时,既要考虑超出合理价钱、费用的绝时数额,还要考虑超出合理价钱、费用的比例,加以综合判断。"《抢劫、抢夺案件意见》为区别强迫交易罪与抢劫罪提供了一种"综合判断"的参考标准。当然,实践中还要作具体认定。目前,理论上比较一致的观点是,成立强迫交易罪的前提是必须有一个正常交易存在。但是,对正常交易也不能作过于狭隘的理解,不能过于重视形式上是否具备营业执照,而是还要看其是不是实际从事了交易活动,是否反复、长期地从事某种商品交易或提供某种劳动服务,还要结合交易超出合理价格的数额和比例加以综合判断。[7]

2. 强迫交易行为强迫性的同一解释。根据刑法规定,强迫交易罪、敲诈勒索罪、抢劫罪的行为手段分别为暴力与胁迫、暴力与威胁、威胁与要挟,都具有一定强迫性,但强迫性程度要求有所不同,需要运用体系解释的同一性规则予以界定。就强迫性程度来说,可以从重到轻分为暴力、胁迫(威胁)、要挟三个层次:(1)暴力。国外刑法理论依据强迫程度的不同将暴力分为最广义的暴力、广义的暴力、狭义的暴力、最狭义的暴力四种情况。我国刑法对不同罪名的暴力程度要求是不一样的,不能作完全同义的理解。对强迫交易罪来说,采取广义的暴力概念比较合理,即"不法对人行使有形力,但不要求直接对人的身体行使。即使是对物行使有形力,但因此对人的身体以强烈的物理影响时,也构成暴力(间接暴力)"[8]。比较来说,刑法对抢劫罪暴力程度的要求就要高于对强迫交易罪的要求,抢劫的暴力手段要达到足以制止对方反抗的程度,而强迫交易的暴力手段只需要达到使交易对方当事人害怕而不得已进行交易的强迫程度。(2)威胁(胁迫)。国外刑法大多将威胁行为区分为胁迫和强制两大类,并专门规定了威胁罪,形成了一个"兜底条款"。国内也有学者主张在我国刑法中设立一般性的威胁罪。[9] 这样理解的话,威胁(胁迫)的程度范围是十分广泛的。但从刑法的角度看,威胁(胁迫)行为的本质特征在于使他人产生精神上的强制或恐惧,并且应当是比较严重的威胁(胁迫)。在我国现行刑法中,不同罪名所要求的威胁(胁迫)的强迫程度是有差别的。抢劫罪中的胁迫是对受害人的人身实施的、以将要实施暴力为威胁的胁迫;而强迫交易罪和敲诈勒索罪的"威胁"主要是指对受害人实施威逼、恐吓等精神强制手段。(3)要挟。敲诈勒索罪中的"要挟"是指以将散布、揭发他人的隐私,或者将举报他人的违法犯罪行为等作为一般性的精神强制。无论是采取胁迫(威胁)还是要挟手段,都不是具体、现实的暴力,如果行为人实施了暴力,即可排除适用敲诈勒索罪,而考虑适用强迫交易罪或者抢劫罪。

Ⅱ 不同类型"酒托"案件的刑法认定

根据"酒托"案件是否存在正常市场交易的前提、在消费环节是否采取了欺诈行为、是否存在暴力或以暴力相威胁(胁迫)、是否获取了暴利或超暴利

---

〔7〕 参见倪爱静、钟爽、刘丽:《雇人引诱网友高额消费后强索钱财该如何处理》,载《人民检察》2006 年第 14 期。

〔8〕 [日]大塚仁:《刑法概说(各论)》,冯军译,中国人民大学出版社 2003 年版,第 48 页。

〔9〕 参见朱宏伟:《论刑法中的威胁行为》,载《中国刑事法杂志》2005 年第 5 期。

等要素,可将其分为以下三种类型。

1.引诱交易型。所谓引诱交易,是指酒吧经营者雇用或使用"酒托",引诱他人到酒吧消费。酒吧出售的酒水价格一般都高于市场正常的公平价格,有的甚至达到"暴利"的程度。但如果消费者事先知道酒水价格,但自愿选择消费并付账,那么,尽管之前存在"酒托"引诱消费的行为,也不能认为其具有欺诈交易的性质。因为,经营者拥有经营自主权,可以根据市场行情自由定价,特别是在酒吧这种特殊的高消费场所,酒水价格中还包括其他附加服务费用,因此,往往很难认定其酒水价格是否公平合理。如果消费者不询问价格而是直接选择消费,实际上是对知情权和选择权的放弃,那么,引诱他人高消费的行为只能算作一种不正当竞争行为,不构成犯罪;如果出售的酒水商品属假冒伪劣的商品,则可能构成假冒伪劣产品、侵犯知识产权的犯罪,应从一重罪处罚。实践中,在引诱交易的情况下,消费者按照正常合理的价格消费的可能性是很小的,面对高额的账单一般都会拒绝付费。酒吧经营者就会进一步采取暴力、胁迫或要挟手段,逼迫其付账。此时,"酒托"的引诱行为的性质就会发生变化,可能从一般的民事欺诈变成强迫交易、抢劫、敲诈勒索等犯罪的预谋行为。在此情况下,引诱交易行为不是犯罪实行行为,而是为后续强迫行为制造条件的预备行为,两者共同形成一种"复合实行行为"。

2.欺诈交易型。所谓欺诈交易,即在"酒托"引诱网友进店消费之后,酒吧经营者与酒托又进一步实施了欺诈行为,即向消费者隐瞒酒水的高额价格,等其消费之后才发现,但因碍于情面等原因自愿支付了高价账单。根据酒吧经营者是否谋取暴利,欺诈交易可分为两种类型:(1)非暴利欺诈交易型。即酒吧出售的酒水价格高于市场正常价格,而且显失公平,但尚属消费者可接受的范围,没有违反平等自愿的原则,因而没有完全失去此交易的正当经营性质。同时,客人事先也知道此价格,虽不情愿或提出质疑,但最后还是自愿付账。在此种情况下,酒吧经营者和"酒托"的行为属于民事欺诈行为,不应纳入刑法调整的范围。(2)暴利性欺诈交易型。即酒吧出售的酒水价格大大高于市场正常水平,形成了暴利,不仅显失公平,超出了消费者可接受的范围,而且违反了平等自愿的原则。如果消费者事先知道酒水标价就不会选择消费并付账。在此种情况下,交易完全失去了正当经营性质。在此基础上,又存在两种不同情况:一是消费者误以为酒水价格尽管很高但也算公平合理,于是选择消费并最后自愿付账,这就应看作酒吧经营者"隐瞒真相"而使消费者自愿交付财物,其欺诈行为严重侵犯了消费者的财产权,因而构成诈骗罪。二是消费者在消费且知道被欺诈后,虽提出质疑或表示不情愿接受,但还是在对方没有采取暴力、胁迫等强迫手段的情况下付了账。这种情况就不属于诈骗罪中“隐瞒真相”的情况，消费者付账是其真实自愿的行为，因而不能构成诈骗罪，应作无罪处理。

3. 强迫交易型。在“酒托”引诱消费之后，酒吧经营者使用强迫手段使被害人付账是构成强迫交易罪的关键。在其使用强迫手段进行交易、违反公平自愿原则的基础上，交易行为是否因获取暴利而失去正常交易的性质，其行为定性也是不同的：(1)非暴利强迫交易。即酒吧出售的酒水价格高于市场正常价格但尚属正当交易和经营的性质，经营者没有明示酒水价格或故意隐瞒真实价格，消费者在不知道此价格的情况下进行消费，在付账时才发现消费价格过高而拒绝付账，经营者一方以言辞相威胁，甚至采取暴力手段迫使消费者支付费用。将此行为定为强迫交易罪应该不存在什么疑问。(2)暴利性强迫交易。其又包含两种情况：一是欺诈性、暴利性强迫交易。即酒吧出售的酒水价格明显高于市场正常价格，或酒水系假冒伪劣商品，失去了正当交易性质，消费者在付账时才发现消费价格过高而拒绝付账，经营者一方以言辞相胁迫，或采取暴力手段强迫其付费。此行为应定性为敲诈勒索罪。二是暴力性、暴利性强迫交易。即酒吧经营者一方先是采取胁迫、暴力手段强迫消费者支付高价酒水账单，在顾客没有现金不能支付的情况下，就强行夺取其身上的其他财物，或者逼其在一定时间内偿清。此行为应定性为抢劫罪或敲诈勒索罪。(3)超暴利强迫交易。认定超暴利交易行为的性质，关键是看是否有实际交易的存在。如果酒吧系无照非法经营，在消费者面对超暴利账单拒绝支付的情况下，就采取暴力、胁迫手段强迫其付费，此时也就不存在正常交易的前提了，对此，应当以《抢劫、抢夺案件意见》中“以交易为幌子”的抢劫罪处理。

(张勇、周辉)

刘某性侵学生案

负有照护职责人员性侵罪的刑事违法性判断

案情介绍

被告人刘某入职广州某专修学院多年，在担任学生杨某（女，已满 14 周岁不满 16 周岁）班主任期间，与杨某关系较好，私下以兄妹相称。某天晚上，杨某约刘某外出返校时，因超过学校宿舍门禁管理时间，两人怕被学校批评处分，遂决定到刘某的教师宿舍留宿，当晚两人发生性关系。法院审理认为，被告人刘某身为对已满 14 周岁不满 16 周岁的未成年女性负有教育等特殊职责的人员，与该未成年女性发生性关系，其行为已构成负有照护职责人员性侵罪。[1]

理论争议

关于本案中被告人刘某的行为如何定性，存在以下两种观点：

第一种观点认为，被告人的行为应当认定为负有照护职责人员性侵罪。主要理由是，被告人刘某为被害人杨某的班主任，对杨某负有教育等特殊照护职责，其在履行职责的过程中与杨某发生性关系，无论杨某对发生性关系是否自愿、同意，刘某的行为均成立负有照护职责人员性侵罪。

第二种观点认为，本案应作无罪处理。主要理由是，被告人刘某与被害人杨某私下关系较好，被害人杨某自愿到刘某的教师宿舍留宿并发生性关系且杨某已满 14 周岁。已满 14 周岁未满 16 周岁的未成年女性自愿与照护人员发生性关系并不违法，因为法律并不能禁止其实施这种行为。

---

〔1〕 案例来源：《广州首例负有照护职责人员性侵案宣判》，载微信公众号“怀柔未检”2022 年 1 月 25 日，https://mp.weixin.qq.com/s/Lgr29-yOv2Jw6YwDAnYBMA。

■ 法理分析

近年来,对未成年人性侵犯罪呈高发态势,根据相关统计,性侵案件中以熟人犯罪居多,与未成年人具有密切关系、负有特殊职责人员性侵未成年人问题较为突出。2013 年,最高人民法院、最高人民检察院、公安部、司法部联合发布的《关于依法惩治性侵害未成年人犯罪的意见》(已失效)第 21 条规定,对已满 14 周岁的未成年女性负有特殊职责的人员,利用其优势地位或者被害人孤立无援的境地,迫使未成年被害人就范,而与其发生性关系的,以强奸罪定罪处罚。在此基础上,《刑法修正案(十一)》在《刑法》第 236 条后增加一条,作为第 236 条之一:“对已满十四周岁不满十六周岁的未成年女性负有监护、收养、看护、教育、医疗等特殊职责的人员,与该未成年女性发生性关系处……有前款行为,同时又构成本法第二百三十六条规定之罪的,依照处罚较重的规定定罪处罚。”根据最高人民法院、最高人民检察院 2021 年 2 月公布的《关于执行〈中华人民共和国刑法〉确定罪名的补充规定(七)》,该罪名被明确为“负有照护职责人员性侵罪”。上述理论争议的焦点在于,已满 14 周岁不满 16 周岁的未成年女性对性行为的同意效力如何?以及负有照护职责的人员与其所照护的未成年女性发生性关系,被害人同意能否作为出罪事由?

1　被害人“性同意”的实质判断

首先,《刑法》将负有照护职责人员性侵罪的对象确定为已满 14 周岁未满 16 周岁的未成年女性,这并不意味着改变了未成年女性拥有性自主权的主体年龄。对于已满 14 周岁未满 16 周岁的未成年女性来说,其仍拥有性自主权;已满 14 周岁未满 16 周岁的未成年女性自愿与照护人员发生性关系并不因此而违法,因为法律并不能禁止其实施这种行为,法律禁止的是负有照护职责的人员与其所照护的未成年女性发生性关系,被害人同意不能成为行为人的出罪事由。立法者对负有照护职责人员设定了禁止性规范,即不得与所照护的未成年女性发生性关系,如果负有照护职责人员违反了该禁止性规范,则视为未取得受照护的未成年女性的同意,或者说侵犯了其性自主权,这也是一种法律拟制,即不需要再对受照护未成年女性的主观意志本身作出判断,而只需要考察负有照护职责人员是否违反了相关职责义务即可。有学者指出,在看护、医疗、教育领域的职业伦理中,往往存在不得与受照护未成年女性在关系存续期间发生性行为的职业要求,这主要是考虑到这些情形不符合“乱伦禁忌”儒家文化的社会伦理以及道德规范的要求。[2] 刑法在保护未成年女性的性自主权的同时,也体现了对负有照护职责的人员违反职业义务的否定评价和法律谴责。

其次,认定负有照护职责人员性侵罪时,并非仅仅从行为人违反了禁止规范、判定其侵犯了受照护未成年女性的性自主权,就可以认定其构成犯罪。司法机关应从法益侵害角度进行实质判断,否则,便会模糊伦理秩序与法律秩序的规制界限,过度干预和限制个人生活与自由,违背刑法的谦抑性要求。负有照护职责人员的性侵行为只有在实质侵害了被害人的性自主决定权的情况下才能认定为犯罪。从实质判断角度出发,负有照护职责人员构成本罪一般不需要考察被害人是否“同意”,但在特定情况下,拥有足够认识和判断能力的未成年女性进行了实质有效的“同意”可以作为违法性阻却事由。如将近16周岁、社会经历比较成熟的未成年女性与其照护人员的感情甚笃,尽管后者多次表示拒绝,该未成年女性仍积极主动地与其发生性关系,数年之后,两人结婚成为夫妻。在此情况下,就不应认为其侵犯了前者的性自主权。当然,被害人“同意”是否有效需要司法机关采取“社会一般人”的认识标准,应结合被害人与行为人之间的关系与地位,被害人对性行为是否有清晰明确的认识,以及被害人是否具有进行性的自我决定的能力加以判断。另外,实践中也可能存在被害人过错的特殊情况,比如被照护的已满14周岁未满16周岁的未成年人受人唆使,设置“犯罪圈套”,主动与照护者发生性关系,目的就是让照护者被追究刑责。在此情况下,负有照护职责人员与其发生性关系,实质上没有侵犯后者的性自主权,或者说,被照护者的法益没有受到实际侵害,因而不具有刑事可罚性。

Ⅱ 照护职责的主体身份

根据《刑法》第236条之一的规定,负有照护职责人员性侵罪的主体是特定的,即负有监护、收养、看护、教育、医疗等照护职责的人员,这决定了本罪属于身份犯。在司法实践中,对本罪主体身份的认定应注意以下三点:第一,从语义上看,“职责”即职务上应尽的责任,其与“职务”的含义存在区别。前者重在照护行为产生的义务责任内容;后者重在行为人所具有的职位和身份。本罪行为人具有照护人员的特定身份和职责,与受照护的已满14周岁未满

---

〔2〕 参见周详、孟竹:《隐性强制与伦理禁忌:“负有照护职责人员性侵罪”的理据》,载《南通大学学报》2021年第2期。

16周岁的未成年女性之间须形成一种人身依附和信赖关系，并产生一定的控制力，两者关系是不平等的。基于这种不平等的身份关系，受照护未成年女性在与特殊职责人员发生性关系时处于对方的影响力支配之下，并不具有完全的意思自由，加上对性行为缺少正确认知，即便其表示同意发生性关系，这种同意也是不充分的，法律上仍认定特殊职责人员侵犯了前者的性自主权。第二，负有照护职责的人员必须基于法律规定或者双方约定等而与特定未成年人形成人身依附、信赖关系。照护职责的义务来源主要包括：因法律的明文规定而生；因职务或业务上的要求而生；因当事人的约定而生等。负有照护职责的人员的"职责"主要应当从责任或义务这层含义上加以理解，主要是基于人身关系、身份关系而产生的一种责任或义务，未必需要有"职务"的存在，"职务"并非必要条件。第三，本罪法条在列举了5种具体职责类型的基础上，还加上了"等"的兜底性规定，为进一步解释留下了空间。[3] 在具体案件中，可以运用同类解释规则进行合理判断。然而，我国刑法对于负有照顾职责人员的范围界定不宜过于宽泛，如大型教育机构、医疗机构的管理者仅具有一定的管理义务，对此类情况适用此罪可能导致惩罚范围过大，因此，还是应该秉持限制解释的立场。实践中，在同类群体中认定特殊职责人员需要按具体情况进行区分认定。在同类职业群体中，不同情境的下的人员，其身份地位和实际作用未必完全相同，需要进行具体判断。

《刑法》是否要求行为人与其照护的未成年女性发生性关系时实际利用了这种人身依附和信赖关系，即构成本罪是否需要"利用照护职责便利条件"？对于负有照护职责人员性侵罪来说，行为人具有照护者的身份或职责，因照护职责而形成人身依附和信赖关系，但如并未实际利用这种关系与其照护的未成年女性发生性关系，就不能以强奸罪论处，但可认定构成本罪。在《刑法修正案(十一)》出台之前，《关于依法惩治性侵害未成年人犯罪的意见》第21条规定的行为人"利用其优势地位或者被害人孤立无援的境地"，是将特殊职责作为"迫使未成年被害人就范"、实施性侵害的行为手段或方便条件，即"利用职责便利条件"，而在负有照护职责人员性侵罪中，《刑法》不要求行为人实际利用其特定身份及其与被害人之间的人身关系实施性行为。在有的情况下，行为人虽然与未成年女性存在照护与被照护的身份关系，但其并未切实履行照护职责，也未取得未成年女性的内心信任和依赖，甚至双方冷漠疏

---

〔3〕 参见康相鹏、孙建保：《性侵未成年人犯罪中"负有特殊职责的人员"之界定》，载《青少年犯罪问题》2014年第1期。

远、反目成仇。在此种情况下,负有照护职责人员与受照护的未成年女性发生性关系,没有采取暴力、胁迫等手段或利用优势地位对其施加心理上的强制性影响,法律上也应视其侵犯了未成年女性的性自主权,将其行为认定为构成负有照护职责人员性侵罪。

Ⅲ 主观上的推定明知

本罪的罪过形式为故意,包括直接故意和间接故意。需要讨论的问题是,《刑法》是否要求行为人知道或应当知道对方是未成年女性? 进一步说,是否要求行为人确切知道对方已满14周岁不满16周岁? 首先,在现行《刑法》中,对于奸淫幼女型强奸罪来说,是否要求行为人"明知"被害人系幼女,这对于认识负有照护职责人员性侵罪的主观要件具有类比对照的意义。我国刑法恪守大陆法系刑法中的责任主义原则,要求行为人主观上需要明知对方系未成年女性。同时,针对性侵未满12周岁的幼女,采取对行为人明知幼女的推定原则。2023年,最高人民法院、最高人民检察院、公安部、司法部联合发布的《关于办理性侵害未成年人刑事案件的意见》第17条规定,司法机关只要能证明行为人主观上知道或应当知道被害人是未满14周岁的幼女,而实施性侵害行为的,即可认定其主观上"明知"对方系幼女。此规定将"明知"理解为"知道"或"应当知道",这样就大大减轻了控方的举证责任。同时,该意见第17条还规定,对于不满12周岁的被害人实施奸淫等性侵害行为的,应当认定行为人"明知"对方是幼女。此规定采取推定规则,放宽甚至免除控方的举证责任,将举证责任转移给被告人,对其提出的不明知对方系幼女的辩解理由,除非有确切的证据可以证明行为人确实不知道对方系幼女,司法机关才可以采纳。[4]

其次,就负有照护职责人员性侵罪来说,监护人、教师、医生、保姆等人员或者与幼女相熟,或者具有了解幼女真实年龄的条件,同时对幼女又负有不同于普通公民的特殊职责。负有照护职责的人员基于其特殊的主体身份能够获知某些信息,监护人对被监护人的年龄、教师对学生的年龄、医生对患者的年龄等都应具有较为清晰的认知。因此,一般情况下,行为人只要负有照护职责,便可合理推定其对未成年被害人的年龄"明知",即明知被害人系未成年仍与之发生性关系。行为人虽然不是确切知道,但根据其掌握的信息,从经验

---

〔4〕 参见刘宪权:《性侵幼女构成强奸仍应以"明知"为前提》,载《青少年犯罪问题》2014年第1期。

逻辑和社会常识进行判断,此种情形属于“不证自明”的事实,也可以推断出其“应当知道”,从而认定行为人具备主观罪过。行为人即使提出其与幼女发生性关系时未采取暴力、胁迫等非法手段,主观上不明知被害人为幼女的辩解理由,也不应采纳。实践中,司法机关主要根据被害女性的身体发育状况、言谈举止、衣着特征等外在表现,结合行为人的认知能力加以具体判断。需要注意的是:一方面,出于对幼女的最高限度保护和对性侵幼女的最低限度容忍,在对被告人是否明知女方系幼女的认定上,标准应该相对宽松。在除确有证据证明行为人不知未成年女性具体年龄外,均可认定其对未成年女性年龄具有明确认识。另一方面,这种对“明知”的推定仍应属于“可反驳的推定”,允许被告人反驳,由其提出证据证明自己确实有理由相信对方已满14周岁。

如果负有照护职责人员是以胁迫手段与该年龄段的未成年女性发生性关系,不是未成年女性自愿的,不仅构成负有照护职责人员性侵罪,同时构成强奸罪。根据《刑法》规定,这一情形下,对行为人应依照处罚较重的规定定罪处罚,两个罪名中强奸罪属于重罪,应当对该负有照护职责人员以强奸罪定罪处罚。

(张勇、李芬静)

骆某猥亵儿童案

网络猥亵行为的刑事违法性判断

案情介绍

2017年1月，被告人骆某使用化名，通过QQ软件将13岁女童小羽加为好友。聊天中得知小羽系初二学生后，骆某仍通过言语恐吓，向其索要裸照。在被害人拒绝并在QQ好友中将其删除后，骆某又通过小羽的校友周某对其施加压力，再次将小羽加为好友。同时骆某还虚构"李某"的身份，注册另一QQ号并添加小羽为好友。之后，骆某利用"李某"的身份在QQ聊天中对小羽进行威胁恐吓，同时利用周某继续施压。小羽被迫按照要求自拍裸照10张，通过QQ软件传送给骆某观看。后骆某又以在网络上公布小羽裸照相威胁，要求与其见面并在宾馆开房，企图实施猥亵行为。因小羽向公安机关报案，骆某在依约前往宾馆途中被抓获。[1]

一审法院审理认为，被告人骆某强迫被害女童拍摄裸照，并通过QQ软件获得裸照的行为不构成猥亵儿童罪。但被告人骆某以公开裸照相威胁，要求与被害女童见面，准备对其实施猥亵，因被害人报案未能得逞，该行为构成猥亵儿童罪，系犯罪未遂。2017年8月14日，某区人民法院作出一审判决，认定被告人骆某犯猥亵儿童罪（未遂），判处有期徒刑1年。

经检察院抗诉，某市中级人民法院审理认为，原审被告人骆某以寻求性刺激为目的，通过网络聊天对不满14周岁的女童进行言语威胁，强迫被害人按照要求自拍裸照供其观看，已构成猥亵儿童罪（既遂），依法应当从重处罚。2017年12月11日，某市中级人民法院作出终审判决，认定原审被告人骆某犯猥亵儿童罪，判处有期徒刑2年。

---

〔1〕 案例来源：最高人民检察院检例第43号。

■ 理论争议

猥亵儿童罪是指以淫秽下流的手段猥亵不满14周岁儿童的行为。《刑法》没有对猥亵儿童的具体方式作出列举,需要根据实际情况进行判断和认定。实践中,只要行为人主观上以满足性刺激为目的,客观上实施了猥亵儿童的行为,侵害了特定儿童人格尊严和身心健康的,应当认定构成猥亵儿童罪。

在网络环境下,行为人以满足性刺激为目的,但并未直接与被害儿童进行身体接触,而是通过QQ、微信等网络软件,以诱骗、强迫或者其他方法要求儿童拍摄、传送暴露身体的不雅照片、视频,行为人通过画面看到被害儿童裸体、敏感部位的,能否认定为是对儿童人格尊严和心理健康的严重侵害?此类行为与实际接触儿童身体的猥亵行为是否具有同等的社会危害性?本案的犯罪形态应当如何认定?

■ 法理分析

本案所引发的上述理论争议系围绕网络猥亵行为的定性问题展开,因此主要进行以下分析:

1 猥亵儿童罪的行为手段

《刑法》第237条第3款规定了猥亵儿童罪,笔者认为,根据这一规定,《刑法》并不要求猥亵儿童罪在手段上使用与该条第1款强制猥亵罪中规定的"暴力、胁迫或者其他方法"相同的强制手段。换言之,对儿童实施侵犯性羞耻心的猥亵行为,可以是强制手段,也可以是非强制手段。非强制手段的猥亵行为可以表现为利用儿童的年幼无知或好奇心理,采取诱骗手段,对其实施刺激、满足行为人或第三人性欲的具有性意义的淫秽行为。由此分析,猥亵儿童罪对行为人的猥亵行为没有手段上的要求,也不要求该行为达到违背被害儿童意志的程度,"猥亵"的方式既可以是强制,也可以是非强制。例如,故意将性器官裸露给儿童看或让儿童和自己或他人一起看色情、淫秽图片、视频的,均可成立猥亵儿童罪。又如,患有暴露癖的行为人出于满足性刺激的目的,公然在已满14周岁的被害人面前暴露其隐私部位,该行为属于猥亵行为,但由于不存在对被害人的强制,因此不能成立强制猥亵罪。反之,如果该行为人的行为对象是不满14周岁的儿童,同样的猥亵行为则可以构成猥亵儿童罪。

应该看到,猥亵儿童罪与强制猥亵罪在行为手段上的不同要求,其实与奸淫幼女型强奸罪与强奸罪中关于行为手段的规定相类似。《刑法》第 236 条第 1 款将强奸罪的行为手段限定在“暴力、胁迫或者其他手段”的范围中，其含义同强制猥亵罪中的行为手段基本相同，而该条第 2 款的奸淫幼女型强奸罪则规定“奸淫不满 14 周岁的幼女的，以强奸论，从重处罚”。可见，对于不满 14 周岁的儿童，无论是针对幼男、幼女的猥亵行为，还是针对幼女的奸淫行为，《刑法》都没有对强制手段作出要求，这完全是出于刑法对儿童性权利的特殊保护，也是基于儿童的身心发育尚未成熟，刑法上一般认为其不具备性自主承诺能力的考虑。因此，只要行为人主观上以奸淫为目的或以满足性刺激为目的，客观上与幼女发生性关系或对儿童实施具有性意义的淫秽行为，无论行为人是否采取诱骗等手段并征得被害儿童的“同意”，或者是否采取强制手段并逼迫被害儿童，均可以认为已经侵犯了其性自主权和身心健康，对行为人应当以奸淫幼女型强奸罪或猥亵儿童罪定罪处罚。由此，只要行为侵犯幼女的身心健康和性自主权，行为人是否利用网络强迫被害人按照要求自拍裸照供其观看均应看作本罪的行为方式。

Ⅱ 猥亵儿童罪的保护法益

在网络空间中猥亵儿童的行为是否能够构成猥亵儿童罪，学界和实务中都多有争议。这一问题首先应当回归我国《刑法》的具体条文进行分析判断。我国《刑法》条文中并没有限定猥亵儿童罪的行为类型仅包括直接接触儿童身体的猥亵行为。况且在互联网技术飞速发展的背景下，网络空间俨然已经具有与现实空间同样的社会性。因此，个人在网络空间中所实施的行为，应当认定为其在现实生活中行为的延伸。将在网络空间中猥亵儿童的犯罪行为认定为猥亵儿童罪中的行为类型并没有超出国民的预测可能性。其次，从本罪的法益保护内容来看，学界对于猥亵行为所侵犯的法益内容存有不同观点，如较早时期学者们认为猥亵行为侵犯的是诸如性道德、性风俗等社会管理秩序这样的公共法益。随着自由主义思潮深入人心，越来越多学者开始转向认为猥亵行为侵犯的是个人法益，但在具体内容上存有分歧，如“性观念说”“性羞耻心说”“性道德说”。笔者认为，在网络空间中猥亵儿童的犯罪行为虽然超越了时空，但同样侵犯了儿童的身心健康和性的自决权。因此，将该行为认定为猥亵儿童罪具有其逻辑上的自洽性。最后，从本罪的立法原意来看，近年来，利用互联网这一新型工具实施传统犯罪的案件数量呈“井喷式”增长。大多数传统犯罪都可以网络为工具或以网络为犯罪地点实施。对于这些发生在网络上的传统犯罪，完全可以根据现行《刑法》规定进行认定处罚，只不过需要在刑法教义学层面对犯罪认定原理作出适当调整。[2] 结合社会实际,合理扩大猥亵行为的类型,将在网络空间猥亵儿童的行为纳入本罪的规制范围中来,对于实现未成年人性权益保护也具有积极影响。须指出,放宽认定标准并不代表无条件地将各类擦边行为都纳入其中,行为仍然应当带有性的意义。所谓性的意义,是指根据社会一般观念,符合约定俗成的性道德、性规范的行为。[3] 单纯在网络空间猥亵儿童的案件主要包括两种行为类型:一是行为人通过互联网传输、直播自己或他人的淫秽视频;二是要求儿童裸露自己的隐私部位、作出淫秽动作。[4] 其本质并没有脱离性的意义,且由于互联网的传播作用,其传播速度更快、范围更广、社会危害性更大。我国《刑法》设置猥亵儿童罪,其本意在于保护儿童的身心健康及相关法益,同时也是对儿童最大利益优先原则的回应。可以说,将在网络空间猥亵儿童的行为纳入猥亵儿童罪的行为类型中并未脱离立法原意,也没有超出本罪的解释范围。

猥亵儿童罪是《刑法》独立设定的罪名,不是强制猥亵、侮辱罪的从重情节或情节加重犯。强制猥亵、侮辱罪与猥亵儿童罪属于一般法条与特别法条的关系,客观行为均侵犯被害人的性自主权,在罪质上具有同一性。所以,应当在现实立法基础上,通过对其保护法益的定位(不仅限于身体,而且包括精神心理健康、社会风俗与道德规范),提高猥亵儿童罪的刑法地位,将其从较轻罪评价为较重罪。

因此,在本案中,骆某以性刺激或满足性欲为目的,在网络环境中要求幼女裸露自己的隐私部位、作出淫秽动作,已经严重损害了幼女的身心健康和人格尊严,应当构成猥亵儿童罪既遂。

(张勇、李芬静)

---

[2] 参见陈兴良:《互联网账号恶意注册黑色产业的刑法思考》,载《清华法学》2019 年第 6 期。

[3] 参见张勇、郑天城:《猥亵犯罪的刑法体系解释》,载《青少年犯罪问题》2019 年第 6 期。

[4] 参见邵守刚:《猥亵儿童犯罪的网络化演变与刑法应对:以 2017—2019 年间的网络猥亵儿童案例为分析样本》,载《预防青少年犯罪研究》2020 年第 3 期。

燕某等人非法拘禁案

索债型绑架、拘禁犯罪的认定

案情介绍

2006年3月初,被告人李某、袁某、胡某、东某预谋绑架被害人石某勒索钱财。袁某以帮助他人讨债为由,纠集被告人燕某、刘某1、刘某2、刘某3参与作案。同年3月9日2时许,李某、袁某、胡某、燕某、刘某1、刘某2、刘某3携带事先准备好的作案工具,驾车到石某位于天津市静海县王口镇郑庄子村的住处,冒充公安人员强行将石某绑架至山东省泰安市山区的一处住房。李某、袁某指派东某留在天津监视石某的家属是否报警,指派燕某、刘某1、刘某2、刘某3就地看押石某。之后,李某、袁某、胡某分两次向石某的家属勒索赎金人民币80万元,均让石某的家属将款打入李某等人事先开立的信用卡账户中。随后,李某、袁某、胡某用该款在秦皇岛、葫芦岛、唐山等地以划卡消费的方式购买大量黄金私分、挥霍。2006年3月10日,被告人燕某、刘某1、刘某2、刘某3得知被害人石某与被告人李某等人根本不存在债务关系,在石某答应给他们10万元的情况下,于次日下午将石某放走。之后,燕某、刘某1、刘某2又以胁迫手段向石某索取巨额钱款。[1]

理论争议

本案中,李某、袁某、胡某及东某利用被害人石某家属对石某安危的担忧,以勒索财物为目的,使用暴力劫持石某,其行为构成绑架罪毫无疑问,不存在争议。但对于燕某、刘某1、刘某2、刘某3的行为是构成绑架罪还是非法拘禁罪,则存在较大的争议。

第一种观点认为,燕某、刘某1、刘某2、刘某3的行为虽然以索要债务为由,但该债务是并不存在的,并且与李某等人构成共同犯罪,应当与李某等人

---

〔1〕 案例来源:《最高人民法院公报》2008年第8期(总第142期)。

一样以绑架罪论处。

第二种观点认为,燕某、刘某1、刘某2、刘某3三人主观上是以索要债务为目的,并不具有非法占有的目的,因而其扣押、拘禁石某的行为不构成绑架罪,而应以非法拘禁罪论处。

■ 法理分析

本案涉及的罪名有三个:绑架罪、非法拘禁罪及敲诈勒索罪。本案争议的焦点在于,燕某等人扣押、拘禁石某并索要财物的行为是构成绑架罪还是构成非法拘禁罪。所谓绑架罪,是指行为人利用被绑架人的近亲属或者其他人对被绑架人安危的忧虑,以勒索财物为目的,使用暴力、胁迫或麻醉方法劫持他人,或为满足某种要求,使用暴力、胁迫或者麻醉的方法劫持他人作为人质的行为。[2] 所谓非法拘禁罪,是指故意非法拘禁他人或者以其他方法非法剥夺他人人身自由的行为。[3] 在司法实践中,经常碰到行为人以扣押、拘禁他人的方式索要债务的情形。本案涉及的情形是误以为是替他人索债而扣押、拘禁他人,这种情形是构成绑架罪还是非法拘禁罪存在争议。

对于索债型扣押、拘禁他人的行为,根据所索取"债务"的性质不同,行为的定性可能不同,主要可以分为以下几种情形。

其一,为索取合法的债务而扣押、拘禁他人,并向家人索要钱款的情形。在这种情形中,从行为人客观行为上看,其实施了绑架他人、索要财物的行为,与绑架罪的构成要件很相似,但行为人主观上是出于索要被害人所欠债务的目的,而并不具有非法占有被害人财物等其他不法目的,因此,其行为并不符合绑架罪的构成要件,不构成绑架罪。但其采用扣押、拘禁他人的非法手段索要债务的行为同样也构成犯罪,其行为符合非法拘禁罪的构成要件,因此构成非法拘禁罪。对于这种情形,《刑法》第238条第3款作出了明确规定。根据该款规定,为索取债务而扣押、拘禁他人,未致人重伤、死亡的,依照非法拘禁罪论处。

其二,为索取非法的债务而扣押、拘禁他人,并向家人索要钱款的情形。索要合法债务的情形,显然符合《刑法》第238条第3款的规定,应以非法拘禁罪论处。而使用非法扣押、拘禁他人手段索要非法债务,是否属于《刑法》第238条第3款所规定的索要债务的情形呢?也即,该条所规定的"债务"是否

---

〔2〕 参见刘宪权:《刑法学名师讲演录》,上海人民出版社2021年版,第624页。

〔3〕 参见张明楷:《刑法学》(下)(第6版),法律出版社2021年版,第1153页。

包括非法债务？2000年最高人民法院《关于对为索取法律不予保护的债务非法拘禁他人行为如何定罪问题的解释》规定，行为人为索取高利贷、赌债等法律不予以保护的债务，非法扣押、拘禁他人的，依非法拘禁罪论处。《刑法》第238条第3款中所规定的索要债务既包括索要合法债务，也包括索要高利贷、赌债等非法债务。根据这一规定，为索要非法债务而实施的非法扣押、拘禁他人的行为，不构成绑架罪而以非法拘禁罪论处。司法解释对扣押、拘禁他人而索要非法债务的情形以非法拘禁罪论处的规定是合理的，也是符合立法原意的。从主观上分析，对于行为人而言，无论是索要合法债务还是索要非法债务，行为人在扣押、拘禁被害人时的动机都是一样的，即向被害人索要债务。这种行为与勒索财物的行为有较大差别，这种情形属于事出有因的行为，所谓"因"就是被害人确实欠了行为人的钱。因此，司法解释将高利贷、赌债等法律不予保护的债务也纳入《刑法》第238条第3款规定的债务范围之内，显然是符合立法原意的。因此，只要行为人是以索要债务为目的，且该债务是现实存在的，无论债务是合法的还是非法的，行为人以扣押、拘禁他人的非法手段而索要债务的，均应当以非法拘禁罪论处。

其三，为索取不存在的债务而扣押、拘禁他人，并向家人索要钱款的情形。如果行为人以索要"债务"为由而扣押、拘禁他人，并向家人索要钱款，而实际上根本不存在所谓的债务，则可以认定行为人主观上有勒索他人财物的目的，其行为构成绑架罪，不能以非法拘禁罪论处。

为索要债务而扣押、拘禁他人并索要财物的行为和以勒索财物为目的的扣押、拘禁他人并索要财物的行为，虽然在客观上均表现为非法剥夺他人人身自由的行为，但两种行为还是有本质区别的，因此，应当分别以非法拘禁罪和绑架罪论处。

本案中，李某、袁某、胡某、东某虽然以帮助他人讨债为由，纠集被告人燕某等人将被害人石某扣押、拘禁，但这四被告人主观上都明知不存在所谓的债务，而是为了勒索财物而骗燕某等人帮助其实施扣押、拘禁行为，因此，李某、袁某等四被告人不能适用《刑法》第238条第3款的规定以非法拘禁罪论处，而应以绑架罪论处。而对于燕某等人来说，虽然燕某等人与李某等人构成共同犯罪，但由于燕某等人并不了解李某等人真正的犯罪意图，不清楚他人所实施的犯罪行为的性质，而是被李某、袁某等人蒙骗，误以为是索要债务而实施了扣押、拘禁行为。这种情形下，不能简单地一并认定燕某等人是为了索要并不存在的债务，而认定其与李某等人一样都构成绑架罪，而应当依据燕某等人的犯罪实际情况，按照主客观一致的原则正确定罪处罚。燕某等人客观上是实施了扣押、拘禁行为,但其主观上不存在勒索财物的意图,而只是基于帮人索要债务的目的,因此,根据主客观一致原则,对燕某等人应根据《刑法》第238条第3款的规定以非法拘禁罪论处。

此外,本案中,燕某等人在得知石某与李某等人之间并不存在债务关系,在石某承诺给予好处后,将石某放走。其后,燕某等人多次向石某催要钱款,石某因担心遭到报复,便向燕某等人指定的账户内打入人民币。燕某等人的这一行为应当构成敲诈勒索罪,而不构成绑架罪。所谓敲诈勒索罪,是指以非法占有为目的,以对被害人实施威胁或者要挟的方法,强索数额较大的公私财物或者多次敲诈勒索的行为。[4] 绑架罪的主要特征在于行为人扣押、拘禁他人,并利用其近亲属或其他人对被绑架人安危的忧虑来达到勒索财物的目的。而本案中,燕某等行为人虽然以勒索财物为目的,但就行为的客观方面而言,一方面,其最后将被害人放走,没有扣押、拘禁被害人;另一方面,也没有利用被害人近亲属或其他人对被害人安危的担忧,因此不符合绑架罪的构成要件,不构成绑架罪。但燕某等行为人在放走被害人石某之后,威胁被害人支付巨额款项,其行为符合敲诈勒索罪的构成特征。虽然被害人在被放走时答应给燕某等人好处,但被害人当时是为了脱身迫不得已作出这一允诺,并非自愿给燕某等人好处。事后,燕某等人为了索要好处,多次威胁被害人,说明燕某等人主观上具有非法占有的目的。燕某等人客观上也采用了要挟的方法。因此,燕某等人的行为符合敲诈勒索罪的构成要件,应以敲诈勒索罪论处。在本案中,对于燕某等人的行为,最终应以非法拘禁罪与敲诈勒索罪数罪并罚。

(龙敏)

---

〔4〕 参见刘宪权:《刑法学名师讲演录》,上海人民出版社2021年版,第707页。

纵某某绑架案

绑架罪与抢劫罪的界分

案情介绍

2020年1月23日中午12时许，被告人纵某某为偿还个人欠款，经预谋在徐州市泉山区淮海西路，趁被害人郭某（女）独自开门上车之机，蒙面持刀进入车内，冒充自武汉返回的新冠肺炎感染者，并以传播病毒和同归于尽相威胁，向郭某索要人民币30万元。因郭某无足额现金，纵某某强迫郭某通过微信、电话向亲友筹集钱款。郭某在通话中明确告知亲友其被新冠病毒感染者持刀挟持索要钱财，纵某某亦参与通话，并使郭某亲友确信郭某被绑架的事实。后郭某亲友向郭某银行账户汇入30万元。纵某某担心网络转款会暴露个人身份，要求郭某取现，得知郭某的银行卡存放在家中，遂逼迫郭某通知其妹妹将银行卡送来。郭某家人报警。郭某的妹妹将银行卡送达后，纵某某要求由郭某的妹妹交换作为人质，由郭某去银行取现回来后赎回郭某的妹妹。民警趁交换人质时将纵某某抓获。[1]

理论争议

本案中，纵某某冒充新冠病毒感染者而持刀挟持郭某索要钱财的行为显然已经构成犯罪，但其行为应当构成绑架罪还是抢劫罪则存在争议。

第一种观点认为，纵某某持刀挟持郭某，以当场直接从郭某处取得财物为目的，因此，其挟持被害人及获取财物的行为具有当场性，应当以抢劫罪论处。

第二种观点认为，纵某某在持刀劫持郭某时，由于郭某身上无足额现金，纵某某便强迫郭某通过微信、电话向亲友筹集钱款。在筹集钱款的过程中，郭某明确告知亲友其被新冠病毒感染者持刀挟持索要钱财，纵某某亦参与通话，并使郭某亲友确信郭某被绑架的事实。纵某某的行为是利用郭某亲友对郭某

---

〔1〕 案例来源：全国检察机关依法办理涉新冠肺炎疫情防控典型案例（第九批）。

的安危的担忧以获得财物,因此,其行为符合绑架罪的构成要件,应当以绑架罪论处。

■ 法理分析

本案的争议在于纵某某的一系列行为应当构成绑架罪还是抢劫罪。在司法实践中,对于以绑架手段劫取财物的行为,应当构成绑架罪还是抢劫罪经常存在争议。本案中,纵某某劫持郭某,并直接从郭某处劫取财物,而并未从郭某的亲属处获取财物,但郭某因身边没有足额现金,在被劫持过程中又向亲友筹钱,并让亲友得知其被绑架。因此,本案争议的焦点在于,纵某某的行为是符合抢劫罪的使用暴力、胁迫等方法当场取得被害人财物的特征,还是符合绑架罪中劫持被害人并利用被绑架人近亲属对被绑架人安危的忧虑以获得财物的特征。

所谓抢劫罪,是指以非法占有为目的,通过暴力、胁迫或其他方法,劫取公私财物的行为。[2] 抢劫罪在犯罪构成上具有以下几个方面的特征:(1)抢劫罪的客体是复杂客体,既侵犯了公私财产所有权,也侵犯了被害人的人身权利。其中主要客体是公私财产的所有权,因而抢劫罪属于侵犯财产罪而非侵犯公民人身权利罪。(2)抢劫罪在主观方面表现为故意,且具有非法占有的目的,也即行为人明知自己的抢劫行为会发生侵犯他人财产与意思活动自由的危害结果,并且希望或放任这种结果的发生。(3)抢劫罪在客观方面表现为当场使用暴力、胁迫或者其他强制方法,强取公私财物。其中,暴力方法是指对被害人不法行使有形力,使其不能反抗的行为,如殴打、捆绑、伤害禁闭等。胁迫方法是指以恶害相告,使被害人产生恐惧心理,进而压制被害人不敢反抗的行为。其他方法是指暴力、胁迫以外的造成被害人不能反抗的强制方法,如采用药物、酒精使被害人暂时丧失自由意志等。

所谓绑架罪,是指行为人利用被绑架人的近亲属或者其他人对被绑架人安危的忧虑,以勒索财物为目的,使用暴力、胁迫或麻醉方法劫持他人,或为满足某种要求,使用暴力、胁迫或者麻醉的方法劫持他人作为人质的行为。[3] 绑架罪在犯罪构成上具有以下几个方面的特征:(1)绑架罪的客体是公民的人身权利和其他权利。绑架行为通常都使用了暴力、胁迫等强制手段劫持他人,因此,必然会严重侵犯被绑架人的人身权利。同时,行为人又是以绑架作

---

〔2〕 参见刘宪权:《刑法学名师讲演录》,上海人民出版社 2021 年版,第 662 页。

〔3〕 参见刘宪权:《刑法学名师讲演录》,上海人民出版社 2021 年版,第 624 页。

为手段,达到其勒索财物或其他不法目的,因此,往往还会侵犯他人的财产权利等其他权利。(2)绑架罪在主观方面表现为故意,并且具有利用被绑架人的近亲属或者其他人对被绑架人安危的忧虑之意图。(3)绑架罪在客观方面表现为利用被绑架人的近亲属或者其他人对被绑架人安危的忧虑,而使用暴力、胁迫或者麻醉方法劫持他人以及劫持他人作为人质的行为。

抢劫罪与绑架罪的区别主要在于以下几个方面:首先,两罪主观方面不尽相同。在抢劫罪中,行为人一般是出于非法占有他人财物的目的实施侵害他人身体的行为;在绑架罪中,行为人目的既可能是为勒索他人财物,也可能出于其他非经济目的而实施控制他人人身自由的行为。其次,两罪行为手段不尽相同。在抢劫罪中,行为人一般是在同一时间、同一地点,当场实施暴力劫财行为,其行为具有"当场性";在绑架罪中,行为人则是以杀害、伤害被绑架人等方式向其亲属、其他人或单位发出威胁,索取赎金或提出其他非法要求,一般不具有"当场性"。抢劫罪中的方法与手段包括使用绑架的手段劫持被害人,进而勒索财物。因此,当行为人利用绑架手段勒索财物时,行为人是构成绑架罪还是构成抢劫罪比较容易混淆。在以绑架作为手段勒索财物的行为中,绑架罪与抢劫罪的区别主要在于绑架罪中行为人是通过绑架手段向被绑架人以外的其他人勒索财物的,其他人之所以交出财物是因为担心被绑架人的安危。而在抢劫罪中,行为人使用绑架手段,并且直接向被绑架人索取财物。

本案中,行为人纵某某绑架郭某后,向郭某索要人民币 30 万元,但因郭某无足额现金,纵某某便强迫郭某通过微信、电话向亲友筹集钱款。纵某某在绑架被害人郭某后,直接向郭某本人索要人民币 30 万元,并不像典型的绑架罪一样,劫持人质后向人质的近亲属或其他人勒索财物。如此看来,其行为更符合抢劫罪的构成特征。但在本案中,当纵某某得知郭某无足额现金后,便强迫其通过微信、电话向亲友筹集钱款,并且在郭某电话告知其亲友自己被持刀挟持索要钱财时,纵某某也参与了通话,使被害人郭某的亲友确信其被绑架的事实,后郭某的亲友向郭某的账户转入 30 万元。由此可见,虽然纵某某先是直接向郭某索要财物,但在其得知郭某没有足额现金时,则强迫郭某找其亲友筹钱。在郭某电话筹钱过程中,为了让郭某的亲友相信其被绑架,纵某某也参与了通话。纵某某强迫郭某找亲友筹钱以及参与通话的行为,说明其主观上具有利用郭某亲友对郭某安危的忧虑以达到勒索财物的目的。纵某某利用郭某亲友对郭某安危的忧虑来勒索财物的行为符合绑架罪的构成要件,不符合抢劫罪的构成要件,应当以绑架罪论处。如果郭某在筹钱的过程中没有告知亲友其被绑架的情况,只是以其他理由找亲友筹钱,并没有告知亲友其被绑架的事实并且没有利用其他人对被害人安危的担忧,则纵某某的行为应当构成抢劫罪。但本案不存在这种情形,被害人郭某的账户能筹集到钱款,主要是因为郭某的亲友担忧郭某的安全,纵某某也通过参与通话的行为向郭某亲友传达了郭某被其绑架了的信息,并提出了勒索财物的要求,因此,其行为构成绑架罪,而不能以抢劫罪论处。

(龙敏)

龚某收买被拐卖的妇女、强迫卖淫案

收买被拐卖的妇女罪的定罪处罚问题

案情介绍

2009年4月初，被告人龚某在浙江省温州市通过一个叫"阿飞"(另案处理)的人以7000元的价格，收买了被拐骗的河南籍被害人苏某(女，时年18岁)，将苏某带到汪某、龚某1夫妇(同案被告人，均已判刑)在天津市东丽区的暂住处予以控制。之后，龚某又回到温州市通过他人以6500元的价格，从李某(已判刑)手中收买了广东籍幼女刘某(时年13岁)，亦将刘某带到汪某、龚某1的暂住处予以控制。其间，龚某多次将苏某带到天津市河北区五马路东段与其妻子谷某(同案被告人，已判刑)经营的洗头房内，强迫苏某卖淫。为防止苏某逃跑，龚某与谷某强行给苏某拍摄了裸体照片，威胁其如果逃跑就将照片放到网上或者寄到苏某家中。为防止刘某逃跑，龚某让刘某观看了存放在汪某家电脑里的苏某的裸体照片，并对刘某进行威胁，强迫刘某进行卖淫。2009年5月，龚某与汪某到天津市静海县，租用静海镇南纬二路的门市房，强迫苏某、刘某二人在该门市房多次卖淫。

一审法院认为，龚某的行为分别构成收买被拐卖的妇女、儿童罪和强迫卖淫罪，依法应予并罚。一审宣判后，被告人龚某以量刑过重为由提出上诉。天津市一中院经审理认为，原审判决认定的事实清楚，证据确实、充分，定罪准确，量刑适当，遂裁定驳回上诉，维持原判。[1]

理论争议

关于本案中龚某如何定罪处罚，存在以下两种观点：

第一种观点认为，被告人龚某为了控制妇女卖淫谋利而从他人手中收买被拐卖的妇女、儿童，与之后的强迫卖淫行为是方法行为和结果行为的关系，

---

〔1〕 案例来源：《刑事审判参考》指导案例第991号。

二者存在牵连关系,应当认定为强迫卖淫一罪,在量刑上体现从重即可。

第二种观点认为,被告人收买被拐卖的妇女、儿童的行为和强迫卖淫的行为之间虽然存在一定的牵连关系,但依照有关法律和司法解释,应当并罚。

■ 法理分析

破解收买和拐卖妇女儿童犯罪的司法困局,关键是要确立妇女儿童人格尊严法益保护观念,用于指导刑事立法和司法。

Ⅰ 收买被拐卖的妇女罪的保护法益

我国刑法学界针对收买被拐卖的妇女、儿童罪的保护法益认识不一,有的认为是被拐卖妇女、儿童的人身自由,有的认为是人格尊严,有的认为是人身自由与人格尊严兼而有之,有的将其概括为人身自由、生命、身体的安全及人格尊严,还有的认为,人的尊严并不是宪法基本权利,它是法益的基础,但并不是具体犯罪的保护客体。〔2〕 笔者认为,从法益性质上看,收买被拐卖的妇女罪的保护法益为人格尊严,是宪法上的基本权利投射于刑法中的保护法益。将收买被拐卖的妇女、儿童罪的保护法益定位于妇女、儿童的人格尊严,并归属于人身法益,既具合法性又有合目的性。我国《刑法》分则将收买被拐卖的妇女、儿童罪排在侵犯人身权利犯罪的章节中,这体现出刑法对本罪法益的规定属性,也最能表达《刑法》第240条的立法精神与目的。因为人格尊严是一种抽象法益,具体体现于侵犯人身自由、身体健康、性权利犯罪的具体法益当中,侵犯人格尊严的犯罪不仅限于现行《刑法》中的侮辱罪、诽谤罪和诬告陷害罪。同时,刑法所保护的人格尊严抽象法益需要转化为具体法益加以体现,这种具体法益即人身不可买卖性。

从法益保护角度来看,我国《刑法》规定收买被拐卖的妇女、儿童罪的实质目的,是禁止将人作为商品出卖,人身不可买卖性是体现人格尊严的具体法益。被拐卖的妇女、儿童是遭受不应有的人格歧视的“弱者”,应对其作为人的尊严予以刑法保护,这种保护当然不能仅限于人身不可收买性,但首要应保护人身不可收买性这种人格尊严中的底线法益。拐卖妇女、儿童罪行为的实质是忽视人的主体性存在,把妇女、儿童当作商品出卖,拐卖妇女、儿童罪的客

---

〔2〕 参见李冠煜:《人的尊严是收买被拐卖的妇女罪的法益吗?》,载《青少年犯罪问题》2022年第3期。

观构成要件要素,“必须具有能够现实侵害或威胁他人人格尊严的特征”[3]。“卖”是拐卖妇女、儿童罪的目的行为,侵犯了妇女、儿童的人身不可收买性;“拐”的手段行为侵犯了被害人的人身自由、健康和安全,因此,拐卖妇女、儿童罪的犯罪客体是复杂客体,犯罪性质和危害性更为严重,相比单一的收买行为,配置更重的法定刑,也是合理的。作为拐卖妇女、儿童罪的对向犯,收买被拐卖的妇女、儿童罪的核心要素为“收买”行为,其犯罪客体为简单客体,即人身的不可买卖性。刑法应将人身不可买卖性作为决定收买被拐卖的妇女、儿童罪本质特征的主要客体予以独立保护,并与其他人身犯罪的罪名区分开来,从而彰显对人格尊严之法益保护。

Ⅱ 收买被拐卖的妇女罪的行为定性

《刑法》第 241 条第 1 款采用简单罪状的表述方式,规定了收买被拐卖的妇女、儿童罪的基本构成要件及其法定刑。行为人只要实施了收买被拐卖的妇女的行为,就可以成立本罪。从收买被拐卖的妇女、儿童行为的本质内容和行为特征来看,该罪名的基本罪不属于危险犯、情节犯或结果犯,将其界定为行为犯更为可取。应当指出,在收买被拐卖的妇女、儿童行为实施之后,行为人很可能实施法定刑很高的重罪行为。从法益角度来看,本罪的保护法益是被拐卖的妇女、儿童的人格尊严,收买行为首先侵犯被害妇女的人格尊严,至于后续实施的非法拘禁、强奸、伤害的行为,则侵犯了本罪客体之外的法益内容,构成相应的罪名,根据《刑法》第 241 条第 4 款的规定,依照数罪并罚的规定处罚。正如有学者指出,“收买后的依附性结果、附随性结果或者类似的结果,一般可以作为量刑情节;其他加重性的结果,往往需要单独评价”。[4] 对本罪的构成要件行为不能进行扩大解释,将收买后强行发生性行为或者非法拘禁、伤害等犯罪行为也纳入其中,容易造成该罪名与后续行为触犯的相关罪名之界限不清,反而不利于对人格尊严法益的专门、独立的保护,是不可取的。

学界有观点认为,评价收买被拐卖的妇女罪的刑罚轻重,不能仅仅着眼于其基本法定刑,而是要结合《刑法》第 241 条的全部条款综合评价成一个重罪。前面的收买行为可被视为后续重罪行为的预备犯,将收买行为与重罪行

---

〔3〕 王志祥、杨莉英:《论拐卖妇女、儿童罪的犯罪客体及其刑法意义》,载《法治研究》2013 年第 7 期。

〔4〕 参见李道萃:《收买被拐卖的妇女罪之司法表述》,载《青少年犯罪问题》2022 年第 3 期。

为综合评价,判定也很重,因而不需要提高前罪的法定刑。[5] 本文并不同意此观点及理由。首先,既然我国《刑法》将收买被拐卖的妇女罪单独设立为犯罪,作为一个独立的侵害法益的行为来评价,就不能说是其他犯罪的预备犯。其次,将本罪视为预备犯的观点并不能解释收买行为或后续行为不构成犯罪的情况,认定后续行为不构成犯罪,所谓预备犯也无从谈起。很多情况下,收买人对被拐卖的儿童都是以抚养的目的,将其视为亲生,照顾呵护有加。在此情况下,根本不存在后续重罪行为,当然也不能以其预备犯论处。再次,对收买之后的后续犯罪行为进行刑事追究的证明难度很大;特别是在偏远山区的乡土环境中,对婚姻家庭关系中的强奸、非法拘禁等犯罪行为的刑事追责几乎是不可能的。最后,《刑法》第 241 条将收买行为独立规定为犯罪,再将其作为预备犯论处,根据刑法基本原理,对于预备犯以刑事处罚为例外。如果将收买行为作为预备犯,采用"例外"原则处理,就容易宽纵该类犯罪,实际上增大了查处犯罪的难度。

Ⅲ 收买被拐卖的妇女罪的法定刑适用层级

首先,对于收买被拐卖的妇女罪的基本犯,可保持现行《刑法》中设置最高法定刑的模式,并予以适当提高。鉴于其仅为侵犯人格尊严单一法益的行为犯,因此,不宜大幅提高其法定刑;但从加大对收买被拐卖的妇女犯罪惩治力度考虑,将其基本法定刑予以适当提升,也未尝不可。立法机关可以考虑将收买被拐卖的妇女、儿童罪的最高法定刑从 3 年以下适当提高至 5 年以下有期徒刑,因为,拐骗儿童罪的基本法定刑也是 5 年以下,该罪只有拐骗而没有出卖的单一行为,与只有收买妇女而没有出卖的行为罪质和罪量大致相同,设置相等的法定刑是大致相当的。同时,将收买被拐卖的妇女、儿童罪基本犯的法定最高刑提高至 5 年以下有期徒刑,与拐卖的妇女、儿童罪的法定最低刑 5 年以上有期徒刑也是衔接的。比如,单纯的收买被拐卖的儿童的行为,判处 5 年以下有期徒刑;以拐卖为目的的收买行为,以拐卖行为论处,判处 5 年以上有期徒刑,这样可以实现两种对向犯之间的法定刑衔接协调。

其次,设置收买被拐卖的妇女罪的情节加重犯,将收买之后实施的侵犯被害人人格尊严及其他人身权益而又不构成犯罪的行为作为本罪的加重情节。收买被拐卖的妇女、儿童罪的法定刑设置的缺陷在于,缺少加重法定刑档次。

---

〔5〕 参见车浩:《收买被拐妇女罪的刑罚需要提高吗?》,载澎湃网 2022 年 2 月 7 日,https://www.thepaper.cn/newsDetail_forward_16596902。

而拐卖妇女、儿童罪的法定刑分三个档次，前者与后者的法定刑档次不相匹配，与两者对向关系不相一致。同时，由于收买被拐卖的妇女罪与拐卖妇女、儿童罪的罪量大小存在差异，前者小于后者，相应地，前者的加重法定刑亦应低于后者的加重法定刑设置。因而有必要考虑设置该罪的加重情节及其法定刑。收买被拐卖的妇女、儿童罪的加重情节可以包括收买行为及后续实施的侵犯被拐妇女、儿童人格权益的严重情形，但不应包含其后续行为构成犯罪（应予数罪并罚）的情况。因此，其加重法定刑设置也不宜太高，可以考虑设置为 3 年以上 7 年以下；如果将基本罪的最高法定刑提高为 5 年，则可将加重法定刑设置为 5 年以上 10 年以下，与拐卖妇女、儿童罪的基本法定刑持平。相比于数罪并罚的规定，情节加重犯的立法模式更能全面评价收买被拐卖的妇女、儿童犯罪。对于收买人后续实施的强奸罪、故意伤害罪、非法拘禁罪等其他犯罪，应坚决适用数罪并罚的规定；后续行为尚不构成犯罪的，应设立情节加重条款予以严惩。这样，从本罪基本犯的法定刑、加重犯的法定刑到与其他罪的数罪并罚，形成从轻到重的法定刑档次和罪刑层级。这样也能够与拐卖妇女罪的基本刑、加重刑相匹配，改变“前者轻、后者重”的局面，体现对向犯之间的罪刑均衡，形成与其他罪名之间衔接协调的罪刑体系。

我国《刑法》对收买被拐卖的妇女、儿童罪规定的法定刑是 3 年以下有期徒刑、拘役或者管制，相对于拐卖妇女、儿童罪的法定刑，明显较轻。《刑法》将收买被拐卖的妇女、儿童本身规定为独立的犯罪，配置的法定刑较低，但对被收买的妇女、儿童实施其他犯罪的，应当予以并罚。《刑法》第 241 条第 2 款至第 4 款规定：“收买被拐卖的妇女，强行与其发生性关系的，依照本法第二百三十六条的规定定罪处罚。收买被拐卖的妇女、儿童，非法剥夺、限制其人身自由或者有伤害、侮辱等犯罪行为的，依照本法的有关规定定罪处罚。收买被拐卖的妇女、儿童，并有第二款、第三款规定的犯罪行为的，依照数罪并罚的规定处罚。”结合收买被拐卖的妇女、儿童罪的法益保护要求，收买被拐卖的妇女、儿童罪的加重情节不应包含其后续行为构成犯罪的情况。因此，本案中龚某的行为不应当适用牵连犯的处理原则，而是分别构成收买被拐卖的妇女、儿童罪和强迫卖淫罪，数罪并罚。

（张勇、李芬静）

张某甲、张某乙抢劫案

盗窃时为抗拒抓捕而喷射辣椒水能否转化为抢劫

案情介绍

2019 年 5 月 9 日，被告人张某甲与张某乙到某工地盗窃电缆线时被该工地工人胡某发现，两人随即将剥好皮的部分电缆线装上其驾驶的面包车后逃离现场，胡某坐上李某驾驶的面包车追赶。在追赶过程中，被告人张某乙用事先准备好的辣椒水向胡某、李某喷射，随即逃走。经鉴定，被装车带离盗窃现场的电缆线价值人民币 25,732 元。一审法院认为，被告人张某甲、张某乙犯抢劫罪，判处有期徒刑 5 年，并处罚金人民币 1 万元。被告人张某甲、张某乙以原判定性不当为由提起上诉。二审法院河南省驻马店市中级人民法院认为原判定罪准确，维持关于上诉人张某甲、张某乙犯抢劫罪的定罪、张某乙的量刑部分，撤销关于上诉人张某甲的量刑部分，改判张某甲有期徒刑 4 年，并处罚金人民币 1 万元。[1]

理论争议

关于本案中被告人的盗窃行为是否应认定为转化型抢劫，存在以下两种观点：

第一种观点认为，被告人在盗窃时被发现，为抗拒抓捕而当场使用暴力，其行为构成《刑法》第 269 条规定的转化型抢劫罪。

第二种观点认为，被告人在盗窃被发现后，为抗拒抓捕而当场向被害人喷射辣椒水的行为不属于使用暴力，不构成转化型抢劫罪。

---

〔1〕 案例来源：河南省新蔡县人民法院一审判决书，(2019)豫 1729 刑初 847 号；河南省驻马店市中级人民法院二审判决书，(2020)豫 17 刑终 50 号。

■ 法理分析

上述争议的焦点为喷射辣椒水的行为是否属于抢劫罪意义上的暴力行为。我国《刑法》第 269 条规定:犯盗窃、诈骗、抢夺罪,为窝藏赃物、抗拒抓捕或者毁灭罪证而当场使用暴力或者以暴力相威胁的,依照抢劫罪定罪处罚。该条款被认为是针对事后抢劫所作的专门立法。通常认为,立法者之所以设立该条款,目的在于在行为人与被害人利益尖锐、紧迫对立的状况下,通过提升行为人的反抗成本,更为有效地保护被害人的人身安全。〔2〕显然,由于该条规定并未像第 263 条规定的普通抢劫罪那样将其他方法涵盖在内,如何把握该法条中的暴力概念,对于事后抢劫的成立而言至关重要。上述争议的出现,正是源于对该条中暴力概念的理解产生的分歧。

我国刑法理论通说认为,抢劫罪中的暴力是指"对人身实施强烈的打击或强制,包括殴打、捆绑、伤害等,使被害人处于不能反抗或不敢反抗的状态"〔3〕。该定义对暴力作了至少三个方面的限定:一是暴力对象必须是人身;二是暴力通常要达到一定的强度,属于"强烈的打击";三是暴力必须引发强制效果,即压制被害人的反抗。在暴力程度是否必须足以危及人身安全方面,我国学界至少存在三种观点。第一种观点认为,暴力是针对被害人身体实施的手段,这种手段必须足以危及被害人的身体健康或者生命安全。〔4〕第二种观点在坚持暴力必须针对人身实施的前提下,认为暴力虽然通常会达到危及被害人生命或健康的程度,但也存在例外情况。例如,在甲抱住被害人而由乙夺取财物的情形中,一般不可能伤及被害人的人身,但这种行为足以有效排除被害人反抗,因而属于暴力行为。〔5〕第三种观点则认为,暴力并不必然针对人身实施,即便是针对人身实施的暴力,也不以危及人身安全为必要。虽然根据抢劫罪的性质,暴力必须足以压制被害人的反抗,但这种压制效果的实现并不要求暴力必须具有危及人身安全的性质。〔6〕尽管这三种观点存在明显分歧,但它们仍存在共同点,即均要求属于暴力的行为至少足以排除被害人的反抗。在此前提下,它们对于人身伤害的要求逐步降低,由"必须足以危及"降为"例外可以不危及"再降至"不必危及",最终呈现暴力程度要求的"去伤

---

〔2〕 参见[日]桥爪隆:《论事后抢劫罪》,王昭武译,载《法治现代化研究》2019 年第 5 期。

〔3〕 高铭暄、马克昌主编:《刑法学》(第 9 版),北京大学出版社 2019 年版,第 491 页。

〔4〕 参见陈兴良:《口授刑法学》(第 2 版)(下册),中国人民大学出版社 2017 年版,第 170 页。

〔5〕 参见刘明祥:《财产罪专论》,中国人民大学出版社 2019 年版,第 40 页。

〔6〕 参见张明楷:《刑法学》(第 6 版),法律出版社 2021 年版,第 1269 页。

害化”。

认为抢劫罪中暴力程度可以“去伤害化”的观点,模糊了该罪中暴力与胁迫、其他方法的界限。通常认为:暴力是通过对被害人的人身施加有形力,使其不能反抗或者不敢反抗;而胁迫则是通过对被害人的精神施加影响力,使其心生恐惧而不敢反抗。根据这种理解,是否会直接侵害被害人的人身权益就成为区分暴力与胁迫的标准。应当说,根据该标准所作的区分是较为明确的。相反,如果不采用该标准,而是根据是否存在有形力加以判断,则必然会模糊各种方法之间的界限。例如,在班可可抢劫案中,行为人通过给被害人灌酒的方式抢走了其电动自行车,法院认定该案属于以其他方法劫取他人财物,构成抢劫罪。〔7〕对于灌酒行为,通常都会将其认定为其他方法,然而,由于灌酒时很可能会使用一定的有形力,按照暴力程度可以“去伤害化”的理解,该行为就应当属于暴力。再如,在任某抢劫案中,身强力壮的行为人从18楼翻窗入户盗窃时被发现,遂当场向一老年女性被害人索要钱财,并予以强力夺取,导致被害人倒地。法院结合行为人“高层翻窗入户所致恐惧氛围及现场年轻对老弱实际力量对比、犯罪得逞情况”,认为“该行为构成对被害人精神强制并压制其反抗”,属于以胁迫方法劫取他人财物,构成抢劫罪。〔8〕本案中,行为人也使用了一定的有形力,但法院也仅认定属于胁迫;而按照暴力程度可以“去伤害化”的理解,该行为也应当被认定为暴力。可见,暴力程度可以“去伤害化”的观点容易导致无法区分抢劫罪的三种手段类型。

在此基础上,暴力程度可以“去伤害化”的观点容易引发行为定性失当,导致使用轻微有形力夺取财物的行为也可能被定性为暴力型抢劫,从而难以与抢夺罪、寻衅滋事罪等罪名进行区分。例如,对于突然撞倒行人并趁机夺下其随身携带的财物而逃走的行为,有观点认为,这种行为属于出其不意地施加了暴力,被害人无暇反抗,既然行使了足以压制人的反抗的有形力,就应当成立抢劫罪。〔9〕然而,撞倒被害人的行为通常并不能使其丧失抵抗力,这种行为充其量只是使被害人来不及形成反抗意志,尚不能说已经压制了被害人的反抗。就我国刑法规定来看,将此类行为以抢夺罪论处更为妥当。这表明,抢夺罪并非完全不可以对被害人使用轻微暴力,只是应以并不会压制其反抗意志为限。再如,在张彪等寻衅滋事案中,行为人因对被害人不满而纠结他人随

---

〔7〕参见河南省郑州高新技术产业开发区人民法院刑事判决书,(2009)开刑初字第817号。

〔8〕参见上海市浦东新区人民法院刑事判决书,(2012)浦刑初字第1546号。

〔9〕参见[日]大塚仁:《刑法概说(各论)》(第3版),冯军译,中国人民大学出版社2003年版,第244页。

意殴打被害人（未造成伤害），并当场拿走被害人两部价值共计1033元的手机。该案被一审法院以寻衅滋事罪定罪，但检察院抗诉称应以抢劫罪论处，二审法院维持了原判。[10] 本案行为人使用了轻微暴力并拿走了被害人的财物，如果认为暴力可以“去伤害化”，则本案就应当如同检察院所理解的那样，最终以抢劫罪论处，但这将导致抢劫罪与寻衅滋事罪难以区分。

实际上，某种行为是否能够产生强制效果（剥夺被害人的财产处分自由），是抢劫罪区分于敲诈勒索罪、诈骗罪等其他财产犯罪的判断标准。该标准立足于被害人视角，以是否尊重了被害人的财产法益支配权作为底层逻辑，相对于回避被害人支配权的盗窃罪和抢夺罪、利用被害人支配权瑕疵的敲诈勒索罪和诈骗罪，抢劫罪中行为人对被害人采取的是正面压制其反抗意志，彻底不尊重其财产法益支配权的取财方式。[11] 虽然在区分抢劫罪与其他财产犯罪时，该标准具有较强的说服力，但其作为抢劫罪中三类强制手段的共同本质，根本不适合用于对三者进行区分。简言之，它适合作为外部区分标准，但不能胜任内部区分标准。仅以其作为判断标准，注定会导致暴力概念的精神化。为抑制暴力概念的这种膨胀趋势，维护抢劫罪构成要件的明确性，必须对暴力概念进行目的性限缩解释，将其限定为：能够对被害人的身体造成重大现实侵害，并因而可以对被害人产生强制效果的有形力。该定义明确将被害人的身体作为侵害对象，并提出了侵害的程度要求，即能够对身体造成重大现实侵害。而且，作为抢劫罪的强制手段，暴力行为也必须能够对被害人造成强制效果，即暴力的成立必须同时满足三个特征：对象、程度及效果。

这种限制性的解释与立法机关的理解相吻合。后者也认为，所谓“使用暴力”，是指犯罪分子对他人故意实施撞击、殴打、伤害等危及人体健康和生命安全的行为。[12] 这种解释也以往司法实践的做法相一致。在普通抢劫的场合，对于诸如使用喷辣椒水、[13] 喷防狼喷雾[14] 等方法抢劫他人财物的行为，法院均将其认定为其他方法。通过这些裁判结论不难发现，在对抢劫罪的

---

〔10〕 参见最高人民法院刑事审判第一至五庭主办：《中国刑事审判指导案例5（妨害社会管理秩序罪）》，法律出版社2017年版，第77－79页。

〔11〕 参见车浩：《抢劫罪与敲诈勒索罪之界分：基于被害人的处分自由》，载《中国法学》2017年第6期。

〔12〕 参见王爱立主编：《中华人民共和国刑法：条文说明、立法理由及相关规定》，北京大学出版社2021年版，第1006页。

〔13〕 例如冯刚抢劫案，参见广东省中山市第一人民法院刑事判决书，（2016）粤2071刑初1063号。

〔14〕 例如葛某某抢劫、盗窃案，参见江苏省兴化市人民法院刑事判决书，（2014）泰兴刑初字第81号。

各类方法进行区分时,我国司法实践基本遵循了较为统一的判断标准,即看行为可能造成的实际危害后果。在事后抢劫的场合,通常也认为,其中的暴力应当与普通抢劫罪中的暴力作相同理解。[15] 这意味着,就事后抢劫的暴力而言,也必须同时满足以下条件:将被害人的身体作为侵害对象,且能够对身体造成重大现实侵害。根据我国《刑法》第 269 条的规定,只有行为人基于特定目的而当场使用暴力或者以暴力相威胁的,才可以成立事后抢劫。尽管不能认为第 263 条中的胁迫即指该条中的以暴力相威胁,但从该条用语中仍然可以推知,抢劫罪中的暴力是最为狭义的一种暴力,其在程度上必须以危及人身安全为基本要求。也就是说,由于立法者在事后抢劫的场合并未规定其他方法,对于可以成立普通抢劫罪的其他行为方法而言,在事后抢劫的场合就不应当作为抢劫罪加以处理。

基于上述分析可知,就张某甲、张某乙抢劫案而言,两被告人虽然在盗窃过程中被他人发现,且因抗拒抓捕而当场向追赶人喷射事先准备好的辣椒水,但由于喷射辣椒水的行为并不足以对被害人的人身安全产生严重威胁,不会造成重大现实侵害,因而不宜被解释为当场使用暴力。然而,两审法院实际上采纳了第一种观点,将喷射辣椒水的行为认定为使用暴力,从而将被告人的行为以事后抢劫定性,这不但混淆了抢劫罪中暴力与其他方法的区别,也与既往立法、司法的一贯认知与做法相冲突。[16] 就此而言,该案的处理结果是令人遗憾的。

(马寅翔)

---

〔15〕 参见张明楷:《刑法学》(第 6 版),法律出版社 2021 年版,第 1282 页。

〔16〕 对于此类不当观念的系统性反思,可参见马寅翔:《抢劫罪中暴力概念的精神化及其限定》,载《法学》2021 年第 6 期。

李某某盗窃案

偷换收款二维码取财的行为定性

案情介绍

2018年2月至10月12日,被告人李某某先后多次在宁德、福州多家酒店,福州某网吧,福州某烤鱼店等地,乘无人注意之机,将其本人或其通过网吧、网络收集的"林某某""夏某某""赵某"等人身份信息申请的收款二维码覆盖在商家收款二维码上,从而先后获取被害人刘某1、董某、陈某、刘某2、蔡某等人通过扫码支付给上述商家的钱款共计7792.49元。一审检察院以盗窃罪对李某某提起公诉。一审法院认为,李某某的行为构成诈骗罪,起诉指控罪名不当,应予纠正,判决被告人李某某犯诈骗罪,判处有期徒刑10个月,并处罚金人民币3000元。一审检察院以原判定性不当为由,提出抗诉。二审法院福建省宁德市中级人民法院认为原判定罪准确,量刑适当,审判程序合法,裁定驳回抗诉,维持原判。[1]

理论争议

关于本案中被告人的行为该如何认定,存在以下两种观点:

第一种观点认为,被告人的行为应当认定为盗窃罪,具体又分为盗窃罪的间接正犯说与盗窃罪的直接正犯说。其中,根据盗窃对象的不同,盗窃罪的直接正犯说又分为盗窃货款说与盗窃债权说。认为属于盗窃罪间接正犯的主要理由是:在此类案件中,顾客是受骗人,商家是被害人,顾客没有处分商家财产的权利或地位,被告人欺骗、利用了顾客,顾客是被告人实施盗窃罪的工具。[2] 认为属于盗窃货款的直接正犯说的主要理由是:偷换二维码的行为相当于偷换商家收银箱,属于盗窃罪中"秘密窃取"的着手,商家让顾客扫码支

---

〔1〕 案例来源:福建省宁德市蕉城区人民法院刑事判决书,(2019)闽0902刑初203号;福建省宁德市中级人民法院刑事判决书,(2019)闽09刑终263号。

〔2〕 参见柏浪涛:《论诈骗罪中的"处分意识"》,载《东方法学》2017年第2期。

付,是商家没有发现二维码被调包,非主观上自愿向行为人的二维码交付财物。顾客基于商家的指令,当面向商家提供的二维码转账付款,其结果应由商家承担。这种见解也是司法实务部门的主流意见。[3] 认为属于盗窃债权的直接正犯的主要理由是:被告人偷换商家二维码意味着窃得了债权人地位,其法律后果是将商家针对顾客的债权转移给自己享有。该转让非基于商家的意愿,这符合盗窃行为的特点,即违反权利人的意愿,将权利人享有的财产性利益转移为自己享有。[4]

第二种观点认为,被告人的行为应当认定为诈骗罪,根据被害人的不同,又分为顾客说与商家说。商家说可再分为一般诈骗说、新型三角诈骗说。认为顾客系诈骗罪被害人的主要理由是:顾客在自愿的情况下通过支付平台支付钱款,被告人偷换二维码的行为改变了交易路径,导致顾客作出了错误的财产处分,这既侵犯了顾客对财产的占有,又侵犯了顾客的交易知情权,以诈骗罪定性有利于实现法益保护的全面性。[5] 认为商家系一般诈骗被害人的主要理由是:此类案件中的受骗人并非顾客,二维码背后的权属关系并非顾客的认识内容,其并无核实义务。被告人通过偷换二维码对商家进行欺骗,导致商家误认二维码的权属关系,并基于该错误接受了顾客按照违背其真意的方式履行合同,造成其合法债权无意义地消灭,被告人获利。这属于"以债权实现为对象的诈骗"[6]。认为商家系新型三角诈骗被害人的主要理由是:此类案件中的被骗人是顾客,他在受骗的情况下处分了财产,导致商家遭受损失。不同于一般三角诈骗情形的是,在偷换二维码类的案件中,顾客处分的并非商家的财产,而是自己的财产。[7]

■ 法理分析

上述争议的焦点主要有三个:一是犯罪对象究竟是财物还是财产性利益?二是被害人是顾客还是商家?三是受骗人是商家还是顾客?这些争议涉及盗窃罪与诈骗罪的行为构造,反映了学界及司法实务界在该问题上的不同认识。

---

〔3〕 参见田宏杰:《以前置法定性与刑事法定量原则判断行为性质》,载《法制日报》2019年5月24日,第3版。

〔4〕 参见柏浪涛:《论诈骗罪中的"处分意识"》,载《东方法学》2017年第2期。

〔5〕 参见蔡一军:《论新型支付环境下财产性质对罪名认定之影响》,载《东方法学》2017年第2期。

〔6〕 参见蔡颖:《偷换二维码行为的刑法定性》,载《法学》2020年第1期。

〔7〕 张明楷:《三角诈骗的类型》,载《法学评论》2017年第1期。

目前刑法理论界较为通行的观点认为:盗窃罪的行为构造是秘密窃取他人财物;而诈骗罪的行为构造则是通过使用诈术使被骗人产生或者维持认识错误,继而在该认识错误支配下实施财产处分行为,由此导致被害人遭受财产损失,而行为人则获得相应的财产。实务界也基本接受了这种理解。对于两罪的行为对象尽管存在争论,但理论界和实务界基本上认为其既可以是实体财物,也可以财产性利益。然而,就盗窃罪而言,所谓秘密窃取他人财物的说法,实际上除秘密性这一行为特征之外,并未对何为窃取作出明确的解构,以至于形成了一种认识,即认为只要行为是秘密的,就可以构成盗窃罪。在理解秘密性时,则认为其是针对被害人而言的,具有相对性。[8] 但是,在三角诈骗的情形中,行为人在骗取财物时,被害人也大多不知晓,但这并不妨碍诈骗罪的成立。由此可见,秘密性只不过是成立盗窃罪的必要非充分条件,单纯以秘密性作为认定行为是否成立盗窃罪的标准并不妥当。正是由于传统的盗窃罪理论具有模糊性,加上受德日刑法理论的影响,越来越多的学者认为,盗窃罪的行为构造是破坏他人对财物的占有并形成新的占有,它具有一种侵入他人财产支配领域的特征。在明确了盗窃罪与诈骗罪的行为构造后,下面便结合上述争议问题展开分析:

Ⅰ 该案犯罪对象究竟是财物还是财产性利益?

首先需要明确的是,在偷换收款二维码的案件中,涉案财产并非现金,而是属于财产性利益的债权。在法律意义上,顾客扫码付款的行为,实际上是将自己针对支付机构所享有的与商品价格等值的债权转让给卖家。这一债权流转过程是去现金化的,债权实际上具有了如同货币般的支付作用。认为“偷换二维码的行为相当于偷换商家收银箱”的说法,实际上混淆了现金与债权。因为收款二维码实际上仅起到快速指示收款账户的作用,免去了顾客手动输入收款账户的烦琐步骤,它本身并非用来“装”债权的“收银箱”。也就是说,偷换收款二维码的行为,实际上只是偷换了收款账户,它本身并不能直接导致财产损失的出现,而是需要进一步借助顾客扫码付款的行为才能实现,因而并非盗窃罪的着手。基于上述理由,盗窃货款的直接正犯说并不妥当。

然而,尽管该案的行为对象是财产性利益,也并不能就此认为偷换收款二维码的行为属于盗窃债权的直接正犯。一方面,债权具有相对性,它仅存在于债权人与债务人之间。尽管通过偷换收款二维码,行为人获得了顾客原本打

---

〔8〕 参见陈兴良:《口授刑法学》(第2版)(下册),中国人民大学出版社2017年版,第218页。

算转让给卖家的债权,但该债权的流转实际上只是行为人获得了顾客针对支付机构的债权,顾客与卖家之间的债权债务关系不会因此转变成顾客与行为人之间的债权债务关系。另一方面,盗窃行为具有侵入性,而单纯调换二维码的行为并不能满足该特征。由此可见,盗窃债权的直接正犯说也不合理。

Ⅱ 该案被害人是顾客还是商家?

除诈骗罪中的顾客说之外,无论是认为构成盗窃罪还是构成诈骗罪的观点,均认为此类案件的被害人是商家,而不是顾客。应当说,大部分观点的看法更加合理,顾客说所持的理由难以成立。一方面,即便抛开占有的对象是否可以包括财产性利益这一颇具争议的话题不论,由于顾客是通过扫码付款,主动转让了其对支付机构所享有的债权,根本不存在占有受侵害一说;另一方面,即便认为存在对顾客交易知情权的侵犯,也应将其作为成立诈骗罪的理由,因为盗窃作为秘密取得他人财物的犯罪,行为人原本就不负有告知真相的义务。之所以认为商家属于被害人,正如一般诈骗说所指出的那样,顾客通常并不负有核实二维码权属关系的义务,其根据正常的交易习惯扫码付款后,就已经履行了因购买商品而对商家所负的债务。商家对自己的收款二维码看管不力,存在一定过错,应对由此造成的损失承担不利后果。

Ⅲ 本案受骗人是商家还是顾客?

在排除了上文所提及的几种见解后,在剩下的主张中,无论是盗窃罪的间接正犯说还是商家说,均认为此类案件中存在受骗人,其中,除一般诈骗说认为受骗人是商家外,其他观点均认为顾客是受骗人。应当说,认为商家是受骗者的观点并不妥当。这是因为该说将商家指示、接受顾客付款的行为视为诈骗罪处分行为的做法,[9]与理论界对处分行为的通行见解存在出入。一般认为,诈骗罪中的处分行为指的是"受骗人实施的一切无须行为人进一步采取未经允许的(构成犯罪的)举止就能够直接引起财产减损的作为、容忍或者不作为"[10]。对于一个适格的财产处分而言,除须由受骗人实施外,还需要该行为具备直接引起被害人财产减损效果的可能性。[11] 根据这种理解,即便认为商家对收款二维码的权属关系存在认识错误,但无论是其实施的指示顾客扫

〔9〕 参见蔡颖:《偷换二维码行为的刑法定性》,载《法学》2020 年第 1 期。

〔10〕 Küper, BT, 7. Aufl., 2008, S. 392.

〔11〕 参见马寅翔:《论三角诈骗中的财产处分权》,载江溯主编:《刑事法评论:刑法方法论的展开》第 42 卷,北京大学出版社 2020 年版,第 552 – 553 页。

码的行为还是认可顾客扫码付款的行为,均不符合处分行为的定义。其中,指示顾客扫码的行为本身并不会直接引起财产损失的出现,而认可顾客扫码付款的行为则发生在财产损失出现之后。可见,这两种行为都难以被视为处分行为。实际上,只有顾客扫码付款的行为才会直接引起被害人的财产减损,该行为才属于财产处分行为。据此,一般诈骗说的主张也不可取。

当然,是否属于诈骗罪意义上的财产处分行为,还需要看处分者是否具有处分权限,只有在具有处分权限时,才能够成立诈骗罪,否则就应当成立盗窃罪的间接正犯。因此,受骗人是否具有处分权限是区分三角诈骗与盗窃罪间接正犯的关键所在。盗窃罪间接正犯说正是以顾客没有处分权为由,否定了此类案件成立诈骗罪的可能性。新型三角诈骗说为了解决该问题,则将顾客处分自己财产而引发商家财产损失的行为以新型三角诈骗加以认定。应当说,这两种见解均没有正视此类案件的特殊性,即受骗人与被害人之间存在债权债务关系。实际上,正是由于双方存在该关系,顾客在对实际收款人存在错误认识的情况下扫码付款,这种履行债务的行为直接导致商家的债权在法律意义上灭失,也就是说,顾客的付款行为直接导致了商家的财产减损。作为处分行为,其具有使被害人的财产遭受损失的可能性,至于处分的具体对象是被害人的财产,还是被骗者的财产,并非关键所在。尽管较之于盗窃罪的间接正犯说,新型三角诈骗说更有可取之处,但该说冠以"新"类型的做法,会让人误以为这种情况原本不属于三角诈骗,因而也不妥当。实际上,将此类案件作为一般的三角诈骗来处理即可。〔12〕

就李某某盗窃案而言,在实务界普遍倾向于定盗窃罪的背景下,两级法院坚持以诈骗罪定性的做法,是难能可贵的,因而值得充分肯定。检察院以盗窃罪起诉、抗诉的做法之所以不当,正是源于其误将秘密性作为盗窃罪成立的充要条件,而忽视了在三角诈骗中,相对于被害人而言,行为人的欺诈行为也完全可能是秘密而为。

（马寅翔）

---

〔12〕 进一步地分析,可参见马寅翔:《限缩与扩张:财产性利益盗窃与诈骗的界分之道》,载《法学》2018 年第 3 期。

臧某某等盗窃、诈骗案

诱骗他人点击虚假付款链接取财的行为定性

案情介绍

2010年6月1日,被告人郑某某骗取被害人金某195元后,获悉金某的建设银行网银账户内有305,000余元存款且无每日支付限额,遂电话告知被告人臧某某,预谋合伙作案。臧某某以尚未看到金某付款成功的记录为由,发送给金某一个交易金额标注为1元而实际植入了支付305,000元的计算机程序的虚假链接,谎称金某点击该1元支付链接后,其即可查看到付款成功的记录。金某在诱导下点击了该虚假链接,其建设银行网银账户中的305,000元随即通过臧某某预设的计算机程序,经上海快钱信息服务有限公司的平台支付到臧某某提前在某信息科技有限公司注册的"kissal23"账户中。臧某某使用其中的116,863元购买大量游戏点卡,并在自己经营的淘宝网店上出售套现。一审法院认为被告人臧某某等实施的行为构成盗窃罪,臧某某以定性不当为由提起上诉。二审法院浙江省高级人民法院裁定驳回上诉,维持原判。[1]

理论争议

关于本案中臧某某如何定罪处罚,存在以下两种观点:

第一种观点认为,臧某某等人使用预设计算机程序并植入的方法,秘密窃取他人网上银行账户内巨额钱款,其行为构成盗窃罪。

第二种观点认为,臧某某等人欺骗被害人点击虚假支付链接,通过金融机构转走被害人账户内存款,其行为构成诈骗罪。

---

〔1〕 案例来源:浙江省杭州市中级人民法院刑事判决书,(2011)浙杭刑初字第91号;浙江省高级人民法院刑事裁定书,(2011)浙刑三终字第132号。

■ 法理分析

上述争议的焦点主要有两个:一是本案中行为人获取被害人存款的主要手段是盗窃还是诈骗?二是在被害人不具备处分意识的情况下,行为人实施的行为是否只能构成盗窃罪?

本案涉及利用信息网络欺骗被害人点击虚假付款链接,非法获取被害人银行存款的行为定性问题。通常认为,所谓的银行存款实际上是存款人针对银行享有的存款债权。就此而言,行为人臧某某等人实施的行为针对的是财产性利益而非实体财物。在非法获取财产性利益的案件中,尤其是在利用信息网络实施的此类案件中,往往既有获取有关信息数据的行为,又有使用这些信息数据的行为,因其具有重要的实践意义,如何妥当处理这两种行为并存时的行为定性,就成为值得关注的话题。

本案系最高人民法院2014年发布的第27号指导性案例中的一部分案情。针对该案情的裁判要旨为:“行为人利用信息网络,诱骗他人点击虚假链接而实际通过预先植入的计算机程序窃取财物构成犯罪的,以盗窃罪定罪处罚。”显然,最高人民法院对两审法院的定性持肯定态度。为了进一步增强说理性,最高人民法院在指导性案例的裁判理由部分着重指出:臧某某、郑某某获取财物时起决定性作用的手段是秘密窃取,诱骗被害人点击“1元”的虚假链接系实施盗窃的辅助手段,只是为盗窃创造条件或作掩护,被害人也没有“自愿”交付巨额财物,获取银行存款实际上是通过隐藏的事先植入的计算机程序来窃取的,符合盗窃罪的犯罪构成要件,依照《刑法》第264条、第287条的规定,应当以盗窃罪定罪处罚。

有学者质疑该裁判理由,认为“起决定性作用的手段”这种说法缺乏明确的界定标准,容易导致法官恣意行使裁量权,也没有正面回答如何判断相应行为是盗窃还是诈骗,并且认为也不存在所谓的“决定性手段是盗窃行为,诈骗行为只是起辅助作用”或者相反的情形。但是,对于以盗窃罪定性的结论,该学者仍表示了认同,只是进一步从学理层面指出,应当坚持从是否存在处分行为的角度,即结合财产减损的直接性、处分意识的必要性以及财产处分的自愿性来区分盗窃罪与诈骗罪。[2] 显然,该见解是围绕盗窃罪与诈骗罪的行为构造展开的分析。尽管就两罪的行为构造而言,该分析并无纰漏,但是就行为事实的认定而言,却与法院系统的做法一样,存在不容忽视的缺憾。

---

〔2〕 参见王钢:《盗窃与诈骗的区分——围绕最高人民法院第27号指导案例的展开》,载《政治与法律》2015年第4期。

下面便围绕上述理论的具体分歧展开分析：

1 臧某某等人获取财产性利益的手段是诈骗而非盗窃

从行为构造来看，盗窃罪是通过侵入他人的财产支配领域，取走被害人占有或享有的财产的行为。诈骗罪则是通过欺骗受骗人，使其产生错误认识而主动将自己占有或享有的财产交出自己支配领域的行为。也就是说，盗窃罪区别于诈骗罪的显著特征在于行为对他人财产支配领域的侵入性。在利用信息网络非法取财的场合，唯有存在非法侵入他人控制支配的与财产直接相关的信息网络系统，对该系统中存储、处理或者传输的与财产性利益有关的数据进行删除、修改、增加等操作的行为时，才因该行为具有支配领域的侵入性而可能成立盗窃罪。如果行为人只是利用信息系统的正常运作，通过某种方式对系统程序的运行施加影响，则因并不存在对他人控制支配的信息系统的侵入性，不能以盗窃罪论处。在条件满足的情况下，至多可以作为诈骗类犯罪来处理。

具体到臧某某等盗窃、诈骗案，如前所述，该案涉及利用计算机非法获取债权这一财产性利益的行为。在这种情况中，以盗窃罪论处的前提是存在侵入他人财产支配领域的行为，即行为人利用计算机程序侵入银行信息管理系统，对该系统内的数据进行修改、增删等操作以获取财产性利益。然而，就本案的案情来看，行为人并未实施此类侵入行为。裁判理由中所谓的"获取银行存款实际上是通过隐藏的事先植入的计算机程序来窃取的"，与行为人获取财产性利益的实际手段存在明显区别。事实上，在该案中，被告人臧某某通过发送虚假支付链接，并不能直接获取被害人的存款，而是需要借助被害人点击该支付链接后输入的账号和密码冒充被害人，以被害人不知情的额度向存款银行发出支付请求，要求银行将相应额度划至臧某某指定的账户内。在这一过程中，臧某某并不是利用计算机程序侵入了银行的金融业务管理系统，直接对相应数据进行修改、增删，而是以被害人的名义向银行的金融业务管理系统发送支付请求。这与先通过计算机程序获取被害人的信用卡资料，然后通过特定的信息网络加以使用的行为并无本质区别，只不过是由先获取后使用变成了获取并即时使用，而这种即时使用的方式并未改变此类行为的本质在于冒用他人信用卡信息，因而不会影响行为的性质。《关于办理妨害信用卡管理刑事案件具体应用法律若干问题的解释》第 5 条第 2 款第 3 项规定，窃取他人信用卡资料，并通过互联网、通信终端等使用的，属于《刑法》第 196 条第 1 款第 3 项规定的"冒用他人信用卡"。根据该规定，臧某某等人的行为应当以信用卡诈骗定性。

Ⅱ 被害人不具有处分意识时仍可能成立诈骗罪

对于上述分析,可能存在的疑问是,被害人金某在点击虚假支付链接付款时,对于真实的交易数额并不知情,因而尽管其被骗,但由于对真实的交易数额并不存在认识,不具有财产处分意识,其行为不属于诈骗罪意义上的处分行为。从上引裁判理由可知,该案两审法院即持该见解。然而,这种理解仅在只有行为人和被害人双方主体的场合下才能成立。当存在三方主体时,被害人不知情并不必然意味着行为人的取财行为仅可成立盗窃,因为此时还存在成立三角诈骗的可能性。在三角诈骗的场合,行为人通过欺骗被骗者,使被骗者产生错误认识,并基于该错误认识对被害人的财产进行了处分,行为人由此获得了被害人的财产。在此过程中,对于自己财产被处分的事实,被害人实际上并不知情,其当然也不可能存在处分意识。然而,这并不妨碍行为人的行为被认定为诈骗。这表明,在三角诈骗和普通盗窃中,被害人均对自己的财产不存在处分意识。在此前提下,以不存在处分意识为由排除诈骗罪成立的做法,实际上根本站不住脚。这也表明,在非法获取财产性利益的场合,首先必须查明是否存在三方以上主体。在存在三方以上主体的场合,只有排除了三角诈骗成立的可能性,才有进一步讨论是否成立盗窃罪的空间。

基于上述思路分析臧某某等盗窃、诈骗案,会发现本案实际上存在三方主体:行为人、被害人、银行。以三方主体为视角,该案的取财过程实际为被告人臧某某欺骗被害人金某点击虚假支付链接,借助金某输入的账号和密码,冒充金某向银行发出付款请求,银行信以为真,向指定账户付款,金某由此遭受财产损失。在该过程中,尽管被害人金某的确被骗,且因未认识到真实付款金额而对该笔金额缺乏处分意识,不属于财产处分,但在网络支付的场合,作为债权人的被害人原本就不能直接处分自己的债权,而是需要通过网络发送处分请求,委托银行进行实际的处分活动。这为被告人臧某某提供了可乘之机,使其得以冒充被害人向银行发送处分请求,使银行在误以为是债权人真实请求的情况下,对债权人的财产进行了处分。也就是说,真正导致被害人金某的财产出现损失的是银行的处分行为,而银行的处分又是因受到了被告人臧某某的欺骗所致,因此满足了三角诈骗的成立条件。由此可见,尽管本案被害人金某并无处分意识,但这并不妨碍将本案作为三角诈骗处理。由于该案发生在信用卡支付领域,被告人臧某某的行为实际上属于冒用被害人金某的信用卡,根据司法解释的规定,本案最终应以信用卡诈骗罪定罪处罚。

两审法院之所以会出现定性错误,是因为将信息数据的获取行为与使用行为混为一谈,并径行以获取信息数据的行为认定整案的性质。如果将上引裁判理由稍作更改,将行为对象由财产性利益变为信用卡资料,则上述误解就能冰消雪释。也就是说,行为人诱骗被害人点击虚假的支付链接,能够通过事先植入的计算机程序所直接获取的,充其量只是被害人没有自愿交付的银行卡账号及密码,如果行为人不进一步通过网络使用这些信用卡资料,向银行发送支付请求,则根本不会对被害人的财产造成损失。这一方面表明,以盗窃罪论处的做法违背了财产的直接减损原则,因为单纯的盗窃行为根本无法直接导致财产损害的发生;另一方面也表明,认为本案不存在处分行为的观点是难以成立的。因为行为人利用取得的信用卡资料获取财产性利益的行为,正是假被害人之名要求银行进行支付,此时欺骗的是银行支付系统的管理者,其陷入了错误认识,并通过支付系统处分了被害人的债权。如前所述,这恰恰属于刑法理论上所说的三角诈骗。〔3〕 由此可见,本案两审法官乃至最高人民法院负责发布指导性案例的法官均未能准确还原本案的案件事实,没有注意到银行在本案中扮演着重要的角色,而仅仅以行为人和被害人的两角关系进行把握,由此导致行为定性失当。之所以出现未能准确把握案件事实,是因为误以为只要被害人不具有财产处分意识,案件就可以作为盗窃罪定性,而未意识到被害人不具有处分意识只是盗窃罪成立的必要条件,却非充要条件。正是在这种误导性思维的束缚下,关于三角诈骗是否成立的考量始终未能进入其视野。

考虑到判例在某种程度上属于一种现实意义上的法,〔4〕对于司法审判发挥着实际的指导作用,将这种与司法解释明显存在冲突的案例公之于众,势必会混淆视听,并将在实际上架空原本有着更高适用效力的司法解释。从司法实践来看,诸如偷换二维码案等大量原本应作为三角诈骗定性的行为,最终都被作为盗窃罪处理,导致盗窃罪实际上沦为财产犯罪的兜底罪名。可以说,这与该案的误导性思维模式脱不开干系。这是值得反思的。

（马寅翔）

---

〔3〕 该问题还涉及刑法学界关于机器能否被骗的争议,本部分分析以赞同“预设的同意理论”为前提。相关分析,可进一步参见马寅翔:《限缩与扩张:财产性利益盗窃与诈骗的界分之道》,载《法学》2018 年第 3 期。

〔4〕 参见[日]平野龙一:《刑法解释中的判例与学说》,黎宏译,载《国家检察官学院学报》2015 年第 1 期。

陆某某等职务侵占案

隐名股东无权向公司主张股东权益

案情介绍

某新能源科技有限公司注册成立于2016年4月，工商登记股东为胡某某和陶某某，法定代表人为陶某某。2016年9月，公司注册登记增加陆某某为公司股东，法定代表人变更为陆某某，登记资料显示陆某某占股50%、胡某某占股45%、陶某某占股5%。其中肖某某等人对公司亦有出资，肖某某为公司实际控制人。

2017年6月，陆某某、胡某某、陶某某想转让股份退出公司，但与肖某某等人就分红及退股事宜难以达成一致意见，在此期间，陆某某等三人就公司的净资产价值交于他方评估。根据评估金额，陆某某等三人按照三人实际占有的公司股份计算出三人大致可分得利润，通过非法手段取得并控制的公司印章、银行U盾，将公司账户内的资金共计人民币5500余万元转入三人个人账户。案发后，陶某某归还人民币300万元。

法院经审理认为，公司是被告人陆某某等三人以及肖某某等人实际出资的公司，三被告人没有经过全体股东大会决议，利用职务便利，擅自将公司的资金转走占为己有，因此认定陆某某、胡某某、陶某某构成职务侵占罪，分别判处有期徒刑14年，并处没收财产人民币50万元；有期徒刑13年，并处没收财产人民币40万元；有期徒刑11年，并处没收财产人民币30万元，并责令各被告人退赔被害单位人民币5200余万元。[1]

理论争议

本案在审理过程中，辩护人认为陆某某等三人无罪，主要理由如下：

第一，判决混淆了隐名股东与股东，违反了《公司法》及相关解释的规定，

---

〔1〕 案例来源：江西省抚州市临川区人民法院刑事判决书，(2018)赣1002刑初474号。

忽视了陆某某等三人在公司的股东身份,忽视了《公司法》对公司股东权利、义务的规定。

第二,陆某某等三人欠缺职务侵占罪所必需的“以非法占有为目的”,其转移公司资金的行为,是行使权利的表现形式。

■ 法理分析

笔者认为,陆某某等三人不构成职务侵占罪。

Ⅰ 隐名股东不是股东

股东是在工商登记资料中显示的公司的出资人,隐名股东是公司法理论针对司法实践中实际出资但并未在工商登记资料中显示的出资人。在《公司法》及相关解释中,并无“隐名股东”这一概念,规范的名称是“实际出资人”。现有事实证明,陆某某等三人系公司股东,他们根据《公司法》的规定,享有股东权利,履行股东义务,肖某某等人对公司有实际出资,但在工商登记资料中并未体现,是公司的隐名股东。

最高人民法院《关于适用〈中华人民共和国公司法〉若干问题的规定(三)》(以下简称《公司法解释(三)》)第24条规定:“有限责任公司的实际出资人与名义出资人订立合同,约定由实际出资人出资并享有投资权益,以名义出资人为名义股东,实际出资人与名义股东对该合同效力发生争议的,如无法律规定的无效情形,人民法院应当认定该合同有效。前款规定的实际出资人与名义股东因投资权益的归属发生争议,实际出资人以其实际履行了出资义务为由向名义股东主张权利的,人民法院应予支持。名义股东以公司股东名册记载、公司登记机关登记为由否认实际出资人权利的,人民法院不予支持。实际出资人未经公司其他股东半数以上同意,请求公司变更股东、签发出资证明书、记载于股东名册、记载于公司章程并办理公司登记机关登记的,人民法院不予支持。”由此可见,实际出资人与公司并无关系,其无权向公司主张行使股东权利,这一点也为最高人民法院的相关判决所确认:“选择隐名出资方式而由他人代持股权的出资人,无权向公司主张行使股东权利。”[2]《公司法解释(三)》第22条同时明确实际出资人通过法院确认享有股权的,应当证明以下事实之一:(1)已经依法向公司出资或者认缴出资,且不违反法律法规强

〔2〕 最高人民法院民事判决书,(2014)民二终字第21号。

制性规定;(2)已经受让或者以其他形式继受公司股权,且不违反法律法规强制性规定。

因此,肖某某等人要么是公司股东,要么是公司隐名股东,两者不可兼得,判决既认为其为公司股东,又认为其为公司隐名股东,由此认为被告人的转款行为未得到全体股东大会决议认可,这一判断混淆了两者之间本来极为清晰的界限,而这正是认定本案性质的关键所在。

如前所述,隐名股东与公司并无关系,其要主张权利,只能向股东主张,从某种意义上来说,隐名股东在公司股份权利的实现在很大程度上依赖于股东的良心,因此,隐名股东与股东存在本质不同,其不享有股东的各项权利、不履行股东的各项义务。由此可见,判决将隐名股东视为股东,明显与《公司法》及相关解释的基本精神相冲突,忽视了隐名股东与股东的界限——隐名股东并不享有股东的权利。

判决除认定肖某某等人系公司股东外,还强调肖某某是公司的实际控制人,但实际控制人是从公司经营角度得出的结论,实际控制人并不意味着是公司的股东,由此享有股东权利,履行股东义务。

混淆隐名股东和股东之间的界限,带来的直接后果就是将隐名股东视为职务侵占罪的被害人,本案的起诉书即有类似表述,但这显然违反了《刑法》第 271 条的规定,"公司、企业或者其他单位的工作人员,利用职务上的便利,将本单位财物非法占为己有",除此之外,还有如下难以避免的恶劣后果:(1)实际出资人要维护自己的合法权益,可以绕过《公司法解释(三)》等民商事法律规定,直接要求侦查机关启动刑事诉讼;(2)《公司法解释(三)》区分实际出资人、名义出资人的规定将形同虚设,由此带来的极端后果是刑事诉讼取代民事诉讼。

Ⅱ 陆某某等三人不具有非法占有目的

职务侵占罪属于侵犯财产类犯罪,其主观方面为故意并必须具备"非法占有目的"。陆某某等三人将公司钱款转至个人账户,从表面看确实符合职务侵占罪的客观要件,但根据这一行为难以推导出被告人具有"非法占有目的"。

第一,无论是工商登记资料还是肖某某等人所认可的事实均表明,陆某某等三人是公司的股东,而且在公司担任一定职务,其中陆某某系公司的董事长、法定代表人,他们三人对公司的设立、发展、盈利作出了应有贡献。

第二,判决认定三名被告人构成职务侵占罪的重要理由是三名被告人未经全体股东大会决议,将公司资金转移至个人账户,同时认为三名被告人虽然享有分红权,但无权处置公司的资产。这一论述不仅忽视了《公司法》的相关规定,而且将隐名股东视为股东大会成员,即认为隐名股东是股东,如前所述,该观点值得讨论。

第三,因双方难以达成合意,陆某某等三人先对公司资产进行评估,然后依据所占股份比例进行转款,其中某次转款后,账户尚有500多万元余额,由此可见,陆某某等三人的转款是有节制的,难以推定三人具有职务侵占罪所必需具备的非法占有目的。

Ⅲ 本案并无社会危害

根据《刑法》第271条的规定,职务侵占罪的被害人是公司,据此,法院判决责令陆某某等三人将涉案钱款退赔给被害单位。下一步需要考虑的问题是:将该笔钱款退赔给公司后,又应如何分配该钱款?

显然,该笔钱款仍然要在股东内部进行分配,股东身份并不因涉嫌犯罪而消灭,根据判决逻辑,该笔钱款需要根据包括肖某某等人在内的相关人员所占股份比例进行分配,笔者认为,考虑到肖某某等人系隐名股东,其无法参与第一次分配,而只能向陆某某等三人申请二次分配。但无论怎么分配,陆某某等三人对该笔钱款仍享有相应权利,需要特别指出的是,陆某某等三人在转款前即对公司资产进行评估并依据所占股份比例进行转款,显然,即便是根据法院判决的分配逻辑,陆某某等三人也应该享有被判决认定的退赔金额。由此可见,国家耗费大量的司法资源最终的结果却是恢复原状——即便根据判决逻辑,陆某某等三人获得涉案钱款的行为充其量是违反了分配程序而已,但违反分配程序的行为并不符合职务侵占罪的要件,因此,不具有严重的社会危害性。在此需要强调的是,得出这一结论并不意味着笔者认为公司股东在任何情况下都不能构成职务侵占罪。

由此可见,本案的实质是股东、隐名股东对公司利润分配的争议,被告人所实施的行为在本质上是行使自己依据法律规定所享有的权利,被告人所获得钱款的行为手段或许确有不妥,但并不符合职务侵占罪的构成要件。

随着我国经济的进一步发展,职务侵占罪等常见罪名也出现了诸多新形态,在认定是否构成犯罪时,除需考察职务侵占罪的犯罪构成外,还需要考察《公司法》等相关前置性法律规定,唯有如此,才能体现法秩序统一原理,才能作出经得起历史检验的判决。

(王恩海)

宋某某、李某等知假买假索赔案

敲诈勒索罪的刑事违法性判断

案情介绍

自2018年12月起，被告人宋某某、李某等人以团伙作案的方式，在广西壮族自治区柳州市、梧州市、玉林市等地的大润发等各大商场超市，专门购买超过保质期、变质或者标注双重日期的食品，故意把购买的小额商品由各人分开付款以开具多张购物小票由各人分别持有，以向食药监局举报投诉为要挟条件，共同向上述商场超市敲诈勒索钱财，共得款人民币41,248.88元。一审法院认为，宋某某、李某等人以非法占有为目的，多次采取威胁、要挟手段勒索他人财物，数额较大，已构成敲诈勒索罪。一审宣判后，被告人提出上诉。二审法院裁定驳回上诉，维持原判。[1]

理论争议

对于本案，主要存在无罪说与有罪说两种不同观点。

无罪说认为：宋某某等人和商家经自愿协商获得赔偿，牟取的是合法利益，索赔金额没有超过法律规定。宋某某等人也曾向食药监局举报和投诉，主观上没有非法占有的故意，客观上没有实施勒索的行为，所采取的手段和目的均具有正当性，不应构成敲诈勒索罪。

有罪说则认为，宋某某等人不是在为生活消费需要购买食品的过程中发现问题食品，而是为了索要钱财而到商场超市专门寻找问题食品，其对商家进行恶意索赔，敲诈商家非法敛财的目的、手段明确，且索要钱财的数额明显超出合理范围，宋某某等人索要到钱财后就直接离开，没有向相关行政执法部门等举报、投诉或配合进一步调查处理，也没有通过宣传等方式提醒其他消费者注意，亦可反映出宋某某等人的目的只是想索要钱财，主观上明显具有非法占

---

〔1〕 案例来源：广西壮族自治区北海市中级人民法院刑事裁定书，(2020)桂05刑终222号。

有的故意。宋某某等人利用商家害怕被举报、投诉,害怕影响商誉等心理,以不赔钱就向相关行政执法部门等投诉、举报相威胁、要挟,在食品没有对其健康、财产造成任何实际损失的情况下向商家索要明显超出合理范围的巨额赔偿款,客观上实施了威胁、要挟的行为,商家为了不影响商誉等被迫给付赔偿款,商家在案发后向公安机关报案也可反映出不是自愿给付赔偿款。而且根据《消费者权益保护法》第2条的规定,消费者为生活消费需要购买、使用商品或者接受服务,其权益受本法保护。宋某某等人是为了向商家索取钱财,而不是为了生活消费需要购买商品,因此,其不属于该法意义上的消费者。综上,宋某某等人的行为符合敲诈勒索罪的构成要件。

上述观点的核心争议在于,如何判断知假买假索赔的刑事违法性。

■ 法理分析

对于知假买假索赔的定性,有观点认为,需要考察恐吓行为是否具有相当性、恐吓行为与权利是否具有关联性及行为目的是否具有正当性。[2] 可是,所谓的相当性、关联性及正当性的判断标准过于模糊,在实践中实在欠缺可操作性。也有见解主张,评价的重点在于索赔数额。索赔数额超出法律允许的范围,即构成财产犯罪,如果伴随有威胁、要挟手段则构成敲诈勒索罪。[3] 但是,仅凭数额超限就入罪,可能会违反法秩序统一性原理。因为在前置部门法看来,"索赔数额不应当成为索赔权界限认定的核心标准,而仅具有参考作用"[4]。即便超出法定限额索赔,也并非一概属于权利滥用,而既然不属于民法上的权利滥用,不具有民事不法,仅根据数额就肯定其具有刑事不法,显然是不合理的。笔者认为,定性"知假买假"索赔,应当从胁迫行为与主观目的之间的关系着手。

1 胁迫的认定关键在于主观目的

对于敲诈勒索罪中胁迫行为的本质,当前学界存在两种不同的观点。传统的见解是被害人恐惧必要说。该说认为,被害人的恐惧心理是成立敲诈勒

---

〔2〕 参见柏浪涛、谷翔:《敲诈勒索与行使权利的界限》,载《法律适用》2010年第10期。

〔3〕 参见蔡桂生:《合理行使权利与敲诈勒索罪的区分》,载《国家检察官学院学报》2018年第2期。

〔4〕 于浩:《论消费者索赔权的边界》,载《法商研究》2018年第3期。

索罪的必备要素,胁迫行为至少需要具有使被害人产生恐惧心理的可能。[5] 受到德国刑法教义学的影响,新近的主张认为,意思形成自由受到强迫才是成立敲诈勒索罪的必备要素,胁迫行为必须能够影响被害人的财产处分之意志形成自由。[6] 囿于篇幅,两种观点的争论此处不便展开。但是,无论支持哪种主张,如果对意思形成自由受到强迫或被害人恐惧作形式化的理解,必然会导致胁迫的成立范围被过度扩张。就知假买假索赔而言,当打假人与商家协商赔偿款时,若打假人以举报、投诉、曝光相要挟,则完全有可能令他人产生恐惧心理,或是使其财产处分之意志形成自由受到影响。因此,需要对胁迫的认定加以一定的限制。

以往的"恶害说"强调,胁迫的内容只能是恶害。恶害指的是被害人不该承担的后果,若非以恶害相胁迫,即使使他人产生恐惧心理,也不符合敲诈勒索罪的手段要件。[7] 但是,随之而来的问题便是,究竟什么才是被害人不该承担的后果。对此,有学者指出,这需要充分考察行为时有无权利基础。在被害人存在过错而行为人据此享有权利基础的双方博弈情形中,是不可能存在刑法上的胁迫的。[8] 这种观点是有一定合理性的,但问题在于,权利基础的判断并非易事。正如上文所述,消费者索赔权的行使自有其界限,当行为人逾越权利行使的正当界限而滥用权利时,自然不能再肯定其具有权利基础。如此,便又回到了如何明确权利界限、如何判断权利滥用这一难题上。

如果变换一下思路,以意思形成自由受侵犯说为立足点,在民刑对话的视野下去思考胁迫的限制认定这一问题,则会得到更具可操作性的解决方案。将胁迫的本质理解为意思形成自由受到强迫,意味着刑法中对于胁迫本质的理解与民法是全然一致的。按照民法学界的通说观点,胁迫侵犯的同样是受胁迫者的意思自由,足以影响到受胁迫者的意思自由,即可构成胁迫。[9] 换言之,无论是民法中的胁迫还是刑法中的胁迫,都是为了保护财产处分的意思自由。那么在具体判断中,原则上便不再可能出现民刑冲突,即对于胁迫判断

---

〔5〕 参见郎胜主编:《中华人民共和国刑法释义》,法律出版社 2015 年版,第 458 页。

〔6〕 参见蔡桂生:《敲诈勒索罪中"被害人恐惧必要说"之证伪及其出路》,载《苏州大学学报(法学版)》2019 年第 4 期。

〔7〕 参见陈灿平、穆亨:《新型恐吓行为之刑法规制及扩展分析》,载《湖南社会科学》2020 年第 1 期。

〔8〕 参见庄绪龙:《道德权利理论与敲诈勒索罪的教义学限缩》,载《中外法学》2022 年第 2 期。

〔9〕 参见朱广新:《合同法总则》(第 2 版),中国人民大学出版社 2012 年版,第 254 页;王利明:《民法总则研究》(第 3 版),中国人民大学出版社 2018 年版,第 575 页。

不一致的情形,可以在判断上贯彻刑法评价的从属性。[10]

民法中为了防止胁迫的成立范围过于宽泛,通说见解主张,胁迫还必须具有违法性,才属于民法上的胁迫;[11]而对于违法性的判断,则需要考察手段是否违法、目的是否违法,以及手段与目的的关联能否为社会通常观念所容忍。[12] 按照这种思路,知假买假索赔的手段行为是否属于胁迫的认定重点便在于行为人的主观目的是否具有违法性。因为无论是向行政机关举报揭发、诉诸消费者协会、向法院起诉还是向媒体曝光披露,都是消费者行使监督权的体现,是其所拥有的正当权利。《消费者权益保护法》第6条第2款规定:"国家鼓励、支持一切组织和个人对损害消费者合法权益的行为进行社会监督。"也就是说,上述行为并不属于手段违法。既然如此,需要考察的便是目的是否违法以及手段与目的的关联是否能为社会通常观念所容忍。但是,就刑事认定而言,目的是否具有违法性的判断才是根本和唯一的。一方面,考察手段与目的的关联的前提是目的不具有违法性,即考察目的的违法性是进行关联考察的前提。另一方面,目的不具有违法性则意味着行为人不具有非法占有目的,因此即便成立胁迫,也不再有通过敲诈勒索罪加以规制的可能,此时再考察手段与目的的关联也不再有刑法评价的意义。简而言之,对于胁迫的判断必须落到主观目的的考察上,而与敲诈勒索罪相关的主观目的便是非法占有目的。

Ⅱ 主观目的的判断重心在于"非法"

财产犯罪中的非法占有目的并不具有一个统一的内涵。具言之,盗窃罪等针对个别财产的犯罪以及敲诈勒索罪等针对整体财产的犯罪,它们非法占有目的的内涵是不同的。必须分别从其构造设定出发,以物本逻辑为基础,考察主观要素的内涵所指。针对整体财产的犯罪与盗窃罪的最大不同是,刑法评价的重点在于利益的获取而非针对某一个别财物的领得。也就是说,只需要具备使自己利益增加或者不利益减损的意图,就可以认定行为人的"所有"

---

[10] 若民法与刑法规范的保护目的整体一致,则刑法原则上从属于民法。参见于改之:《法域协调视角下规范保护目的理论之重构》,载《中国法学》2021年第2期。

[11] 参见胡长清:《中国民法总论》,中国政法大学出版社1997年版,第253-254页;刘德宽:《民法总则》(增订4版),中国政法大学出版社2006年版,第238页。

[12] 参见[德]卡尔·拉伦茨:《德国民法通论》(下册),王晓晔等译,法律出版社2003年版,第547-548页;朱广新:《合同法总则》(第2版),中国人民大学出版社2012年版,第256页。

(bereicherung)意思(占有目的)。[13]

在知假买假索赔的场合,对于非法占有目的中“所有”的意思(占有目的),在认定时并不会存在任何障碍。毕竟如上文所述,逐利性是打假人的根本特性,使自己利益增加的意图并不难认定。因此,判断的重点其实在“非法”上。

Ⅲ “非法”指的是所追求利益的违法性

那么,“非法”究竟指的是什么呢?通说主张,“非法”指的是,“占有目的在法的评价的视角具有非法性”[14]。不过,对于体现占有目的之非法的内容,即评价对象是否包括行为手段,学界尚存争议。

肯定说认为,“非法”的判断对象不限于行为人意欲造成的财产状态,还应包括实现财产状态所使用的手段。未遵守法律规定的程序、采用法律不允许的手段非法获取财产利益的,均属“非法”。[15] 否定说则主张,占有目的只能体现为行为人意欲造成的财产状态,只要行为人意欲造成的财产状态符合法规范所确立的财产秩序,在规范上就不能将占有目的评价为“非法”。[16]

肯定说有以下两点不足。其一,认为未遵守法律规定的程序、采用法律不允许的手段非法获取财产利益,均属“非法”,会倒向不合理的形式的财产秩序说(formale eigentumsordnungslehre)。该说强调,在交付或者法院作出交付的判决前,应当尊重被害人的财产权。即便存在债权债务等法律关系,所有权人的地位依然是受到法律秩序所保护的。行为人基于到期、无异议的权利而非法取得他人财物时,同样造成了财产损失,可以构成相关的财产犯罪。[17]

---

〔13〕 Vgl. Kindhäuser/Neumann/Paeffgen, Strafgesetzbuch Besonderer Teil, 5. Aufl. 2017, §253. Rn35.

〔14〕 于改之:《自力实现债权行为的刑法教义学分析——以我国〈刑法〉第238条第3款的性质为基础》,载《政治与法律》2017年第11期。

〔15〕 参见黄冬生:《行使财产权行为的刑法评价问题》,载廖益新主编:《厦门大学法律评论》第9辑,厦门大学出版社2005年版,第289页;武良军:《暴力、胁迫行使债权行为的刑法评价——以司法案例为中心展开分析》,载《政治与法律》2011年第10期。

〔16〕 参见张明楷:《论财产罪的非法占有目的》,载《法商研究》2005年第5期;王钢:《不法原因给付对于认定财产犯罪的影响——立足于财产概念与“非法”占有的考察》,载《法学家》2017年第3期。

〔17〕 Vgl. Hirsch JZ 1963, 149 ff.; Kohlrausch/Lange §242 Bem. Ⅲ2d; Sauer System des Strafrechts, BT, 1954, S. 37; Welzel §47 3; RGSt 25, S. 172.

而这并不妥当。[18] 其二,肯定说与实定法相冲突。从实定法规定来看,债权人采取非法手段实现债权的,不会被认定为财产犯罪。例如,《刑法修正案(十一)》新增的催收非法债务罪之所以没有被置于财产犯罪中,就是考虑到行为人与被害人之间存在某种债权债务关系。正是基于此种关系,即便行为人的索财手段违反了实定法的规定,也难以认定行为人具有“非法占有目的”。再如,《最高人民法院关于审理抢劫、抢夺刑事案件适用法律若干问题的意见》也体现了这一点,其第 7 条规定,“抢劫赌资、犯罪所得的赃款赃物的,以抢劫罪定罪,但行为人仅以其所输赌资或所赢赌资为抢劫对象,一般不以抢劫罪定罪处罚”。由此可以发现,只要存在债权债务关系,即便手段非法,也难以认定相关财产犯罪的成立。也就是说,实定法并未认可,在手段具有非法性的情况下能够直接认定目的的“非法”。

否定说将行为手段排除在“非法”的评价范畴外,具有一定的合理性。但是,将行为人意欲造成的财产状态作为“非法”的评价对象,值得商榷。

一方面,一般来说,财产状态与占有紧密相关,这会使得这种观点很难被适用于敲诈勒索罪等行为对象可以为财产性利益的犯罪中。之所以会强调财产状态,是因为在否定论者看来,占有在某些情况下具有要保护性。对此,其指出,意欲造成的财产状态是否符合财产秩序,还须考虑刑事法律和其他法律规范对于财产秩序的规制,“所有权人擅自将国家机关管理下的自己财物窃回的,也同样应肯定其具有‘非法’占有目的”[19]。由此带来的问题便是,如何将此种观点贯彻至针对财产性利益的敲诈勒索罪等财产犯罪中。毕竟对于财产性利益而言,是很难承认存在一种占有状态的。[20] 另一方面,且不论在判断盗窃罪等犯罪时,这种观点所得出的结论是否合理,在判断针对整体财产的诈骗罪、敲诈勒索罪时适用此种观点,财产损失及不法所有的判断必将流于形式。需要注意的是,占有作为一种秩序、状态,其不反映任何财产价值,另外,其本身也必须依附于本权而存在,不能对抗本权。非法获取财物虽然破坏了为秩序所强调的占有状态,但是这种占有状态与所有权相比不值一提。不能认为,对占有的破坏导致了实际的财产损失;也不应认为,对占有的破坏体现了占有目的的“非法”。

---

〔18〕 Vgl. Thomas Hillenkamp, 40 Problem aus dem Strafrecht Besonderer Teil, 12. Aufl., 2013. S. 112.

〔19〕 王钢:《不法原因给付对于认定财产犯罪的影响——立足于财产概念与“非法”占有的考察》,载《法学家》2017 年第 3 期。

〔20〕 参见马寅翔:《限缩与扩张:财产性利益盗窃与诈骗的界分之道》,载《法学》2018 年第 3 期。

其实,对于敲诈勒索罪而言,行为人主观意图所指向的利益就是"非法"的评价对象。其一,如上文所述,"非法"修饰的是"所有"意思(占有目的),而所有意思统摄的对象正是行为人所追求的利益。因此,从语义角度来看,非法就是对所追求利益的性质的评价。其二,此种理解可以在类似的教义学语境下得到印证。在德国,同样是将敲诈勒索罪理解为针对整体财产的犯罪。在此类犯罪中,与"非法占有目的"中"非法"相关的既不是财产状态也不是对于某一财物的排除或利用(领得),而是行为人所意欲的财产利益,"非法"指的是"获利的违法性"(rechtswidrigkeit der bereicherung)〔21〕。而"获利的违法性"在客观上就体现为行为人"所追求利益的违法性"(rechtswidrigkeitdes erstrebten vorteils)〔22〕。其与"所追求利益的违法性"之间,是一体两面的关系。这也就意味着,在判断"非法占有目的"时,应当关注的并非行为人所意欲的财产状态,而是从客观上看,其所追求的利益是否具有违法性。

Ⅳ 具体判断规则

所追求的利益是否具有违法性,并不取决于利益本身是不是无争议的或者是否被法院判处强制执行,而在于其是否符合实质的法律状态(rechtslage)。〔23〕是否符合实质的法律状态,涉及法域冲突问题,需要根据法秩序统一性原则加以判断。为此,应当坚持"相对从属性说"的立场,以规范保护目的为切入点,判断刑法何时独立、何时从属。〔24〕因此,就知假买假索赔而言,刑法与经济法的规范保护目的及二者之间的关系,是"非法"的判断根据。

一般认为,刑法中的财产犯罪,其规范目的在于保护公私财产权;而知假买假索赔的经济法基础为惩罚性赔偿制度。该制度目标在于激励原告起诉、遏制违法经营行为、净化市场环境。通过比较,不难发现,就具体的规范保护目的而言,二者是存在差异的:前者注重对个体权益之保障,后者强调对社会秩序之维持;前者关注的是与人之自由发展相关的要素,后者关切的是与人之安全保障相关的要素。由于刑法与经济法的具体规范保护目的并不一致,不能简单地得出刑法从属于经济法的结论,基于惩罚性赔偿制度而否定"非法"的存在。为此,还需要进一步思考,财产犯罪之规定与惩罚性赔偿制度之间是

---

〔21〕 Vgl. Schönke/Schröder, Strafgesetzbuch Besonderer Teil,30. Aufl. 2019, § 253. Rn. 19.

〔22〕 Vgl. BGH: Erpressung – Rechtswidrigkeit der erstrebten Bereicherung(NStZ2011, 519); Vgl. Schönke/Schröder, Strafgesetzbuch Besonderer Teil,30. Aufl. 2019, § 253. Rn. 19.

〔23〕 Vgl. Wittig: Die Absicht der rechtswidrigen Bereicherung(JA 2013, 403).

〔24〕 参见于改之:《法域冲突的排除:立场、规则与适用》,载《中国法学》2018 年第 4 期。

否具有共同的上位法规范目标。如果能够肯定共同的上位法规范目标的存在,且当惩罚性赔偿制度作为手段,更有助于上位法规范目的的实现时,则应当肯定刑法的从属性。[25]

就财产犯罪而言,其上位法规范目标在于,“保护个人生存与自由所依赖的物质条件”[26]。构建惩罚性赔偿制度虽然是为了净化市场环境、维护市场秩序,但若基于法秩序的基本构造,考虑“目的—手段”关系,将其作为手段来看待,其上一层目的其实也在于防止个人的生存、自由受到不良、劣质产品的影响,保障个人生存与自由所依赖的条件。因此,可以认为,二者具有共同的上位法规范目标。接下来需要考察的是,惩罚性赔偿制度作为手段是否更有助于实现上位法规范目标,即各种知假买假索赔行为是否有助于实现共同的上位法规范目标。

1. 针对伪劣产品的打假索赔不应以犯罪论处。在伪劣产品型打假索赔中,相较于普通打假及食药领域的职业打假,普通消费领域的职业打假是否有助于上位法规范目的之实现最有待分析。这主要是因为较普通打假而言,普通消费领域的职业打假可能会占用大量的司法、行政资源,同时,其对于消费者权益的保护也不及食药领域的职业打假行为一般有力。也正因如此,只要能够证明普通消费领域的职业打假更有助于上位法规范目的之实现,其他两类行为自然不应被认定为犯罪。

基于以下原因,可以认为,针对普通消费领域的职业打假贯彻惩罚性赔偿制度,将极其有助于个人生存、自由的保障,惩罚性赔偿对于经营者的财产权的损害能够被容忍:其一,这些产品本身质量有问题,有造成不特定多数人人身、财产损害的高度风险。其二,此类产品缺陷的隐秘程度较高,非经专门检验很难发现其质量问题,揭露、维权成本高,被揭发的可能性小,频繁出现而流入消费者手中进而造成人身、财产损害的可能性较大。其三,这些产品的生产、销售成本更低,有可能挤压正常的、符合标准的产品的潜在市场空间,造成“劣币驱逐良币”的情况,进一步恶化消费环境。其四,即便基于对规范、条文的滥用,职业打假、索赔可能会占用大量的司法、行政资源,但是,考虑到其对于伪劣产品泛滥的制止效益同样也被相应地放大、扩大,在此范围内的索赔其实都可以通过相当性的检验。因此,在这种情况下,刑法对于所追求利益的违法性的判断应当从属于经济法。

---

〔25〕 参见于改之:《法域协调视角下规范保护目的理论之重构》,载《中国法学》2021年第2期。
〔26〕 谢立斌:《论宪法财产权的保护范围》,载《中国法学》2014年第4期。

2. 针对“假冒产品”[27]索赔，应以其“不实陈述”的程度[28]为依据加以判断。由于“不实陈述”强调的是，经营者刻意掩盖或者捏造商品、服务信息，使得消费者在决策时可能受到这些信息的实质性影响进而作出错误判断。也就是说，仅仅是“不实陈述”，虽然可能使消费者的知情权等权益遭受损害，但因为产品本身质量不存在问题，并不必然危及不特定多数人的人身、财产安全。此时，不应一概认为，惩罚性赔偿对于经营者财产权的损害能够被接受，而需要视“不实陈述”的情况而定。如果是严重的“不实陈述”，考虑到此类虚假的、具有误导性的信息极大限度地提升了经营者欺诈行为的成功率，使“不实陈述”的经营者获得了相对于合法经营者的竞争优势，这种优势既会影响合法经营者的产品销售，还易导致“不实陈述”的风气蔓延，这些都对市场秩序造成了严重的负面影响。最终，将严重妨碍消费者的自由发展。因此，此种情况下，可以认为，惩罚性赔偿制度的收益大于损害，刑法判断从属于经济法。

但如果仅仅是轻微的“不实陈述”，由于其往往表现为标识或说明的不规范，对消费者自由决策的影响不大，对市场秩序的影响也较轻，适用惩罚性赔偿对防止个人的生存、自由受到不良产品的影响的意义十分有限。因此，其对经营者财产权的损害就难以被接受，刑法对于“所追求的利益的违法性”的判断具有独立性，应当肯定“非法”的成立。

对于“假冒产品”，这样一种处理方案与当前的政策倾向也是相吻合的。例如，上海市司法局、上海市市场监督管理局、上海市应急管理局联合发布的《市场轻微违法违规经营行为免罚清单》规定，部分广告领域情节轻微的虚假宣传行为，在一定条件下可以免除行政处罚。在这些场合，虽然经营者有可能被界定为实施了欺诈行为，但是，因为消费者要么很容易就能注意到此类问题，要么不会在意这些不规范的表述。因此，对于此种行为，其实并不具有行政惩罚、制裁的必要。一般认为，惩罚性赔偿制度是对行政规制失灵的回应，是私法主体实现公法目的的制度载体。在缺乏行政规制必要性的情况下，自然也就失去了贯彻惩罚性赔偿制度的意义，也难言贯彻这一制度更有助于上

---

[27] 此处在广义上使用“假冒产品”这一概念，不仅指假冒注册商标的产品，只要是涉嫌“不实陈述”的产品，即为假冒产品。

[28] “不实陈述”的程度属于一种规范评价，与个案中行为人是否真的陷入错误无关，涉及的是经营者偏离规范要求所导致的消费者形成错误认识的可能性。无论个案中消费者是否产生错误认识，只要行为人偏离某一规范的要求，而此种要求对于确保消费者形成正确认识非常重要，或是规范期待一个理性的消费者去关注这点，并以此调整其选择产品的动机，那么就可以认为“不实陈述”的程度高。

位法规范目标之实现。

另外,对于针对“假冒产品”的职业打假行为,“假冒产品”陈述“不实”程度的要求要比普通打假高。这主要是考虑如果商品、服务中陈述的“不实”程度不够高,此时惩罚性赔偿制度防止个人生存、自由受到不良产品的影响的意义较为有限,但其所导致的对经营者的财产权的威胁较大,对社会资源的浪费也极为严重,收益远低于成本。反之,在食药领域,对于“假冒产品”的陈述“不实”程度的要求则应比普通打假低。除非包装标识的欠缺、陈述的瑕疵使得消费者作出错误决策的可能微乎其微,绝不会导致食品、药品安全问题,否则,就应当肯定刑法判断的从属性。这主要是因为在食品、药品领域,特别是近年来我国此领域的事故频繁发生,民众对于食品、药品领域市场安全的维护失去信心。为了惩罚企业为牟取暴利违规生产销售,为了重铸民众对于食药安全的信赖,构建安全和令人安心的食品、药品市场,保障国民生存与自由所依赖的物质条件,非常有必要适用惩罚性赔偿制度。另外,食品、药品与人身安全密切相关,有时即便是较为轻微的“不实陈述”,也有可能使消费者因此错误服用、食用,从而危及其人身安全。

(邹宏建)

关某故意毁坏财物案

故意毁坏财物罪中“毁坏”行为的认定

■ 案情介绍

关某曾在位于本市朝阳区的某基金管理（北京）有限公司（以下简称某公司）工作，其于2017年1月中旬从公司离职，与公司存在劳资纠纷。2017年1月24日，关某在其家中利用其在某公司任职时掌握的账户密码私自进行操作，以110.91元的成交价从公司某基金账户购入某股票17,900股，从公司托管的某股票账户购入某股票27,900股。因临近春节股市即将停盘，且购买股票的部分钱款需要在次月初给客户兑付，某公司为了止损，于同年1月25日将上述股票以105元的成交价抛售，造成该公司人民币27.0678万元的经济损失。一审法院审理查明后认为，被告人关某为使公司财物受损，私自操作公司账户购买股票，造成公司经济损失，数额巨大，其行为已构成故意毁坏财物罪，判处有期徒刑3年，缓刑3年。[1]

■ 理论争议

故意毁坏财物行为应当如何认定，理论上存在较大争议。总体而言，存在以下三种观点：

第一，物质毁坏说。认为毁损行为应当是对财物的整体或部分造成物质性破坏或损坏，使该种财物完全不能或部分不能发挥本来的效用。依此观点，本案被告人关某并没有对具体财物造成物质破坏，因而不构成故意毁坏财物罪。

第二，有形侵害说。认为毁损行为应当是通过对财物施加有形作用力，从而损害物体的完整性或使财物价值、效用受损的行为。依此观点，本案中关某同样不构成故意毁坏财物罪。

---

〔1〕 案例来源：北京市朝阳区人民法院刑事判决书，(2017)京0105刑初2219号。

第三,效用侵害说。认为毁损行为是指损害财物的效用的一切行为。该说的核心是把效用的丧失或减损等同于对财物的"毁损"。其内部又分为两种不同的观点:一般的效用侵害说认为,只要侵害财物的一般效用,就构成对财物"毁损";本来的用法侵害说认为,只有造成财物的全部或部分损害,并使之处于不能按其本来的用法使用的状态,才能视为"毁损"。根据效用侵害说,本案被告人关某出于使公司财物价值减损,成立故意毁坏财物罪。

■ 法理分析

从认定标准来看,上述三种主张分别坚持"物理损害""物理损害＋效用损害""效用损害"标准。从刑事处罚范围来看,三种主张依序呈现由窄到宽的特征。由此可见,上述争议焦点在于,故意毁坏财物罪中的"毁坏"行为应当由行为方式本身决定还是应当由结果决定,易言之,"毁坏"行为的对象应是财物有形的物质性还是财物抽象的价值性。争议背后反映的实质是如何发挥立法条文所表述的"毁坏"一词的实行行为定型性功能的问题。

"物质毁坏说"将"毁坏"行为限定于对财物物理性的破坏,关注手段是否导致财物毁损、致其难以恢复原状而不能发挥原有功效。该说对本罪处罚范围作出了最大努力的限缩解释,遵循了罪刑法定原则。但缺陷在于过于缩小了处罚范围,难以评价诸多具有刑事可罚性的危害行为。"有形的侵害说"在该问题上持相似立场。其缺陷在于,对"有形侵害作用"的判断标准较为模糊。例如,对财物的隐匿行为是否施加了有形力,持该论者内部便存在肯定与否定两种回答。这导致了该说司法实践可操作性差,容易造成同案不同判的现象。

应该说,两种观点对"毁坏"的限定是从"财物"一词的平义解释得出的结论,即认为"财物"指的是钱财和物资。但正如黑格尔所言,法律绝非一成不变的,相反地,正如天空和海洋因风浪而起变化一样,法律也因情况和时运而变化。〔2〕 我国现行司法实践和理论上对财物一般也采取广义概念,既包括有体物,也包括无体物,即财物不仅限于狭义的财物,还应包括财产性利益。例如,《刑法》第92条规定私人所有财产包括财物和财产性利益,第265条及相

〔2〕 参见[德]黑格尔:《法哲学原理》,范扬、张企泰译,商务印书馆1979年版,第7页。

关司法解释[3]也表明盗窃罪的对象可以是财产性利益。因此,故意毁坏财物罪中的"财物"没有理由仅限于狭义的财物。根据本案案情,行为人关某使用公司托管账户购买股票,其对账户资金并无非法占有目的,其行为也并无对财物的利用意思,因而不成立取得型财产犯罪,如果不承认"毁坏"行为的对象包含财产性利益,则必然导致处罚上的失衡。在此基础上,前述两种观点主张的"物质性"和"有形性"使其难以有效发挥"毁坏"这一实行行为的入罪功能。得出的结论是,"物质毁坏说"及"有形侵害说"在概念上仍过于狭窄,在我国并不存在适用的空间。

与之相反,"效用侵害说"则是目前主张中对"毁坏"所作的最广义解释。其不考虑对行为方式的限制,而是着眼于财物受影响的结果,将财物效用(包括物理和心理上的效用)丧失或减少的所有行为都认定为"毁坏"行为。除本案情形外,另如将戒指抛入大海、开闸放鱼、在他人宅基地上搭建房屋致使他人未能建房、放飞笼中鸟等非常情形均属于"毁坏他人财物"。这种认识被学者诟病为具有结果论的效应,被批评超出了"毁坏"的文义射程范围,过度扩张了本罪的成立范围,有违罪刑法定原则之嫌。

有学者指出,按照效用侵害说,就会导致故意毁坏财物罪演变成为故意使他人财产受损失罪,使"毁坏"的实行行为定型性荡然无存,这是一种以结果倒推行为的逻辑方法,如果不加以限制,就会得出错误结论。于是提出以"破坏性"特征限制本罪的认定范围,"采取毁坏财物的方法使财物的价值降低或丧失才是毁坏财物罪的本质特征"。[4] 笔者部分赞同上述论断,如果不结合"破坏性"特征,完全以结果倒推行为,就正如效用侵害说一样,容易不当扩张处罚范围。与此同时,我们也不能否定结果对行为认定的重要性,仅凭"破坏性"本身无法实现界定功能,需要结合危害结果等因素进行综合考察。正如《刑法》第232条故意杀人罪中的"杀人"行为、第234条故意伤害罪中的"伤害"行为,《刑法》条文中类似的简单罪状是否能够发挥实行行为的定型性功能是存在疑问的。我们只能根据行为人的主观方面及所保护的法益是否遭受

---

〔3〕《刑法》第265条规定,以牟利为目的,盗接他人通信线路、复制他人电信码号或者明知是盗接、复制的电信设备、设施而使用的,依照本法第二百六十四条的规定定罪处罚。2000年最高人民法院《关于审理扰乱电信市场管理秩序案件具体应用法律若干问题的解释》第8条规定,盗用他人公共信息网络上网账号、密码上网,造成他人电信资费损失数额较大的……以盗窃罪定罪处罚。类似规定参见2013年最高人民法院、最高人民检察院《关于办理盗窃刑事案件适用法律若干问题的解释》第4条。

〔4〕陈兴良:《形式解释论的再宣示》,载《中国法学》2010年第4期。

侵害等因素进行具体综合的分析,判断其是否实施了相应的实行行为。具体到故意毁坏财物罪中,其保护的法益是公私财物,应当紧紧围绕财物本身进行判断,而不宜将其扩大至“造成财产损失”。此外,在表述上,我们不得不进一步追问的是,毁坏财物的方法究竟指什么?抛弃、藏匿是否具有“破坏性”?对此论者并没有回答。用“毁坏财物的方法”来解释“毁坏”一词,也存在循环论证之嫌。

为了回答上述问题,就需要从“毁坏”这一表述本身的含义出发展开分析。根据文字语义,“毁坏”包含了“毁灭”“损坏”“破坏”之意,语词本身就暗含了造成他人财物损失之结果,如果没有这种价值判断,我们根本无从得知其真实含义。在此认识的基础上,我们可以得出两点认识:

其一,“毁坏”的实行行为定型性应当综合判断。例如,我国《刑法》第259条中的破坏军婚罪、第276条破坏生产经营罪、第315条破坏监管秩序罪等均在抽象层面上使用了“破坏”一词。以破坏生产经营罪为例,条文虽然仅列举了“毁坏机器设备、残害耕畜”的行为,但“其他方法”的兜底性规定也表明,只要实施了同列举行为相同程度的破坏行为,同样构成该罪。这种行为则不一定通过物理上的损害方式实施,如尹某菊破坏生产经营案〔5〕表明,司法实践中对“破坏”认识也并不局限于物质上的损害或施加有形力。因此,在肯定故意毁坏财物罪中的“毁坏”一词应限定于“破坏性”特征的同时,也应当承认,该特征完全可能在物质层面和抽象层面上得以体现。申言之,难以仅凭“毁坏”一词的语义本身对实行行为进行限定,而应当进行综合审视。

其二,“毁坏”行为可以包括抛弃、藏匿等方式。如前所述,“毁坏”一词本身具有抽象性,即难以准确地指向某一个具体动作,该语词本身就带有价值判断。“毁坏”行为可以呈现不同的内涵。正如用刀刺狗的行为,刺是一个明确的动作,我们可以将之归纳为伤害狗或者杀狗的行为。就权利人的财物角度

〔5〕 该案基本案情:2013年,重庆市开县实施高桥镇齐力村B井场天然气开发建设工程,按规定拆迁了尹某菊房屋。2013年至2015年,尹某菊夫妇以蜂桶没有得到补偿等为由,在施工现场的挖掘机前多次堵工。尹某菊以此方式前后累计堵工达28余天,造成挖掘机停工损失28,000余元。重庆市开县人民法院经审理后认为,虽然我国刑法并未对破坏生产经营罪的其他破坏方法进行明确,但根据汉语意思,破坏具有多层含义,其既有摧毁、毁坏等暴力有形破坏之意,也包括扰乱、妨害之意。且从本质上来看,破坏生产经营罪的核心要义就在于对生产经营产生重大不利影响,无论是暴力破坏还是非暴力破坏,当对生产经营产生重大不利影响时,其法益侵害并无二致,故妨害他人生产经营的行为完全符合破坏生产经营罪的构成要件。据此,开县法院判决被告人尹某菊犯破坏生产经营罪,判处拘役3个月,缓刑3个月。一审判决后,被告人未上诉,人民检察院也未抗诉,判决已生效。

而言,我们还可以进一步将之抽象为“毁坏”他人财物的行为;另如,遗弃行为也可以被评价为(不作为)故意杀人的实行行为,对此必然不存在疑问。既然如此,在某些情形下,抛弃、藏匿等具体行为同样可以被解释为“毁坏”,如将财物抛入大海、藏入沙漠地带等。由于并非同一位阶上的表述,并不存在语义矛盾和超出文义射程之嫌。

综上所述,笔者主张对“毁坏”行为的认定应在效用侵害说的基础上,通过“破坏性”特征对其适用范围进行限缩以实现有效打击。所谓“破坏性”特征,归根结底,就是行为造成了财物的实质利用影响。这里的“实质”包含了双重含义:一是核心效用在价值层面的永久性发挥影响。如砸毁汽车、毁坏电脑硬盘、在建筑物上张贴广告或涂鸦等行为并未破坏建筑物的核心效用,因而不能认定为“毁坏”;又如,对字画等美术品的涂抹,如果恢复难度较小或代价远低于财物价值,则不应被视为“毁坏”。反之,若恢复难度较大或所需代价在财物本身价值之上,则属于价值层面的永久性发挥影响。“永久性”非仅指现实意义的财物完全无法复原,还包括依托价值进行判断的内容。即便在付出极高代价后,事后能够修复,但在价值层面也足以被认定为“毁坏”。正如在房屋推倒后的残垣上重建一座相同的房屋,不能因能够重建的考量而否定对之前房屋遭受“毁坏”的认定。二是在造成财产损失的价值判断上,应当是相对于财物本身而言的直接损失,而非所造成的间接财产损失。在越发精细化、智能化的现实生产生活中,往往某一零件的缺失便会导致整体无法运作。例如,拆除工厂机器的传送链使其无法运转,造成巨大损失。即便由于停工给工厂带来了数额巨大的损失,但对工厂机器而言只是部件的轻微损失,此时便不能认定为“毁坏”,只能以破坏生产经营罪定罪处罚。又如,将汽车钥匙藏匿在草丛中,尽管汽车无法使用,但不存在修复可能性的问题,在价值层面也不具有永久性特征,事实上对汽车也没有造成值得刑法评价的直接损失,显然不构成犯罪。

在此,可以通过上述疑难类型对结论进行检视。在他人宅基地搭建房屋致使他人无法建房的行为,侵犯了土地的使用权,虽然致使土地的效用发挥受影响,但不具有价值层面的永久性,甚至土地并未遭受破坏,权利人所受损失只限于未能建房的间接损失,完全可以通过民事和行政诉讼的方式得以解决,不宜认定为刑法上的“毁坏”行为。在开闸放鱼、放飞笼中鸟的情形中,其核心效用已然无法实现,且恢复几乎不存在可能性,造成了财物的直接损失,可以认定为价值层面的永久性发挥影响,因而可以认定为“毁坏”行为;将戒指抛入大海的情形同样如是,但如果将戒指抛入固定的池塘,由于戒指本身并未遭到毁损,能够轻易找回,且恢复难度较小或代价远低于戒指价值本身,则不应认定为“毁坏”行为。

回到本文开头的案件来看,在肯定了本罪财物包含财产性利益的前提下,需要问答的问题是,关某高买低卖股票的行为是否属于“毁坏”行为。根据上述结论,笔者持肯定回答:其一,关某在主观故意支配下实施的造成财产性利益减损的行为与其他财产犯罪所造成的危害是一致的。如果否认其并非“毁坏”行为,则排除了刑法规制的可能性而进入民事侵权的范畴,这显然是不妥当的。其二,对于财产性利益这一无形物而言,不可能通过有形作用或影响使其损毁,而只能通过剥夺权利人占有的方式实施。关某导致财产性利益损失具有双重属性,既破坏了其核心效用,又造成了价值上的永久性恢复影响,且该损失属于直接损失。因此,关某的行为就是典型的抽象性“毁坏”行为,构成故意毁坏财物罪。需要指出的是,我们有必要排除事后救济的思维对事前判断的影响,不能把对财物的恢复与补偿相混淆。刑法关注行为本身,即便行为造成的损害能够全部或部分得到补偿,但行为本身仍然具有刑事处罚的必要性。因此,不应认为这种财产损害可以得以补偿而认为不具有刑法规制的必要性,否则我国《刑法》规定的许多犯罪均不再具有规制的必要。

(旷银)

熊某袭警案

"辅警"可否解释为"人民警察"

案情介绍

2021年1月23日凌晨1时许，熊某因酒后在公共场所闹事被营山县公安局绥安派出所民警依法传唤至派出所执法办案区。3时27分许，熊某在执法办案区候问室等候接受讯问时，挣脱手铐从候问室出来卡住看守她的辅警吴某的脖子，造成吴某脖子受伤。经鉴定，吴某之损伤程度属于轻微伤。另查明，辅警吴某系在绥安派出所副所长王某宇的安排下与其他民警从事核查与看守工作。熊某被现场抓获，到案后如实供述自己的罪行。公诉机关认为，熊某以暴力的方式阻碍人民警察依法执行职务，其行为应以袭警罪追究刑事责任，建议对熊某判处有期徒刑6个月。法院审理认为，被告人熊某暴力袭击正在依法执行职务的人民警察，侵犯国家机关公务活动，其行为构成袭警罪，应予依法惩处，被告人熊某如实供述自己的罪行，愿意接受处罚，对其可以从轻处罚。法院认定被告人熊某犯袭警罪，判处有期徒刑6个月。[1]

理论争议

本案中对于被告人袭击辅警吴某的行为是否构成袭警罪，即是否可以将辅警解释为"警察"存在以下争议：

第一种观点身份论认为，以刑法的当然解释原理为依据，将辅警解释为警察的做法既超出刑法用语含义，也有违社会大众普遍认知。[2]

第二种观点职务论认为，暴力袭警条款意在保护警察的职务活动而不是警察的身份，警察范围应当包括在日常警务活动中受委托协助执行职务的

---

〔1〕 案例来源：四川省营山县人民法院刑事判决书，(2021)川1322刑初73号。

〔2〕 参见邢小兵、衣艳梅、李德胜：《暴力袭击辅警应否从重处罚》，载《中国检察官》2019年第16期。

辅警。[3]

第三种观点区分论认为,要区分辅警与民警是否一起执法,人民警察不包括辅警,但是辅警配合民警依法执行职务,两者属于执法共同体,暴力袭击辅警妨害了人民警察的职务行为,成立袭警罪。此时若不将辅警视为人民警察,则暴力袭击民警和辅警的分别成立袭警罪和妨害公务罪,这对民警和辅警执法的保护不平等,而且使罪数关系变得复杂。[4]

■ 法理分析

《刑法修正案(十一)》新增袭警罪,在袭警行为单独列罪的背景下,我们需要讨论以下问题:第一,"人民警察"的界定标准是什么,应当着重看身份、还是强调职务?第二,根据目前界定标准,依法辅助民警执法的辅警能否被解释进"人民警察"的范畴?若警察未亲自到场,经过警察授权辅助执法的辅警可否被解释进"人民警察"的范畴?也即在警察在场情况下只袭击辅警的行为或者警察未在场情况下袭击辅警的行为该如何定性,二者是否存在不同?

若要回答上述问题,首先应探讨袭警罪的保护法益。关于袭警罪的保护法益,理论和实务界存在不同理解。有的人认为,本罪保护法益是人民警察的公务活动和人身安全(或人身权利)。[5] 有的表述为:"袭警罪的犯罪客体是复杂客体,包括国家正常管理秩序和人民警察的人身权益。"[6]虽然有的观点认为,袭警罪的保护法益包括人民警察的人身权益,但从袭警罪的法条表述来看,本罪非常强调人民警察"正在依法执行职务"。因此,"本罪并不是单纯地对正在执行职务的人民警察实施暴力,而是指通过暴力袭警妨碍警察正在执行的职务"。[7] 因此,本罪的保护法益侧重于人民警察的公务而非人民警察自身。以此为指导,本文对上述几种观点进行分析:

第一种观点身份论认为,根据《人民警察法》的规定,人民警察包括公安机关、国家安全机关、监狱、劳动教养管理机关的人民警察和人民法院、人民检察院的司法警察。按照《人民警察法》的规定,人民警察具有特定含义和明确

---

〔3〕 参见王展:《暴力袭警问题的刑法学思考》,载《刑法论丛》2019 年第 2 期。

〔4〕 参见李翔:《袭警罪的立法评析与司法适用》,载《上海政法学院学报》2021 年第 3 期。

〔5〕 参见赵秉志主编:《〈刑法修正案(十一)〉理解与适用》,中国人民大学出版社 2021 年版,第 249 页。

〔6〕 杨万明主编:《〈刑法修正案(十一)〉条文及配套〈罪名补充规定(七)〉理解与适用》,人民法院出版社 2021 年版,第 277 页。

〔7〕 张明楷:《刑法学》(第 6 版),法律出版社 2021 年版,第 1355 页。

范围,不包括辅警在内。2016年11月《关于规范公安机关警务辅助人员管理工作的意见》(以下简称2016年《辅警意见》)第3条规定:“本办法所称警务辅助人员,是指依法招聘并由公安机关管理使用,履行本办法所规定职责和劳动合同约定的不具有人民警察身份的人员,主要包括文职、辅警两类从事警务辅助工作的人员。”因此,持该说的学者认为,在《人民警察法》和2016年《辅警意见》明确规定的情况下,若将辅警解释为“人民警察”有违罪刑法定原则。按照这种观点,无论警察是否在场,经过警察授权依法辅助民警执法的辅警不能被解释进“人民警察”的范畴。该观点对“人民警察”进行严格限制解释,但未必符合我国司法实务重职责而非身份的一贯做法。如2000年4月24日最高人民检察院《关于以暴力威胁方法阻碍事业编制人员依法执行行政执法职务是否可对侵害人以妨害公务罪论处的批复》,将“国家机关中受委托从事行政执法活动的事业编制人员”视同“国家机关工作人员”身份。2000年10月9日最高人民检察院《关于合同制民警能否成为玩忽职守罪主体问题的批复》、2001年3月2日最高人民检察院《关于工人等非监管机关在编监管人员私放在押人员行为和失职致使在押人员脱逃行为适用法律问题的解释》也有类似规定。

第二种观点职务论认为,在国家监察体制改革持续深化的背景下,辅警因从事辅助警务工作而成为行使公权力的公职人员,在监察活动中,辅警和警察都属于行使公权力即警察权的公职人员,均被纳入监察机关的监察范围,顺应国家监察全面覆盖的改革趋向,辅警虽不具有公职(警察身份),但在实践中辅助警察行使执法权力,而国家监察体制改革不再延续“身份说”,而是改用“行使公权力说”,即只要行使公权力的人就是公职人员。[8] 按照这种观点,本罪的人民警察不限于身份,而看是否被授权执行人民警察的职务。但2016年《辅警意见》第4条规定:“警务辅助人员不具备执法主体资格,不能直接参与公安执法工作,应当在公安民警的指挥和监督下开展辅助性工作。”因此,在辅警不是警察的立法框架中,如果不区分情况,一律将袭击辅警的行为认定为袭警罪,明显忽视了辅警与警察之间职权配置规则的不同及其现状,不具有合理性。

第三种观点区分论认为,在人民警察与辅警混合执法的场合下,辅警的行为是依附于人民警察的执法行为的,此时辅警的行为应视为“人民警察”执法行为的延伸。换句话说,辅警的行为与警察执法行为具有一体化的特质,辅警

〔8〕 参见马怀德主编:《监察法学》,人民出版社2019年版,第141页。

配合民警一起执行职务时,暴力袭击辅警虽然直接作用于辅警人身,却在事实上妨害了人民警察的公务,侵害了袭警罪的保护客体。此时,不应当然地将辅警排除在袭警罪范围之外,这也并未突破罪刑法定原则。

本文赞同区分论的观点,本罪强调人民警察"正在依法执行职务",本罪的保护法益是人民警察的公务而非人民警察自身。辅警虽然不具有人民警察编制,但当其依附于警察实施执法行为时,就应当对两种不同身份的人进行同一的、整体性的评价。2016 年《辅警意见》第 4 条规定:"警务辅助人员不具备执法主体资格,不能直接参与公安执法工作,应当在公安民警的指挥和监督下开展辅助性工作。"因此,在辅警不是警察的立法框架中,如果袭击辅警构成袭警罪,此时辅警执行的应当是在警察现场带领和指导下产生的公务行为,辅警的行为是依附于人民警察的执法行为的,此时辅警和正在依法执行职务行为的人民警察成为一体。因此,在警察现场带领和指导下,辅警配合民警一起执行职务时,若辅警被暴力袭击,在事实上妨害了人民警察的公务时,可以将辅警包含在袭警罪的范围之内,可以认定被告人构成袭警罪。

有实证研究表明,在警察在场的情况下,被告人仅对辅警实施暴力袭击的案件共 16 起,占比 16.33%,而仅对辅警实施暴力袭击的 16 起案件均被法院判决构成袭警罪。这表明,实践中已有部分司法机关办理辅警因执行职务而受伤案件时,将辅警解释为袭警罪中的"人民警察"。[9]

但本文开头的案件与上述情形存在不同,虽然辅警吴某系在绥安派出所副所长王某宇的安排下与其他民警从事核查与看守工作,但被告人熊某在执法办案区候问室等候接受讯问时,挣脱手铐从候问室出来卡住看守她的辅警吴某的脖子,造成吴某脖子受伤。此时,绥安派出所副所长王某宇并未在场,但法院认定袭击经过警察授权辅助执法的辅警也构成袭警罪。本文认为法院的判决存在问题。2016 年《辅警意见》第 13 条规定,警务辅助人员不得有下列行为:(1)单独执法;(2)玩忽职守,贻误工作;(3)违抗上级命令……这说明辅警不具有单独执法或者以个人名义执法的资格,应当在公安机关及其人民警察的指挥和监督下从事警务辅助工作。因此,辅警只能在公安机关及其人民警察的监督和指导下开展辅助工作,辅警不具有单独执法或者以个人名义执法的资格,而本罪的保护法益是人民警察的公务,在警察并不在现场的情况下,辅警的行为具有独立性而并未依附人民警察的执法行为。本案中法院认为辅警系在警察的指导下从事看守工作,但此种解释显然扩大了人民警察监

---

〔9〕 参见赵恒:《法秩序统一性视野下袭警罪的司法适用》,载《法学》2022 年第 12 期。

督和指导辅警开展辅助工作的含义范围。因此，本文认为，在警察不在场的情况下，不能将辅警解释为袭警罪中的"人民警察"。

（杨海强）

张某某等非法获取计算机信息系统数据案

非法获取计算机信息系统数据罪中“获取”行为的内涵

案情介绍

2019 年 4 月 13 日 22 时 30 分许，张某某、钱某某通过事先预谋，在金华市婺城区与将军路交叉口杰拉网咖内，由钱某某故意借 2 万元人民币给被害人楼某，并让楼某和徐某用指定账号在凤凰山庄游戏里进行充值游戏金币玩游戏，再由张某某通过事先记住徐某游戏账号、密码的方式，在该网吧的其他电脑上登录被害人楼某、徐某的游戏账号并将该游戏账户内的游戏金币 44 × × × 35 两银子（游戏币）盗走进行下分转卖，违法所得为人民币 39,050 元。2019 年 5 月 24 日，经金华市婺城区价格认证中心鉴定，涉案凤凰山庄游戏金币（银子）价值人民币 43,495 元。[1] 2019 年 5 月 7 日，钱某某主动投案，但未如实供述主要犯罪事实；2019 年 5 月 9 日，张某某主动投案，但未如实供述主要犯罪事实。案发后，张某某、钱某某已将违法所得退还给被害人楼某。

理论争议

本案中张某某侵入他人游戏账号窃取虚拟财产的行为在选择适用盗窃罪还是非法获取计算机信息系统数据罪进行定性时存在不同的观点。

第一种观点认为，游戏金币具有财产属性，张某某在已知账号密码的情况下，没有采取任何技术手段对计算机信息系统进行侵入，并盗取游戏币，应当认定为盗窃罪。

第二种观点认为，游戏金币只能用于虚拟服务，不能用于交易，不具有财物的交换属性，不属于财物的范畴。游戏币本质上是电磁记录、电子数据，这种电磁记录、电子数据在刑法上的法律属性是计算机信息系统数据，张某某盗窃游戏金币的行为应当认定为非法获取计算机信息系统数据罪。

---

〔1〕 案例来源：浙江省金华市婺城区人民法院刑事判决书，(2019)浙 0702 刑初 696 号。

第三种观点认为，由于网络游戏中的金币既属于计算机信息系统数据，又具有财物的性质，可以成为盗窃罪的犯罪对象，故张某某盗窃游戏金币的行为同时构成盗窃罪和非法获取计算机信息系统数据罪，应择一重罪处罚。

■ 法理分析

关于本案，其争议在于张某某是构成盗窃罪还是非法获取计算机信息系统数据罪。盗窃罪与非法获取计算机信息系统数据罪在犯罪构成、追诉标准和法定刑幅度等方面均不相同。从犯罪构成层面看，盗窃罪中的"盗窃"，是指违反被害人意志，将他人占有的财物转移为自己或第三者占有。盗窃罪的行为对象，即他人占有的公私财物，包括有体物和无体物以及财产性利益。[2]而非法获取计算机信息系统数据罪中的"获取"是指通过非法侵入方式或者其他技术手段，违反他人意志，获取他人计算机信息系统中存储、处理或者传输的部分数据或者全部数据。该罪的行为对象是在计算机信息系统中存储、处理或者传输的数据。从追诉标准上看，根据2013年4月2日最高人民法院、最高人民检察院《关于办理盗窃刑事案件适用法律若干问题的解释》的规定，盗窃公私财物价值1000元至3000元以上的，应当认定为"数额较大"。而根据最高人民法院、最高人民检察院《关于办理危害计算机信息系统安全刑事案件应用法律若干问题的解释》第1条，非法获取计算机信息系统数据，违法所得在5000元以上或者经济损失1万元以上的，应当认定为《刑法》第285条第2款规定的"情节严重"。是故，两罪的起刑点存在一定差距。从法定刑层面来看，两罪第一档刑期都是3年以下，所以宣告刑落在本档时或许差异不大。如若超越了第一档量刑幅度，由于非法获取计算机信息系统数据罪最高量刑档次仅为3～7年有期徒刑，而盗窃罪最高可至无期徒刑，那么此时宣告刑时间差异将尤为明显。在同案不同判的情况下，容易出现罪刑不均衡的问题。

然而，单纯对两个罪名进行辨析无法有效解决本案之定性难题。解决本案定性争议的路径在于回答以下两个问题：一是游戏金币的性质，即网络虚拟财产是否属于盗窃罪或非法获取计算机信息系统数据罪所保护的对象——财物或计算机信息系统数据；二是本案中张某某盗窃游戏金币的行为是否满足盗窃罪或非法获取计算机信息系统数据罪的客观要件。

---

〔2〕 参见张明楷：《刑法学》（第6版），法律出版社2021年版，第1230页。

关于游戏金币的法律性质,首先可以明确的是,游戏金币不属于传统意义上的有体财物。其作为网络游戏中虚拟财产的一种,能否被评价为刑法上的财物需要具备管理可能性、转移可能性与价值性。就该案而言:第一,游戏金币是根据游戏玩家充值的金额自动生成在其账户中的,且能够随时兑换游戏的金币。对游戏玩家而言,其能够依据自身意志对其拥有的游戏金币进行控制和管理,证明该游戏金币具有管理可能性。第二,在凤凰山庄这一棋牌类游戏中,作为筹码的游戏金币可以通过现金售卖的方式转移给他人名下的任意游戏账户,证明该游戏金币具有转移可能性。第三,涉案游戏中通过现金售卖游戏金币的方式具有普遍性。该案中行为人只要将游戏账户中游戏金币转移给其他游戏账户就能完成游戏金币的转移,同时按照一定比例获取法定货币,这意味着游戏金币的移转与价值的获得是常伴的,具有高度的牵连性。此外,本案价格认定结论书、鉴定意见通知书证明,涉案凤凰山庄游戏金币(银子)44×××35 两银子(游戏币)的市场总价格为 43,495 元。因此,非法获取并售卖巨额游戏金币往往对被害人的财产权具有现实的危险或已经造成现实而紧迫的危险,认为游戏金币具有价值并无不妥。综上,游戏金币同时具备“管理可能性”和“转移可能性”和“价值性”,可将其纳入财产犯罪对象“财物”的范畴。

与此同时,从物理属性上分析,游戏金币这类虚拟财产在物质形态上是磁信息,即包含特定信息的电磁记录。而客户端技术将此类虚拟财产分为三个层次:物理层、数据层、应用层。物理层即网络虚拟财产只是存储在游戏服务器上的电磁记录;数据层即虚拟财产对应的数据代码所处的层面,通过解释物理层来获得数据意义;应用层,即虚拟财产图像的可感知和应用形式层面,满足玩家的特定需要、精神上的娱乐或者物质上的追求。是故,虚拟财产本身不过是一组数据、电磁信息,属于非法获取计算机信息系统数据罪的行为对象——计算机信息系统中存储、处理或者传输的数据。

关于盗窃游戏金币的行为是否满足盗窃罪或非法获取计算机信息系统数据罪的客观要件,则需要进行逐一检视。首先,本案从外观上看,被告人张某某在被害人不知情的情况下,违背被害人的意志,非法进入被害人的游戏账号,并在该在线游戏的计算机网络系统中输入指令,将被害人在游戏账户中存储的本质属于计算机信息系统数据的游戏金币的控制权进行移转,这一行为似乎可以认定为非法获取计算机信息系统数据罪。但从该罪的罪状描述来看,非法获取计算机信息系统数据罪的“获取”是指通过非法侵入方式或者其他技术手段,违反他人意志,获取他人计算机信息系统中存储、处理或者传输的部分数据或者全部数据。[3] 与日常语境中"获取"的含义有所不同,非法获取计算机信息系统数据罪中的"获取"关注的要点是数据安全保密性,而非"获得、取得控制或转移占有"数据。不论数据控制权是否转移,行为人实施下载、复制、浏览等方式,造成数据秘密性受损的,即可被评价为非法获取计算机信息系统数据罪中的"获取"。从物理层面来看,该案中移转游戏金币的行为发生后,作为虚拟财产载体的数据代码仍被存储于网络游戏公司服务器中,只是其存储状态发生了一定变化,此种导致数据存储状态发生变化的行为应当被评价为"对计算机信息系统中存储的数据进行修改之行为"而非"获取该计算机信息系统中存储、处理或者传输的数据之行为",即符合破坏计算机信息系统罪的行为方式,而非构成非法获取计算机信息系统数据罪。此外,从法益侵害的角度来看,转移游戏金币的行为导致被害人对该部分虚拟财产失去控制,进而使被害人对该部分数据享有的数据安全可用法益受到侵犯,但该行为并未侵害作为这些虚拟财产底层载体之数据的保密性。是故,转移游戏金币的行为应被评价为破坏计算机信息系统罪,而不是非法获取计算机信息系统数据罪。其次,被告人张某某通过事先记住徐某游戏账号、密码的方式,非法获取被害人游戏账号密码,并在违背被害人意志的情况下非法转移了原本受被害人占有控制的游戏账号密码中的游戏金币,符合盗窃罪的客观要件。

综上,被告人张某某通过事先记住徐某游戏账号、密码的方式,在被害人楼某不知情的情况下,违背被害人的意志,非法移转其游戏账户中游戏金币并予以售卖的行为,同时符合盗窃罪和破坏计算机信息系统罪的构成要件,一行为同时构成两个犯罪属于想象竞合关系,应从一重罪进行处罚。

（郑梦蝶）

---

〔3〕 参见张明楷:《刑法学》(第6版),法律出版社2021年版,第1372页。

谭某羽等非法利用信息网络案

非法利用信息网络罪与帮助信息网络犯罪活动罪的区分

案情介绍

2016年10月,谭某羽、张某共同出资注册广西羽源信息咨询有限公司(已注销,以下简称羽源公司)。同年12月,为获取非法利益,谭某羽、张某商定在网络上从事为他人发送刷单获取佣金的诈骗信息业务,即通过阿里旺旺向不特定的淘宝用户发送信息,信息内容大致为“亲,我是×××,最近库存压力比较大,请你来刷单,一单能赚10~30元,一天能赚几百元,详情加QQ××××××××”。通常每100个人添加上述信息里的QQ号,谭某羽、张某即可从要其发送诈骗信息的上家处获取平均约5000元的费用。谭某羽、张某雇佣秦某发等人具体负责发送诈骗信息。张某主要负责购买阿里旺旺账号、软件、租赁电脑服务器等,并经常到羽源公司处理事务;秦某发主要负责招揽、联系有发送诈骗信息需求的上家,接收上家支付的费用,及带领其他人发送诈骗信息。2016年12月至2017年3月,谭某羽、张某通过上述方式共非法获利约80余万元,秦某发在此期间以工资的形式非法获利约2万元。被害人王某青、洪某爱因添加谭某羽、张某等人组织发送的诈骗信息中的QQ号,分别被骗31,000元和30,049元。[1]

理论争议

关于本案中谭某羽、张某、秦某发如何定罪处罚,存在以下两种观点:

第一种观点认为,被告人谭某羽、张某、秦某发以非法获利为目的,明知他人利用信息网络实施犯罪,仍为其犯罪提供广告推广帮助,情节严重,侵犯了国家对正常信息网络环境的管理秩序,其行为均已构成帮助信息网络犯罪活

---

[1] 案例来源:江苏省宿迁市沭阳县人民法院一审判决书,(2017)苏1322刑初1327号;江苏省宿迁市中级人民法院二审判决书,(2018)苏13刑终203号。

动罪。

第二种观点认为,认定被告人谭某羽、张某、秦某发的行为构成帮助信息网络犯罪活动罪,定性不准确,应认定3名被告人的行为构成非法利用信息网络罪。

■ 法理分析

近年来,网络犯罪呈上升趋势,各种传统犯罪日益向互联网迁移,网络犯罪呈高发多发态势,严重危害国家安全、社会秩序和人民群众合法权益。为进一步严惩网络犯罪,维护正常网络秩序,2015年11月1日起施行的《刑法修正案(九)》增设了《刑法》第287条之一、之二,规定了非法利用信息网络罪和帮助信息网络犯罪活动罪。而在司法实践中,构成要件存在交叉重合,导致出现两罪混淆不清的问题。如在为他人犯罪设立网站、通讯群组或发布信息时,或者为他人实施犯罪提供技术支持或帮助行为时,在罪状的具体规定上,帮助信息网络犯罪活动罪中的"广告推广"和非法利用信息网络罪中"发布信息"具有相似性,二者可能发生交叉重合。而非法利用信息网络罪中的"设立网站、通讯群组"似乎也能够被纳入帮助信息网络犯罪活动罪中"技术支持"的范畴。因此,本案的焦点问题在于对行为的定性,即张某、谭某羽等人的行为构成非法利用信息网络罪还是帮助信息网络犯罪活动罪。

有法官就"在网络上从事为他人发送刷单获取佣金的诈骗信息业务案"撰文指出:首先,非法利用信息网络罪是对网络犯罪预备行为独立入罪,实现网络犯罪预备行为的实行化;帮助信息网络犯罪活动罪是对网络犯罪帮助行为独立入罪,实现网络犯罪帮助行为正犯化。前者只要求行为人实施了法律规定的相应行为,并不要求客观上实施了相应的违法犯罪活动,而后者则通常要求以被帮助对象的行为构成犯罪为前提。其次,提供技术支持或其他帮助的行为人通常具有相关的专业技能和知识或者具有一定的经营基础,并非提供一般劳务性质的帮助。再次,为他人非法利用信息网络设立网站、通讯群组或者发布信息,虽然也属于帮助信息网络犯罪活动的情形,但其本质上还是一种非法利用信息网络的行为。最后,非法利用信息网络罪的客观方面表现为利用信息网络实施准备违法犯罪活动的行为,实质上是一种犯罪预备行为,只是基于"打早打小"的策略将预备行为实行化。而帮助信息网络犯罪活动罪的客观方面表现为为他人犯罪提供技术支持或者其他帮助的行为,通常被帮助对象已着手实施犯罪。[2] 关于两罪的具体界分,应当把握非法利用信息网络罪是"网上"行为独立入罪,而帮助信息网络犯罪活动罪系帮助行为独立入罪的本质属性。[3] 上述理论界及实务界的观点正确揭示了两罪的关系,为两罪的正确区分提供了有益见解,但上述有的观点也存在疑问。为更好厘清两罪的关系,为准确认定本案被告人的行为性质,有必要对本问题进行进一步的研究。

第一,本文认为理论界及司法实务界对两罪本质属性的把握是合理的,即认为非法利用信息网络罪是"网上"行为独立入罪,而帮助信息网络犯罪活动罪系帮助行为独立入罪。《刑法修正案(九)》增设非法利用信息网络罪的原因在于,大量网络犯罪案件中,仅能查实行为人在网络上实施联络或者其他活动,对于网络下实施的各种危害性行为,很难一一查实、查全。因此,设立非法利用信息网络罪,目的是解决网络犯罪中带有预备性质的行为如何处理的问题,将刑法规制的环节前移,以适应惩治犯罪的需要。[4] 而对于《刑法修正案(九)》增设帮助信息网络犯罪活动罪,一般认为,《刑法》第 287 条之二第 1 款是对本罪罪质的规定,以前被评价为信息网络犯罪的帮助行为升格为单独正犯,从此网络犯罪中的帮助行为被独立作为犯罪处罚,这种共犯行为正犯化的立法体现了法益保护前置的态度和对该类行为的加重制裁。[5] 帮助行为正犯化说对帮助行为正犯化采取了共犯论的研究立场、思路和视角,在共犯论的框架下去评判帮助行为正犯化立法的优劣得失。

第二,与第一点密切相关,由于非法利用信息网络罪是"网上"行为独立入罪,因此,成立非法利用信息网络罪,不要求本人或者他人客观上实施了相应的违法犯罪活动。所以该罪名的入罪标准均是从行为人自身的行为效果来界定,如根据设立用于实施违法犯罪活动的网站数量、通讯群组数量、发布有关违法犯罪的信息数量、违法所得数额等确定是否属于《刑法》第 287 条之一第 1 款规定的"情节严重"。而帮助信息网络犯罪活动罪系帮助行为独立入罪,因此,成立帮助信息网络犯罪活动罪,一般要求被帮助对象已着手实施犯罪且构成犯罪。自帮助信息网络犯罪活动罪设立后,围绕帮助信息网络犯罪

---

〔2〕 参见戴建军、陈青:《为他人诈骗发布信息构成非法利用信息网络罪》,载《人民司法·案例》2019 年第 26 期。

〔3〕 参见喻海松:《新型信息网络犯罪司法适用探微》,载《中国应用法学》2019 年第 6 期。

〔4〕 参见全国人大常委会法制工作委员会刑法室编著:《〈中华人民共和国刑法修正案(九)〉释解与适用》,人民法院出版社 2015 年版,第 157～158 页。

〔5〕 参见刘艳红:《网络犯罪帮助行为正犯化之批判》,载《法商研究》2016 年第 3 期。

活动罪的属性,存在多种主张,主要形成帮助行为正犯化说和量刑规则说的分野,彼此争论激烈。但应提倡放大共识,寻找不同学说之间的相通性,弥合帮助行为正犯化说和量刑规则说的分歧。应承认帮助信息网络犯罪活动罪作为具体法条规范的独立性,但亦应同时吸收量刑规则说对于本罪成立的从属性限制理念。〔6〕无论在教义学上,还是从因果共犯论来考察,还是从司法实践来看,本罪依然具有帮助犯的性质,仍要遵循共犯的实行从属性原则,即本罪的成立仍以帮助对象实施了"犯罪"为前提。〔7〕具体到本案中,虽然被害人王某青、洪某爱因添加被告人谭某羽、张某等人组织发送的诈骗信息中的 QQ 号,分别被骗 31,000 元和 30,049 元,也即本案中被帮助对象实施了诈骗犯罪,但本案被告人的行为若被认定为非法利用信息网络罪,那么后续是否实施诈骗犯罪不影响非法利用信息网络罪的成立。

第三,从客观行为来看,因为实践中往往存在网络服务提供者明知他人基于信息网络技术实施犯罪行为仍然提供网络技术与网络结算等各类支持与帮助的情形,《刑法修正案(九)》才专门增设了帮助信息网络犯罪这一信息网络技术帮助犯的犯罪类型。因此,帮助信息网络犯罪活动罪规制的行为类型更倾向于具备中立性、职业性与技术性的网络中立行为与网络技术帮助行为。〔8〕而本案中被告人的行为是否属于中立性、技术性的行为呢?广告推广,是指制作或者投放广告,进行广告宣传,对产品或者服务进行营销,从而推广产品或者服务。〔9〕帮助信息网络犯罪活动罪中的"广告推广"一般是指为推广网站扩大犯罪活动范围所需的投放广告行为。而非法利用信息网络罪的核心是发布信息。就本案而言,被告人利用"阿里旺旺"这一网络通讯工具大量群发的信息与一般的宣传广告不同,被告人曾供述明知其发送的信息是诈骗信息,结合其所发送的信息内容、收取费用明显异常、购买他人银行卡用于接收上家支付的费用以及在电脑里安装"影子软件"清除使用痕迹以规避调查等情况,足以认定被告人具有"为实施诈骗"发布信息的故意,该信息是为实施诈骗寻找对象的群发信息,其内容与正常的广告宣传有着本质的区别。因此,本案中被告人的行为不具有中立性、技术性的特征。被告人利用"阿里

〔6〕参见冀洋:《帮助信息网络犯罪活动罪的证明简化及其限制》,载《法学评论》2022 年第 4 期。

〔7〕参见钱叶六:《帮助信息网络犯罪活动罪的教义学分析——共犯从属性原则的坚守》,载《中外法学》2023 年第 1 期。

〔8〕参见李振林:《非法利用信息网络罪与关联犯罪关系之厘清》,载《人民司法》2022 年第 28 期。

〔9〕参见陈洪兵:《帮助信息网络犯罪活动罪的"口袋化"纠偏》,载《湖南大学学报(社会科学版)》2022 年第 2 期。

旺旺”这一网络通讯工具大量群发信息,系直接非法利用信息网络的行为,与“广告推广”等帮助信息网络犯罪的行为比,有着“非法利用信息网络”的特殊性。因此,本案被定性为非法利用信息网络罪更具有合理性。

（杨海强）

万某提供技术服务案

帮助信息网络犯罪活动罪与诈骗罪帮助犯的区分

案情介绍

2011年9月至2018年7月，汪某（另案处理）为攫取非法利益，在广东省深圳市成立由自己任总经理（董事长）、同案人牟某、邹某（均另案处理）等人为主要成员的创赢集团，并先后招募同案人王某1、王某2、毕某（均另案处理）等数百余名工作人员。2011年年底，同案人汪某在互联网上架设某隆金融投资平台、某某德金融投资平台、某某外汇金融投资平台、某某财富金融投资平台等多个金融推广网站，吸引有投资意向的被害人在互联网上使用其购买来的MT4交易软件和交易数据开展虚假黄金、外汇、股指、证券等金融产品交易。金融平台以“合法”外汇等交易为外衣，通过隐瞒被害人的资金没有进入国际金融市场，所有交易都在虚拟的交易盘中进行，利用百度、360发布虚假广告以骗取被害人信任，诱导被害人进入某隆、某某德、某某外汇、某某财富等网站注册。待被害人注册成功并使用其提供的第三方支付等支付方式实施入金操作后，采取各种手段选择对被害人不利的价格成交，并限制盈利的被害人出金，达到使被害人亏损、非法占有被害人资金的目的。

同案人汪某等人先后招聘同案人王某、刘某等（均另案处理）以及被告人万某至金融部下设的技术部等部门进行网页开发、网页编码、网络测试、网络维护、网络优化、服务器购买、服务器维护等工作，直至2018年7月18日案发。被告人万某于2018年2月底通过网络招聘入职创赢集团，担任技术部开发组工程师，负责某某财富金融平台的网络编码、网络维护等技术工作，从中非法获利人民币1.8万元。案发后，被告人万某主动向公安机关投案，如实供述了自己的犯罪事实，且退出了违法所得人民币1.8万元。[1]

---

〔1〕 案例来源：江苏省仪征市人民法院刑事判决书，(2019)苏1081刑初329号。

■ 理论争议

关于本案中万某该如何定罪处罚,存在以下两种观点:

第一种观点认为,被告人万某明知他人利用信息网络实施犯罪,为其犯罪提供技术支持或者帮助,情节严重,其行为已构成帮助信息网络犯罪活动罪,依法应在"三年以下有期徒刑或者拘役,并处或者单处罚金"的量刑幅度内处罚。

第二种观点认为,将公司技术人员万某单独定为帮助信息网络犯罪活动罪,存在疑问。公司内部成员,要么属于犯罪集团的成员,要么属于单位犯罪中直接负责的主管人员或者其他直接责任人员,要么属于普通共同犯罪的成员,而不属于明知"他人"利用信息网络实施犯罪而单纯对外提供技术支持和帮助的人。利用信息网络实施犯罪的单位、犯罪集团、团伙、共同犯罪的成员,不应成为帮助信息网络犯罪活动罪的单独犯罪主体。上述案件中作为公司内部技术人员的万某,应被评价为诈骗罪的共犯,而非帮助信息网络犯罪活动罪的正犯。

■ 法理分析

随着信息技术的不断革新,网络犯罪也随之完成了代际升级,其典型的特征在于网络空间成为犯罪发生的场域,犯罪行为的全过程皆可以在网络空间内完成。为了全面、有效惩治该类型的网络犯罪,立法机关通过《刑法修正案(九)》增设了帮助信息网络犯罪活动罪。目前我国在治理网络犯罪过程中,通过刑事法积极介入的方式取得了一定效果,但帮助信息网络犯罪活动罪司法适用中的一个突出问题是本罪与信息网络犯罪的共犯界限及竞合问题不清。通过对司法实践的考察可以发现,大部分司法判决尚未注意到本罪与关联犯罪帮助犯的竞合问题。司法实践并未对两罪关系及竞合处断原则加以明确,其适用存在两方面的缺陷:其一,此罪与彼罪的区分标准模糊。其二,《刑法》第287条之二第3款处断原则的规定被架空。[2] 由此导致原本应成立诈骗等罪共犯的,实务中也基本仅以帮助信息网络犯罪活动罪论处。

帮助信息网络犯罪活动罪与诈骗等罪的共犯之间可能存在竞合,而如何区分二者就成为争议的焦点。理论与实务的流行观点认为,将帮助他人利用

---

〔2〕 参见阴建峰、张印:《竞合论视域下帮助信息网络犯罪活动罪的处罚界限》,载《宁波大学学报(人文科学版)》2022年第5期。

信息网络实施犯罪认定为共犯而以帮助犯论处的，宜限于行为人与利用信息网络实施犯罪者存在事前或者事中“通谋”的情形。行为人主观上仅具有“明知”，但对后续实施的信息网络犯罪未实际参与的，原则上宜以帮助信息网络犯罪活动罪论处。[3] 另有学者提出，行为人专门为诈骗犯制作更改来电显示号码软件的，属于“明知且促进型”的帮助信息网络犯罪活动行为，以诈骗罪的帮助犯处罚即可。但若行为人事先制作了改号软件，他人购买时出售的，则属于“明知非促进型”的帮助信息网络犯罪活动行为，应当按照帮助信息网络犯罪活动罪认定处罚。[4]

那么如何区分二者呢？本文认为，二者侵犯的法益明显不同。虽然帮助信息网络犯罪活动的行为附属于信息网络犯罪行为，但是侵犯的法益具有独立性：诈骗是侵财类犯罪，侵犯的是公私财产所有权，而帮助信息网络犯罪活动罪属于扰乱公共秩序犯罪，特别是在“一帮多”的情形下，侵害法益具有多元化，不仅是网络空间管理秩序，甚至会蔓延至毒品、淫秽物品、洗钱、知识产权等不特定领域的秩序。也就是说，应以帮助行为实质上造成的侵害后果为标准进行定性，当提供“两卡”的行为造成了具体法益的侵害时，可能同时构成两罪；而造成的法益侵害具有抽象性、概括性时，则不适合认定为诈骗罪共犯。[5]

但仅靠法益不能正确区分二者。无论在实体抑或在程序上，共犯成立理应比帮助信息网络犯罪活动罪的成立有更为严格的标准。从理论层面分析，帮助信息网络犯罪活动罪与共同犯罪的成立呈现交叉关系。实质区分共犯帮助行为与帮助信息网络犯罪活动罪帮助行为的差异，应把握共犯成立的“深度参与性”特征。帮助行为的深度参与性判断，应结合主客观两方面加以考察，重点关注行为人与正犯的联络内容、频次和方式，行为人利益分配与正犯犯罪所得的关系，行为人帮助行为所起作用的大小等方面。

从主观方面来看，对于明知他人实施信息网络犯罪，与之事前通谋，对正犯犯罪事实有较为明晰的认识的，以帮助信息网络犯罪活动罪处罚不能很好体现法益侵害程度，此时宜以相关犯罪的帮助犯论处。但无论刑法理论还是刑事司法实务，都未否定片面帮助犯的成立，只要帮助行为人知道正犯将要实

---

[3] 参见喻海松：《新型信息网络犯罪司法适用探微》，载《中国应用法学》2019 年第 6 期。

[4] 参见王肃之：《论网络犯罪参与行为的正犯性——基于帮助信息网络犯罪活动罪的反思》，载《比较法研究》2020 年第 1 期。

[5] 参见宋鹏、杨金玲：《帮助信息网络犯罪活动的界定与甄别》，载《检察日报》2021 年 4 月 21 日，第 3 版。

施何种具体犯罪行为,就能肯定其帮助犯地位。[6] 在帮助信息网络犯罪活动罪中,帮助行为人也明知他人利用信息网络实施犯罪而提供帮助,即存在片面帮助行为,那么帮助信息网络犯罪活动罪的片面帮助和帮助犯的片面帮助如何区分呢?成立帮助犯虽不要求行为人像教唆犯一般对正犯的具体犯罪事实形成高度明确的认知,但仍需要达到"相对明确"的程度。"帮助犯的故意还必须针对在构成要件上确定性的正犯行为。"[7] 例如,同样是介入他人的侵财行为之中,相较于教唆犯对于正犯行为的确定性认知而言,"若帮助者只是认识到主行为人可能实现'随便一种'财产犯罪,则是不够的"。[8] 也即帮助犯的"明知"是指明知他人实施某种具体的犯罪而提供帮助。帮助犯的帮助对象是相对确定的,帮助犯对正犯的犯罪事实具有更明确的认识,因此,帮助犯明知的认知程度要求较高。但网络犯罪参与行为突破了传统物态社会成本和效率的约束,不限于支持某一个或少数下游犯罪,而是能够为不特定的众多下游犯罪提供技术支持,具有不同于传统共犯体系中帮助犯的独立性。[9] 因此,与帮助犯不同,网络犯罪参与行为的帮助对象是不特定的,可以为众多下游犯罪提供技术支持。随着传统犯罪的网络化迁徙,"于认识要素层面帮助信息网络犯罪活动行为人通常不易(也不必)认识到他人所实施的犯罪或非犯罪的行为"。[10] 因此,帮助信息网络犯罪活动罪故意的认识要件亦无须达到传统帮助犯故意所要求的"相对明确"程度。也即应对帮助信息网络犯罪活动罪的"明知"作更为宽松的理解,不要求帮助信息网络犯罪活动罪的犯罪人具体认识到他人利用信息网络实施何种具体的犯罪,只要认识到他人利用信息网络实施犯罪即可。

从客观方面来看,对于参加相关网络犯罪,与相关网络犯罪分子之间形成较为稳定的配合关系,长期为其提供帮助,所起作用较大,甚至参与利益分成或者是相关网络犯罪得以开展的基础行为的,宜认定为相关网络犯罪的帮助

---

[6] 参见欧阳本祺、刘梦:《帮助信息网络犯罪活动罪的适用方法:从本罪优先到共犯优先》,载《中国应用法学》2022 年第 1 期。

[7] [德]汉斯·海因里希·耶塞克、[德]托马斯·魏根特:《德国刑法教科书》,徐久生译,中国法制出版社 2017 年版,第 944 页。

[8] [德]乌尔斯·金德霍伊泽尔:《刑法总论教科书》,蔡桂生译,北京大学出版社 2015 年版,第 458 页。

[9] 参见皮勇:《论新型网络犯罪立法及其适用》,载《中国社会科学》2018 年第 10 期。

[10] 王肃之:《论网络犯罪参与行为的正犯性——基于帮助信息网络犯罪活动罪的反思》,载《比较法研究》2020 年第 1 期。

犯。如在“章某某非法经营案”[11]中,被告人章某某委托高某研发“辉投国际”虚拟期货网络交易平台,并从网上导入数据,然后将平台分别交由多家公司代理运营,其他被告人利用章某某提供的微信和客户资源,冒充女性身份加为好友,与客户谈感情聊生活取得信任,逐步诱导客户在非法设置的交易平台上充值,投资虚拟的期货交易,章某某联系被告人高某为该平台修改客户支付通道等进行相关技术维护。本案中章某某被法院判定非法经营罪,而提供平台开发和维护工作的高某则被认定为帮助信息网络犯罪活动罪。章某某之所以构成非法经营罪是因为其不仅仅参与了平台的开发与联系工作人员对平台进行管理和维护,而且章某某属于期货非法经营平台的成员,对于公司的非法经营犯罪行为存在明确的了解,还提供了相关客户信息和资源给公司使用,并在被捕前指示高某删除数据,其行为不仅是帮助他人实施信息网络犯罪,而且是本案非法经营犯罪得以展开的基础行为,原判据此认定其构成非法经营的共犯,并根据其所起的作用认定其为从犯。而高某属于乙方公司,对于帮助对象的行为性质明知程度较为模糊,其开展的是技术开发服务,对非法经营罪帮助作用相对较小,则被认定为帮助信息网络犯罪活动罪。

具体到本案,被告人万某属于普通共同犯罪的成员,其对公司的犯罪行为的了解超过了帮助信息网络犯罪活动罪中“明知”要求,而且其与相关网络犯罪分子之间形成较为稳定的配合关系,长期为其提供帮助,所起作用较大,符合共犯成立的“深度参与性”特征,仅被认定为帮助信息网络犯罪活动罪,不能合理评价法益侵害程度,宜认定被告人万某构成诈骗罪的帮助犯。

(杨海强)

---

〔11〕 案例来源:(2020)粤20刑终467号刑事判决书。

张某某帮助信息网络犯罪活动案

帮助信息网络犯罪活动罪的法益本质

案情介绍

2020 年 6 月至 8 月初，张某某伙同苏某某、黄某某等人（均另案处理），在位于浙江省瑞安市安阳街道佳欣华庭 5 幢 15 楼 A3 室的出租房等地，明知他人实施信息网络诈骗、赌博等犯罪活动，仍提供并使用本人及多名团伙成员名下的银行账户参与第四方平台支付结算（"跑分"），通过将资金在多个账户之间多次汇转，完成赌客账户和博彩公司关联账户、网络诈骗被害人账户和行为人关联账户之间的资金流动。其中，大部分操作都可以使用手机银行 APP 等电子支付结算手段，在各自的网络平台上在线完成。张某某等人涉案总金额在人民币 1000 万元以上（以下币种均为人民币），其中包含北京市东城区吴某、江西省上饶市朱某被电信网络诈骗款项。被告人张某某自述获利 5000 元。[1]

理论争议

"跑分"行为在司法实践中经常涉及 3 个罪名：诈骗罪，掩饰、隐瞒犯罪所得、犯罪所得收益罪和帮助信息网络犯罪活动罪。由于本案被告人张某某参与的"跑分"团伙处于多层"跑分"平台的较低层级，并非直接和上游犯罪分子形成长期、稳定的配合关系，当前证据无法证明存在事前通谋，因此首先排除构成诈骗罪共同犯罪的意见。如果其系长期（一般 3 个月以上）、稳定（分工较为固定）配合上游网络犯罪分子转移资金，并属于团伙的骨干分子，那么可以认定为上游犯罪的共犯。关于本案被告人张某某实施的提供并使用本人及多名团伙成员名下的银行账户参与第四方平台支付结算的行为性质，主要有以下两种不同观点：

---

〔1〕 案例来源：北京市东城区人民法院刑事判决书，(2021)京 0101 刑初 1025 号。

第一种观点认为,张某某在明知第四方平台支付结算的款项是网络犯罪所得的情形下,不仅收集、提供多个银行账户,而且通过积极的转账行为使有关犯罪所得、犯罪所得收益在不同银行账户之间转移,增加了办案机关查证有关资金流向的难度,应当被认定为掩饰、隐瞒犯罪所得、犯罪所得收益罪。

第二种观点认为,“跑分”是网络犯罪的上下游关联违法犯罪活动,其直接目的是完成资金在网络犯罪行为人账户和其他账户之间的支付结算。况且张某某只是出于获取报酬的动机参与该类第四方平台支付结算,并非“跑分”平台的主要经营者,故有关行为构成帮助信息网络犯罪活动罪。

■ 法理分析

在我国刑法中,共同犯罪行为和共同故意是成立共犯的必备条件,其中,行为之间存在犯意联络是认定共同犯罪的关键。在传统犯罪场景下,可以通过共同行为人之间的上移行为证明存在犯意联络。但在网络环境下,共同行为人分处不同地域,甚至素未谋面,网络帮助行为中犯意联络的弱化导致此类行为的共犯化规制路径存在障碍,如果仍然恪守严格的“犯意联络”要件,显然不能满足惩治新兴网络犯罪的需要。为解决上述证明难题,《刑法修正案(九)》增设帮助信息网络犯罪活动罪。该罪是《刑法》中惩治网络犯罪及其上下游关联犯罪的一个重要罪名。在司法实践中,对于网络帮助行为应优先审查是否构成共同犯罪,在缺乏犯意联络或对其不能证明的情形下,可以按照帮助信息网络犯罪活动罪论处。如上所述,由于本案被告人张某某参与的“跑分”团伙处于多层“跑分”平台的较低层级,并非直接和上游犯罪分子形成长期、稳定的配合关系,当前证据无法证明存在事前通谋,因此无法构成诈骗罪共同犯罪。是故,本案争议焦点在于判断被告人张某某提供并使用多个银行账户参与网络犯罪第四方平台支付结算行为的性质,即是否构成帮助信息网络犯罪活动罪或掩饰、隐瞒犯罪所得、犯罪所得收益罪。

要对该案准确定性,就要把握与掩饰、隐瞒犯罪所得、犯罪所得收益罪和帮助信息网络犯罪活动罪有关的《刑法》及其前置法规范所保护的法益本质,以及由此决定的犯罪构成。这主要包括四个方面:一是客观行为的发生时间。从立法上分析,掩饰、隐瞒犯罪所得、犯罪所得收益罪被规定在妨害社会管理秩序罪章节的第三节妨害司法罪中,该罪保护的法益是正常的司法活动。由“犯罪所得、犯罪所得收益”的内涵和掩饰、隐瞒犯罪所得、犯罪所得收益罪的不法本质及其规范构造决定,掩饰、隐瞒犯罪所得、犯罪所得收益罪的客观行为发生于本犯既遂之后。也就是说,“犯罪所得及其产生的收益”中的“犯罪”应是已经既遂或者虽然未遂但已经终结的犯罪。[2] 因此,如果行为人提供支付结算服务的行为发生在本犯行为实施中、既遂前,则应被认定为共同犯罪或帮助信息网络犯罪活动罪。

与之相对,依据《网络安全法》《全国人民代表大会常务委员会关于维护互联网安全的决定》等前置的规定,网络安全秩序本身就是独立于人身权、财产权等传统法益、具有特别保护必要的新型现代法益。而帮助信息网络犯罪活动罪被规定在妨害社会管理秩序罪的第一节扰乱公共秩序罪中,说明该罪的不法本质应定位于对网络安全秩序法益的侵犯。设立帮助信息网络犯罪活动罪的目的,正是填补传统共同犯罪模式在打击网络犯罪帮助行为时出现的处罚漏洞,使网络犯罪帮助行为的入罪摆脱对严格认定共同故意的依赖,并使其规范认定和实施查证对实行行为的从属。因此,帮助信息网络犯罪活动罪是“包容性相对强的《刑法》分则条文”,[3]具有明显的兜底性质,是对无法成立具体信息网络犯罪的帮助行为的补充性规定,其与上游犯罪共同犯罪的认定之间是一种补充的关系。具体来讲,如果凭借现有证据不能按照通说的共同犯罪理论认定共同犯罪成立,如无法证明存在双向的意思联络,或者无法证明实行行为达到入罪门槛,或者相应的实行行为人尚未到案,但能够证明行为符合帮助信息网络犯罪活动罪的犯罪构成和定罪标准时,应以帮助信息网络犯罪活动罪定罪。反之,如果凭借现有证据既能认定帮助信息网络犯罪活动罪的成立,又能够按照通说的共同犯罪理论认定帮助行为人与实行行为人构成共同犯罪,则应择一重罪论处。具体到本案,被告人张某某在上游犯罪既遂前提供并适用多个银行账户参与网络犯罪支付结算环节的行为在无法构成诈骗罪共同犯罪的情况下,可以构成帮助信息网络犯罪活动罪。

二是主观犯意的联络时间。如果掩饰、隐瞒犯罪所得、犯罪所得收益行为在客观上实施于本犯既遂之后,但行为人却在事前就与本犯达成了窝赃、销赃的意思联络,则亦应排除掩饰、隐瞒犯罪所得、犯罪所得收益罪的成立。该案中张某某等人提供的所谓“服务”,目的是帮助完成赌客和博彩公司、网络诈骗被害人和行为人之间的资金流动。由于这些行为均发生在赌博或侵财行为实施之中、既遂之前,自不能以掩饰、隐瞒犯罪所得、犯罪所得收益罪论处。同时,张某某等人组成的团伙明知他人利用信息网络实施电信网络诈骗、网络赌

---

[2] 参见张明楷:《刑法学》(第6版),法律出版社2021年版,第1446页。

[3] 喻海松:《新型信息网络犯罪司法适用探微》,载《中国应用法学》2019年第6期。

博等犯罪活动,仍然帮助他人进行支付结算且达到情节严重的程度,应以帮助信息网络犯罪活动罪定罪处罚。

三是行为人参与支付结算的资金性质。只有证明资金为犯罪所得、犯罪所得收益,才能认定为掩饰、隐瞒犯罪所得、犯罪所得收益罪。该案中“跑分”平台所转移的资金性质具有复杂性。该平台同时为电信网络诈骗、网络赌博等犯罪提供帮助,与上游犯罪呈现“一对多”关系。在电信网络诈骗等占有型犯罪中,帮助转移的资金原则上可以被认定为犯罪所得、犯罪所得收益,但在网络赌博等经营型犯罪中,帮助转移的资金可能属于赌资等,不完全属于犯罪所得、犯罪所得收益。虽然张某某等人的涉案总金额超过 1000 万元,但是能够查实为诈骗犯罪所得的金额比较有限,其中大部分可能是网络赌博犯罪的赌资等。由于无法证明该资金的性质是赌资还是犯罪所得、犯罪所得收益,故不宜被认定为掩饰、隐瞒犯罪所得、犯罪所得收益罪。

四是行为人的获利情况。司法实践中不同性质的提供支付结算帮助行为的佣金比例不同,帮助信息网络犯罪活动的佣金比例一般在 1% ~2% ,诈骗类犯罪职业取款人和掩饰隐瞒犯罪所得、犯罪所得收益行为的佣金比例一般在 5% ~10% ,办案时应当注意区分。张某某等人与上游犯罪分子主观上不存在事前通谋,与上级“跑分”平台经营者也不存在直接意思联络,其作为底层“跑分”团伙的成员,通过多层分包对电信网络诈骗、网络赌博提供支付结算帮助,获利较少。综上,对张某某的行为以帮助信息网络犯罪活动罪论处更为适宜。

（张勇、郑梦蝶）

王某艳高空抛物案

高空抛物罪与以危险方法危害公共安全罪的区分

案情介绍

北京市通州区人民检察院指控王某艳犯高空抛物罪一案，于2021年3月3日向通州区人民法院提起公诉。通州区人民法院依法适用简易程序，实行独任审判，对该案公开开庭进行了审理。经审理查明：2020年9月27日10时许，被告人王某艳在通州区永顺镇金地格林小区5楼某室阳台上，将摔坏的床头柜上的11块木板先后抛向小区楼下人行步道；被告人王某艳于当日明知他人报警而在现场等候处理，到案后如实供述犯罪事实，后因患有严重疾病被公安机关取保候审；经称重，涉案11块木板重量共计9.3千克。上述木板已被公安机关扣押。

通州区人民法院经审理认为：被告人王某艳法治观念和安全意识淡薄，在居民小区内从建筑物高处将物品抛掷到人行步道，情节严重，其行为已构成高空抛物罪，依法应予惩处。公诉机关指控的罪名成立。被告人王某艳明知他人报警在现场等候处理，到案后如实供述所犯罪行，系自首，依法可以从轻处罚。最终，通州区人民法院认定被告人王某艳犯高空抛物罪，判处有期徒刑6个月，缓刑1年，并处罚金3000元。[1]

理论争议

关于本案中王某艳应如何定罪处罚，存在以下两种观点：

第一种观点认为，被告人王某艳实施的高空抛物行为楼层高、危害大，且针对对象具有随意性、不特定性；抛掷物品种类、重量方面，被告人抛掷的物品为木板，总重量高达9.3千克；主观恶性方面，被告人作为完全刑事责任能力人，明知自己高空抛掷物品的行为具有危害性，仍执意为之，主观恶性显而易

---

〔1〕 案例来源：北京市通州区人民法院刑事判决书，(2021)京0112刑初303号。

见，且行为人连续、多次实施高空抛物行为。综合考虑被告人王某艳高空抛物行为的时间、抛掷物品的高度、抛掷物品的种类与重量、主观恶性，在其行为没有造成重伤、死亡危害后果情况下，应认定王某艳构成高空抛物罪。[2]

第二种观点认为，被告人王某艳的行为虽未造成人身伤害或财产重大损失的严重后果，但其高空抛物行为足以对不特定多数人的生命、健康或重大公私财产造成侵害的紧迫危险，且这种紧迫危险达到具体化、确定化程度，应认定被告人王某艳的行为构成以危险方法危害公共安全罪。

■ 法理分析

若对本案妥善分析，首先需要探讨高空抛物罪的保护法益。对于该问题存在以下观点：

一种观点认为，不能简单根据高空抛物罪在我国《刑法》分则中的位置确定本罪的保护法益，该说认为高空抛物罪的保护法益仍旧是公共安全。公共安全是不特定或者多数人的生命、身体等方面的安全，其中的不特定并非指行为对象的不确定，而是指危险的不特定扩大。虽然高空抛物行为一般仅能造成不特定的单个人的侵害，不具有结果的扩张性和开放性，但基于危险犯的结果证明面临困难的原因，该说主张应从法益持有者的主观态度对危险结果进行解释，由此认为公共安全应当被理解为法益持有者能够安心支配使用其人身、财产等法益的状态。由于高空抛物行为发生在公共场所中，可能波及的行为对象存在不确定性，所以该行为会导致集体的恐惧，因此该行为侵害的法益为公共安全。[3]

另有观点认为："有必要通过增设高空抛物罪积极预防生命、财产法益侵害的真实发生。"[4]按照该说的观点，高空抛物罪的保护法益是公民的人身、财产权益。

多数人认为，根据《刑法修正案(十一)(草案)》到《刑法修正案(十一)》关于高空抛物罪规定的表述及条文位置的改变，高空抛物罪所保护的法益应当是社会公共秩序而不应当是公共安全。[5]

本文基本赞同多数人的观点，认为本罪的保护法益是社会公共秩序，但将

---

〔2〕 参见石魏：《高空抛物类行为的准确认定》，载《人民司法》2021 年第 14 期。

〔3〕 参见姜涛：《高空抛物罪的刑法教义学分析》，载《江苏社会科学》2021 年第 5 期。

〔4〕 周杰：《"高空抛物罪"立法评析与适用难题研究》，载《北方法学》2021 年第 6 期

〔5〕 参见俞小海：《高空抛物犯罪的实践反思与司法判断规则》，载《法学》2021 年第 12 期。

本罪的保护法益定位为社会公正秩序,仍显笼统,不能为本罪的司法适用提供比较明确的标准。如对于人身安全或者财产安全基本没有危险的高空抛物行为,如高空抛掷烟蒂、废纸、生活用水等,也在一定程度上扰乱了民众正常的学习、工作和生活秩序,但此类行为是否构成本罪,在理论上存在不同意见。如果将本罪的保护法益确定为社会公正秩序,也不会对此类行为是否构成高空抛物罪提供明确的指引。《刑法修正案(十一)》新增高空抛物罪,体现了立法机关对维护人民群众"头顶上的安全"的高度重视,共同守护头顶的安全,共同治愈"悬在城市上空的痛"。高空抛物罪条款中有"危害公共安全"的相关规定,该规定虽然并不要求高空抛物行为造成现实的具体危险,但该规定也承担着限定"社会管理秩序"的功能。从该规定看,"足以危及公共安全"与公民的安全感密切相关。因此,基于高空抛物罪维护民众"头顶上的安全"的刑法意义,虽然并不要求高空抛物行为造成现实的具体危险,但也要保护民众的安全感。最终,应将民众的安全感融入社会公共秩序中,应将本罪的保护法益限定为以民众安全感为内容的社会公共秩序,也即高空抛物行为危及公共安全,让民众感觉到不安全和恐惧,从而侵扰了社会公共秩序,进而构成本罪。

《刑法》第 291 条之二第 2 款规定:"有前款行为,同时构成其他犯罪的,依照处罚较重的规定定罪处罚。"研究本罪与他罪的竞合关系,关键要厘清该罪与以危险方法危害公共安全罪的竞合问题。有观点认为,在《刑法修正案(十一)》新增高空抛物罪后,高空抛物行为不能再被认定为以危险方法危害公共安全罪,即认为高空抛物行为不具有危害公共安全的属性。该观点的理由主要包括两个方面:一是基于高空抛物罪的保护法益是社会公共秩序而否定高空抛物行为具有公共危险性。如有论者认为高空抛物罪是妨害社会管理秩序罪中的独立罪名,高空抛物行为原则上不再具有危害公共安全罪的本质。[6] 二是认为高空抛物行为不可能造成公共危险。有论者认为,公共危险中的"不特定"除了指具体侵害对象的不特定,还包括侵害的人数难以确定,随时有可能向"多数"发展。[7] 还有论者认为高空抛物行为和放火、爆炸、投毒等行为不具有同质性,高空抛物行为不是以危险方法危害公共安全罪中的"其他危险方法","其他危险方法"的特征在于不可控性和扩大性,高空抛物行为不可能一发生就无法控制,行为终了后危险范围不会扩大,因而不可能导

---

〔6〕 参见周光权:《刑事立法进展与司法展望——〈刑法修正案(十一)〉总置评》,载《法学》2021 年第 1 期。

〔7〕 参见黎宏:《论放火罪的若干问题》,载《法商研究》2005 年第 3 期。

致不特定多数人伤亡的具体危险,不应认定为以危险方法危害公共安全罪。〔8〕

本文认为,在《刑法修正案(十一)》新增高空抛物罪后,高空抛物行为一般情况下不具有危害公共安全的性质,不能再被认定为以危险方法危害公共安全罪,否则以危险方法危害公共安全罪可能会扩大适用从而成为"口袋罪",但也不能完全排除高空抛物行为构成以危险方法危害公共安全罪的可能。判断高空抛物行为是否构成以危险方法危害公共安全罪的关键是看"其他危险方法"和"危害公共安全"如何认定。对于"其他危险方法"的理解而言,按照同类解释的原理,以危险方法危害公共安全罪中的"其他行为"应当与该条明确列举的放火、决水、爆炸、投放危险物质的行为具有性质上的类似性,而这四种典型行为的共同特征即为行为实施后,行为人不能控制法益侵害结果继续扩大或发展。〔9〕 也即"其他危险方法"的本质特征在于危险的不可控性和随时扩大性。以此为衡量标准来看高空抛物行为,一般的高空抛物行为发生后,即便砸中特定对象,造成人员伤亡及物品损坏的后果,但高空抛物行为一经发生,危害结果便已确定,该结果已经结束,不会随时扩大化,危险也不会不可控。即便对于连续多次的高空抛物行为也不能必然认定构成以危险方法危害公共安全罪。虽然在有的案例中,有的司法机关将此类高空抛物行为认定为以危险方法危害公共安全罪。如在"上海高空抛物入刑第一案"中,蒋某为发泄情绪,将手机、平板电脑、水果刀等从14楼的窗户扔出,砸落在楼下轿车上,法院认定蒋某构成以危险方法危害公共安全罪,判处有期徒刑1年。连续多次的高空抛物行为虽然危害扩大,可能会造成多人的人身损害或者物品损坏,但每一次高空抛物行为造成的结果并非随时扩大,不可控制。就像本文中的案例,被告人王某艳将摔坏的床头柜上的11块木板先后抛向小区楼下人行步道,虽然不少人认为被告人宜被认定为以危险方法危害公共安全罪,本案中被告人的行为针对的对象具有随意性、不特定性,但对象的随意性不等于结果的随时可扩大性或者不可控性,应将"不特定人"理解为可随时扩大的不特定人。

其次是"公共安全"的理解,虽然学界对"公共安全"存在不同理解,但目前占据通说地位的仍然是"不特定或多数人说",且对此处的"不特定"应理解

---

〔8〕 参见张明楷:《高空抛物案的刑法学分析》,载《法学评论》2020年第3期。

〔9〕 参见陈兴良:《口袋罪的法教义学分析:以危险方法危害公共安全罪为例》,载《政治与法律》2013年第3期。

为对象可随时扩大的不特定,行为人对具体侵害的对象既无法预料,也难以控制。[10] 因此,多数人对公共安全的理解是,“多数”是“公共”概念的核心。公共安全中的“多数人说”自不待言,即便是“不特定”说,由于“不特定”应理解为对象可随时扩大,对象可随时发展为多数人,因此,在认定“公共安全”时应把握这个核心。因此,一般的高空抛物行为不会导致危害范围不可控制、不断蔓延的危险,不会危害到多数人或者不特定的人,因此,一般的高空抛物行为不会构成以危险方法危害公共安全罪。因此,本案宜认定为高空抛物罪。

当然,高空抛物行为并非只能构成高空抛物罪而不能构成以危险方法危害公共安全罪,应结合所抛掷物品的性质、人流量大小、抛掷地点等进行综合判断,如以下情况可以考虑认定“危害公共安全”:抛掷物为燃气罐等易燃、易爆品或有毒、放射性物质的;在较高的高空抛掷酒瓶、玻璃等具有爆裂性的物品的;在车流量很大的道路上空抛掷,有引发交通事故的危险等。[11]

(杨海强)

---

〔10〕 参见高铭暄、马克昌主编:《刑法学》,北京大学出版社、高等教育出版社2017年版,第333页。

〔11〕 参见于同志、王硕:《高空抛物刑事案件司法认定的若干问题》,载《法律适用》2022年第4期。

翟某某、韩某某虚假诉讼案

如何区分民事诉讼中的诉讼策略与虚假诉讼

案情介绍

2016 年 11 月，翟某某与施某某签订《租房协议》，承租施某某、张某某夫妻共同所有的店面经营小吃店（协议中出租人签名为张某某，具体经办人为施某某）。2017 年 1 月，翟某某雇佣韩某某为小吃店员工。2017 年 4 月，翟某某因无法以自己名义办理营业执照，决定借用韩某某的身份，后韩某某按照翟某某的指示在一份出租方为“张某某”、租用方空白的《租房协议》上签字，并持该份协议向工商行政管理部门办理了经营者为“韩某某”的营业执照。2017 年下半年，该店面被政府纳入征收范围。2017 年 11 月，张某某提起民事诉讼要求解除合同并要求翟某某搬离涉案房屋，后撤回起诉。

翟某某与施某某就补偿金额无法协商一致，后委托律师陈某某为诉讼代理人，在明知韩某某与施某某、张某某之间不存在租赁关系及纠纷的情况下，经商谋后决定以韩某某为原告、张某某为被告向法院提起民事诉讼，请求法院判令张某某向韩某某支付房屋征收补偿奖励费等合计 27 万余元，并将租用人为“韩某某”的《租房协议》作为证据。翟某某、韩某某与陈某某多次商谋，指使韩某某在庭审中作虚假陈述，捏造韩某某与施某某、张某某之间存在租赁关系的事实，虚构韩某某与施某某、张某某存在民事纠纷。

法院经审理后认为，韩某某对涉案店面的装修内容及费用、租金来源及支付无法作出符合常理的解释和说明，且无法确认《租房协议》上签字的真实性，不能因已完成工商登记而认定双方之间租赁关系的存在，驳回韩某某的诉讼请求。翟某某、韩某某与陈某某商谋后，由韩某某提起上诉，法院驳回上诉，维持原判。后翟某某继续让韩某某向某省高级人民法院申请再审，法院驳回再审申请。后韩某某以自己的名义向法院提起诉讼请求相同的诉讼。法院在审理过程中，以可能涉嫌犯罪为由将相关线索移送公安机关侦查。

法院经审理，认定翟某某、韩某某构成虚假诉讼罪。对翟某某判处有期徒刑 1 年，并处罚金人民币 1 万元；对韩某某判处有期徒刑 7 个月，缓刑 1 年，并处罚金人民币5000元。[1]

■ 理论争议

法院判决书认为,本案构成虚假诉讼罪,理由如下:

第一,被告人实施了捏造事实的行为。即便涉案协议由施某某提供,也仅仅是为了帮助翟某某办理营业执照,并不代表施某某认可与韩某某存在租赁关系。

第二,韩某某没有诉权。施某某仅仅是将自己的身份借给被告人翟某某使用,与施某某之间不存在租赁关系,因此,韩某某不享有诉权。

第三,翟某某具有虚假诉讼的主观故意。在民事诉讼过程中,翟某某明知施某某对韩某某的主体资格、租房协议真实性提出异议,法庭也通知其出庭协助调查,但翟某某不仅不出庭,仍指示韩某某在法庭上捏造事实、做虚假陈述,一审败诉后又指示韩某某提起上诉并在二审程序中继续做虚假陈述,二审败诉后还指使韩某某提起申诉。

■ 法理分析

笔者认为,本案不构成虚假诉讼罪。

1 虚假诉讼罪中"捏造的事实"仅限于无中生有的事实

《刑法》第307条之一规定的虚假诉讼罪的行为方式是"以捏造的事实提起民事诉讼",全国人民代表大会常务委员会法制工作委员会编写的《〈中华人民共和国刑法修正案(九)〉条文说明、立法理由及相关规定》一书指出:"捏造的事实"是指凭空编造的不存在的事实,对于提起诉讼的基本事实是真实的,但在一些证据材料中弄虚作假,企图欺骗司法机关,获取有利于自己的裁判的行为,不适用本条规定。[2]

为指导全国司法实践,2018年最高人民法院、最高人民检察院《关于办理虚假诉讼刑事案件适用法律若干问题的解释》(以下简称《虚假诉讼解释》)出台。最高人民法院参与《虚假诉讼解释》制定的人士撰文指出,虚假诉讼罪中的"捏造",应当是指"无中生有""凭空捏造"。"捏造事实"包括捏造民事法

---

〔1〕 案例来源:浙江省湖州市南浔区人民法院刑事判决书,(2021)浙0503刑初78号。

〔2〕 参见何帆:《刑法注释书》,中国民主法制出版社2021年版,第869页、"第一版导言"第14-15页。

律关系、虚构民事纠纷两个方面，对是否属于捏造民事法律关系，应当坚持实质性判断，不能进行形式化、简单化认定。“根据《民事案件案由规定》的规定，行为人起诉的法律关系与实际诉争的法律关系不一致的，人民法院结案时应当根据法庭查明的当事人之间实际存在的法律关系的性质，相应变更案件的案由，不能一概认定为捏造民事法律关系。”虚假诉讼罪中“捏造的事实”只限于无中生有型，不包括部分篡改型。[3]

另外，《刑事审判参考》（第124集）刊登的第1376号案例“高某虚假诉讼案”的“裁判理由”明确表示：“刑法增设虚假诉讼罪的主要目的，是惩治本不存在民事法律关系、行为人依法并无诉权，为达到非法占有他人财物或者逃避履行债务等目的而虚构民事法律关系和民事纠纷，制造自己享有诉权的假象，并向人民法院提起民事诉讼的行为，即仅限于‘无中生有型’行为。”“判断某一行为是否构成虚假诉讼罪，应当进行实质性判断。”“对于行为人与他人之间确实存在民事法律关系和民事纠纷，仅对民事法律关系性质进行篡改，不宜简单认定为捏造民事法律关系，进而以虚假诉讼罪论处。”[4]

具体到本案而言，法院认为，韩某某在提起民事诉讼时所主张的《租房协议》是伪造的合同，[5]因此，翟某某、韩某某虚构韩某某系店铺老板、与施某某当面签订租房协议并支付租金等事实，让韩某某出面索赔，属于捏造事实的行为。笔者认为，本案问题的关键在于翟某某、韩某某有没有对施某某的诉权。

第一，小吃店营业执照载明的经营者为韩某某，该登记具有对外公示的法律效力，虽然小吃店的实际经营者是翟某某，但两者之间是一种委托法律关系，在双方之间具有约束力，根据商事外观主义原则，在交易中应当以经营者韩某某的名义从事法律行为，行使权利，承担法律责任。

第二，《某某市市区国有土地上房屋征收与补偿办法》（2015年11月发布）第45条第3项规定，房屋征收部门对被征收人给予的补偿包括“因拆迁非住宅房屋造成的停产损失的补偿”。第51条第2款规定：“征收非住宅房屋的，房屋征收部门应当一次性支付搬迁费、临时安置费。其中，搬迁费包括机

---

〔3〕 周峰、汪斌、李加玺：《〈关于办理虚假诉讼刑事案件适用法律若干问题的解释〉的理解与适用》，载最高人民法院刑事审判第一、二、三、四、五庭主办：《刑事审判参考》总第124集，法律出版社2020年版，第170－172页。

〔4〕 最高人民法院刑事审判第一、二、三、四、五庭主办：《刑事审判参考》总第124集，法律出版社2020年版，第90－91页。

〔5〕 关于涉案合同中张某某的签名，翟某某陈述为合同送来时即已有签名，系施某某代签，施某某予以否认。

器设备的拆卸费、搬运费、安装费、调试费和搬迁后无法恢复使用的生产设备重置费等费用。”第54条第1款规定:“征收非住宅房屋造成停产停业损失的,应当根据房屋被征收前的效益、停产停业期限等因素给予补偿。具体办法由市房屋征收部门会同市发展和改革部门商各区政府(管委会)制定,报市政府批准后执行。但补偿的标准不低于被征收房屋价值的百分之五。”同时,最高人民法院《民事案件案由规定》规定了“房屋拆迁安置补偿合同纠纷”。[6] 而征收指挥部出具的《承诺书》表明补偿对象是韩某某,由此可见,作为名义经营者的韩某某享有征收补偿的权利。

第三,施某某在民事诉讼中表示愿意给予补偿,只不过补偿的对象是翟某某而非韩某某,由此可见,本案存在真实的民事纠纷。《个体工商户条例》第2条第3款规定:“个体工商户的合法权益受法律保护,任何单位和个人不得侵害。”[7] 本案中涉案房屋被征收,造成停产停业等经济损失的是小吃店,韩某某作为营业执照登记的个体工商户,其对外代表小吃店行使权利,履行义务,其对因拆迁造成的损失,依法享有要求补偿的诉讼权利。至于韩某某与翟某某之间存在的委托关系,应按内部关系另行处理。

第四,《虚假诉讼解释》第1条列举了7种“以捏造的事实提起民事诉讼”的表现形式,[8] 与本案有关的是第7项,“单方或者与他人恶意串通,捏造身份、合同、侵权、继承等民事法律关系的其他行为”,显然,此处韩某某原告的身份及诉讼请求并非“捏造”。

---

[6] 该案由2020年被调整为“民事主体间房屋拆迁补偿合同纠纷”。

[7] 该条例被2022年11月1日起施行的《促进个体工商户发展条例》废止。与本文相关的规定为第6条:“……个体工商户的财产权、经营自主权等合法权益受法律保护,任何单位和个人不得侵害或者非法干预。”

[8] “采取伪造证据、虚假陈述等手段,实施下列行为之一,捏造民事法律关系,虚构民事纠纷,向人民法院提起民事诉讼的,应当认定为刑法第三百零七条之一第一款规定的‘以捏造的事实提起民事诉讼’:(一)与夫妻一方恶意串通,捏造夫妻共同债务的;(二)与他人恶意串通,捏造债权债务关系和以物抵债协议的;(三)与公司、企业的法定代表人、董事、监事、经理或者其他管理人员恶意串通,捏造公司、企业债务或者担保义务的;(四)捏造知识产权侵权关系或者不正当竞争关系的;(五)在破产案件审理过程中申报捏造的债权的;(六)与被执行人恶意串通,捏造债权或者对查封、扣押、冻结财产的优先权、担保物权的;(七)单方或者与他人恶意串通,捏造身份、合同、侵权、继承等民事法律关系的其他行为。隐瞒债务已经全部清偿的事实,向人民法院提起民事诉讼,要求他人履行债务的,以‘以捏造的事实提起民事诉讼’论。”

Ⅱ 以韩某某名义提起诉讼是陈某某律师选择的诉讼策略

最高人民法院《关于适用〈中华人民共和国民事诉讼法〉的解释》第 59 条规定："在诉讼中，个体工商户以营业执照上登记的经营者为当事人。有字号的，以营业执照上登记的字号为当事人，但应同时注明该字号经营者的基本信息。营业执照上登记的经营者与实际经营者不一致的，以登记的经营者和实际经营者为共同诉讼人。"根据该规定，在本案中，韩某某和翟某某应当作为共同原告提起民事诉讼，以韩某某名义提起是陈某某选择的诉讼策略，尽管这一策略不符合前述规定，但这仅仅属于遗漏原告的行为，不能否认韩某某享有诉权这一基本事实。

从施某某方看，其与翟某某签订的租赁合同，并不关注营业执照的经营者，在面临韩某某起诉时，其所担心的是：如果认可了韩某某诉讼，日后万一翟某某再依租赁合同提起诉讼，就有可能承担两次补偿的后果。这一担心自然符合常理，就此其在诉讼中的策略是回避韩某某提起的诉讼请求，转而积极主张"张某某"并非施某某签字，这一诉讼策略被法院采纳。

面对施某某方的策略，在整个诉讼过程中，陈某某律师所犯的错误是禁止翟某某出庭就案件事实作出说明，但这一错误导致的法律后果只能限于民事诉讼中的败诉而非刑事诉讼的虚假诉讼罪，因为虚假诉讼罪有明确的犯罪构成——毕竟，施某某方也承认韩某某是翟某某的员工，营业执照载明的经营者为韩某某——翟某某方对施某某方享有诉权。

现在假设在民事诉讼中出现如下几种情形，法院是否还会驳回原告的诉讼请求，本案是否还会存在？(1)翟某某出庭就案件事实说明情况；(2)以翟某某、韩某某两人共同的名义提起诉讼，就租赁合同及营业执照中载明的事项作出说明；(3)韩某某以翟某某代理人的名义出庭。显然，基于翟某某对施某某方所享有的诉权，前述情形只要出现其中之一，就不会启动刑事诉讼。

本案还需要关注的事实是，在韩某某提起民事诉讼前，张某某事先已经提起民事诉讼，要求翟某某搬离涉案房屋，如确定以翟某某的名义提起诉讼这一策略，翟某某完全可以以张某某在诉讼中提交的租赁合同作为证据提起诉讼。

Ⅲ 翟某某欠缺虚假诉讼罪的犯罪故意

根据《刑法》第 14 条的规定，虚假诉讼罪的故意是明知实施的以韩某某名义提起诉讼的行为会导致发生危害社会的结果，而希望或放任该危害结果发生的主观心态。如前所述，翟某某系小吃店实际经营人，小吃店被列入拆迁范围是本案的基本事实,根据相关补偿规定,其有权利获得补偿,之所以陷入相关诉讼,核心原因在于营业执照上载明的权利人系韩某某而非翟某某。具体到翟某某本人而言,其只有小学文化水平,存在阅读困难,难以熟悉、了解相关法律规定,正是基于这个原因,才出资委托专业律师参与诉讼。在韩某某的诉讼请求一再被法院驳回后,其才以自己的名义提起诉讼从而招致刑事诉讼,考虑到这些基本事实,认定其有虚假诉讼的犯罪故意显然值得讨论。

另外,征收指挥部出具的《承诺书》这一官方文件导致无论是翟某某还是韩某某,甚至包括张某某的律师,都存在违法性认识错误问题,导致他们难以认为存在违法性认识的可能,这也从另一个方面否定了其故意的存在。

综上所述,本案刑事诉讼启动的核心原因在于陈某某律师选择的以韩某某名义提起民事诉讼的策略,同时,因韩某某难以回答法官关于装修费等案件的诸多细节,韩某某在此处作了虚假陈述,但这一行为并不符合虚假诉讼罪的构成要件。在这种情况下,陈某某又禁止翟某某出庭说明案件事实,显然,是陈某某采取的失败诉讼策略导致了本案的发生。本案不存在虚假诉讼罪所需要的“捏造的事实”——就本案而言,构成虚假诉讼罪的“捏造的事实”是与涉案房屋没有任何关系的人提起诉讼,而韩某某不仅是翟某某的员工,更重要的是,其是小吃店工商营业执照载明的经营者,而韩某某提起诉讼所用租赁合同,除双方存在争议的签名外,合同的内容与施某某所认可的合同内容完全一致,不符合虚假诉讼罪“无中生有型”这一根本特征。

(王恩海)

张某智妨害传染病防治案

妨害传染病防治罪的罪过形式认定

案情介绍

2020年1月15日，张某智的亲人从湖北省武汉市来到海南省东方市居住，当天张某智与其一起吃饭，后串门数次。1月19日张某智出现发热症状，自行吃药未好转，于1月24日、27日和28日三次到东方市人民医院就诊。张某智隐瞒了与武汉人员接触史的事实，在医院门诊输液时向针水瓶回收桶内吐口水。1月29日张某智乘坐动车到海南省人民医院就诊，被确诊为新型冠状病毒肺炎患者。

一审法院经审理认为，被告人张某智拒绝执行疫情防控措施，致使与其密切接触的19名医护人员被隔离观察，与其属同一诊疗空间的50人被居家隔离观察，其居住的小区被封闭管控，致新型冠状病毒肺炎有传播的严重危险。判决被告人妨害传染病防治罪，判处有期徒刑1年。[1]

理论争议

关于如何评价妨害传染病防治罪的主观构成要件，存在以下三种观点：

第一种观点认为本罪属于过失犯罪。主要理由是：其一，根据《刑法》第14条、第15条之规定，《刑法》中的罪过形式应基于对危害结果而非行为本身的认识。行为人对违反《传染病防治法》的行为可能是故意，但对于引起传染病传播或有传播严重危险这一结果表现为疏忽大意或过于自信的过失。其二，若行为人对引起甲类传染病传播或者有传播的严重危险结果的发生持希望或者放任态度，则应按“以危险方法危害公共安全罪”定罪处罚。其三，本罪最高法定刑仅为7年有期徒刑，与《刑法》中其他过失类犯罪法定刑的规定基本一致，如果是故意犯罪，势必导致罪刑失衡。

---

〔1〕 案例来源：海南省东方市人民法院刑事判决书，(2020)琼9007刑初53号。

第二种观点认为本罪属于故意犯罪。主要理由是:其一,法律缺乏明确规定。根据我国《刑法》第15条第2款的规定,处罚过失犯罪应以法律明文规定为限。将妨害传染病防治罪认定为过失犯罪,缺乏"法律有规定"的前提。其二,行为人主观上可能持放任态度。在全国严防严控的疫情背景下,具有刑事责任能力的一般人能够认识到拒绝防疫行为可能引起的传播危险,因此至少不应排除行为人对危害后果持间接故意的可能性。

第三种观点认为本罪的主观方面是混合过错。该观点认为,本罪的特殊之处在于,行为人违反《传染病防治法》的行为是故意的,但对危害后果则既可以是故意,也可以是过失。主要理由是:其一,实践中行为人对危害后果的心态究竟是放任还是过失难以区分,为便于司法操作,将其认定为混合过错;其二,《刑法》条文表述并未对本罪的主观方面进行限定,基于故意和过失心理支配下的行为皆可成立本罪的客观构成要件;其三,根据2003年出台的最高人民法院、最高人民检察院《关于办理妨害预防、控制突发传染病疫情等灾害的刑事案件具体应用法律若干问题的解释》第1条之规定,以行为人主观方面是故意还是过失,分别认定为以危险方法危害公共安全罪和过失以危险方法危害公共安全罪。当时不成立妨害传染病防治罪的原因仅仅是因为"非典"未被纳入甲类传染病,这印证了妨害传染病防治罪存在两种罪过形式。

■ 法理分析

妨害传染病防治罪的罪过形式如何认定,在学界存在较大争议,司法实务中的意见也并不统一。这种争议一方面是由于从行为人主观出发笼统判断其对具体危险和实害结果发生的意志因素而带来的"各执己见",另一方面也是因不同罪过形式的判断会引发理论和体系协调等"连锁反应"而造成的纷扰。

2020年《刑法修正案(十一)》第37条对妨害传染病防治罪进行了多处修订,扩大了本罪的处罚范围,将"新冠肺炎传播"纳入本罪的规制范围。从法条规定来看,妨害传染病防治罪的特殊之处在于,其属于危险犯和实害犯的并合条款,"引起传染病传播"属于实害结果,造成"传播严重危险"则属于具体危险。在我国刑法语境中,所谓故意或过失的罪过形式是针对危害结果而言的,这种并合式规定使对本罪的罪过形式判断更为复杂。

就立法论层面而言,本罪无疑存在巨大漏洞,早在20世纪末就有学者指出,妨害传染病防治罪最大的问题就是对危险与实害结果的法定刑设置相同,因而建议将本罪一分为二。[2] 也有观点认为,妨害传染病防治罪虽然是危害公共卫生罪,其侵害的客体是传染病防控管理秩序,但其同样可以作为公共卫生领域的一种危害公共安全罪。沿着这种思路,可以参照114、115的模式对本罪作出规定,从而避免当前对于罪过形式的争论:将“引起传播严重危险的”分离出来成为独立条文并规定相应的法定刑,“引起传染病传播的”作为独立罪名并在第2款设置过失引起传染病传播的规定,进而形成故意危险犯、故意实害犯、过失实害犯的罪名体系衔接。遗憾的是,自1997年《刑法》规定该罪以来,立法上至今未对危险犯加实害犯的并合模式作出回应。因而,只能诉诸解释论以求最佳解释结论,从而消弭争议。

从解释论的角度来看,无论是将本罪认定为过失犯罪、故意犯罪抑或混合罪过模式,都存在难以避免的缺陷:

如果将本罪认定为过失犯罪,存在三点疑问:一则由于我国刑法理论尚不承认共同过失犯罪,如果将本罪的主观要件限定于过失,难以解释司法实践中判决成立妨害传染病防治罪共同犯罪的实例。[3] 二则在过失犯语境下,由于“引起严重传播危险”属于一种危险状态,这意味着突破了《刑法》第15条之规定,承认了过失危险犯。在立法规定的犯罪只限于过失实害犯的情况下,如果肯定妨害传染病防治罪存在过失具体危险犯,无疑会造成危险犯立法体系在刑事政策中的混乱,[4]与我国刑法理论通说也并不相符。三则过失犯罪相较于故意犯罪降低了入罪门槛,如果承认过失危险犯的存在,无疑扩大了处罚范围,使公民行动自由难以保障,也损害了“宽严相济”刑事政策的价值理性。

如果将本罪作为故意犯罪,首先就会面临罪刑失衡的问题。例如,在故意引起传染病传播并造成严重后果的情况下,最高也只能适用7年有期徒刑,导致罪刑畸轻。另外,故意说中为部分学者所提倡的客观的超过要素说[5]本

---

〔2〕 参见刘仁文:《过失危险犯研究》,载《法学研究》1998年第3期。

〔3〕 例如“梁某某、任某军、任某辉等妨害传染病防治案”,该案的基本案情:被告人任某辉、任某军分别任内丘县某村村主任、村党支部书记,在明知梁某某从武汉返乡的情况下,拒不履行相应职责,帮助梁某某隐瞒其与家人从武汉返乡的事实,导致刘某某感染新冠肺炎死亡。内丘县人民法院作出一审判决,以梁某某、任某军、任某辉犯妨害传染病防治罪,分别判处梁某某有期徒刑1年,任某辉有期徒刑11个月,任某军有期徒刑10个月。任某辉不服提出上诉,邢台市中级人民法院作出终审裁定,驳回上诉,维持原判。参见《全国检察机关依法办理妨害新冠肺炎疫情防控犯罪典型案例(第三批)》,载《检察日报》2020年2月27日,第2版。

〔4〕 参见何荣功:《自由秩序与自由刑法理论》,北京大学出版社2013年版,第273页。

〔5〕 参见张明楷:《“客观的超过要素”概念之提倡》,载《法学研究》1999年第3期;张明楷:《刑法学》(下),法律出版社2021年版,第1468页。

身就存在较大争议,其主张行为人在双重危害结果的犯罪中,以部分危害结果作为客观的超过要素。简言之,该观点认为本罪中行为人对具体危险持故意的态度,对危害结果只要具有预见可能性即可,而不考虑其主观意志因素。但论者并没有说明为什么将危害结果排除出主观认识的范畴,且从主客观相一致的角度来看,如果不考虑行为人主观心态,径直以结果是否发生及发生的严重程度而适用不同的量刑幅度,则违背了主客观相统一原则,存在客观归罪之嫌。因而依此观点恐怕也难以令人信服。

如果坚持混合过错说,问题在于,该说回避了故意与过失的界分问题,且行为人在主观故意和过失下分别实施相同行为,在立法上得到的却是相同的评价,违背了刑法理由有关故意犯罪和过失犯罪的道义谴责性之分,有悖于罪刑相适应原则。

笔者认为,既然在上述立法层面进行分离的假设下可以实现主客观相统一,那么在并合的情况下如此认定也并无不妥。因此,基于本罪属于并合条款的特殊性,笔者倾向于在罪过形式上也与之相适应,通过故意加过失的罪过形式与其衔接,即故意危险犯和过失实害犯。具体理由如下:

首先,《关于依法惩治妨害新型冠状病毒感染肺炎疫情防控违法犯罪的意见》(以下简称《疫情防控意见》)明确了两类以危险方法危害公共安全罪定罪处罚的情形,〔6〕尽管从规定来看,针对的是故意抽象危险犯和故意实害犯的情形,〔7〕但所谓“其他情形”适用妨害传染病防治罪并不排除其他故意造成危险的情形。例如,甲在自己通过抗原测试发现自己可能感染病毒,遂进入公共场所传播,引起传播的严重危险。其并不属于上述两类情形,但可以依“其他情形”而适用妨害传染病防治罪的规定。如果认为本罪为过失犯罪,则显然会出现刑法规制范围的空白地带,造成处罚漏洞。此外,《疫情防控意见》仅规定两种情形,依笔者所见,是由于此类情形的出现能够认定行为人具有主观故意,并且在危害性上已然超过下文所述的“防治传染病管理秩序”客

---

〔6〕“(一)依法严惩抗拒疫情防控措施犯罪。故意传播新型冠状病毒感染肺炎病原体,具有下列情形之一,危害公共安全的,依照刑法第一百一十四条、第一百一十五条第一款的规定,以以危险方法危害公共安全罪定罪处罚:1. 已经确诊的新型冠状病毒感染肺炎病人、病原携带者,拒绝隔离治疗或者隔离期未满擅自脱离隔离治疗,并进入公共场所或者公共交通工具的;2. 新型冠状病毒感染肺炎疑似病人拒绝隔离治疗或者隔离期未满擅自脱离隔离治疗,并进入公共场所或者公共交通工具,造成新型冠状病毒传播的……”

其他拒绝执行卫生防疫机构依照传染病防治法提出的防控措施,引起新型冠状病毒传播或者有传播严重危险的,依照刑法第三百三十条的规定,以妨害传染病防治罪定罪处罚。

〔7〕参见陈志军:《疫情期间刑事犯罪态势及其应对》,载《检察日报》2020 年 2 月 22 日,第 3 版。

体范畴,因而予以明确。但实践中不乏其他可以通过综合证据考量得出的故意犯罪情形,因此并不排除本罪可以由故意构成犯罪。通过《疫情防控意见》的规定,结合本文所提出的罪过并合说,也可以形成“故意抽象危险犯—故意具体危险犯—故意实害犯—过失实害犯”[8]的体系结构。

其次,根据通说,本罪属于过失犯罪,但理论界之所以仍不断有学者提倡故意说,是因为在认定罪过形式时,都没有对具体危险和实害结果进行区分,而只是笼统判断,难免顾此失彼。如果从并合条款的思路展开分析,则能够有效解决该问题。

其一,在实害犯的部分,本罪只能由过失构成,在法定刑上,存在3年以下有期徒刑或者拘役、3年至7年有期徒刑两档法定刑幅度,刚好对应了过失以危险方法危害公共安全罪的法定刑,从这个角度看,二者存在法条竞合关系。不存在故意实害犯,是由于罪刑不相适应。如果行为人具有故意并造成了实害结果,则已经超出了本罪的规制范围,应构成《刑法》第115条第1款的以危险方法危害公共安全罪。

其二,在具体危险犯部分,由于仅仅是引起传染病传播严重危险,不可能构成“后果特别严重”,这决定了危险犯的法定刑只能是3年以下有期徒刑或者拘役,将其认定为故意,则能够与《刑法》第114条的法定刑相对应,二者都是故意具体危险犯,妨害传染病防治罪法定刑更轻,是由于保护客体或者说主要客体存在区别,尽管随着危险的发展可能存在重合,但不能忽视不同客体所导致的区别。具言之,本罪针对的是传染病防治管理秩序,后者则是公共安全,如果以易受侵犯程度表示,则前者显然更容易被侵犯,此时造成了对管理秩序的具体紧迫危险,但通常并未达到危害公共安全的程度,只是随着危险的动态发展,才可能进入危害公共安全的范畴,与后者所保护的客体形成重叠,此时成立想象竞合,从一重罪处罚。事实上,这也是二者的主要区别。从这个角度看,二罪的法定刑紧密衔接,也具有织密法网的意义。

最后,需要说明的是,本文观点并非前述混合罪过说,而是基于立法规定所展开的罪过并合说。二者的区别在于,混合罪过说无法解释故意和过失犯罪采取相同法定刑的做法,也没有真正回应故意与过失的区分。而根据罪过并合说,如果是行为人因过失仅仅引起传染病传播的,在我国罪刑二分的立法

---

〔8〕 在故意具体危险犯中,主要是对管理秩序客体的侵犯或者说造成管理秩序客体和公共安全客体的同等侵犯。在过失实害犯中,虽然在危险发展为实害结果后,也造成了对公共安全的侵害,但与过失以危险方法危害公共安全罪的法定刑并无不同,根据法条竞合的规则,优先适用特别法,因此并无问题。

模式下,完全可以适用《刑法》第13条但书之规定,不构成犯罪,适用行政处罚即可。同时,在法定刑设置相同的情况下,通过对危险犯和实害犯主观心态的划分,入罪门槛的不同,也可以解决混合过错说的不足。即尽管判处相同法定刑,但行为人具有故意时,只要求造成危险(秩序危险或公共安全危险)即可,而行为人持过失心态,则要求造成实害结果,以从实质上符合故意犯罪与过失犯罪道义谴责性之分。

如此,既遵循了刑法谦抑性原则,合理限制了处罚范围,保障公民自由,也为在罪过形式的认定上给出了解决方案。

此外,罪过并合说也并非在结果加重犯理论路径上展开,如果行为人过失引起传染病传播的严重危险,并出现了实害结果,认定为妨害传染病防治罪,适用3年以下有期徒刑或者拘役,并无疑问。根据法条规定,引起传播危险和传播的实害结果属于选择要件,这意味着即使同时达到也只适用同一量刑幅度。据此,如果行为人在引起传染病传播危险的故意下,对实害结果持过失心态,且该实害结果尚未达到"后果特别严重",则同样构成妨害传染病防治罪,适用3年以下有期徒刑,而不存在结果加重犯的问题。

综上所述,本案中尽管被告人张某智隐瞒与武汉人员接触的事实,但完全可能出于侥幸心理,虽可以成立过于自信的过失,但仅依此情节无法认定其具有主观故意。因而,仅造成传播严重危险时,不构成妨害传染病防治罪,而应适用行政法的规定。如果造成了传染病传播的后果,则构成妨害传染病防治罪,处3年以下有期徒刑或者拘役。可以看出,从现实意义和司法实践的角度,依罪过并合说认定本罪主观罪过形式也有利于限缩刑事处罚范围,避免情绪性司法,防止刑事政策"从严"到"从厉"的重心偏离。

(旷银)

张某污染环境案

污染环境罪中“严重污染环境”的认定

案情介绍

张某在明知废机油滤芯系危险废物且孙某无危险废物经营许可证的情况下，将从汽车维修点收集的废机油滤芯共计 4.9 吨出售给孙某。供孙某从中提取废铁、废机油牟利，严重污染环境。经认定，废机油滤芯属国家危险废物名录中 HW49 类危险废物，危废代码为 900 - 041 - 49，危险特征为毒性。法院判定，被告人张某无视上述危害，违反国家规定，非法处置危险废物超过 3 吨，严重污染环境，其行为构成污染环境罪。判处被告人拘役 3 个月，缓刑 4 个月，并处罚金人民币 1 万元。[1]

理论争议

污染环境罪，是指自然人或者单位违反国家规定，排放、倾倒或者处置有放射性的废物、含传染病病原体的废物、有毒物质或者其他有害物质，严重污染环境的行为。一般认为，《刑法修正案(八)》将污染环境罪的表述从“致使公私财产造成重大损失或者人身伤亡”修改成为“严重污染环境”，扩大了污染环境罪保护范围和保护程度。但问题在于，“严重污染环境”这一规定本身并不明确，

---

〔1〕 案例来源：刑事裁判文书，(2021)苏 8601 刑初 53 号。

即使是司法解释也无法确切体现“严重污染环境”这一规定的性质。[2]

第一种观点认为,“严重污染环境”是对构成要件结果的限定,污染环境罪只能是结果犯,司法解释将污染环境罪从结果犯变成了行为犯和结果犯并存,有违反罪刑法定原则的嫌疑。[3] 这类观点往往以“严重污染环境”这一概念的文义解释为基础,认为对于污染环境罪而言,其法律文本的规定已经将“严重污染环境”作为构成要件的结果要素,对其所作出的解释不宜超越文义射程。[4] 根据这种观点,本案被告人是由于其行为造成了严重污染环境的后果,而构成污染环境罪。

第二种观点认为,污染环境罪的犯罪形态属于行为犯,[5]为了实现生态文明建设对环境刑法之预防刑法化要求和有效治理环境犯罪,污染环境罪的基本犯应当行为犯化。[6] 根据这种观点,本案被告人违反国家规定非法处置危险废物的行为,构成污染环境罪。

第三种观点认为,“严重污染环境”的认定中既存在结果犯的规定,也存在行为犯的规定。[7] 根据这种观点,本案被告人非法处置危险废物超过3吨的行为和严重污染环境的结果可以说是同时发生的,被告人属于行为犯。

■ 法理分析

在本案中,法院生效的裁判文书认定“(被告人)倾倒危险废物,严重污染

---

〔2〕 根据最高人民法院、最高人民检察院2016年11月7日《关于办理环境污染刑事案件适用法律若干问题的解释》的规定,具有下列情形之一的,应当认定为“严重污染环境”:“(一)在饮用水水源一级保护区、自然保护区核心区排放、倾倒、处置有放射性的废物、含传染病病原体的废物、有毒物质的;(二)非法排放、倾倒、处置危险废物三吨以上的;(三)排放、倾倒、处置含铅、汞、镉、铬、砷、铊、锑的污染物,超过国家或者地方污染物排放标准三倍以上的;(四)排放、倾倒、处置含镍、铜、锌、银、钒、锰、钴的污染物,超过国家或者地方污染物排放标准十倍以上的;(五)通过暗管、渗井、渗坑、裂隙、溶洞、灌注等逃避监管的方式排放、倾倒、处置有放射性的废物、含传染病病原体的废物、有毒物质的;…… (十八)其他严重污染环境的情形。”从条文上来看,以上所列举的前五条规定并未具体规定行为所导致的具体结果,而未列举的条文中有大量对于污染结果的描述。

〔3〕 参见严厚福:《污染环境罪:结果犯还是行为犯——以2015年1322份“污染环境罪”一审判决书为参照》,载《中国地质大学学报(社会科学版)》2017年第4期。

〔4〕 于洋:《污染环境罪结果犯属性之确证》,载《河南牧业经济学院学报》2023年第3期。

〔5〕 李尧:《如何界定污染环境罪中的“处置”问题》,载《中国检察官》2014年第4期。

〔6〕 参见齐文远、热娜古·阿帕尔:《污染环境罪的基本犯:从结果犯到行为犯》,载《警学研究》2022年第4期。

〔7〕 参见张明楷:《污染环境罪的争议问题》,载《法学评论》2018年第2期。

环境”。在这一表述中,法院采用了“认定污染行为与污染结果”的双重认定模式。但是,比如在“李某某污染环境罪”案〔8〕中,法院就采用了“认定污染行为”的单一认定模式,认为李某某倾倒废物的行为构成污染环境罪。〔9〕司法实践中无法形成统一的认定标准,也正是由于没有明确上述司法解释中的“严重污染环境”的相关规定是指结果还是指行为。

首先,应该明确的是同一刑法条款中可以同时存在行为犯和结果犯。这是因为,无论是行为犯还是结果犯,都会引起外界状态发生不同程度的变化。这种外界状态的变化正是一种“结果”。所以从本质上而言,行为犯和结果犯都包含“结果”的发生,二者只在是否需要进行结果归属判断上有所不同。行为犯的行为与外界状态发生改变(结果)同时发生,因此不需要再次进行结果归属判断;而结果犯需要认定行为与结果之间的因果关系,因此需要进行客观归属的认定。正如张明楷教授所说,就生态学的环境而言,由于生态环境这一法益包含的内容十分宽泛,环境媒介十分复杂,这就可能导致一个行为相对于此具体环境而言是行为犯,而相对于其他具体环境或者环境生态而言是结果犯。例如,行为人向河流非法倾倒3吨有毒物质,导致河流污染,这是行为犯,此时的行为与结果同时发生。但是,河流中的水生物死亡是否由有毒物质造成,则需要进行因果关系与结果归属的判断。就水生生物的死亡而言,则成为结果犯。〔10〕

有观点认为,行为犯是仅有行为就可以成立既遂形态的犯罪,结果犯是不仅需要有行为,还需要有结果才能成立既遂的犯罪。他们还提出:在行为犯的场合,仅对行为进行评价,不对结果进行评价;在结果犯的场合,对行为与结果都要进行评价。〔11〕但是,行为犯之所以可以成立既遂,是因为该行为已经引起了某种社会关系与状态的变化,这种变化达到了应该用刑法来进行评价的程度。例如,在道路上追逐竞驶的,并不是仅有行为人踩油门等“行为”就能成立危险驾驶罪,而只有在该行为经过一定的因果过程而实际超过限速,且情节恶劣时才成立危险驾驶罪。因此,行为犯也需要行为造成的外部世界状态

〔8〕安徽省定远县人民法院刑事判决书,(2021)皖1125刑初66号。基本案情:被告人李某某通过加工覆铜板来获取经济利益,产生的危险废物树脂粉末堆放在厂房院内的水泥地上,且被告人分多次将树脂粉末填埋在公司厂房南侧的水沟里,共计90余吨。

〔9〕参见王振华、肖宇涵:《污染环境罪的入罪标准研究——围绕2016年〈解释〉展开》,载《河南警察学院学报》2012年第6期。

〔10〕参见张明楷:《污染环境罪中“严重污染环境”的认定》,载《中国环境监察》2022年第Z1期。

〔11〕参见齐文远、热娜古·阿帕尔:《污染环境罪的基本犯:从结果犯到行为犯》,载《警学研究》2022年第4期。

的"结果",只是由于通常行为犯罪的结果与行为融为一体,所以不会单独再对结果进行独立评价。[12] 所谓行为犯的场合,仅对行为进行评价,不对结果进行评价;在结果犯的场合,对行为与结果都要进行评价:只是为了便于操作,给出司法实践活动的一个形式指南而已。

具体到最高人民法院、最高人民检察院《关于办理环境污染刑事案件适用法律若干问题的解释》,有以下两点要注意:其一,关于人身法益和财产法益的具体结果的规定属于结果犯。比如,该解释第1条第8项"违法减少防治污染设施运行支出一百万元以上的",第9项"违法所得或者致使公私财产损失三十万元以上的",以及第11项"致使乡镇以上集中式饮用水水源取水中断十二小时以上的",第12项"致使基本农田、防护林地、特种用途林地五亩以上,其他农用地十亩以上,其他土地二十亩以上基本功能丧失或者遭受永久性破坏的",第13项"致使森林或者其他林木死亡五十立方米以上,或者幼树死亡二千五百株以上的",第14项"致使疏散、转移群众五千人以上的",第15项"致使三十人以上中毒的",第16项"致使三人以上轻伤、轻度残疾或者器官组织损伤导致一般功能障碍的",第17项"致使一人以上重伤、中度残疾或者器官组织损伤导致严重功能障碍的"。这些规定明确指出了危害结果,相关行为必须达到具体的结果认定标准,并对具体结果和行为之间进行因果关系判断,才能认定为符合"严重污染环境"这一要件。

其二,最高人民法院、最高人民检察院《关于办理环境污染刑事案件适用法律若干问题的解释》第8条第1~5项,以及第6项"二年内曾因违反国家规定,排放、倾倒、处置有放射性的废物、含传染病病原体的废物、有毒物质受过两次以上行政处罚,又实施前列行为的";第7项"重点排污单位篡改、伪造自动监测数据或者干扰自动监测设施,排放化学需氧量、氨氮、二氧化硫、氮氧化物等污染物的"等规定则属于行为犯。从第1~7项的解释正是说明,这些行为会引起"严重污染环境"状态的发生,因此,不需要再像结果犯那样进行行为与结果之间的因果关系认定。

以这样的标准为指南,可以得出以下结论:在司法实践中,判断是否符合"严重污染环境"这一要件时,对于行为犯的认定可以直接采取"认定污染行为"的单一认定模式,对于结果犯的认定应该采取"认定污染行为与污染结果"的双重认定模式。当然,这也只是一个便于操作的形式标准,不能认为污染环境罪从结果犯全面地被规定为行为犯,否则会导致刑法介入过度早期化。

---

〔12〕 参见[日]松原芳博:《刑法总论》(第3版),日本评论社2022年版,第57页。

总之,应当尽量精细化准确化地明确判断标准和处罚范围,即使在环境犯罪领域,也应当保持刑法的谦抑性。

(焦艳鹏、周芊妤)

沈某某非法捕捞水产品案

非法捕捞水产品罪中“恢复性司法”的运用

案情介绍

沈某某使用自制电鱼工具，在嘉陵江支流转河水域（为禁渔区且案发当时该水域属于禁渔期）实施非法捕捞，捕获鲢鱼9条、鲫鱼2条。经检测，其使用的自制电鱼工具产生的电流足以让鱼虾蟹贝等水产品瞬间致死。经评估，其非法捕捞行为造成直接和间接损失共计1312.5元，同时造成无法用经济指标衡量的生态损害。另查明，在本案发生以前，沈某某在农闲时节就使用自制电鱼工具长期实施非法捕捞，且大部分渔获被其售卖。法院判定沈某某成立非法捕捞水产品罪，并判处沈某某拘役5个月，缓刑6个月。案发后，当地人民检察院检察长做客广播电视台，围绕国务院办公厅《关于切实做好长江流域禁捕有关工作的通知》精神，结合《刑法》《渔业法》等相关法律，对长江“十年禁渔”政策和法律规定的禁渔期、禁渔区、禁用方式以及应当承担刑事责任、生态修复责任等进行普法解析，增强群众法律意识；并组织人大代表、政协委员、农业农村局（水产渔政）工作人员及非法捕捞涉案人员等，对价值1万余元鱼苗实施增殖放流，并通过微信、微博等直播方式进行法治宣传。[1]

理论争议

在本案中，被告人在禁渔区捕捞水产品，且其行为造成的直接损失和间接损失比较轻微。此类非法捕捞水产品案件往往都具有“小案”“易发生”的特点。修复受损的生态环境，对于加强生态环境保护而言是至关重要的一环。恢复性司法理念的运用，在这类案件中有着重要意义。我们应当思考，如何构建生态环境修复性司法制度，监督被告人主动履行生态修复责任，从而发挥此类案件的导向性、教育性，以实现惩治犯罪与生态修复的统一。

---

〔1〕 案例来源：最高人民检察院发布长江经济带发展典型案例。

一直以来,刑事司法都被认为是一种报复性司法。即在国家与加害人的对立关系下考察刑事司法,并把刑事司法当作一套决定刑罚的系统。与此相对,恢复性司法着眼于人与人之间的关系,具体而言,它重视被害人、加害人、家庭、地域、社会之间的对话与沟通,[2]并企图用这种对话与沟通修复犯罪所带来的影响。

其实,在探讨解决犯罪问题的时候,我们首先应该考虑的是:这个犯罪问题是为了谁而解决,又解决了什么问题。现行刑事司法系统一般会采取逮捕犯罪人、起诉、执行刑罚的方式来惩罚犯罪。对此,有观点认为,目前的刑事司法系统,仅仅只体现了国家与加害人的关系,却割裂了加害人与受害人的关系。作为一种现代法系统来说,它是不完善的。因此,有必要把受害人当作重要的当事人的一方来看待。[3]

在环境犯罪中,尤其是像本案非法捕捞水产品的案例中,处罚加害人(犯罪行为人)当然是有必要的;然而,单一的惩罚性司法理念无法满足环境修复、根源治理、保护生态法益的本质要求。[4] 更为重要的是思考生态环境的修复和生态环境犯罪的预防问题。具体而言,加害人是破坏环境的犯罪行为人,受害人是受损的生态环境。"建立怎样的环境修复性司法机制,如何加强加害人与受害人(环境生态破坏者与受到损害的生态环境)之间的对话沟通,从而实现高效的生态修复和有力的生态环境犯罪预防"是我们应该思考的焦点问题。本案在修复性司法的具体运用上,有重要的指导意义。

■ 法理分析

首先,在非法捕捞水产品的案件中,应该综合判断危害后果,准确区分罪与非罪的标准,非法捕捞水产品需要达到情节严重方可入罪。像本案这样,非法捕捞渔获不多的情况下,应该结合被告人的作案动机、作案地点、作案手段、作案时间、作案次数和生态危害等因素进行综合判断,尤其要考虑对区域水域生态环境造成的潜在危害后果。在认定被告人的行为确实情节严重时,理应对被告人进行刑事定罪处罚。

---

〔2〕 参见[日]菊田幸一:《少年的修复性正义》,载所一彦等编:《西原春夫先生古稀祝贺文集:犯罪的被害及其修复》,成文堂2002年版,第245-260页。

〔3〕 参见[日]高桥则夫:《对于犯罪、非行修复责任的可能性》,载《法律时报》76卷第8号。

〔4〕 刘德法、高亚瑞:《论环境刑法视域下的生态修复性司法》,载《河南师范大学学报(哲学社会科学版)》2020年第3期。

其次,更重要的是,必须意识到在环境治理中,仅仅只用刑罚手段,未必能够产生良好的生态治理效果。因为就连刑罚本身是否具有消极预防作用,都受到学界的批判与质疑。因此,有必要重视恢复性司法的运用,坚持恢复性司法理念,以生态修复责任凸显司法效果。

那么,恢复性司法是什么呢?一般将其理解为以恢复性正义为基础的司法制度。对恢复性司法的理解主要体现在刑事司法和恢复性司法不同的提问方式上。换句话说,刑事司法要解决的问题是,“违反了哪条法律”“谁做的”;而恢复性司法要解决的问题是,“谁是受害人”“当事人需要什么”“这是谁的义务和责任”“在这种情况下谁是利益相关人”“应该采取什么样的解决方案”“利益相关方可以参与的程序是什么”。[5] 有观点指出,在目前的刑事司法体系下,受害者和加害人之间缺乏对话的机会,导致加害人犯罪的刻板印象盛行。就犯罪的处理而言,一般人认为直接参与诉讼对于受害人来说是痛苦的。但是,应该考虑的是:罪犯不愿进行对话,是因为法庭的中心问题只是“惩罚”罪犯,而不是“怎样才能挽回损失”;如果深入探讨“怎样能挽回损失”,建立有效沟通机制,情况就会有所不同。这样的话,加害人(犯罪人)得以从“听众”的被动地位,转为讨论“他们应该得到多少痛苦作为补偿”,这对加害人本身来说本能上是更能接受的,进而促进其接受并思考“如何为修复作出贡献”。以此为前提的恢复性司法有可能将加害人转变为修复损害的参与者。时至今日,加害者自己也被剥夺了向受害人解释自己行为的机会,从而失去了最重要的获得宽恕的机会。而恢复性司法的理念认为,提供这样的机会最终会通过让受害者有机会与加害人进行沟通,消除对加害人的刻板印象。

时至今日,加害者被剥夺了向受害人解释自己行为的机会,从而失去了最重要的获得宽恕的机会。而恢复性司法的理念认为,提供这样的机会最终会通过让受害者有机会与加害人进行沟通,从而消除对加害人的刻板印象。恢复性司法重视加害人与被害人的和解、修复被害人因犯罪所受的害、修复加害人与社群的关系而不被边缘化,故对加害人的制裁应以前述的目的为依归,倘

---

[5] 修复性司法的原文为 restorative justice,它常常被放在报复性司法(retributive justice)的对立面进行解释说明。换言之,报复性司法将犯罪视为对国家的侵犯,并将正义视为在犯罪者与国家之间的较量中确定责任和刑罚。与此相对,恢复性司法将犯罪视为对人及其关系的侵犯,并将司法视为将受害者、犯罪者和社区聚集在一起,以促进形成让当事人康复、和解和保护的解决方案。

若无法实现恢复性司法的目的的，具有报复性质的制裁才是最后的制裁手段。[6]

作为消除犯罪现在与将来影响的一种犯罪解决方式，修复性司法本身有两种模式。第一种模式被称为“纯粹模式”，纯粹模式是集合犯罪的直接参与人，并通过其相互合作实现受害人、加害人之间的关系整合。简单而言，纯粹模式重视当事人的积极行动，强调当事人直接对话，以当事人的参与和合作为绝对要件。“针对受害人的修复”“加害人的责任”“社会的支援”是纯粹模式的三个必要条件。第二种模式被称为“最大化模式”，与纯粹模式相比，最大化模式对恢复性司法作了更为扩张性的解释。它将修复性司法的核心理解为“修复损害”，重视通过一定政策措施来实现修复损害的目标。最大化模式并不要求受害人与加害人等当事人之间直接对话，而是更重视修复的意愿与修复的成果。[7]

如果将恢复性司法运用到治理环境犯罪领域，重视修复损害的最大化模式，将更加符合生态恢复、环境治理的要求。着眼于如何修复被破坏的环境，提供什么样的政策和措施，来辅助污染环境的主体、社会整体对生态环境进行修复。让加害人（污染环境的主体）参与修复生态的过程，一方面是对加害人的惩治；另一方面对加害人也有良好的教育效果。就非法捕捞水产品罪而言，本案法院在对非法捕捞水产品犯罪行为人依法追究刑事责任的同时，通过责令行为人承担被破坏水域生态环境的修复责任，从经济上给予处罚，有效地实现了惩罚、预防效果，同时实现了生态环境修复，法治化地推动长江流域生态保护。

另外，本案还具有以下典型意义，[8]我们也可以将其视为恢复性司法在非法捕捞水产品罪中的具体实践。在本案中，检察长带头办理非法捕捞水产品案件，具有鲜明的司法政策导向。办理非法捕捞水产品案件的政策性较强，要更加注重政治效果、法律效果和社会效果。检察长带头办理非法捕捞案件，可以带动本地区高质量办理相关案件，引导司法机关和行政执法机关达成长江流域生态保护的共识，推动中央政策在基层落地落实。检察机关履行检察职能，积极参与打击破坏生态、污染环境的违法犯罪行为，不仅体现在履行批捕、公诉等基本检察职能之中，更体现在切实践行“谁污染谁治理”“谁破坏谁

〔6〕 蔡孟兼：《恢复性司法视野下生态环境犯罪的修复责任》，载《辽宁大学学报（哲学社会科学版）》2021年第5期。

〔7〕 参见［日］高桥则夫：《（演讲）从修复性司法的角度来看犯罪被害人的应有之义》，载《早稻田法学》85卷第1号。

〔8〕 参见最高人民检察院典型案例：沈某某非法捕捞水产品案典型意义。

修复”的生态环保原则上,借助恢复性司法理念实现对被破坏社会关系的修复,用办案推动受损生态修复,以实现办案效果最大化。作为社会支援的一个重要组成部分,相关机关的工作既要体现“用最严格制度最严密法治保护生态环境”的要求,严惩将危险废物非法转移、倾倒等违法犯罪活动,以形成对潜在违法者的有效震慑;又要积极推动开展生态损害赔偿磋商活动,力求以“短平快”的方式为受损生态修复提供资金保障,通过签署和履行磋商赔偿协议,督促生态环境加害人积极履行赔偿义务,赔偿经济损失,及时修复生态,实现“办理一个案件,恢复一片生态,引导一方群众”的良好社会效果。

加强类案普法宣传,促进长江“十年禁渔”政策见实效。落实“谁执法谁普法”责任,通过邀请人大代表、政协委员、环保领域执法人员、渔民、基层群众等旁听庭审,检察长做客电视台普法,监督涉案人员增殖放流等方式,加强生态环境保护法治宣传教育力度,彰显检察机关对破坏生态环境违法犯罪的“零容忍”态度,引导群众远离生态环境犯罪,努力形成全民参与、全民禁捕、全民护江的格局,优化长江“十年禁渔”政策落实的法治环境。

(焦艳鹏、周芊妤)

黄某某危害珍贵、濒危野生动物案

危害珍贵、濒危野生动物罪中"违法性认识"的必要与否

案情介绍

被告人黄某某为捕捉青蛙和鱼类食用，案发当日，戴着头灯携带电鱼设备来到某县"石湾"(地名)，利用电鱼设备捕捉了10只蛙类与一些黄鳝和泥鳅，在马路边的水渠里捕捉得一些鳜鱼、马口鱼和鲫鱼后，被打击非法捕捞专项行动执法工作人员当场抓获。经认定：被告人黄某某捕鱼的水域为禁渔区，捕鱼的方法为禁渔方法，且被告人黄某某非法捕获的蛙类中，其中1只为虎纹蛙，为国家二级保护动物；9只为黑斑侧褶蛙，为国家"三有"保护动物。法院判定被告人黄某某犯危害珍贵、濒危野生动物罪，判处拘役5个月，并处罚金人民币1400元；犯非法捕捞水产品罪，判处拘役3个月；决定执行拘役6个月，缓刑6个月，并处罚金人民币1400元。[1]

理论争议

关于本案中被告人的行为应如何定罪处罚，存在以下三种观点：

第一种观点认为，被告人的行为不构成危害珍贵、濒危野生动物罪，仅构成非法捕捞水产品罪。"石湾"天然水域为禁渔区，被告人在此为捕捞水产品食用的目的，捕捞了黑斑侧褶蛙和一些鱼类，应当以非法捕捞水产品对其进行定罪处罚。

第二种观点认为，被告人的行为构成非法狩猎罪和非法捕捞水产品罪。其主要理由是，被告人违反狩猎法规，在禁猎区、禁猎期使用禁用的工具、方法进行狩猎，破坏野生动物资源，情节严重；在禁渔区使用禁用的方法非法捕捞水产品，情节严重，其行为分别触犯了《刑法》第341条第2款、第340条之规定，应当以非法狩猎罪和非法捕捞水产品罪追究其刑事责任，且被告人黄某某

---

〔1〕 案例来源：湖南省溆浦县人民法院刑事判决书，(2020)湘1224刑初393号。

犯二罪,应当数罪并罚。

第三种观点认为,被告人的行为构成危害珍贵、濒危野生动物罪和非法捕捞水产品罪。其主要理由是,被告人黄某某捕获的10只野生蛙类其中有1只为虎纹蛙,属国家二级保护动物;9只为黑斑侧褶蛙,属国家"三有"保护动物,已经构成非法猎捕国家重点保护的珍贵、濒危野生动物罪;且被告人违反保护水产资源法规,在禁渔区使用禁用的方法捕捞水产品,情节严重,其行为已构成危害珍贵、濒危野生动物罪和非法捕捞水产品罪。

■ 法理分析

本案的焦点问题在于,被告人黄某某捕捉蛙类的行为是否成立危害珍贵、濒危野生动物罪。危害珍贵、濒危野生动物罪的犯罪对象是国家重点保护的珍贵、濒危野生动物。1988年11月8日全国人大常委会会议通过的《野生动物保护法》第9条规定,"国家对珍贵、濒危的野生动物实行重点保护。国家重点保护的野生动物分为一级保护野生动物和二级保护野生动物"。根据最高人民法院、最高人民检察院2022年4月6日联合发布的《关于办理破坏野生动物资源刑事案件适用法律若干问题的解释》第4条的规定,"国家重点保护的珍贵、濒危野生动物"包括:(一)列入《国家重点保护野生动物名录》[2]的野生动物;(二)经国务院野生动物保护主管部门核准按照国家重点保护的野生动物管理的野生动物。在本案中,被告人黄某某捕捉的野生蛙属于《国家重点保护野生动物名录》中所列举的野生动物,其行为满足危害"珍贵、濒危野生动物罪"的构成要件,因此不适用非法狩猎罪。

在本案中,尤其值得讨论的观点是,被告人为食用目的捕捞蛙类,因此不构成危害珍贵、濒危野生动物罪,即上述第一种观点。首先,食用珍贵、濒危野生动物,本来就是一种危害珍贵、濒危野生动物的行为。2021年2月26日公布的最高人民法院、最高人民检察院《关于执行〈中华人民共和国刑法〉确定罪名的补充规定(七)》中,取消了非法猎捕、杀害珍贵、濒危野生动物罪和非法收购、运输、出售珍贵、濒危野生动物制品罪罪名。确立了危害珍贵、濒危野生动物罪。"危害"一词应该解释为,广泛包括非法猎捕、杀害、买卖等行为。因此,不能以被告人为食用目的捕捞蛙类为由,排除危害珍贵、濒危野生动物

---

〔2〕 国家林业和草原局、农业农村部于2021年2月1日联合发布了新调整的《国家重点保护野生动物名录》。调整后的名录共列入野生动物980种和8类,其中国家一级保护野生动物234种和1类、国家二级保护野生动物746种和7类。

罪的适用。由此可以推测,第一种观点以被告人的行为目的来否定被告人构成危害珍贵、濒危野生动物罪的主张,其核心在于被告人缺乏对其危害珍贵、濒危野生动物行为的“违法性认识”。换言之,被告人认为其捕捞蛙类的行为并不违法。那么,违法性认识是构成危害珍贵、濒危野生动物罪的必要条件吗?对于这一问题,有必要进行具体分析。

被告人误认为自己捕捞蛙类的行为不违法,意味着被告人欠缺违法性认识,对自己的行为产生了违法性认识错误。所谓违法性认识错误,是指行为人对事实没有产生错误,但错误地认为自己的行为并不违反法律。[3] 有学说认为违法性认识是故意的一部分,不管是出于何种理由,只要行为人陷入违法性认识错误,都应该阻却故意。[4] 这种观点的实质是强调法规范本身的重要性,所以在行为人对违法性没有认识,或者陷入认识错误时,不应该认定其有故意的责任。但是,刑法的功能和目的在于保护法益,所以只要行为人认识到或者可能认识到自己的行为会破坏法益,或者有引起法益被破坏的风险,就应当肯定其故意。就危害珍贵、濒危野生动物罪而言,只要行为人可能认识到自己的行为会危害到珍贵、濒危野生动物,破坏环境法益,[5]就应该肯定其故意责任。[6] 即使被告人认为自己危害某种珍贵、濒危野生动物的行为不违反法律规定,也不能以此否定被告人的责任,而排除其行为成立危害珍贵、濒危野生动物罪。在本案中,虽然被告人认为自己为食用目的捕捞蛙类并不违反法律,但可以肯定的是被告人能够认识到自己的捕捞与将来的食用行为会危害到珍贵、濒危野生动物,那么就应该认定被告人有危害珍贵、濒危野生动物的故意。

进一步来说,对危害珍贵、濒危野生动物罪这种法定犯而言,虽然法定犯本身是基于国家政策的需要而制定的犯罪,也有观点认为只有知道该事实是违法的,才能处罚行为人。但是,从本质上来说,对行为人的处罚根据并不是

---

〔3〕 在英美法系中,不知法律并不能成为行为人的免责事由。我国刑法理论中也有坚持不知法律不免责的主张,参见杨春洗、杨敦先主编:《中国刑法论》(第2版),北京大学出版社1998年版,第108页。在大陆法系中,存在违法性认识错误是否影响责任的争论。

〔4〕 这一观点被称为“严格故意说”,参见[日]浅田和茂:《刑法总论》,成文堂2019年版,第335页。

〔5〕 关于环境法益具体是什么尚且存在争论,但一般认为,危害珍贵、濒危野生动物罪所侵犯的客体是国家重点保护的珍贵、濒危野生动物的管理制度。在本案中,被告人的行为在客观上确实已经破坏了国家重点保护的珍贵、濒危野生动物的管理制度。

〔6〕 需要注意的是,如果是行为人将珍贵、濒危野生动物误认为一般野生动物的情况,属于事实认识错误,此时可能会产生过失责任,但这一问题不在违法认识错误的讨论范围之内。

因为行为人明知规范而违反规范,而是行为人行为本身的危险性。具体而言,处罚危害珍贵、濒危野生动物的行为,并不是因为行为人知晓国家要保护珍贵、濒危野生动物却违反这种规范,而是因为行为人危害了国家要保护的珍贵、濒危野生动物,破坏了生态资源与物种的多样性。只要《国家重点保护野生动物名录》等规定对被告人来说是公开可查找的,那么就应该肯定行为人具有针对危害珍贵、濒危野生动物罪违法性认识的可能性,从而肯定被告人的责任。换言之,这这种情况下,不能以不知危害珍贵、濒危野生动物罪的相关法律规定为由,排除被告人的刑事责任。

另外,在本案中,被告人实施了捕捞国家保护的珍贵、濒危野生蛙类与在禁渔区捕捞鱼类两个行为,因此,应当认定被告人成立危害珍贵、濒危野生动物罪和非法捕捞水产品罪两罪。

（焦艳鹏、周芊妤）

郭某走私毒品案

因失眠从海外购买含有列入精神药品管制品种目录成分的安眠药的定性

案情介绍

因婆婆长期失眠,2020 年 11 月 7 日,儿媳郭某通过微信与网名为“日本郑司机”的网友联系,以 8000 元的价格,通过微信转账的方式,购买不眠症治疗药氟硝西泮片剂。双方商定采用隐蔽包装、伪报胃药方式,自日本邮寄走私入境。同年 11 月 18 日,公安人员在太原市万柏林区滨河西路一家便利店查获邮件,缴获氟硝西泮片剂 390 粒共 78 克(折算为海洛因 0.0078 克)。经鉴定,该片剂中检出氟硝西泮成分(氟硝西泮系国家规定的列入精神药品管制品种目录的第二类精神药品,具有药品和毒品双重属性)。2021 年 2 月,太原海关缉私局以郭某涉嫌走私毒品罪,向太原市人民检察院移送审查起诉。

检察院经审查认为,郭某是为婆婆治疗失眠而请境外朋友帮助购买、邮寄“不眠症治疗药”,并非作其他用途,且郭某承认相关事实。检察机关结合“少捕慎诉慎押刑事司法政策”和郭某犯罪情节轻微等,对其作出相对不起诉处理。[1]

理论争议

就类似案例,另有观点认为,本案不构成走私毒品罪,主要理由如下:

第一,郭某婆婆患有失眠症,郭某并不知道“氟硝西泮”为何物,不能因所购安眠药内含有氟硝西泮成分而将药品认定为毒品。

第二,郭某不明知所购药品为“毒品”,即便认可公诉机关的指控,其本人存在事实认识错误,阻却其犯罪故意的成立。

---

〔1〕 参见辛戈:《女子为治婆婆失眠从国外买回药,不料涉“毒”》,载光明网,https://m.gmw.cn/baijia/2022-06/27/1303017075.html。

第三,即便公诉机关认定的事实有证据印证,本案也应定性为非法持有毒品罪而非走私毒品罪。

第四,本案认定为走私毒品罪,必将引发与电影《我不是药神》相类似的讨论,引发社会公众对司法机关的质疑。

■ 法理分析

笔者认为,本案不构成走私毒品罪。

1 郭某所购药品不是毒品

我国《刑法》第 357 条第 1 款规定:“本法所称的毒品,是指鸦片、海洛因、甲基苯丙胺(冰毒)、吗啡、大麻、可卡因以及国家规定管制的其他能够使人形成瘾癖的麻醉药品和精神药品。”由此可见,毒品在本质上是药品,但药品并不一定是毒品。

本案涉案药品 390 粒共 78 克,并在其中检出氟硝西泮成分,《刑法》第 357 条第 2 款规定:“毒品的数量以查证属实的走私、贩卖、运输、制造、非法持有毒品的数量计算,不以纯度折算。”这应该是公诉机关认定本案行为构成犯罪的主要原因,但俗话说“是药三分毒”,本案涉及的是在日本用于治疗失眠症的药品,对此理应审慎对待。

郭某婆婆长期失眠,郭某购药的目的是为帮助婆婆治疗这一病症,因此,无论从主观上还是客观上,郭某购买的都是药品,其不可能认识到所购买的是毒品。对此,最高人民法院、最高人民检察院《关于办理危害药品安全刑事案件适用法律若干问题的解释》(法释〔2014〕14 号)第 11 条规定,“销售少量未经批准进口的国外、境外药品,没有造成他人伤害后果或者延误诊治,情节显著轻微危害不大的,不认为是犯罪”,〔2〕在本案中,郭某购买涉案药品系自用,而且其婆婆的确患有较为严重的失眠症,显然符合“没有造成他人伤害后果或者延误诊治”,既然销售行为不构成犯罪,单纯购买自用的行为自然也不构成犯罪。

同时,最高人民检察院《关于全面履行检察职能为推进健康中国建设提

---

〔2〕 该解释被 2022 年 3 月公布的最高人民法院、最高人民检察院《关于办理危害药品安全刑事案件适用法律若干问题的解释》废止,与之类似的规定为第 18 条第 1 款:“根据民间传统配方私自加工药品或者销售上述药品,数量不大,且未造成他人伤害后果或者延误诊治的,或者不以营利为目的实施带有自救、互助性质的生产、进口、销售药品的行为,不应当认定为犯罪。”

供有力司法保障的意见》第4条规定:"对于销售少量根据民间传统配方私自加工的药品,或者销售少量未经批准进口的国外、境外药品,没有造成他人伤害后果或者延误诊治的行为,以及病患者实施的不以营利为目的带有自救、互助性质的制售药品行为,不作为犯罪处理。对于认定罪与非罪争议较大的案件,及时向上级检察机关请示报告。"

在郭某婆婆患有失眠症且涉案药品是治疗安眠药的药品的前提条件下,以涉案药品中含有氟硝西泮成分即认为郭某购买的涉案药品为毒品,显然值得讨论。根据公诉机关的逻辑,只要没有处方而自行购买含有精神药品管制品种目录成分的药品用于治疗失眠症,即涉嫌毒品犯罪,这完全超出了社会公众的一般认知。"毒品和药品具有一定的重合关系,国家管制的药品只有被非法滥用为毒品时,才依法属于刑法中的毒品;用于医疗或者科研等目的,不能被认定为毒品。"〔3〕

本案涉案物品系从境外快递而来,如果存在违规,也只是表现为未缴纳关税,"两高"《关于办理走私刑事案件适用法律若干问题的解释》第16条明确,偷逃应缴税额在10万元以上不满50万元的,是《刑法》第153条第1款规定的"偷逃应缴税额较大",本案涉案物品总共价值8000元,显然,对此由海关予以行政处罚即可。

Ⅱ 本案定性存在错误

退一步讲,即便郭某明知涉案物品为毒品而非药品,本案也不应定性为走私毒品罪,而是非法持有毒品罪。

2015年,《全国法院毒品犯罪审判工作座谈会纪要》规定:"吸毒者在购买、存储毒品过程中被查获,没有证据证明其是为了实施贩卖毒品等其他犯罪,毒品数量达到刑法第三百四十八条规定的最低数量标准的,以非法持有毒品罪定罪处罚。"郭某与其他走私毒品犯罪分子不同,其购买"毒品"是为了"吸食",符合该条规定中的"在购买毒品过程中被查获",显然应当适用这一规定。经审查,涉案的氟硝西泮折合海洛因0.0078克,远远达不到《刑法》第348条规定的非法持有毒品罪所需要的海洛因50克的标准,因此,不应当追究郭某的刑事责任。就这一问题,可以作一假设:如果本案快递系从国内发出,郭某会构成贩卖毒品罪吗?如果答案是否定的,那将本案认定为走私毒品罪就值得讨论。

---

〔3〕 何荣功:《刑法适用方法论》,北京大学出版社2021年版,第207页。

除此之外,《全国法院毒品犯罪审判工作座谈会纪要》第2条规定:"购毒者接收贩毒者通过物流寄递方式交付的毒品,没有证据证明其是为了实施贩卖毒品等其他犯罪,毒品数量达到刑法第三百四十八条规定的最低数量标准的,一般以非法持有毒品罪定罪处罚。"另外,最高人民法院、最高人民检察院、公安部《关于办理走私、非法买卖麻黄碱类复方制剂等刑事案件适用法律若干问题的意见》也可以作为处理本案的参考:"个人以药用为目的,将少量麻黄碱类复方制剂拆除包装后携带进出境的,由于其中麻黄碱类物质的含量达不到制毒物品犯罪的定罪量刑标准,不应被作为犯罪处理。"〔4〕

综上,考虑到郭某婆婆确实患有失眠症,即便依据公诉机关的思路,其也忽视了郭某购买药品系自用,系"吸毒者"这一重要身份,由此导致定性错误。

Ⅲ 认定本案有罪可能带来不良社会效果

一旦认定本案行为构成走私毒品罪,本案就成为一个"失眠症患者从海外购买失眠药被追究走私毒品罪"的故事,这很容易让社会公众想起《我不是药神》这部电影。正是因为类似判决难以为社会公众所接受,我国才于2019年修订了《药品管理法》、《刑法》以及相应的刑事司法解释也一并予以修订。

刑事司法不仅要惩罚犯罪、保障人权,同时还要有规范指引功能,因此,刑事判决应有指引我国社会公众日常生活的功能。将本案认定为走私毒品罪难以为社会公众所接受,毕竟,随着对外开放程度的加深,有更多的国人有能力走出国门,在海外购买自用药品,一旦被查获并鉴定含有毒品成分,即追究走私毒品罪的刑事责任,不顾这些毒品成分是否为社会公众所明知,不顾"是药三分毒"这一常识,不顾行为人是出于治病而行为这一现实,这显然违反了社会公众的一般认知。《我不是药神》这部电影之所以引发社会公众广泛讨论,原因即在于此。本案与《我不是药神》相比,两者都是从海外购买药品,但本案与之相比,更容易引发讨论:(1)本案涉嫌犯罪为毒品犯罪,《我不是药神》涉嫌犯罪为经济犯罪;(2)本案追究买方的刑事责任,《我不是药神》只追究卖方的刑事责任,没有追究买方的刑事责任。应该认识到,打击毒品犯罪的重点应当是源头而非最终的消费者,在我国吸毒行为本身不构成犯罪即是明证。

司法机关在处理有关毒品案件时,应当关注《麻醉药品和精神药品管理条例》第44条第1款的规定:"因治疗疾病需要,个人凭医疗机构出具的医疗诊断书、本人身份证明,可以携带单张处方最大用量以内的麻醉药品和第一类

---

〔4〕 何帆编著:《刑法注释书》(第2版),中国民主法制出版社2021年版,第1011页。

精神药品；携带麻醉药品和第一类精神药品出入境的，由海关根据自用、合理的原则放行。”

综上所述，在处理类似案件时，应当对毒品的概念作限制解释，只有当某种物质被国家依法列管且对人滥用时，才依法应当认定为毒品，行为人出于医疗目的的使用，不能认定为毒品和毒品犯罪。〔5〕将本案认定为犯罪甚至毒品犯罪，必将引发社会公众的不解和广泛讨论，有损刑事判决的规范指引功能，引发社会公众对司法机关的质疑和不满，损毁司法机关权威，对此不可不慎。

（王恩海）

〔5〕 参见何荣功：《刑法适用方法论》，北京大学出版社2021年版，第211页。

何某某组织卖淫案

如何理解组织卖淫罪中“卖淫人员在三人以上”的含义

案情介绍

被告人何某某于2016年1月至6月，先介绍李某进行卖淫活动，李某离开后再介绍秦某、万某进行卖淫活动，共计介绍三人卖淫6次。在此期间，何某某负责联系嫖客、收取嫖资、安排接送三人前往卖淫地点等。后为方便组织卖淫，何某某在丰都县高家镇鸿发小区租了一间无牌门面房屋给自己及万某等人居住。重庆市丰都县人民检察院以被告人何某某犯组织卖淫罪向丰都县人民法院提起公诉。但是，重庆市丰都县人民法院认为，被告人何某某的行为构成介绍卖淫罪。重庆市第三中级人民法院经审理认为，虽然何某某具有管理他人卖淫的行为，但卖淫女李某、秦某与万某的卖淫活动分别在不同时段，无三人在同一时段的情形，不符合组织卖淫罪的构成要件，因而认定何某某的行为构成介绍卖淫罪。[1]

理论争议

根据2017年最高人民法院、最高人民检察院《关于办理组织、强迫、引诱、容留、介绍卖淫刑事案件适用法律若干问题的解释》（以下简称《涉卖淫刑案解释》）的规定，构成组织卖淫罪应当同时具备以下三个条件：(1)组织者对卖淫人员采用了招募、雇佣、纠集等手段；(2)组织者具有管理或者控制他人卖淫的行为；(3)卖淫人员达到三人以上。[2] 本案中，被告人何某某的行为符合前两项条件，但对是否符合“卖淫人员在三人以上”，存在两种不同观点：

第一种观点认为，“卖淫人员在三人以上”是指在指控的犯罪期间，卖淫人员累计达到三人以上。本案中，卖淫人员已累计达到三人以上，符合《涉卖

---

〔1〕 案例来源：重庆市第三中级人民法院刑事判决书，(2017)渝03刑终69号。

〔2〕 《涉卖淫刑案解释》第1条第1款规定：“以招募、雇佣、纠集等手段，管理或者控制他人卖淫，卖淫人员在三人以上的，应当认定为刑法第三百五十八条规定的‘组织他人卖淫’。”

淫刑案解释》对组织卖淫罪的规定,应认定为组织卖淫罪。

第二种观点认为,“卖淫人员在三人以上”是指在指控的犯罪期间,同一时间段内管理、控制的卖淫人员达到三人以上而不是管理、控制的卖淫人员累计达到三人以上而是在。本案中,卖淫人员是先后累计达到三人以上,但被告人何某某先是对李某的卖淫活动进行管理,李某离开后再对秦某、万某的卖淫活动进行管理,这三名卖淫人员在被管理的时间上不存在交叉、重叠,不符合《涉卖淫刑案解释》对组织卖淫罪的规定。何某某具有介绍卖淫的行为,应以介绍卖淫罪定罪处罚。

■ 法理分析

上述争议焦点在于对组织卖淫罪的“组织”如何理解。在我国《刑法》中,“组织”一词出现了70余次且该词语的外延广泛,涉及“组织”行为的罪名有多个,如“组织、领导、参加黑社会性质组织罪”“组织考试作弊罪”“组织卖淫罪”。〔3〕虽然“组织”一词含义的广泛性及不同罪名间构成上的差异性导致不同罪名中“组织”一词的含义不尽相同,但这些“组织”行为也存在以下共性:一是“组织”行为表现为一种作为行为,即行为人积极实施刑法所禁止的行为。二是“组织”行为的对象,即被组织者应为多人。“组织”是将分散的人或事物按照一定的形式相结合,在数量上由少变多。三是“组织”行为的目的在于使分散的人或物形成相对固定的整体,具备“组织性”,实质上由弱变强。由此,我们可以将刑法规定的“组织”行为的基本模式表述为行为人为了达到一定的犯罪目的,将分散的人或事物按照一定的形式相结合,形成相对固定的整体的行为。刑法规定“组织”行为的本质在于体现“组织性”,即强调由分散的个体组成整体的稳固性和强大性。这不只要求简单地将单个个体召集到一起,还要求组成成员的相对固化,形成相应的纪律、规则,具备一定的行为定式,从而使整体的实力远远大于个体实力的简单相加。

就组织卖淫罪而言,该罪的构成同样应当以具有“组织性”为前提,即将单个卖淫人员以招募、雇佣、纠集等手段整合为三人以上的稳定的卖淫团体,并按照相应的纪律、规则对卖淫活动进行管理或控制。因此,对《刑法》第358条第1款规定的“组织他人卖淫”的理解,也必须从是否具有组织性进行考察。根据《涉卖淫刑案解释》的规定,可以从以下三个方面来理解:一是组织

---

〔3〕参见冯卫国、方涛:《预防性刑法观视域下冒名顶替罪的法教义学阐释》,载《政法学刊》2022年第4期。

他人卖淫的"组织性"在人数上要求达到多人。行为人组织的卖淫人员的人数必须达到三人及以上,在数量上实现由少变多;如果卖淫的人数没有达到三人,那么行为的"组织性"则无法体现。二是组织他人卖淫的"组织性"在空间上要求具有稳定性。组织者与卖淫人员通过一定的管理或者控制手段形成相对稳定的团体,从而让卖淫人员处于有序状态下进行卖淫交易。三是组织他人卖淫的"组织性"在时间上要求具有重合性。三人以上的卖淫人员在被管理或者控制的某个时段必须存在交叉、重叠,也即三人以上的卖淫人员必须同时出现在一个时段内,这样方能体现组织卖淫中的"组织性"。"时间上的重合"是"人数上多人"和"空间上稳定"有机结合的必要结合点。如果卖淫人员处于一种流动不定的状态,在时间上不存在交叉,那么,稳定的卖淫团体难以形成,"组织性"也难以体现。

就本案而言,被告人何某某先是对李某的卖淫活动进行管理,李某离开后再对秦某、万某的卖淫活动进行管理。何某某在管理卖淫人员李某、秦某、万某的时间上不存在交叉,未能将卖淫人员整合成三人以上的稳定的卖淫团体,缺乏组织他人卖淫的"组织性"。因此,何某某的行为不构成组织卖淫罪。

此外,将"卖淫人员在三人以上"理解为累计达到三人以上,将会造成罪责刑不相适应。组织卖淫罪起点刑为5年有期徒刑,在《刑法》分则第六章第八节中属于重罪,量刑起点较高。将《涉卖淫刑案解释》规定的"卖淫人员在三人以上"理解为累计达到三人以上,将会放宽组织卖淫罪的成立条件,扩大打击面。之所以不能将《涉卖淫刑案解释》第1条规定的"三人以上"理解为累计三人以上,主要原因在于同时管理、控制"三人以上"卖淫和累计管理、控制三人以上卖淫的社会危害性是不一样的。在同一时段内,管理、控制"三人以上"卖淫,体现了组织卖淫行为的"规模效应"。而"规模效应"既是组织卖淫行为的表现特征,也是其社会危害性较容留、介绍卖淫更大的体现,对社会正常秩序的冲击力也更大,这是组织卖淫罪的起刑点高于引诱、容留、介绍卖淫罪的主要原因。

综上,被告人何某某虽然具有联系嫖客、与嫖客谈价格、收取嫖资、确定与卖淫女之间对嫖资的分配、接送卖淫女等"管理他人卖淫"的行为,但是卖淫女李某、万某与秦某是在不同时段从事卖淫活动的,不符合《涉卖淫刑案解释》规定的"卖淫人员在三人以上"的条件,因而不构成组织卖淫罪,而成立介绍卖淫罪。

(徐光华、刘艺鑫)

王某军强迫卖淫案

如何认定多次强迫已满十四周岁的未成年人卖淫的行为

案情介绍

2016年10月末至11月初,王某某(2002年3月26日出生)在被告人王某军经营的“家兴旅社”内住宿期间,欠王某军200余元。王某军在王某某不情愿的情况下,以要求王某某还钱为由,采取语言威胁、将其关在房内、扣押其手机等手段强迫未成年人王某某从事卖淫活动共计4次,收取嫖资共计160元。2017年3月7日王某军被提起公诉。法院以王某军犯强迫卖淫罪,判处有期徒刑7年,并处罚金3万元。[1]

理论争议

根据《刑法》第358条的规定,强迫卖淫罪是指以暴力、胁迫或者其他手段,迫使他人卖淫的行为。强迫卖淫罪没有卖淫人数的限制,只要卖淫人员被强迫卖淫即可构成本罪。本案中,被告人王某军强迫他人实施卖淫的行为,认定为强迫卖淫罪没有异议。王某军多次强迫他人卖淫的行为如何认定,有两种不同观点:

第一种观点认为,1997年《刑法》第358条规定,“多次”强迫他人卖淫构成强迫卖淫的“情节严重”,2015年11月1日起施行的《刑法修正案(九)》没有明确规定强迫卖淫罪“情节严重”的具体情形,实践中应沿用1997年《刑法》第358条的规定认定和处罚,认为王某军的行为构成强迫卖淫罪的“情节严重”。

第二种观点认为,根据2017年7月25日起施行的最高人民法院、最高人民检察院《关于办理组织、强迫、引诱、容留、介绍卖淫刑事案件适用法律若干

---

〔1〕 案例来源:辽宁省安台县人民法院一审判决书,(2017)辽0321刑初28号;辽宁省鞍山市中级人民法院刑事裁定书,(2017)辽03刑终246号。

问题的解释》(以下简称《涉卖淫刑案解释》)第6条的规定,王某军"多次"强迫他人卖淫的行为不构成强迫卖淫罪的"情节严重"。[2]

■ 法理分析

本案争议的焦点在于强迫他人卖淫次数的认定问题。

首先,本案应适用《涉卖淫刑案解释》来认定是否构成强迫卖淫罪的"情节严重"。1997年《刑法》第358条第1款规定:"组织他人卖淫或者强迫他人卖淫的,处五年以上十年以下有期徒刑,并处罚金;有下列情形之一的,处十年以上有期徒刑或者无期徒刑,并处罚金或者没收财产:(一)组织他人卖淫,情节严重的;(二)强迫不满十四周岁的幼女卖淫的;(三)强迫多人卖淫或者多次强迫他人卖淫的;(四)强奸后迫使卖淫的;(五)造成被强迫卖淫的人重伤、死亡或者其他严重后果的。"该条第2款还规定:"有前款所列情形之一,情节特别严重的,处无期徒刑或者死刑,并处没收财产。"2015年8月《刑法修正案(九)》对该条进行修改后的规定为:组织、强迫他人卖淫的,处五年以上十年以下有期徒刑,并处罚金;情节严重的,处十年以上有期徒刑或者无期徒刑,并处罚金或者没收财产。组织、强迫未成年人卖淫的,依照前款的规定从重处罚。犯前两款罪,并有杀害、伤害、强奸、绑架等犯罪行为的,依照数罪并罚的规定处罚。《刑法修正案(九)》与原《刑法》的不同在于:第一,取消了组织、强迫卖淫罪"情节特别严重"的规定,同时取消了该罪的死刑;第二,实施组织、强迫卖淫行为,又具有强奸、杀人、伤害、绑架等犯罪行为的,不再认定为该罪的"情节严重";第三,仅规定了组织、强迫卖淫罪"情节严重"的量刑幅度,而没有明确"情节严重"的具体情形。立法将强迫卖淫罪的情节认定交给了司法裁量,如果再参照1997年《刑法》对强迫卖淫罪"情节严重"的规定来认定,显然不妥。

---

[2] 《涉卖淫刑案解释》第6条规定:"强迫他人卖淫,具有下列情形之一的,应当认定为刑法第三百五十八条第一款规定的'情节严重':(一)卖淫人员累计达五人以上的;(二)卖淫人员中未成年人、孕妇、智障人员、患有严重性病的人累计达三人以上的;(三)强迫不满十四周岁的幼女卖淫的;(四)造成被强迫卖淫的人自残、自杀或者其他严重后果的;(五)其他情节严重的情形。

行为人既有组织卖淫犯罪行为,又有强迫卖淫犯罪行为,且具有下列情形之一的,以组织、强迫卖淫'情节严重'论处:(一)组织卖淫、强迫卖淫行为中具有本解释第二条、本条前款规定的'情节严重'情形之一的;(二)卖淫人员累计达到本解释第二条第一、二项规定的组织卖淫'情节严重'人数标准的;(三)非法获利数额相加达到本解释第二条第四项规定的组织卖淫'情节严重'数额标准的。"

具体到本案,本案发生在2016年10月至11月,2017年3月7日提起公诉。案件一审期间《涉卖淫刑案解释》通过并正式公布实施。根据最高人民法院、最高人民检察院《关于适用刑事司法解释时间效力问题的规定》的相关规定,司法解释自发布或者规定之日起施行,效力适用于法律的施行期间。对于司法解释实施前发生的行为,行为时没有相关司法解释,司法解释施行后尚未处理或者正在处理的案件,依照司法解释的规定办理。由于本案是《刑法修正案(九)》施行后发生的强迫卖淫类案件,不适用1997年《刑法》"情节严重"的规定。在《涉卖淫刑案解释》施行前的"空档"期,关于强迫卖淫罪的"情节严重"应当理解为没有相关司法解释。据此分析,《涉卖淫刑案解释》的效力应当及于《刑法修正案(九)》施行后尚未处理的所有强迫卖淫类案件,本案也应适用《涉卖淫刑案解释》的规定。由于司法解释中强迫卖淫罪"情节严重"的情形不包含"多次"强迫卖淫,而被告人王某军所强迫卖淫的对象已满14周岁,不是幼女,也不符合司法解释中"强迫不满十四周岁的幼女卖淫的"情节严重情形,故王某军的行为不构成强迫卖淫罪的"情节严重"。

其次,强迫卖淫的次数虽不作为"情节严重"的情形,但对于量刑仍然具有影响。《刑法》中的"多次"是指相同性质的危害行为次数较多,而不是指同一行为人分别实施不同罪名的犯罪加起来次数较多。在我国《刑法》或司法解释中,犯罪行为的次数对定罪或量刑具有重要的意义。我国《刑法》和司法解释规定了若干"多次"实施危害行为的犯罪情形。犯罪次数对定罪、量刑的影响主要表现在三个方面:一是将多次实施违法行为作为犯罪构成的入罪门槛,如《刑法》第264条规定的"多次盗窃"、第267条规定的"多次抢夺"、第274条规定的"多次敲诈勒索"等。这类规定中,行为人的每次行为可能在数额上(或行为危害性上)都达不到该罪的最低标准,甚至多次相加的犯罪数额也达不到该罪的最低标准,但由于行为次数达到了"多次",因而符合犯罪构成的客观要件。二是将犯罪次数作为情节加重犯的法定条件。"多次"实施同一种犯罪行为,作为犯罪法定刑升格的条件,即将同种犯罪以法律拟制的方式作为一罪加重处罚,如《刑法》第263条规定的抢劫罪,其中"多次抢劫"就属于抢劫罪的"情节严重",应处10年以上有期徒刑、无期徒刑或者死刑,并处罚金或没收财产,即"多次"抢劫,构成抢劫罪加重处罚情节。三是"多次"既不作为犯罪构成的入罪门槛,也不作为法定加重处罚情节,而仅作为从重处罚的依据。《涉卖淫刑案解释》就将组织、强迫、引诱、容留、介绍他人卖淫次数作为酌定量刑情节予以规定。《涉卖淫刑案解释》第10条规定:"组织、强迫、引诱、容留、介绍他人卖淫的次数,作为酌定情节在量刑时考虑。"据此,强迫卖淫的次数在已经查实的情况下,在法定刑幅度范围内应当作为量刑的情节予以考虑。本案中,被告人王某军强迫刚满14周岁的未成年人卖淫,根据《刑法》第358条第2款"组织、强迫未成年人卖淫的,依照前款的规定从重处罚"的规定,应依法从重处罚。另外,王某军强迫未成年人卖淫4次,属于"多次"强迫他人卖淫,根据《涉卖淫刑案解释》第10条的规定应当酌定从重处罚。

(徐光华、刘艺鑫)

丁某等组织卖淫、协助组织卖淫案

如何认定在组织卖淫过程中采取非法限制卖淫人员人身自由等强迫行为

案情介绍

2011 年 7 月至 2013 年 4 月，被告人丁某、何某与宋某合伙出资经营“语过添情”歌厅，其间招募陪唱人员十余名，雇用被告人杨某、翟某分别为歌厅经理、服务生，雇用被告人卢某、刘某、张某为工作人员协助管理。经营初期，以何某为主，负责管理并制定和实施陪唱人员身份证和手机集中管理、统一外出等规定。2011 年下半年至 2012 年 8 月 16 日，何某因怀孕生子不再管理歌厅事务，但仍收取歌厅收入盈利份额。2012 年春节后歌厅重新装修，同年 8 月 6 日重新开业，由丁某为主负责经营管理。丁某采取扣押陪唱人员身份证、手机、收入、在宿舍上锁限制人身自由等手段，控制陪唱人员流动，并多次开会宣布歌厅纪律，要求陪唱人员满足客人需求。歌厅客人如提出嫖娼要求，与陪唱人员自行议定价格，由工作人员另开包房进行卖淫活动，包房费固定由歌厅收取，卖淫收入归陪唱人员，统一交到吧台记账，需要时再向吧台支取。卖淫过程中翟某负责望风，如发现公安机关检查则通过杨某通知卖淫人员。卢某、刘某、张某按照丁某、何某、宋某的要求，负责对歌厅内及带领陪唱人员外出期间活动进行监管，如有违反歌厅纪律者，向丁某或杨某举报。宋某在歌厅经营期间负责缴税、验照、去公安机关接受处罚等外围事务，偶尔参与日常管理和决策。因违反歌厅纪律、卖淫被公安机关查获等原因，丁某、杨某和宋某对陪唱人员实施过打骂。[1]

---

〔1〕 案例来源：最高人民法院刑事审判第一、二、三、四、五庭主办：《刑事审判参考》总第 117 集，法律出版社 2019 年版，第 77 页。

■ 理论争议

本案中,对于行为人在组织卖淫或协助组织卖淫行为中采取非法限制卖淫人员人身自由等行为的认定有两种不同观点:

第一种观点认为,行为人组织卖淫或协助组织卖淫的行为所侵犯的客体为社会管理秩序及公序良俗,而其实施的非法限制卖淫人员人身自由等行为则侵犯了他人的人身权利,只认定组织卖淫一罪不足以评价其行为的社会危害性,故应根据《刑法》第 358 条第 3 款的规定,以非法拘禁罪和组织卖淫罪(或协助组织卖淫罪)数罪并罚。

第二种观点认为,非法限制卖淫人员人身自由是行为人组织卖淫过程中使用的手段行为,是组织卖淫行为的表现形式之一,以组织卖淫罪一罪即可评价。《刑法》第 358 条第 3 款的规定是针对严重侵害他人人身权利的犯罪,不应作扩大解释。同理,以协助组织卖淫的目的非法限制卖淫人员人身自由的,也应构成协助卖淫罪一罪。

■ 法理分析

上述争议的焦点在于组织卖淫罪或协助组织卖淫罪中的手段行为是单独评价还是分开评价的问题。1992 年 12 月 11 日"两高"印发的《关于执行〈全国人民代表大会常务委员会关于严禁卖淫嫖娼的决定〉的若干问题的解答》(以下简称《解答》,已废止)中曾规定,"组织他人卖淫罪,是指以招募、雇佣、强迫、引诱、容留等手段,控制多人从事卖淫的行为"。该规定将强迫作为组织卖淫的手段之一。为避免在司法实践中混淆组织卖淫和强迫卖淫的概念,2017 年 7 月 25 日起施行的最高人民法院、最高人民检察院《关于办理组织强迫、引诱、容留、介绍卖淫刑事案件适用法律若干问题的解释》(以下简称《涉卖淫刑案解释》)第 1 条将组织卖淫罪定义为"以招募、雇佣、纠集等手段,管理或者控制他人卖淫,卖淫人员在三人以上的"。《涉卖淫刑案解释》中只采用"招募、雇佣、纠集等手段"的表述方法,并将"控制"他人卖淫改为"管理或者控制"他人卖淫。这种"管理或者控制"主要表现在对卖淫人员和卖淫活动的管理和控制上,既表现为行为人使用协商、劝说、引诱等平和的方式,就卖淫方式、服务内容、收费分成等与卖淫人员达成合意,使卖淫人员自愿服从管理;也表现为行为人使用暴力、胁迫等具有强迫特征的手段,如组织者对卖淫人员实施扣押身份证、户口簿等证件;假借代为保管名义控制卖淫人员手机等通信工具,以限制其与外界联系的自由;以拘禁的方式限制卖淫人员人身自由,以殴打手段迫使卖淫人员卖淫,安排人员监督卖淫交易等行为。这种具有强迫特征的行为表现形式与强迫卖淫罪的手段行为虽有相似之处,但行为对象却有着本质区别,前者为自愿卖淫,并与行为人形成合意、接受行为人管理和控制的卖淫人员;后者则为无卖淫意愿,被强迫从事卖淫行为的人员。

实践中,卖淫组织中的卖淫人员为了追求经济利益,或是自愿卖淫并接受组织管理,或是经人介绍、引诱加入卖淫组织实施卖淫行为。行为人将卖淫人员组织起来统一管理、控制,以非法拘禁、殴打、侮辱等手段强制卖淫人员服从组织管理。强迫手段是组织、管理、控制的具体表现,行为人的目的仍是组织卖淫,根据罪刑法定原则,应直接定为组织卖淫罪,其中限制人身自由等手段行为可作为组织卖淫罪的量刑情节考虑,这也是实践中的普遍做法。[2] 需要注意的是如果组织者故意实施以上行为直接导致被组织者伤亡的,应当依照《刑法》第358条第3款的规定,以故意杀人罪、故意伤害罪等对组织者进行数罪并罚。另外,组织者对被组织者以外的其他人实施非法拘禁、殴打行为的,也应当按照其实施的行为定罪,与组织卖淫罪数罪并罚。

综上所述,在组织或协助组织卖淫罪中,行为人实施的非法限制卖淫人员自由等强制性质的行为应包含在组织卖淫罪的"管理和控制"行为之中,不宜单独评价作为组织卖淫罪的帮助犯,行为人为协助组织卖淫而实施非法限制卖淫人员自由等行为的,亦只定协助组织卖淫罪一罪。

(徐光华、刘艺鑫)

---

〔2〕《解答》第2条曾明确规定"在组织他人卖淫的犯罪活动中,对被组织卖淫的人有强迫、引诱、容留、介绍卖淫行为的,应当作为组织他人卖淫罪的量刑情节予以考虑,不实行数罪并罚"。虽然该解答根据2013年1月18日起施行的"两高"《关于废止1980年1月1日至1997年6月30日期间制发的部分司法解释和司法解释性质文件的决定》已经失效,但其对于组织卖淫犯罪中强迫行为的处置是司法实践中处理案件的普遍做法。

阎某某介绍卖淫案

如何认定利用"QQ"网络建群为群成员卖淫嫖娼活动提供方便的行为

案情介绍

2013 年前后,阎某某将从他人处获得的 QQ 号中的 QQ 群改名为"暗夜王朝《总群》",并充费保持 QQ 等级维持该群。阎某某作为群主,经常使用该 QQ 询问群内的嫖客和卖淫女,用自己的群主权限在嫖客的名称前加上"护卫""带刀"等头衔,在卖淫女的名称前加上"验""安全"等头衔,以方便群内成员的卖淫嫖娼行为。群内嫖客通过"暗夜王朝《总群》"与卖淫女联系并在约定地点发生性交易。至案发时,阎某某已维护该群 3 年以上,群成员人数众多,其积极为群成员卖淫嫖娼,相互识别、联系提供便利,在该区域内社会影响较大,仅在 2016 年 6 月案发时,即查证当月有 4 人系通过该群联系卖淫嫖娼。沈阳市苏家屯区人民法院认为,被告人阎某某建立网络群,为卖淫嫖娼者提供平台和信息,已构成介绍卖淫罪。判处有期徒刑 1 年 2 个月,并处罚金人民币 2 万元。[1]

理论争议

对于阎某某行为的认定,有两种不同观点:

第一种观点认为,阎某某的行为构成组织卖淫罪与非法利用信息网络罪的竞合,应当以组织卖淫罪定罪处罚。理由是:阎某某组建 QQ 群,为他人卖淫嫖娼活动提供了平台,作为群主,其经常使用、管理该群,并使用自己的群主权限在卖淫女和嫖客成员的名称前加上一定的头衔属于一种组织行为,且经过该群达成线下卖淫嫖娼交易有四起。

---

〔1〕 案例来源:最高人民法院刑事审判第一、二、三、四、五庭主办:《刑事审判参考》总第 122 集,法律出版社 2020 年版,第 113 页。

第二种观点认为,被告人阎某某的行为构成介绍卖淫罪与非法利用信息网络罪的竞合,应当以介绍卖淫罪定罪处罚。理由是:阎某某只是利用QQ群实施了介绍卖淫行为,对卖淫嫖娼活动并未实施管理和控制。卖淫嫖娼者何时、何地、如何卖淫嫖娼以及费用的支付等,均由卖淫嫖娼人员自主决定。阎某某并未从中牟取经济利益。因此,其对卖淫嫖娼活动仅起到介绍作用。

■ 法理分析

本案涉及的是利用即时通信软件腾讯QQ为卖淫嫖娼人员建群并管理该群,为他人卖淫、嫖娼提供方便,群主并未收取费用,应如何定罪量刑的问题。

第一,被告人阎某某线上介绍他人卖淫嫖娼致他人线下达成卖淫嫖娼交易,但并未对卖淫嫖娼活动实施管理或者控制行为,应当认定为介绍卖淫罪。组织卖淫罪与介绍卖淫罪在行为特征上有重合之处,组织卖淫行为人往往将介绍卖淫作为组织卖淫的手段行为,组织卖淫的行为特征,一般是指行为人在对卖淫人员进行一定的管理或者控制措施前提下,向他人宣传、介绍、招揽卖淫嫖娼活动。组织卖淫罪中的组织活动是对卖淫人员实施一定的管理或者控制措施,其形式包括紧密型组织或松散型组织。例如,依托会所、洗浴中心等实体场所或者建立网络群等形式进行管理。而对没有固定场所的组织卖淫行为,应当明显地体现出组织者的管理、控制行为,即卖淫者并非作为单个个体而存在,受制于组织者,随时接受他们的指令去办事,有一定的组织性和纪律性。例如,对卖淫所得按比例或者次数收取一定的费用,包括直接收取嫖资后扣留部分或要求卖淫人员上交部分等。〔2〕 介绍卖淫罪则是指行为人在卖淫女和嫖客之间建立媒介关系,行为人对卖淫人员并无管理行为,仅在卖淫人员和嫖娼人员之间介绍、引荐、撮合或提供卖淫嫖娼信息,即进行牵线搭桥的行为,当然介绍人也经常从卖淫人员处收取一定的费用。组织卖淫罪和介绍卖淫罪二罪在介绍卖淫环节的行为特征有重合性,包括行为人在卖淫人员和嫖娼人员之间进行介绍、撮合,以及向卖淫人员收取一定的费用等方面的特征相同,但介绍卖淫行为区别于组织卖淫行为的关键点在于该罪对卖淫人员没有组织,即“管理或者控制活动”。

实践中,一些组织卖淫行为容易与介绍卖淫行为相混淆,主要原因是有的组织卖淫行为,就是采取介绍等手段,进而管理、控制卖淫活动的,即组织卖淫

---

〔2〕 参见周峰等:《〈关于办理组织、强迫、引诱、容留、介绍卖淫刑事案件适用法律若干问题的解释〉的理解与适用》,载《人民司法》2017年第25期。

包含了介绍卖淫的内容。这在我国刑法理论上称为“包容竞合”,即指一个罪名的外延是另一罪名外延的一部分,但是犯罪构成的内容已超出外延窄的情形,其适用原则是全部法、完全法优于部分法、不完全法。换言之,虽然甲、乙两罪之间从逻辑上看,没有竞合关系,但是由于立法者的设定,甲、乙两罪之间存在包容(完全法)和被包容(不完全法)关系,行为符合甲罪的构成要件,也同时符合乙罪的构成要件,但是行为人仅成立甲罪,而排斥乙罪的适用,即重罪包容轻罪。[3] 根据“包容竞合”理论,组织卖淫行为通过介绍卖淫等行为实现组织卖淫的目的。因组织卖淫行为包含了介绍卖淫等行为,后一类行为当然包含在组织卖淫行为中。在针对同一对象的情形下,不再对介绍卖淫等行为单独进行刑法上的评价,而是依照组织卖淫罪定罪处理。

本案中,阎某某建立并管理 QQ 群,但未对群内卖淫活动有组织或控制,仅介绍卖淫。故不能将其管理 QQ 群的行为认定为管理卖淫嫖娼。其建群并充费维持该群和标识群成员的对象是 QQ 群,而不是卖淫嫖娼活动。卖淫嫖娼者的时间、地点、方式、费用等,均由其自主决定,阎某某不过问、不管理、不控制,也未从中获利。因此,被告人阎某某利用互联网建群介绍卖淫,虽与典型介绍卖淫行为不同,但符合介绍卖淫罪构罪要件。首先,阎某某有介绍卖淫行为,其从网友处取得 QQ 号码和该号码创建的 QQ 群后,明知该群内成员主要为卖淫嫖娼人员,其充费维持该群等级,并通过询问和标识群内嫖客和卖淫女,为卖淫人员和嫖客建立媒介发布信息进行明示。虽未直接牵线搭桥,但相当于在特定群体中向卖淫女和嫖客相互介绍身份,提供可选择的信息和联系方式,即属于介绍卖淫行为。其次,群成员根据其提供的信息,进行多次卖淫嫖娼活动,符合最高人民法院、最高人民检察院《关于办理组织、强迫、引诱、容留、介绍卖淫刑事案件适用法律若干问题的解释》(以下简称《涉卖淫刑案解释》)第 8 条第 1 款第 2 项“介绍二人以上卖淫的”规定。

第二,被告人阎某某的行为既构成非法利用信息网络罪,又构成介绍卖淫罪,应当以介绍卖淫罪定罪处罚。《刑法》第 287 条之一第 1 款规定:“利用信息网络实施下列行为之一,情节严重的,处三年以下有期徒刑或者拘役,并处或者单处罚金:(一)设立用于实施诈骗、传授犯罪方法、制作或者销售违禁物品、管制物品等违法犯罪活动的网站、通讯群组的;(二)发布有关制作或者销售毒品、枪支、淫秽物品等违禁物品、管制物品或者其他违法犯罪信息的;(三)为实施诈骗等违法犯罪活动发布信息的。”第 3 款规定:“有前两款行为,

---

[3] 参见周光权:《刑法总论》(第 3 版),中国人民大学出版社 2016 年版,第 377 页。

同时构成其他犯罪的,依照处罚较重的规定定罪处罚。”实践中,利用计算机网络发布招嫖信息公开介绍卖淫的情况比较常见,因此,对于利用信息网络发布招嫖信息且情节严重的行为,根据法律的规定,可以按照非法利用信息网络罪来追究刑事责任。对于确实促成一定数量的卖淫嫖娼人员达成交易的,可适用介绍卖淫罪追究责任。据此,《涉卖淫刑案解释》第 8 条第 2 款规定:“利用信息网络发布招嫖违法信息,情节严重的,依照刑法第二百八十七条之一的规定,以非法利用信息网络罪定罪处罚。同时构成介绍卖淫罪的,依照处罚较重的规定定罪处罚。”

本案中,阎某某的行为属于“设立实施违法活动的通讯群组的行为”,但是其行为是否可以认定为“情节严重”? 目前尚没有司法解释对《刑法》第 287 条之一“非法利用信息网络罪”的构成要件“情节严重”标准进行明确规定。而关于“情节严重”的具体认定,可以结合行为人所发布信息的具体内容、数量、扩散范围、获取非法利益的数额、受害人的多少、造成的社会影响等因素结合考量。[4] 从阎某某的行为来看,其所建群的目的和功能是为群成员介绍、联系卖淫嫖娼,至案发时其已维护该群 3 年以上,群成员人数众多,其积极为群成员卖淫嫖娼相互识别、联系提供便利,在该区域内社会影响较大,仅在案发当月即查证有 4 人系通过该群联系卖淫嫖娼。同时,阎某某的行为已构成介绍卖淫罪,在作为非法利用信息网络的组成行为之一的介绍卖淫行为已经达到犯罪程度时,应当认定行为人非法利用信息网络行为构成“情节严重”。因此,被告人阎某某的行为同时构成介绍卖淫罪和非法利用信息网络罪,属于竞合犯。但鉴于非法利用信息网络罪的法定刑幅度为 3 年以下有期徒刑,而介绍卖淫罪的法定刑幅度为 5 年以下有期徒刑(情节严重的法定刑幅度为 5 年以上有期徒刑),两者相比较,介绍卖淫罪的处罚更重。因此,阎某某的行为应认定为介绍卖淫罪。

(徐光华、刘艺鑫)

---

〔4〕 参见全国人大常委会发展委员会法制工作委员会刑法室:《中华人民共和国刑法解读》,中国法制出版社 2015 年版,第 693 页。

王某传播性病案

明知自己携带艾滋病病毒而卖淫多年的如何定性

案情介绍

2007 年 1 月，被告人王某经某县艾滋病性病皮肤病防治中心确诊为 HIV－1 抗体呈阳性。2013 年 9 月 5 日 16 时许，王某与陆某商定在出租屋进行性交易，嫖资为 30 元。陆某在未使用安全套的情况下与王某发生性关系。后二人被巡查的公安人员抓获，经东莞市疾病预防控制中心检验，王某的 HIV－1 抗体呈阳性。王某供称其知道自己携带的艾滋病病毒可能会传染给他人，也学习了相关知识，知道女性艾滋病病毒携带者传染的可能性相对于男性而言较小；进行性交易时，其会要求对方使用安全套，如果对方不愿意使用，考虑到自己的艾滋病病毒传染给对方的可能性较小，也会同意。东莞市第一人民法院认为，被告人王某明知自己患有严重性病而实施卖淫活动，其行为已构成传播性病罪。判处有期徒刑 10 个月，并处罚金人民币 2000 元。[1]

理论争议

对明知自己感染艾滋病病毒仍进行卖淫嫖娼的行为如何定性，存在不同观点：

一种观点认为，《刑法》第 360 条未明确列举艾滋病属于“严重性病”，《性病防治管理办法》亦未明确规定艾滋病属于性病，故王某的行为不构成传播性病罪，可结合具体案情认定为故意伤害罪或者以危险方法危害公共安全罪。

另一种观点认为，艾滋病属于《刑法》第 360 条规定的“严重性病”，王某的行为构成传播性病罪。

---

〔1〕 案例来源：最高人民法院刑事审判第一、二、三、四、五庭主办：《刑事审判参考》总第 122 集，法律出版社 2020 年版，第 113 页。

■ 法理分析

上述争议的焦点在于，艾滋病是否属于“严重性病”以及对“严重性病”的理解。所谓性病，是以性接触为主要传播途径的疾病。艾滋病主要有性传播、母婴传播、血液传播等传播途径，其中通过性接触传染艾滋病病毒为最主要的传播途径。因此，1991 年 8 月 12 日施行的《性病防治管理办法》将艾滋病包括在内。根据该规定，艾滋病是与淋病、梅毒同一等级的性病。[2] 同年 9 月 4 日施行的《全国人民代表大会常务委员会关于严禁卖淫嫖娼的决定》第 5 条规定，“明知自己患有梅毒、淋病等严重性病卖淫、嫖娼的，处五年以下有期徒刑、拘役或者管制，并处五千元以下罚金”，从而创设了传播性病罪的立法例。从刑事法律与行政法律的衔接关系来看，当时艾滋病显然属于传播性病罪中的“严重性病”。根据《全国人民代表大会常务委员会关于严禁卖淫嫖娼的决定》对传播性病罪的规定，艾滋病仍属于刑法意义上的“严重性病”。随着对艾滋病的危害及防治措施的认识不断深入，国家意识到艾滋病防治工作已不仅仅是卫生行政管理部门的职能，而是需要全社会共同参与的系统工程，单纯依靠部门规章《性病防治管理办法》开展相关工作已不能满足实践需要；必须制定比《性病防治管理办法》层级更高的行政法规，以整合所有与艾滋病防治工作相关的行政部门的职能，有效遏制艾滋病蔓延，增强预防措施的针对性。在此背景下，2006 年国务院出台了《艾滋病防治条例》对艾滋病防治管理工作作出规定，充分体现了国家对艾滋病防治工作的高度重视。因此，2013 年开始施行的新《性病防治管理办法》中未明确规定艾滋病系性病，而是将艾滋病单列出来，规定其防治管理工作依照《艾滋病防治条例》的有关规定执行，以理顺《艾滋病防治条例》与《性病防治管理办法》的关系。新《性病防治管理办法》缩小了调整范围，不再规定艾滋病的防治管理问题，这并不意味着艾滋病在医学和法律层面上被排除出性病的范畴，而是将其视为特殊性病。这种行政法层面上的立法变动并不影响刑法上“严重性病”的认定范围，更不能否定艾滋病作为性病的医学属性。同时，从疾病的传染性、危害程度看，艾滋病与淋病、梅毒同属于《传染病防治法》规定的乙类传染病，对健康的危害更是远远大于淋病、梅毒的，理应视为“严重性病”。

---

[2] 1991 年《性病防治管理办法》第 2 条规定：“本办法所称性病包括：(一)《中华人民共和国传染病防治法》乙类传染病中的艾滋病、淋病和梅毒；(二)软下疳、性病型淋巴肉芽肿、非淋菌性尿道炎、尖锐湿疣、生殖器疱疹。”2013 年 1 月 1 日，新修订的《性病防治管理办法》开始施行，1991 年 8 月 12 日卫生部公布的《性病防治管理办法》同时废止。

本案中,被告人王某经检测,体内 HIV－1 抗体呈阳性说明其系艾滋病病毒携带者;虽无证据证明其已发病,但仍可认定其患有严重性病。其明知自己携带艾滋病病毒而卖淫,符合《刑法》关于传播性病罪的规定,可以认定其构成传播性病罪。对王某的行为应认定为故意伤害罪或者以危险方法危害公共安全罪的观点,从司法实践看,艾滋病病毒携带者或艾滋病患者进行卖淫嫖娼活动,对他人人身权利可能造成不同程度的损害,甚至危害公共安全,同时行为人的犯意亦有不同,根据案件的具体情况,认定行为人构成故意伤害罪或者以危险方法危害公共安全罪并无问题。但在本案中,认定王某构成传播性病罪较为合适。首先,王某不构成故意伤害罪。故意伤害罪是结果犯,构成该罪必须造成被害人轻伤以上的后果。王某从事卖淫活动,与嫖娼人员并无仇怨,对可能发生的致使嫖娼人员感染艾滋病病毒的结果只持放任心态,同时本案无证据证实嫖娼人员陆某因与王某进行性交易而感染艾滋病病毒。由于间接故意实施的犯罪行为未发生危害结果的,不构成犯罪,故王某不构成故意伤害罪。如果王某出于希望或放任他人感染艾滋病病毒的心理进行卖淫嫖娼活动,并使对方感染艾滋病病毒(或发病死亡),可以认定其构成故意伤害(致死)罪。其次,王某不构成以危险方法危害公共安全罪。从主观上看,王某供称其知道自己携带的艾滋病病毒可能会传染给他人,也学习了相关知识,知道女性艾滋病病毒携带者传染的可能性相对于男性而言较小,进行性交易时其会要求对方使用安全套,如果对方不愿意使用,考虑到自己的艾滋病病毒传染给对方的可能性较小,也会同意。可见王某并无恶意传播艾滋病病毒以报复社会的意图,只是为了牟利而在一定程度上放任危害结果的发生。从客观上看,虽然王某供述称其知道自己携带艾滋病病毒后仍进行卖淫活动长达 3 年,但该情节无其他证据佐证,亦不能证实其与多少人进行过性交易,现有证据仅能证实其与嫖娼人员陆某有一次性交易。因此,根据在案证据尚不足以认定王某的行为造成了广泛的社会危害,王某也不构成以危险方法危害公共安全罪。如有充分证据证实其得知自己系艾滋病病毒携带者后仍长期卖淫,与其进行性交易的人员众多,甚至导致艾滋病进一步扩散,可认定其构成以危险方法危害公共安全罪。综上,应认定王某构成传播性病罪。

(徐光华、刘艺鑫)

深圳市快播科技有限公司、王某等人传播淫秽物品牟利案

网络视频缓存加速服务提供者构成传播淫秽物品牟利罪的认定

■ 案情介绍

深圳市快播科技有限公司(以下简称快播公司)成立于2007年12月26日,通过免费提供QSI和QVODPlayer软件(快播播放器程序)的方式,为网络用户提供网络视频服务。任何人均可通过QSI发布自己所拥有的视频资源(发布视频的用户被称为"站长")。快播公司的中心调度服务器在站长与用户、用户与用户之间搭建了一个视频文件传输的平台。

为提高热点视频下载速度,快播公司搭建了以缓存调度服务器为核心的平台,在全国各地不同运营商处设置缓存服务器1000余台。当视频文件点播次数达到一定标准后,缓存调度服务器指令适当位置的缓存服务器抓取、存储该视频文件。当用户再次点播该视频时,缓存调度服务器提供最佳路径,供用户调取该视频。部分淫秽视频因点播、下载次数较高而被缓存服务器自动存储,缓存服务器方便加速了淫秽视频的下载和传播。

2012年8月,深圳网监对快播公司执行行政警告并责令整改。快播公司成立网络安全监控小组开展了不到一周的工作,于8月8日投入使用"110"不良信息管理平台,截至9月26日共报送"色情过滤"类别的不良信息15,836个。但在深圳网监验收合格后,"110"平台工作搁置,检查屏蔽工作未再有效进行。2013年8月5日,深圳南山广电局执法人员对快播公司调查,很快找到可播放的淫秽视频。但快播公司仅提交一份整改报告,"110"平台工作依然搁置,检查屏蔽工作依然没有落实。

快播公司直接负责的主管人员王某、吴某、张某某、牛某某,在明知快播公司擅自从事互联网视听节目服务、提供的视听节目含有色情等内容的情况下,未履行监管职责,放任淫秽视频在快播公司控制和管理的缓存服务器内存储

并被下载,导致大量淫秽视频在网上传播。

2013 年年底,为了规避版权和淫秽视频等的法律风险,在王某的授意下,张某某领导的技术部门开始对快播缓存服务器的存储方式进行调整,将原有的完整视频文件存储变为多台服务器的碎片化存储,将一部视频改由多台服务器共同下载,每台服务器保存的均是 32M 大小的视频文件片段,用户点播时需通过多台服务器调取链接,集合为可完整播放的视频节目。

另查,快播公司盈利主要依靠广告费、游戏分成、会员费和电子硬件等来源,快播事业部是快播公司盈利的主要部门。根据账目显示,快播事业部的主要收入源于网络营销服务,其中资讯快播和第三方软件捆绑是最为主要的盈利方式。快播公司营业收入逐年增长,至 2013 年仅快播事业部即实现营业收入 1.4 亿余元。

法院认为,对于网络服务提供者的网络安全管理义务在我国法律中都有明文规定,虽然司法解释没有对其行为方式进行具体规定,但从刑法理论上分析,这是一种不作为的行为方式。不作为的传播淫秽物品牟利罪的行为特点是网络信息提供者明知存在他人上传的淫秽信息,应当履行安全管理义务并且能够履行而拒不履行。[1]

■ 理论争议

本案是发生在互联网时代的新类型刑事案件,案发后便受到社会公众尤其是网民的普遍关注,其中所涉及的法律适用问题也引起学界的广泛讨论。本案争议焦点主要集中在两个方面:

第一,快播公司免费提供快播资源服务器程序和快播播放器程序,并未直接在自己的网页上提供淫秽视频链接或者播放服务,是否应该承担传播淫秽物品牟利罪的刑事责任?

第二,快播公司作为缓存加速服务提供者参与淫秽视频传播,如何评价其传播淫秽物品牟利的量刑情节?

■ 法理分析

对第一个问题,认定快播公司是否构成传播淫秽物品牟利罪,客观上主要

---

〔1〕 案例来源:北京市海淀区人民法院刑事判决书,(2015)海刑初字第 512 号;北京市第一中级人民法院刑事裁定书,(2016)京 01 刑终 592 号。

应当审查快播公司是否存在传播淫秽物品的行为,主观上主要看快播公司和各被告人对参与淫秽视频传播是否明知,是否具有非法牟利的目的。对第二个问题,关于对快播公司传播淫秽物品牟利的量刑情节的评价,则要结合其具体犯罪情节并充分考量网络信息平台传播的特点审慎把握。具体分析如下:

Ⅰ 快播公司及各被告人的行为构成传播淫秽物品牟利罪

1. 客观上,快播公司已经成为淫秽视频的实际传播者

快播公司是一家流媒体应用开发和服务供应企业,其免费发布快播资源服务器程序和播放器程序,构建了一个基于 P2P 技术提供视频信息服务的网络平台。[2] 快播公司的 P2P 技术不仅使用户在下载视频的同时提供了上传视频的服务,而且在用户与用户之间还介入了自己控制、管理的缓存服务器。快播用户在点播视频过程中,在拥有视频的“站长”(或“客户端”)缓存服务器观看视频的客户端之间形成三角关系。快播调度服务器不仅将淫秽视频文件存储在缓存服务器里,而且也向客户端提供缓存服务器里的淫秽视频文件。这让缓存服务器实际上起到了淫秽视频的下载、储存、分发的作用。快播公司并不制作或购买合法的视频资源产品,但其以搜索点击数量决定“缓存”哪些视频的技术特点,决定了其缓存服务器中存储的视频文件必然包括被搜索点击频率较高的淫秽视频。正是快播公司提供的这种介入了缓存服务器的视频点播服务,以及设立的这种缓存技术规则,决定了其实质介入了淫秽视频的传播行为。

传播淫秽物品牟利罪的传播,是指通过播放、陈列、建立淫秽网站、网页等方式,使淫秽物品让不特定人感知以及通过出借、赠送等方式散布流传淫秽物品的行为。实施传播行为者,不仅包括最初的视频内容提供者,也包括在整个传播链条中介入其中任何一个环节的内容提供者。调度服务器和缓存服务器的运转是快播公司主观意志的体现。调度服务器和缓存服务器对淫秽视频的下载存储、上传供用户使用等活动,应视为快播公司介入传播的行为;缓存服务器内存储的淫秽视频,客观上应当认定为在快播公司占有之下。快播公司

---

〔2〕 用户使用快播播放器客户端点播视频,或者“站长”使用快播资源服务器程序发布视频,快播公司中心调度服务器均参与其中。中心调度服务器为使用资源服务器程序的“站长”提供视频文件转换、链接地址发布服务,为使用播放器程序的用户提供搜索、下载上传服务,进而通过其缓存服务器提供视频存储和加速服务。快播公司缓存服务器内存储的视频文件,也是在中心调度服务器、缓存调度服务器控制下,根据视频被用户的点击量自动存储下来的,只要在一定周期内点击量达到设定值就能存储并随时提供给用户使用。

放任其缓存服务器存储淫秽视频,使公众可以观看并随时得到下载加速服务的方式,属于通过互联网陈列等方式提供淫秽物品的传播行为。比较而言,在单纯的P2P传播模式下,对在用户之间建立链接渠道程序的提供者,难以认定是淫秽视频的内容提供者。但在运用缓存服务器提供加速服务的传播模式下,缓存服务器一旦从网络上下载存储,并根据用户需要上传了淫秽视频,快播公司便成为淫秽视频的内容提供者,而不仅仅是技术服务的提供者。

2. 主观上,快播公司及各被告人对介入淫秽视频传播存在明知,而且具有非法牟利目的

构成传播淫秽物品牟利罪,要求行为人对传播淫秽物品行为明知且有牟利目的。本案中,快播公司及各被告人已经具备了以上两个主观要件。具体为:

首先,快播公司及各被告人对已经介入淫秽视频传播活动具有明知。刑法上的"明知"在司法实践中一般可以从两个角度证明:一是直接证明行为人知道或者因他人告知而知道;二是基于行为人的特定身份、职业、经验等特点推定其知道。对于单位犯罪而言,直接责任人员对于单位传播淫秽物品行为具有明知并不要求对单位传播淫秽物品的具体方法、技术等完全知晓。具体到本案,并不要求各被告人对快播公司缓存服务器在调度服务器的支配下传播淫秽视频的具体方法、技术具有认知,只要求各被告人对快播公司传播淫秽视频这一基本事实明知即可。而被告人王某、张某某、牛某某对快播缓存服务器实质上介入淫秽视频传播均已知晓或对介入传播的具体技术原理有深入了解。2012年、2013年深圳网监和南山广电局对快播公司的两次行政处罚并要求其整改,都是在确认快播公司网络上存在淫秽视频的基础上作出的。快播公司第一次接受行政处罚并作出整改时,其经营者、管理者对快播网络服务系统介入淫秽视频传播并导致淫秽视频在互联网上大量传播还存在不知情的可能。但是,在时隔一年之后快播公司再次接受行政处罚并作出整改,而且先后两次整改的内容都是针对快播公司传播淫秽视频这一事实。此时,可以认定快播公司的经营者、管理者对此知情。

其次,快播公司传播淫秽物品具有牟利目的。传播淫秽物品牟利罪要求以牟利为目的,即行为人主观上具有牟取非法利益的目的。这里的利益,既包括直接利益,也包括间接利益。司法实践中认定以牟利为目的,既包括通过制作、复制、出版贩卖、传播淫秽物品直接获取对价,也包括通过广告、流量、用户数量等获得间接收人。淫秽视频被搜索、点播、下载的数量越多,淫秽视频网站的用户数量越多,网页访问量越大,广告收入越高,淫秽视频的网络传播者

所获取的间接利益就越大。所以,以获取广告费等间接利益为目的,吸引网络用户增加网站网页访问量、提高用户数量,而在互联网上发布、陈列、播放淫秽视频的行为,应当认定为“以牟利为目的”传播淫秽物品的行为。根据账目显示,快播事业部的主要收入源于网络营销服务,其中资讯快播和第三方软件捆绑是最为主要的盈利方式。快播公司营业收入逐年增长,至2013年仅快播事业部即实现营业收入1.4亿余元。使用快播资源服务器程序发布、经由快播网络平台传播的淫秽视频的点击数量直接影响了快播播放器的用户数量,与快播公司的广告和软件捆绑收益密切关联。快播公司明知其快播软件和快播网络平台被用于传播淫秽视频而不予监管,反而用缓存服务器加速传播,致使淫秽视频在互联网上大量传播;快播播放器软件借此得到推广,快播公司也因此大量获利。快播公司和各被告人明知其网络系统上淫秽视频的传播和公司盈利增长之间的因果关系,仍放任其网络系统被用于传播淫秽视频,应当认定为具有非法牟利目的。

Ⅱ 对于快播公司传播淫秽视频牟利的行为,应当认定为“情节严重”

1. 快播公司的行为不属于司法解释规定的传播淫秽物品牟利罪“情节特别严重”的情形

首先,快播公司对于特定视频是否属于淫秽视频缺乏事先的明知。2004年,最高人民法院、最高人民检察院《关于办理利用互联网、移动通讯终端、声讯台制作、复制、出版、贩卖、传播淫秽电子信息刑事案件具体应用法律若干问题的解释(一)》(以下简称《解释》)第4条规定:“明知是淫秽电子信息而在自己所有、管理或者使用的网站或者网页上提供直接链接的,其数量标准根据所链接的淫秽电子信息的种类计算。”2010年,最高人民法院、最高人民检察院《关于办理利用互联网、移动通讯终端、声讯台制作、复制、出版、贩卖、传播淫秽电子信息刑事案件具体应用法律若干问题的解释(二)》(以下简称《解释二》)第4条规定,以牟利为目的,网站建立者、直接负责的管理者明知他人制作、复制、出版、贩卖、传播的是淫秽电子信息,允许或者放任他人在自己所有、管理的网站或者网页上发布,数量达到250个以上的属于“情节严重”,数量达到1000个以上的属于“情节特别严重”。前后两个司法解释均以“明知是淫秽电子信息”作为数量认定标准的适用前提。也就是说,“事先明确知道是淫秽视频”,是放任传播者(间接故意者)按此数量标准承担刑事责任的基础。不难看出,“明知是淫秽电子信息”与“明知其网络平台上存在淫秽电子信息”所表达的主观明知内容完全不同,前者是针对特定视频文件,后者是针对网络平台所传播的内容包括哪类信息。快播公司主观方面虽然明知自己的网络平台上存在淫秽视频,但就本案缓存服务器内检验出的淫秽视频而言,没有证据表明快播公司明确知道其中不特定的任一视频是否为淫秽视频(服务器目录中均以特征码作为文件名),即行为人主观上不属于事先"明知是淫秽电子信息"而放任他人传播的情形,这与司法解释数量标准的适用前提不同。虽然本案能够认定快播公司控制下的缓存服务器参与了淫秽视频的传播,但无法认定快播公司有针对性地实施了上传、下载和存储、提供淫秽视频的行为。鉴于 P2P 技术极易在用户之间形成视频文件的海量传播,如果按照《解释二》传播淫秽视频牟利罪的数量标准来确定刑罚,必须严格把握"明知是淫秽电子信息"这个数量标准的适用前提。

其次,快播公司不具有传播淫秽视频的直接故意。《解释》第 2 条规定,直接传播淫秽视频文件 500 个以上的,属于情节特别严重。从行为人的意志因素而言,现有证据并不能证明快播公司"希望"淫秽视频通过快播网络平台大量传播。实际上,缓存服务器提供加速服务符合淫秽网站"站长"的直接传播故意和点播用户的自主选择意愿,快播公司采取了听之任之的放任态度。本案没有证据证明快播公司与淫秽网站的"站长"或其他发布淫秽视频的用户之间存在共谋。快播公司无论是提供快播视频客户端软件、资源服务器软件,抑或提供缓存服务器的储存、加速服务,无论是针对服务对象还是服务内容,都没有进行区分或选择,无法认定快播公司与淫秽网站等具有直接故意的淫秽视频传播者之间具有犯意联络。缓存服务器内大量淫秽视频的存在,是淫秽网站、用户的直接故意和快播公司的间接故意交织在一起共同作用的结果。

此外,本案没有快播网站"发布"缓存服务器内这些淫秽视频的直接的客观证据,用户从缓存服务器下载淫秽视频的数量,特别是用户下载淫秽视频文件时由快播公司缓存服务器提供支持(加速服务)的比例亦无从知晓。在此情形下,要求被告人承担与淫秽网站等具有直接故意的传播者相同的刑事责任,有客观归责之弊,违背主客观相一致的原则。

综合主客观方面,快播公司缓存服务器内存储的淫秽视频数量与相关司法解释中数量标准规定的情形不同,本案不宜适用现有司法解释中的数量标准认定"情节特别严重"。

2. 快播公司放任淫秽视频大量传播并获取巨额非法利益应当认定为"情节严重"

"情节严重",是出于立法技术的考虑而对犯罪情形的综合表述。一方面,立法者不能预见所有情节严重的情况而作出明确具体的规定;另一方面,即使有所预见,也不能使用冗长表述而使刑法丧失简明价值。“情节严重”这一概念的使用,既有助于概括犯罪活动多因素纵横交错的复杂性,也有助于描述犯罪特征发展变化的不确定性,从而便于司法人员掌握和适用,提高实效性。在我国刑法中,“情节严重”有时规定为犯罪构成要件,有时规定为法定刑升格的依据或者从重处罚的情节。本罪中的“情节严重”,是法定刑升格的依据,即基本犯基础之上的法定刑升格条件。类似情形,如针对《刑法》第143条生产、销售不符合安全标准的食品罪,2013年最高人民法院、最高人民检察院《关于办理危害食品安全刑事案件适用法律若干问题的解释》第3条规定,生产、销售金额10万元以上不满20万元,1年内曾因危害食品安全违法犯罪活动受过行政处罚或者刑事处罚的,应当认定为“其他严重情节”而予以法定刑升格处罚。当然,这里的“情节”往往不是单纯“受过行政处罚”的情节,而是多种情节的综合。司法实践中,这种情节可以根据具体案情综合判定。

就本案而言,深圳网监和南山广电局先后两次针对快播公司存在的网络信息安全问题进行行政处罚,快播公司及各被告人明知这些执法活动的具体指向就是其网络上存在的涉嫌传播淫秽物品、侵权等网络违法犯罪行为,消极对待整改,以作为的形式掩盖不作为的实质,继续放任自己控制的缓存服务器被他人利用并提供加速服务,放任快播网络平台大量传播淫秽视频,其主观恶性和社会危害性,显然大于一般的传播淫秽物品牟利行为。淫秽视频污染网络环境,尤其对青少年身心健康带来巨大损害,因此我国法律法规明确规定了网络信息服务提供者的网络信息安全管理责任。综合考虑快播公司拒不履行视频信息服务企业的网络安全管理义务,放任其网络系统被用于传播淫秽信息,两次受到行政处罚后仍以作为的形式掩盖不作为的实质,造成淫秽视频大量传播,间接获取巨额非法利益,应认定为传播淫秽物品牟利罪“情节严重”。〔3〕

(徐光华、刘艺鑫)

---

〔3〕 参见范君:《快播案犯罪构成及相关审判问题 从技术判断行为的进路》,载《中外法学》2017年第1期。

李某冒充军人招摇撞骗案

冒充不同对象量刑均衡之问题

案情介绍

2020年4月至5月，李某伙同涉案人员张某（另案处理）共谋，身穿带有“中国人民武装警察部队”字样臂章、“武警”字样胸牌的迷彩服，驾驶辽K本田轿车至无锡市新吴区，冒充军人身份出售假冒军鞋5次，骗得人民币共计1950元。具体犯罪事实如下：(1)2020年4月13日上午，李某伙同张某驾车至无锡市新吴区某科技（无锡）有限公司东门口旁路边，以军人身份与贾某搭讪，取得信任后，以在部队当兵、家中条件不好需要卖部队配发的皮鞋为由，骗得贾某人民币400元；(2)2020年4月16日下午，李某伙同张某驾车至无锡市新吴区加油站旁路边，以军人身份与冯某搭讪，取得信任后谎称在部队当兵、为部队采购皮鞋买多了，骗得冯某人民币400元；(3)2020年4月17日上午，李某伙同张某驾车至无锡市新吴区新梅路与锡钦路路口，以军人身份与徐某搭讪，取得信任后谎称在部队当兵、部队领导过生日但工资未发需要卖部队配发的皮鞋，骗得徐某人民币800元；(4)2020年4月17日上午，李某伙同张某驾车至无锡市新吴区某汽车系统（无锡）有限公司附近公交站台，以军人身份与邱某搭讪，取得信任后谎称在部队当兵、部队战友过生日但工资未发需要卖部队配发的皮鞋，骗得邱某人民币200元；(5)2020年5月21日上午，李某伙同张某驾车至无锡市新吴区无锡某太阳能电力有限公司东门口路边，以军人身份与张某进行搭讪，取得信任后谎称在部队当兵、部队战友过生日但工资未发需要卖部队配发的皮鞋，骗得张某人民币150元。

2020年9月16日，李某在江苏省苏州市工业园区被公安机关抓获，后如实供述了上述犯罪事实。案发后，公安机关从李某处扣押迷彩服、帽子、T恤等作案工具（由公安机关暂扣）。法院经审理认为：李某多次伙同他人假冒军人身份招摇撞骗，其行为已构成冒充军人招摇撞骗罪，且系共同犯罪。公诉机关指控李某犯冒充军人招摇撞骗罪的事实清楚，证据确实、充分，指控的罪名成立，予以采纳。李某在公安机关侦查阶段虽没有自动投案，但归案后如实供述了自己的罪行,并认罪认罚,依法予以从轻处罚。最终判处李某冒充军人招摇撞骗罪,有期徒刑 7 个月。对公安机关暂扣的作案工具,予以没收,并责令被告人李某退赔被害人贾某人民币 400 元、冯某人民币 400 元、徐某人民币 800 元、邱某人民币 200 元、张某人民币 150 元。[1]

■ 理论争议

关于本案中李某冒充军人招摇撞骗的行为该如何定罪处罚,存在以下两种观点:

第一种观点认为,因为《刑法》第 372 条明确规定了冒充军人招摇撞骗罪的情形,所以对于李某冒充军人招摇撞骗的行为,直接按照冒充军人招摇撞骗罪定罪量刑即可。

第二种观点认为,虽然《刑法》第 372 条单独规定了冒充军人招摇撞骗罪,但是为了量刑体系的协调,对于李某冒充军人招摇撞骗的行为,应当在量刑时酌情考虑从重处罚,而判处有期徒刑 7 个月似乎没有体现从重处罚。

■ 法理分析

上述争议的焦点在于,冒充不同对象的招摇撞骗行为,司法是否需要考虑体系上的量刑均衡问题。招摇撞骗行为,最早出现在 1979 年《刑法》。彼时,《刑法》第 166 条规定了冒充国家工作人员招摇撞骗的行为,但没有规定"冒充人民警察从重处罚"以及"冒充军人招摇撞骗的行为"。1997 年《刑法》作出了几处重大修改:一是将招摇撞骗罪中的"国家工作人员"修改为"国家机关工作人员",限制了冒充对象的范围;二是在招摇撞骗罪中增加了冒充人民警察招摇撞骗的,从重处罚的规定;三是增加了冒充军人招摇撞骗罪的规定。然而,对于冒充的三种情形,《刑法》却规定了不同量刑标准。其中,《刑法》第 279 条第 2 款规定:"冒充人民警察招摇撞骗的,依照前款的规定从重处罚。"

据此,有观点认为,对冒充军人招摇撞骗的行为,应当在量刑时考虑与《刑法》第 279 条第 2 款的平衡。换言之,也应从重处罚。理由在于:其一,冒充军人招摇撞骗的不法程度高于冒充国家机关工作人员招摇撞骗。关于招摇撞骗罪的法益,存在国家机关的形象、威信和信誉等多种不同的观点。因为该罪位于《刑法》第六章第一节,总体来说,该罪所侵犯的法益是社会公共秩序。

---

〔1〕 案例来源:江苏省无锡市新吴区人民法院刑事判决书,(2021)苏 0214 刑初 5 号。

而冒充军人招摇撞骗的,除侵犯社会公共秩序之外,还侵犯了国防利益。并且,由于冒充军人招摇撞骗罪位于《刑法》第七章,因此,国防利益是其侵犯的主要法益。其二,“冒充武装警察的,也应适用冒充军人招摇撞骗罪。”[2]不考虑冒充人民警察的情形,容易产生逻辑悖论。根据《刑法》第450条之规定,军人违反职责罪的主体适用于中国人民解放军的现役军官、文职干部、士兵及具有军籍的学员和中国人民武装警察部队的现役警官、文职干部、士兵及具有军籍的学员以及文职人员、执行军事任务的预备役人员和其他人员。换言之,冒充武装警察部队的现役警官无须从重处罚,而冒充人民警察则须从重处罚。同样作为被冒充的对象,冒充人民警察的不法程度更高,这种逻辑显然是不妥当的。其三,从体系角度,冒充军人与冒充人民警察法益侵害类似。《刑法》中有关“冒充”他人的条款,除《刑法》第279条和第372条之外,还见于《刑法》第263条。根据该规定,“冒充军警人员抢劫的”属于抢劫罪的加重情节,将处10年以上有期徒刑、无期徒刑或者死刑,并处罚金或者没收财产。冒充军人抢劫和冒充人民警察抢劫系同等情节,而招摇撞骗,则只有在冒充人民警察时须从重处罚,不具有合理性。其四,如果不考虑与《刑法》第279条第2款的平衡,将无法妥当解决想象竞合的情形。当行为人既冒充军人身份,又冒充国家机关工作人员身份招摇撞骗同一对象的,应当按照想象竞合犯处理。想象竞合犯的处断原则是“从一重”,而《刑法》对招摇撞骗罪和冒充军人招摇撞骗罪规定的法定刑是一致的。如果不考虑《刑法》第372条与《刑法》第279条第2款的平衡,则无法选择更重的犯罪,陷入罪名认定困难。

我们并不赞同上述观点,《刑法》将冒充军人招摇撞骗作为独立行为予以规定,应当以其所规定的法定刑定罪处罚。否则,将违反罪刑法定原则。具体理由在于:首先,对冒充军人招摇撞骗的行为从重处罚,不符合立法目的。1997年《刑法》之所以对冒充人民警察招摇撞骗的行为从重处罚,“主要是考虑到人民警察肩负着维护国家安全,维护社会治安秩序,保护公民的人身和财产安全,保护公共财产,预防、制止和惩治违法犯罪活动的职责,享有国家法律赋予其维护社会治安的权利和义务,他们与人民群众的生活有着特别密切的关系,有必要对人民警察的声誉和威信给予特别维护,冒充人民警察招摇撞骗的行为,必须予以严厉惩处”。[3] 其次,冒充军警人员抢劫与冒充军警人员招

[2] 孟庆华:《招摇撞骗罪的几个司法认定问题探讨》,载《福建政法管理干部学院学报》2004年第4期。

[3] 黄永主编:《中华人民共和国刑法立法背景与条文解读》,中国法制出版社2021年版,第711页。

摇撞骗并不具有可比性。虽然抢劫罪位于《刑法》第五章,是侵犯财产的犯罪,但是无可否认,普通抢劫罪还同时侵犯了他人的意思活动自由,加重抢劫还会侵犯他人生命、身体健康。[4]《刑法》之所以将冒充军警人员作为抢劫罪的加重情形,是因为军警人员受过特殊训练,其制服能力高于一般人,冒充军警人员抢劫给被害人的心理压制更为严重,更易得逞。[5] 与之相比,冒充军人招摇撞骗与冒充国家机关工作人员招摇撞骗并没有不法程度的高低。因此,对冒充军人招摇撞骗的,只须按照其法定刑处罚即可。最后,即使认为冒充军人招摇撞骗应当从重处罚,也仍然解决不了想象竞合的难题。例如,行为人既冒充军人,又冒充人民警察招摇撞骗的,法定刑相同,均须从重处罚,按照前述逻辑,同样无法实现"从一重"。

（刘杰）

---

〔4〕 参见张明楷:《刑法学》(第6版),法律出版社2021年版,第1269页。

〔5〕 参见付立庆:《论军警人员抢劫行为之法定刑适用》,载《法学杂志》2007年第4期。

夏某贪污案

贪污与受贿的区分

案情介绍

2016 年至 2017 年，被告人夏某利用担任云南空港建筑工程有限公司（现云南机场建设发展有限公司）所承包的云南机场培训楼改造项目经理的职务便利，与该项目建筑材料供应商赵某、翁某共谋，通过抬高合同价款的方式，先后获取人民币共计 74,668 元。具体事实为：

2016 年，云南机场培训楼的装修改造工程在购买工程太阳能热水器过程中，夏某将桑普太阳能热水器云南代理商翁某报价 7 万元压价到 6 万元。签合同前，翁某向夏某表示市场价可以到 9 万多元，夏某了解到云南机场建设发展有限公司当时该项目对热水器的专业工程暂估价是 15 万元，遂与翁某按照 9 万余元签合同；在云南机场建设发展有限公司付完款后，翁某将多余款项高出来的 29,600 元转给夏某个人。

2016 年，云南机场培训楼的装修改造工程向大欧地板的赵某购买地板和木门，赵某报价木地板最低价 93 元/平方米，后夏某与赵某商量签合同时地板和木门都高于实际价格。完工后赵某收到全部工程款，将 45,068 元通过黄某交给夏某。[1]

理论争议

关于本案中夏某如何定罪处罚，存在以下两种观点：

第一种观点认为，夏某从公司与赵某、翁某的交易中获取“回扣”的行为，构成受贿罪。《刑法》第 385 条第 2 款所规定的受贿犯罪系经济受贿，即“国家工作人员在经济往来中，违反国家规定，收受各种名义的回扣、手续费，归个人所有的，以受贿论处”。本案中，夏某收受赵某与翁某的货款回扣共计

---

〔1〕 案例来源：云南省昆明市官渡区人民法院刑事判决书，（2017）云 0111 刑初 1440 号。

74,668元,为二人在建筑材料供应方面提供关照,应以受贿罪论处。

第二种观点认为,夏某通过抬高合同价款的方式,先后套取人民币共计74,668元的行为,构成贪污罪。受贿行为与发生在经济活动中的贪污行为区分的关键在于,行为人所获得的财物实际上属于经济往来的对方单位,还是行为人单位。结合本案,被告人夏某在与合同相对方当事人签订合同之前,为侵吞单位公款,合谋抬高合同价格,后由合同相对方将抬高的价格以"回扣"的方式返给被告人,该"回扣"实际归属被告人所在单位财产,而非合同相对方当事人的财产,故被告人的行为依法应当认定为利用职务上的便利,骗取公共财物的行为,依法应当以贪污罪定罪处罚。

■ 法理分析

本案争议焦点为夏某的行为应如何定性,构成贪污罪抑或受贿罪。笔者认为,本案夏某通过抬高合同价的方式套取"回扣"款的行为,符合贪污罪的构成要件,亦符合受贿罪的构成要件,属于想象竞合犯,最终应以贪污罪定罪处罚,理由如下:

1 夏某的行为同时符合贪污罪和受贿罪的构成要件

1. 犯罪主观方面既有侵吞本公司公共财物的故意,也包含非法索取或收受供货方财物为他人谋取利益的故意

贪污罪与受贿罪在主观方面都为故意,二者的差异在于故意内容、故意方式及犯罪目的。贪污罪"在主观上是故意,并且具有非法占有公共财物的目的",该罪的故意内容是指行为人明确知道自己的行为会侵犯国家工作人员职务行为的廉洁性,将会导致侵害公共财物的结果发生;故意方式多表现为直接故意,即其故意内容与实际行为一般是一致的;犯罪目的是将公共财物非法占为私有。受贿罪在主观上是故意,该罪的故意内容则为主动索取或者被动接受相对人提供的贿赂并据为己有;其方式既可以是直接故意也可以是间接故意,受贿罪的直接目的是帮助他人谋取利益,其间接目的也即犯罪目的,实为收受他人提供的贿赂并占为私有。本案中,夏某与翁某、赵某压价、议价在先,在将建筑材料压价至低于市场价后,夏某在了解了本公司的工程暂估价远高于实际交易价后,授意在签合同时做高合同价款,并将差价全额返还。其非法占有公司公共财物的目的十分明确。同时供货商翁某、赵某如若不同意配合夏某虚报合同价并以"回扣"的方式将套出的钱款输送给夏某,大概率将无

法获得此次交易机会,夏某主观上具有收受供货方的“回扣”而给予供货方交易机会为其谋取利益的目的。

2. 犯罪客观方面既侵吞了公共财物,也具有权钱交易的实质

对于贪污与受贿在司法中的区分标准,有学者主张通过涉案财物的性质进行区分,对于公共财物认定为贪污,对于第三方贿赂认定为受贿。[2] 但根据我国刑法对贪污罪与受贿罪的罪状叙述,贪污罪的犯罪对象指向的是公共财物,受贿罪犯罪对象指向的是他人贿赂,且此处的“他人贿赂”是私人所有还是来自公共财物并无限制,来自公共财物的“贿赂款”依然可以构成受贿。回顾本案,夏某收取回扣来自通过做高合同价而套取的本单位公共财物,符合贪污罪的犯罪对象;而当合同价款打入供货方账户后,供货商将该款返还夏某时,也可认为该款为“他人贿赂”;虽然该“贿赂款”实际上源于公款,却毕竟经由供货商账户支取并交付,亦符合受贿罪的犯罪对象。

从两罪的行为本质特征看,贪污罪是非法占有公共财物,受贿则是权钱交易。本案中,夏某通过压价、虚报合同价、获取差价款的一系列操作成功占有其经手、负责的本单位公款的事实不存在疑问,符合贪污罪的客观行为表现;夏某在此过程中,与供货方进行权钱交易的特征亦很明显,供货方赵某的证言表示,“如果我不同意夏某的要求,我就拿不到这个合同”,在不同意虚报合同价的情况下,会丧失交易机会,通过配合夏某的套取“回扣”的行为,翁某、赵某保住了交易机会,因此,夏某的行为亦具备用钱买权的实质,具有为翁某、赵某获得合同、结算货款方面谋取利益的行为。

3. 犯罪客体方面既侵犯了职务行为廉洁性,也侵犯了公共财物所有权

贪污罪是复杂客体,同时侵犯公共财物所有权与职务行为廉洁性。而受贿罪的客体仅为职务行为的廉洁性。夏某利用其负责云南机场培训楼的装修改造工程的职务便利,与供货商合谋套取公款,既侵犯了公共财物的所有权,亦侵犯了职务行为的廉洁性。

综上,夏某的行为同时符合贪污罪和受贿罪两个罪名的构成要件,一行为触犯两个罪名,属于想象竞合。

Ⅱ 根据想象竞合从一重处断的原则,应以贪污罪对夏某定罪量刑

夏某通过抬高合同价的方式套取“回扣”款的行为,同时构成贪污罪和受

---

[2] 参见杜子润:《贪污罪与受贿罪的司法适用困境及纾解——以涉案款物性质存疑为例》,载《周口师范学院学报》2021年第4期。

贿罪,根据想象竞合从一重处断的原则,认定贪污罪,虽然夏某的责任与认定受贿罪相当。一方面,从犯罪客体方面看,认定贪污罪可包含所有受侵害的客体,而受贿罪为单一客体,认定受贿罪,则无法覆盖被侵害的公共财物所有权。比较来看,认定贪污罪能够更全面地评价夏某的行为。另一方面,从共犯刑事责任角度全案考量,认定贪污罪可以将夏某与翁某、夏某与赵某认定为贪污的共同犯罪,贪污罪共犯的刑事责任重于行贿罪,认定贪污罪既符合想象竞合的处断原则,也可正确评价翁某、赵某的刑事责任,故应对夏某处断为贪污罪。

(戎静)

良某等人挪用公款案

不同阶段挪用公款行为的法律适用

案情介绍

良某、张某、徐某、道某在受国有公司上海友谊(集团))有限公司(以下简称友谊集团)委派,分别担任上海联华超市股份有限公司(以下简称联华超市)总经理、董事、财务总监、人事总监等职务期间,于2001年至2006年,未经联华超市董事会及经营管理班子讨论、授权,也未报友谊集团批准,与联华超市董事长王某共同商议,利用职务便利,先后十余次共同挪用联华超市及其下属公司公款共计19,549万元用于上海立鼎有限公司(以下简称立鼎公司)注册、增资、受让股权、充实资本金、房地产投资以及用于上海泉润有限公司(以下简称泉润公司)注册、受让股权等。此外,良某、张某、徐某、道某还利用职务便利多次共同挪用联华超市及其下属公司公款共计1318万余元归立鼎公司使用。一审法院认为:良某、张某、徐某、道某在分别担任联华超市总经理、董事、财务总监、人事总监等职务期间,利用职务便利,伙同他人或四人结伙挪用联华超市及其下属公司公款共计2亿余元,均已构成挪用公款罪,且情节严重。根据《刑法》及相关立法解释,以挪用公款罪分别判处有期徒刑8年至12年间不等刑罚。[1]

理论争议

挪用公款罪是一个典型的法定犯,其构成要件复杂,有权解释多变。当挪用行为牵涉多个司法解释和立法解释时,如何适用有权解释?如何理解挪用公款罪中的"归个人使用"?尤其是当公款被挪用给其他单位时,如何理解立法解释中的"个人决定"和"谋取个人利益"牵涉罪与非罪的界限。本案的核心问题有三个:

---

〔1〕 案例来源:上海市第二中级人民法院刑事判决书,(2014)沪二中刑初字第123号。

第一,良某等五人于2001年至2006年的十余次挪用行为,因为涉及不同的司法解释、立法解释,应当如何适用法律?

第二,良某等五人的职衔分别为董事长、总经理、财务总监、人事总监、董事,他们的决定属于"个人决定"还是"单位决定"?

第三,挪用公款罪中的"谋取个人利益"如何理解?立鼎公司、泉润公司的50多位股东是联华超市的中高层管理人员,良某等五人将联华超市及其下属公司的钱款挪用给立鼎公司、泉润公司,谋取50多位中高层管理人员的利益是否属于"谋取个人利益"?

■ 法理分析

I 不同阶段的挪用公款行为

挪用公款罪最早出现于1988年《全国人民代表大会常务委员会关于惩治贪污罪贿赂罪的补充规定》之中,其属于非常典型的法定犯,而非自然犯。挪用公款罪犯罪构成要件复杂,司法解释、立法解释多变。本案所涉时间是2001年7月至2006年,因此相关的司法解释与立法解释有3个:一是1998年4月29日公布的最高人民法院《关于审理挪用公款案件具体应用法律若干问题的解释》(以下简称1998年司法解释),该司法解释规定:"挪用公款给私有公司、私有企业使用的,属于挪用公款归个人使用。"二是2001年10月17日公布的最高人民法院《关于如何认定挪用公款归个人使用有关问题的解释》(以下简称2001年司法解释),该解释规定:"以个人名义将公款借给其他自然人或者不具有法人资格的私营独资企业、私营合伙企业等使用的,属于挪用公款归个人使用。""为谋取个人利益,以个人名义将公款借给其他单位使用的,属于挪用公款归个人使用。""本解释施行后,我院此前发布的司法解释的有关内容与本解释不一致的,不再适用。"三是2002年4月28日开始施行《全国人民代表大会常务委员会关于〈中华人民共和国刑法〉第三百八十四条第一款的解释》(以下简称2002年立法解释),其规定,"有下列情形之一的,属于挪用公款'归个人使用':(一)将公款供本人、亲友或者其他自然人使用的;(二)以个人名义将公款供其他单位使用;(三)个人决定以单位名义将公款供其他单位使用,谋取个人利益的"。

本案所涉时间是从2001年7月至2006年,挪用行为可以分割为3个阶段:第一阶段为2001年7月至2001年9月17日,第二阶段为2001年9月18

日至2002年4月27日,第三阶段为2002年4月28日至2006年。

第一阶段的挪用行为是否适用1998年司法解释?即"挪用公款给私有公司、私有企业使用的,属于归个人使用。"由于立鼎公司、泉润公司属于私有公司,如果适用1998年司法解释,那么第一阶段的挪用行为很有可能构成犯罪。但是,笔者认为第一阶段的行为并不能适用1998年司法解释。原因有二:第一,2001年司法解释明确规定,"本解释施行后,我院此前发布的司法解释的有关内容与本解释不一致的,不再适用",也即随着2001年司法解释的出台,1998年司法解释已经失去效力。第二,司法解释同样要遵循从旧兼从轻原则。2001年12月17日开始施行的最高人民法院、最高人民检察院《关于适用刑事司法解释时间效力问题的规定》第3条明确指出:"对于新的司法解释实施前发生的行为,行为时已有相关司法解释,依照行为时的司法解释办理,但适用新的司法解释对犯罪嫌疑人、被告人有利的,适用新的司法解释。"由于2001年司法解释规定,"以个人名义将公款借给其他自然人或者不具有法人资格的私营独资企业、私营合伙企业等使用的,属于挪用公款归个人使用"。"为谋取个人利益,以个人名义将公款借给其他单位使用的,属于挪用公款归个人使用。"2001年司法解释强调挪用公款给其他单位的,必须以个人名义才可以构成犯罪,本案的挪用公款行为没有一次是以个人名义进行的,按照2001年司法解释不构成挪用公款罪,也即根据从旧兼从轻原则,第一阶段的挪用行为不构成犯罪。

根据上述分析,随着2001年司法解释的出台,以及根据司法解释也应当遵循从旧兼从轻原则,本案所涉的第一阶段的挪用行为不适用1998年司法解释。既然1998年司法解释不再适用,那么对于2002年4月28日立法解释之前的数次挪用行为,应该适用2001年司法解释,既然那些挪用行为都没有"以个人名义"进行,因此2002年4月28日之前的挪用行为,都不应当认定为犯罪行为。

当然,对于连续实施的挪用行为,是否要根据司法解释与立法解释的变迁而被分割评价也是值得讨论的。刑法对于跨法犯的概念以及如何适用法律并没有明确规定。所谓跨法犯,是指行为人的行为开始于新刑法(包括刑法修正案)生效之前而结束于新刑法生效之后,跨越新旧刑法的一种犯罪形态。跨法犯往往是继续犯或者连续犯。前者是指犯罪行为状态处于不间断的持续状态,这一持续状态从旧法跨越到新法;后者是指在一定时间内,基于同一的或者概括的犯罪故意连续实施同一犯罪,这一连续状态从旧法跨越到新法。

尽管刑法没有明确规定跨法犯的概念以及法律适用原则,但是在有关法条以及司法解释中蕴含着一些基本理念。《刑法》第 89 条第 1 款规定:“追诉期限从犯罪之日起计算;犯罪行为有连续或者继续状态的,从犯罪行为终了之日起计算。”此条关于追诉期限的规定,确认了继续犯和连续犯属于一罪的范畴,它们的追诉期限从犯罪行为终了之日起计算。另外,1998 年 12 月 2 日公布的最高人民检察院《关于对跨越修订刑法施行日期的继续犯罪、连续犯罪以及其他同种数罪应如何具体适用刑法问题的批复》:“对于开始于 1997 年 9 月 30 日以前,继续到 1997 年 10 月 1 日以后终了的继续犯罪,应当适用修订刑法一并进行追诉。对于开始于 1997 年 9 月 30 日以前,连续到 1997 年 10 月 1 日以后的连续犯罪,或者在 1997 年 10 月 1 日前后分别实施同种类数罪,其中罪名、构成要件、情节以及法定刑均没有变化的,应当适用修订刑法,一并进行追诉;罪名、构成要件、情节以及法定刑已经变化的,也应当适用修订刑法,一并进行追诉,但是修订刑法比原刑法所规定的构成要件和情节较为严格,或者法定刑较重的,在提起公诉时应当提出酌情从轻处理意见。”这一司法解释对于跨法犯的法律适用明确了以行为终了时的法律定罪量刑。但是,由于刑法在溯及力问题上采用有利于被告人的从旧兼从轻原则,该司法解释也明确规定,如果修订刑法比原刑法更为严厉,应当酌情从轻处理。

那么,对于本案涉及的十多次连续挪用行为,是否应当一并追诉,全部适用 2002 年立法解释,而不再考虑之前的司法解释?笔者认为值得商榷。首先,跨法犯是关乎新旧刑法交替时如何适用法律的问题,而本案挪用公款的行为并没有涉及新旧刑法的交替,而是司法解释和立法解释的变迁,不能直接适用 1998 年最高检的该条司法解释。其次,关于连续实施的行为,是否不能剔除一些明显不构成犯罪的行为而一概以行为终了时的法律一并追诉,是要分情形区别对待的。例如,行为人 15 周岁时盗窃 2000 元,16 周岁时也盗窃 2000 元,17 周岁时再次盗窃 2000 元,在计算行为人盗窃犯罪数额时显然应当剔除 15 周岁时盗窃的 2000 元,行为人的盗窃犯罪数额为 4000 元,因为已满 14 周岁不满 16 周岁的人不对盗窃犯罪承担刑事责任,但是对于已满 16 周岁后的所有盗窃行为应当累积数额,以行为终了时的法律定罪量刑。同理,对于多次挪用行为,如果有些挪用行为不构成犯罪,也不能因为其连续作案而一并计算所有的挪用数额,以行为终了时的法律定罪处刑。最后,关于立法解释和司法解释的效力问题,也不能简单地以立法解释的效力高于司法解释为由,将 2002 年挪用公款的立法解释覆盖 2001 年司法解释,排除其适用。如果在同一时期司法解释与立法解释并存,立法解释的效力高于司法解释的结论是可以接受的,但是在不同时期分别存在司法解释与立法解释的情形下,还是应当根据有利于被告人的从旧兼从轻的原则适用法律,这是尊重刑法基本原则罪刑法定主义的应然结果。这一结论与2001年12月17日开始施行的最高人民法院、最高人民检察院《关于适用刑事司法解释时间效力问题的规定》第3条的意见相契合。该条规定:"对于新的司法解释实施前发生的行为,行为时已有相关司法解释,依照行为时的司法解释办理,但适用新的司法解释对犯罪嫌疑人、被告人有利的,适用新的司法解释。"在不同时期存在不同司法解释的情况下,应当遵循从旧兼从轻原则。在不同时期存在不同的司法解释和立法解释的情况下,同样要遵循从旧兼从轻原则。无论是立法解释还是司法解释,都是对法律条文含义的阐明,而这种对法律条文含义的阐释涉及对犯罪构成要件的理解,关系罪与非罪的界限,只有根据从旧兼从轻原则选择适用有利于被告人的司法解释或者立法解释,才是真正坚持了罪刑法定原则,才能限制国家公权力的不当行使,以及充分保障被告人的应有权益。

Ⅱ 如何理解"个人决定"

根据2002年立法解释,"个人决定以单位名义将公款供其他单位使用,谋取个人利益的"属于挪用公款归个人使用。本案的焦点问题是联华超市的董事长、总经理、董事、财务总监、人事总监的共同决定属于单位决定还是个人决定?

笔者认为,联华超市的的董事长、总经理、董事、财务总监、人事总监的共同决定属于单位决定,而不是个人决定。根据五人的职衔,显而易见他们属于联华超市的最高领导层,对联华超市来说,无论是内部机构的设置、干部调动、对外投资决策、与客户签约,还是员工奖励分配和资金使用等事务,均可由这五人作出决定。《公司法》自1994年7月1日起施行,后经修订,明确规定主持公司生产经营管理工作、组织实施公司年度经营计划和投资方案等,属于公司经理(总经理)的职权(见1994年7月1日开始施行的《公司法》第119条与2006年1月1日开始施行的《公司法》第50条和第114条)。也就是说,即使涉案的10笔付款仅由总经理良某一人作出决策,指令其他部门实施,在法律上也应被认定为单位决定,何况参与讨论的人员范围扩大到了董事长、董事、人事总监、财务总监。另外,所谓"挪用公款",一定是指违规划转或提取资金,也就是说,在资金审批流程或财务凭证方面,必然存在与正常对外付款不一致的地方,否则,构成挪用与不构成挪用的资金支付,如何得以区分?如果本案所称的十余次挪用行为与其他没有被指控的资金划转行为在审批环节或者其他程序流转方面没有区别,就不能把本案所涉的挪用行为认定为个人决定的挪用公款犯罪行为。

在司法实践中,如何区分单位意志和个人意志是比较明确的,法定代表人或者负责人的决定,单位领导层或者全体成员的决定都是单位意志的体现。如何区分单位意志和个人意志,我们还可以参照 2009 年 3 月 12 日开始施行的最高人民法院、最高人民检察院《关于办理职务犯罪案件认定自首、立功等量刑情节若干问题的意见》,其在解释单位自首问题时规定:“单位集体决定或者单位负责人决定而自动投案,如实交代单位犯罪事实的,或者单位直接负责的主管人员自动投案,如实交代单位犯罪事实的,应当认定为单位自首。”也即司法解释规定,在认定单位自首时应当体现单位意志。体现单位意志的行为既可以是单位集体决定,也可以是单位负责人决定,还可以是单位直接负责的主管人员决定。在认定单位自首时对于单位意志的判断,应当与挪用公款罪中判别是单位决定还是个人决定采用同样的标准。本案中董事长、董事、总经理、财务总监、人事总监的共同决定应该被理解为体现了单位意志。既然是单位意志的体现,就不能被理解为“个人决定”。

一审判决书提到:区别个人决定还是单位决定的实质不在于作出决定的人数多少、职务高低,而在于是否体现单位意志,本案各被告人挪用公款的行为,超越了其作为国家出资企业经营管理者的正常职权范围,且出借资金的利益只归立鼎公司、泉润公司所有,而联华超市却要承担资金风险。从这个意义上讲,被告人挪用公款的行为不能体现联华超市的单位意志,本质上属于个人决定。

应当说,一审判决书的表述值得商榷。区分个人意志还是单位意志,职务高低以及人数多少是至关重要的。法定代表人与普通员工,前者可以代表单位,后者显然不可以,除非有法定代表人的授权或者追认。另外,相对而言,人数多当然比人数少更能体现单位意志。联华超市最高领导层的核心成员的决定如果不能被认定为单位决定,那么就没有单位意志一说了。

一审判决书称,五人的行为超越了其作为国家出资企业经营管理者的正常职权范围,且出借资金的利益只归立鼎公司、泉润公司所有,而联华超市却要承担资金风险。这一表述是在讲他们的行为内容,而与单位意志和个人意志没有关系。其实,体现单位意志的既可以是合法经营行为,也可以是违法犯罪活动,如刑法上就有单位犯罪问题,不能因为行为内容可能有经济风险或者违规违法而否认单位意志的存在。退一步说,即使将联华超市的资金挪用给立鼎公司、泉润公司超越了管理者的职权范围,那也只是越权而已,而越权与犯罪又是不同的概念。事实上,所有挪用款项都如期归还,甚至还支付了利息,联华超市并无任何损失。

我们应当区分合规合法、违规违法与刑事犯罪之间的界限。如果经董事会讨论或者友谊集团批准,那是合规合法行为。如果的确是个人决定、谋取个人利益,那是刑事犯罪。而本案是介于两者之间,属于违反公司章程、经济法律的违规违法行为。违法行为不等于犯罪行为,犯罪的构成必须依据刑法以及相关立法解释和司法解释。如果把经济违法行为等同于刑事犯罪行为,那么在经济领域就只有"合法行为"和"犯罪行为"两类行为,而没有"违法行为"的存在空间了。

这里还需要注意的是,2014 年 4 月 24 日全国人大常委会作出了一个有关单位行为是否追究个人刑事责任的立法解释:"公司、企业、事业单位、机关、团体等单位实施刑法规定的危害社会的行为,刑法分则和其他法律未规定追究单位的刑事责任的,对组织、策划、实施该危害社会行为的人依法追究刑事责任。"那么,对于本案所涉的挪用行为,是否可以根据该条立法解释追究 5 名自然人的刑事责任?能否理解为单位挪用公款的行为而追究自然人的挪用公款罪的刑事责任?笔者认为不能。首先,立法解释是 2014 年出台的,而本案所涉的行为发生在 2001 年至 2006 年,立法解释能否溯及既往是一个有争议的问题,即使立法解释可以溯及既往,仍然不能对本案的 5 名自然人追究挪用公款罪的刑事责任。因为,2014 年 4 月 24 日的立法解释是关于犯罪主体的规定,是关于单位行为能否追究个人刑事责任的解释,也即犯罪构成要件除主体要件不具备外,其他要件都符合的情况下,如何追究刑事责任的问题。尽管本案的 5 名自然人的一系列行为是体现单位意志的单位行为,但是本案争论焦点是关于"归个人使用"的客观要件是否符合的问题,如果客观要件不符合,也就不存在犯罪行为问题,因此,2014 年 4 月 24 日全国人大常委会有关犯罪主体问题的立法解释也就无从适用于本案。

Ⅲ 如何界定"谋取个人利益"

本案被指控为挪用公款罪的主要事实是联华公司的高管将联华超市及下属公司的资金挪用给立鼎公司和泉润公司,那么立鼎公司和泉润公司是什么情况,可以源源不断地获取来自联华公司的资金?

立鼎公司的前身是原联华超市的职工持股会,后来由于联华超市在香港办理上市,根据当地证券监管的规则,不允许职工持股会作为其股东而存在,因此发生了将职工持股会的股份转让给友谊复星控股公司的操作,之后再发生回购,上海市商务委员会明确批准联华超市的职工持股会股权转立鼎公司,并办理了产权交易手续。立鼎公司其实就是联华超市自设的一个进行内部管理层持股和绩效奖励激励的平台,是联华超市的子公司。立鼎公司的所有营业证照、印章、银行账户都由联华超市的管理班子实际掌控和持有,它没有独立的人员和班子,也没有独立的经营活动,甚至没有属于自己的办公场所。它与联华超市合署,是“一套班子、两块牌子”的关系。也就是说,联华超市以实施管理层的经营激励机制为由,注册成立立鼎公司。立鼎公司从2004年起,历年共向联华超市的五十多位管理层成员发放了绩效奖励分红款共约1.7亿元,所有被分红的对象都是联华超市的中层干部。正因为立鼎公司是联华公司的子公司,才会将它账面的高达1.7亿元的利润分配给联华超市的干部群体。立鼎公司的设立、管理、资产处置,都在联华超市的管理与控制之下,立鼎公司名义上是3个自然人持股的个人公司,但事实上是联华超市控制下的用以实施联华超市管理层激励的体系内公司,不是一家单纯的与联华超市公司利益无关的私人公司。泉润公司与立鼎公司属于原班人马,泉润公司的设立宗旨、管理以及利益分配等方面与立鼎公司毫无差别。唯一的区别在于泉润公司的设立未经过批准,但这只是公司设立程序上的瑕疵,并不能因此抹杀联华超市与泉润公司之间的关系。联华超市与立鼎公司之间的关系等同于联华超市与泉润公司之间的关系。

一审法院判决书提道:“虽然立鼎公司、泉润公司还有多名股东也按各自股份比例获得分红,但不影响5名被告人通过挪用公款谋取个人利益的客观事实和性质的认定。”但是,一审法院没有把握案件事实的全貌,以偏概全。一审法院把联华超市最高领导层的“谋取中高层管理者的集体利益”替换成“谋取个人利益”,导致对案件定性错误。按照一审法院的思路,涉案的5名行为人构成了犯罪,所得红利都是违法所得,那么另外五十多位联华超市的高层是否也应当把曾经获得的绩效奖励分红款全部上缴呢?如果他们可以安享绩效奖励分红款,那么本案的5名行为人被苛以重刑是否合适呢?

挪用公款行为作为一种犯罪行为,一定是具有严重社会危害性的行为,与一般的经济违法违规行为具有本质的区别,立法解释之所以将个人决定、谋取个人利益的挪用公款给其他单位的行为解释为犯罪行为,是因为个别领导人员假借单位名义独断专行,并夹杂着个人私欲,这种行为往往是隐秘的。唯有这样的行为才可以被认定为犯罪行为。但是,本案中联华超市的核心领导层主观上不是为了谋取自己的私利,也不是为了谋取五人的小团体利益,而是想把数十位联华超市中高层的利益与联华超市的利益捆绑在一起,推动经营层的积极性,谋求企业的发展。应该说,立鼎公司的成立契合当初的时代背景,即鼓励国有企业经营者持股,以将个人利益与国企利益捆绑,激励国企经营者的工作积极性。事实上,在这个经营管理团队的努力下,十年间联华超市的资产由3.6亿元壮大到近40亿元,成为中国第一大超市公司。当然,在摸着石头过河的过程中,有些经济行为不可能十分规范,如泉润公司的成立没有走正规的审批途径,大额资金的使用没有经过董事会讨论商议,但是这种不规范的行为与挪用公款罪所要求的"谋取个人利益",无论在主观动机还是客观行为上都有本质的区别。

按照《刑法》的规定,挪用公款罪的成立必须是将公款挪用给个人使用,但是立法解释规定,将公款挪用给单位使用的,如果符合两种情形,也视为归个人使用,即"以个人名义将公款供其他单位使用",以及"个人决定以单位名义将公款供其他单位使用,谋取个人利益"。立法解释已经将"归个人使用"作了扩张解释,虽然是有权解释,但毕竟是不利于被告人的解释,在这样的情况下,如果司法活动再一次扩大"个人决定"和"谋取个人利益"的含义,将"归个人使用"这一要件作无限扩张解释,显然违背了刑法的罪刑法定原则,对当事人并不公平公正。令人遗憾的是,本案从2014年2月被立案侦查后,经过退回补充侦查,审查起诉,以及一审和二审,前后历时两年多,最终于2016年3月10日由上海市高级人民法院作出刑事裁定书,维持一审法院判决,对本案的5名行为人作出了有罪判决。[2] 尽管判决已经生效,但是学理上的探讨并没有停止,如何理解挪用公款罪的构成要件、如何适用挪用公款罪的立法解释和司法解释仍然值得讨论,本案的裁判结论仍然值得商榷。

(何萍)

---

〔2〕 参见上海市高级人民法院刑事裁定书,(2015)沪高刑终字第93号。

熊某某受贿案

收受银行卡被挂失后是否既遂的判断

案情介绍

2006 年至 2018 年，熊某某利用担任达康公司总经理（正处级）、金瓯集团公司总经理、校办产业总支书记、资产管理公司总经理、董事长等职务之便，[1]为他人在工程承揽、工程款拨付、向公司借款等方面提供帮助，收受他人贿赂共计 251 万元人民币，后用于炒股、购买理财及日常开支等。其中一笔受贿事实如下：2013 年，熊某某接受周某的请托，利用职务之便，在周某项目部从达康公司内部承包重庆理工大学两江新区团购房土石方平基及围墙工程，并在工程款支付等方面提供帮助。2015 年夏天，熊某某在南岸区南滨路附近收受周某明给予的存 10 万元的平安银行卡一张，并掌握了该卡密码。2018 年 12 月 21 日，周某将送给熊某某的银行卡挂失，并通过网上银行将卡内金额（本金及孳息）10.111147 万元转走。[2]

理论争议

关于本案中熊某某收受周某 10 万元银行卡的事实和行为，该如何认定其犯罪形态存在以下两种观点：

第一种观点认为，熊某某收受周某 10 万元银行卡后被挂失，未实际控制该笔 10 万元，应被认定为受贿未遂。银行卡不同于一般的财物，它只是钱款的一个载体，卡本身并无太大价值，被告人实际收受的是卡内的钱款，而非卡本身。被告人虽占有银行卡并获得卡的密码，但并未对其中的款项获得绝对的控制。在本案中，卡主将银行卡送出后，通过挂失补卡等诸多方式将卡内存款取出，从而阻碍被告人对卡内钱款的控制占有。换言之，在一些情况下受贿

---

〔1〕 达康公司系事业法人重庆理工大学全资设立的公司，金瓯集团、校办产业管理有限公司、资产管理公司均系重庆理工大学发文成立的机构。

〔2〕 案例来源：重庆市九龙坡区人民法院刑事判决书，（2020）渝 0107 刑初 4 号。

人占有银行卡后,其对卡内的钱款并未实现刑法意义上的完全控制;卡内钱款处于受贿人控制之下,才能对卡内全部钱款认定为受贿既遂。故对收受周某10万元银行卡应当认定为犯罪未遂。

第二种观点认为,熊某某收受周某10万元银行卡构成受贿既遂。因被告人熊某某已取得银行卡并知悉密码,实际控制该银行卡内资金,其已完成受贿行为。周某事后挂失取走现金及利息的行为,不影响熊某某犯罪的成立和既遂的判定。

■ 法理分析

本案的分歧焦点在于受贿人收受他人开具的银行卡,由于他人挂失行为未能将其中的存款实际取出使用的情况下,是否能够认定受贿既遂。由于开卡人与持卡人的不统一,收受银行卡后,受贿人对卡并非排他地占有,在开卡人挂失并转移钱款的情况下,持卡人实际上已不可能实现对卡内钱款的控制,特别是在受贿人从未实际使用该银行卡的情况下,行贿人并未真正兑现对钱款的控制。因此,有观点认为受贿人能够控制该存款还不足以当然认定为受贿既遂,只有当受贿人独享该存款即排除了行贿人的占有时,才能认为受贿人真正取得了该钱款,最终实现受贿犯罪的既遂。[3] 对此本文持否定态度,理由如下:

1 受贿人占有银行卡并获取密码即对存款具有支配力

一般认为,受贿人对收受财物实际取得占有成立受贿既遂。而占有是指“事实上的支配、现实的支配。对财物的事实上的支配,意味着被害人在通常情况下能够左右财物,对财物的支配没有障碍”。[4] 因此,受贿人对财物事实上的控制和支配,应被认定为受贿既遂。但随着社会交往的多样化以及财产性利益的多元化,受贿既遂不应仅限于事实上的支配和控制,对于无形的财产性利益,如干股、债权等,应以具备实现条件认定受贿人对该财产性利益具有支配力,进而认定为受贿既遂。这也符合我国对受贿犯罪相关司法解释的规定原意。对于收受银行卡的受贿行为,《关于办理商业贿赂刑事案件适用法律若干问题的意见》规定:“收受银行卡的,不论受贿人是否实际取出或者消费,卡内的存款数额一般应全额认定为受贿数额。”可见,司法解释给定的标

---

〔3〕 参见周玉龙:《以收银行卡方式受贿中犯罪数额的认定》,载《中国纪检监察报》2019年3月27日,第8版。

〔4〕 张明楷:《刑法学》(下),法律出版社2016年版,第945页。

准是,占有了银行卡,一般被认定为实际取得了对卡内钱款的占有,即视为对卡内存款具有支配力。即便行为人并未取用或部分取用,均不影响受贿数额的认定。而银行卡事后被挂失的情况也不应例外,具体分析如下:

从民事层面看,银行卡本质上是一种债权凭证。国务院《储蓄管理条例》规定:"储蓄是指个人将属于其所有的人民币或者外币存入储蓄机构,储蓄机构开具存折或者存单作为凭证,个人凭存折或者存单可以支取存款本金和利息,储蓄机构依照规定支付存款本金和利息的活动。"可见,客户银行存款的法律性质是在其将自己的现金存入银行后享有的,向银行主张相关数额现金的权利,银行存款是债权性质。因此,在收受银行卡型受贿中,对银行存款的占有是对债权的占有。对有体物的占有是在物理上对标的物的控制和支配,而债权是在经济活动中通过民法相关规定产生的"人与人之间的基于法律或自我意思而产生的联系",其本质是一种民法上的请求权,相应地对请求权的占有就只能是在法律意义上的控制和支配。债权作为一种请求权,当某人具备一定的条件,能够有效地向一项债权的债务人提出主张债权的要求时,即可认为其对该债权具有法律上的支配力,即占有了该债权。

而对于银行来说,存款债权请求权的提出和实现通过债权凭证——银行卡和密码即可以实现。例如,《中国工商银行借记卡章程》第 11 条就规定:"客户领取并启用借记卡必须设定密码。持卡人使用借记卡办理存取现金、转账结算、消费等业务须凭密码进行(芯片卡电子现金、银联卡小额免密免签业务,以及发卡银行或银行卡组织规定的其他可不使用密码的交易除外)。"即银行兑付债权仅通过银行卡和密码即可有效向银行提出债权请求权并实现债权。当债权人之外的第三人占有债权凭证并掌握相应的验证方式时,债权人和债权凭证的占有人均有途径实现债权,但债权凭证的占有人实现债权基于对债权凭证的占有并掌握验证方式的事实,而债权人排除债权凭证控制人对存款的支配,则只能是通过特定的程序,即债权人需要从法律上再次主张其债权,即进行身份证件验证、挂失、补卡等一系列行为,才能够排除债权凭证控制人对债权的实现。可以说在债权人与债权凭证实际控制人分离的情况下,债权凭证的控制人对债权具有事实上的支配力,是一种直接的支配力,而债权人对债权具有法律上的支配力,[5]需要主张并经过特定程序才能排除债权凭证控制人对债权的控制。可见,受贿人收受带有密码的银行卡后,其已经对存款

---

〔5〕 在银行卡绑定手机银行、支付宝、微信支付的情况下,债权人对存款同时具有法律上和事实上的支配力。

具有了事实上的支配力,其随时可以支取、消费,虽然这种支配力没有绝对的排他性,即无法排除债权人对存款债权的主张,但在债权人积极主张恢复债权实际控制权之前,债权凭证的实际控制人对卡内存款具有事实上直接有效的支配力。

Ⅱ 对银行卡内存款的债权请求权不排他并不影响受贿既遂的认定

以受贿人存款债权的控制不排他为由,认为受贿并未既遂的观点,本书亦持否定态度。对有体物的占有,是物理意义上的控制和支配,一般情况下具有排他性,这是物理规律决定的,故在以有体物为犯罪对象时,判断占有的转移适用"排他性"标准。比如盗窃罪中,需要行为人对物品实现排他性的控制,特别是排除原权利人的控制,才认为系盗窃既遂。否则,即便财物已经从物理上离开原权利人一段距离,但原权利人依然对其有着观念上的占有,则不能认为盗窃既遂。但债权作为无形的财产性利益,是一种法律关系,依附于人的主观意识而存在,不具有客观的物质形态,所以对债权的法律意义上的控制和支配不具有排他性。日常生活中常常会出现多人控制一项存款债权的情形,比如妻子占有实体卡并掌握密码,同时丈夫的手机银行绑定银行卡,二人均可随时实现存款债权,不具有排他性,不代表对存款不存在支配力。在收受银行卡并掌握密码后,熊某某可以控制的财产确实增加了。在无形的债权作为受贿对象的场合,依然沿用"排他性"标准,是将基于有形物的物理属性形成的标准强行套用到无形的债权的支配力的判断上,显然是错位的。因此,不具有排他性不影响熊某某对存款具有事实上支配力的判断。

Ⅲ 行贿人事后挂失银行卡的行为不影响受贿罪既遂的认定

根据前述分析,熊某某以受贿的故意收受银行卡并掌握密码之时,受贿罪已经既遂。犯罪一旦既遂则不可逆,熊某某已经取得了对银行存款的支配力,即使受贿人最终未能享受到存款带来的经济利益,也只能作为量刑情节予以考虑,而不能再变为未遂的状态。无论是因为行贿人事后通过挂失、网上支取等方式排除受贿人对存款的实现,还是受贿人事后银行卡丢失、忘记密码等导致无法取款,均如同盗窃既遂后,对赃物保管不当而使赃物灭失,虽然行为人最终未获得实际利益,却不可能改变犯罪既遂状态。

综上所述,本案中熊某某收受周某10万元银行卡的行为构成受贿既遂,该笔10万元应认定为熊某某的受贿数额。

(戎静)

向某利用影响力受贿案

幹旋受贿与利用影响力受贿的区分

案情介绍

2004 年 8 月至 2008 年 6 月,向某在国有独资的 A 建设公司下属一公司财务部工作。2008 年 6 月至 2017 年,在 A 公司对外工程有限公司财务部工作,案发时任财务总监。2005 年,向某在一公司某项目部担任主管会计期间,认识了在项目部承包工程的分包商黄某(另案处理)。后黄某得知向某是 A 公司董事长、总经理马某的亲外甥,便想利用向某与马某的特殊关系承接 A 公司内部的工程。黄某提出由向某负责联系工程,自己投入资金和负责施工,按照工程利润的一定比例给向某提成,向某表示同意。此后,黄某通过向某与马某的特殊关系,向 A 公司分公司相关人员打招呼,介绍黄某承接了 A 公司内部的三项工程。工程完工后,黄某送给向某人民币共计 49 万元,向某予以收受。具体事实如下:

1. 2005 年年底,黄某得知 A 公司下属三公司承接的某热电厂项目有适合自己做的工程,请向某与 A 公司下属三公司经理闵某联系。2006 年 2 月,向某给闵某打招呼,介绍黄某从 A 公司下属三公司承接了该热电厂项目的电器安装工程,实际结算工程款为 436,000 元。2006 年年底,向某以需要用钱为由向黄某索要 4 万元,后黄某交给向某 4 万元。2007 年 5 月,黄某按照之前约定的工程利润提成又送给向某 10 万元,向某予以收受。

2. 2006 年年底,黄某得知 A 公司下属三公司承接了某冶炼厂项目和 A 公司下属七公司承接了某电厂项目有适合自己做的工程,请向某与三公司冶炼厂项目经理陈某、七公司副总经理兼电厂项目经理熊某联系,希望承接部分工程。2007 年年初,向某给陈某打招呼,介绍黄某从三公司承接了该冶炼厂项目的电器安装工程,后实际结算工程款为 1,476,387 元。2007 年 2 月,向某给熊某打招呼,介绍黄某从七公司承接了电厂消防管道安装工程,后实际结算工程款为 24,665,496 元。2009 年 9 月,黄某联系向某,称冶炼厂电器安装工程和电厂消防管道安装工程已经结算完毕,两个工程都赚了钱,准备给向某

30万元,但因当时资金紧张,晚一点再将30万元给向某。向某表示同意并提出因打算在武汉买房,要求多给5万元,黄某表示同意。2010年7月,黄某将30万元交给向某,向某予以收受,并要求黄某尽快再给5万元。2010年9月27日,黄某将5万元转入向某的建设银行账户。[1]

■ 理论争议

关于本案中向某的行为应如何认定,存在以下两种观点:

第一种观点认为,被告人向某的行为构成斡旋型受贿罪。被告人向某身为国有公司从事公务的人员,利用其身份地位形成的便利条件,通过其他国家工作人员闵某、陈某、熊某职务上的行为,为黄某谋取不正当利益,收受他人财物,其行为触犯了《刑法》第388条之规定,犯罪事实清楚,证据确实充分,应当以受贿罪追究其刑事责任。

第二种观点认为,被告人向某的行为构成利用影响力受贿罪。向某利用其舅舅马某担任国有企业A公司董事长、总经理形成的便利条件,向A公司分公司工作人员闵某、陈某、熊某打招呼,并通过该三名国家工作人员职务上的行为,为请托人黄某谋取不正当利益,收受请托人数额巨大的财物,其行为构成利用影响力受贿罪。

■ 法理分析

本案争议的焦点在于国有公司人员向某通过集团公司其他国家工作人员的职务行为为他人谋取利益的行为究竟应被认定为斡旋型受贿罪,还是利用影响力受贿罪。申言之,向某对其他国家工作人员的影响力来源究竟是基于向某本人的职务性基础,还是基于向某的"关系密切的人"与他人的职务利益交换。本书同意上述第二种观点,具体分析如下:

斡旋型受贿罪的主体为国家工作人员,利用影响力受贿罪的主体为国家工作人员的近亲属和关系密切的人。实践中在某些情形下,利用影响力受贿罪和斡旋型受贿罪的主体范围会形成重叠,即国家工作人员的近亲属或关系密切的人本身同样具有国家工作人员身份的情况。在国家工作人员为主体的斡旋型受贿罪和利用影响力受贿罪中,影响力的认定和评价就成为罪名区分的关键。在特定情况下,行为人本身作为国家工作人员,与其他国家工作人员

---

〔1〕 案例来源:湖北省竹山县人民法院刑事判决书,(2018)鄂0323刑初22号。

之间既存在工作联系或职务往来，又存在朋友、亲属或其他密切社会关系，那么行为人请托其他国家工作人员利用职务上的行为为请托人谋利时，将难以区分行为人究竟是利用了职务影响，还是利用了密切关系人之间的社会影响。在犯罪主体为国家工作人员时，对于影响力的来源及性质进行区分，也就成为斡旋型受贿罪和利用影响力受贿罪的认定关键。

1. 向某虽为国家工作人员，但被请托人谋取不正当利益并未基于向某“本人职权或者地位形成的便利条件”。斡旋型受贿罪中，在提出请托事项时，行为人与被请托的国家工作人员之间并不存在职务上的隶属、制约关系，因此后者有较为自由的意志来选择是否实施该请托事项。当国家工作人员决定利用自己的职权为请托人谋利时，作出决定的原因是职务性影响力，而职务性影响力来自行为人“本人职权或者地位形成的便利条件”。2003 年《全国法院审理经济犯罪案件工作座谈会纪要》规定，“刑法第三百八十八条规定的‘利用本人职权或者地位形成的便利条件’，是指行为人与被其利用的国家工作人员之间在职务上虽然没有隶属、制约关系，但是行为人利用了本人职权或者地位产生的影响和一定的工作联系，如单位内不同部门的国家工作人员之间、上下级单位没有职务上隶属、制约关系的国家工作人员之间、有工作联系的不同单位的国家工作人员之间等”。本案中向某是 A 公司分公司的国家工作人员，与其他分公司的闵某、陈某、熊某之间虽然没有隶属、制约关系，但同属于一个集团公司的不同分公司，形式上符合上述纪要规定的斡旋受贿中行为人与被请托的国家工作人员的关系要件。且根据在案证人证言，向某并未经过马某，直接与闵某、陈某、熊某三人联系交代了请托事项，马某对向某请托三人的事情当时并不知情也并未插手。表面上看属于同为一个集团公司下属分公司的不同国家工作人员之间的相互影响。但闵某、陈某、熊某三人的证言均表示，将工程分包给黄某是因为向某是集团老总马某的亲外甥这层关系，被请托人肯“用权”为黄某谋取不正当利益，其真正的动因在于向某与马某的关系，而不是与向某本人的职务利益交换，因此，向某的行为实质上不符合“利用本人职权或者地位形成的便利条件”，不构成斡旋受贿。

2. 向某属于 A 公司董事长马某“关系密切的人”，并利用马某“职权或地位形成的便利条件”。利用影响力受贿罪中，“近亲属”“关系密切的人”包括亲属、朋友、师生、同乡等家庭关系、社会关系中存在的人员范围，其前提是必须具有因自然属性或者社会交往原因而形成的特定关系，如因血缘和他人具有的亲属关系，或者如婚姻、求学、工作等社会交往过程中建立起来的私人关系。利用这种特定关系对国家工作人员施加影响，符合利用影响力受贿罪中

“钱与权力影响力进行交易”的本质特征。在利用影响力受贿罪的犯罪构成中,行为人利用的是身为近亲属或关系密切人的身份特征,对国家工作人员产生情感上的影响力,进而达到让国家工作人员利用职权为请托人谋利的目的。本案中向某作为A公司董事长马某的亲外甥,属于马某“关系密切的人”。虽然在向闵某、陈某、熊某三人请托时,并未直接打着马某的旗号,也未明确告知自己与马某的关系,但从黄某、闵某、陈某、熊某等人的证言可知,向某与马某的关系在集团公司内部十分公开,向某作为分公司的财务人员,敢于直接向没有任何隶属和制约关系的闵某、陈某、熊某等人直接“打招呼”,本质上也是仗着自己与马某的亲属关系。而三个被请托人之所以为向某的请托“埋单”,也是因为知晓向某与马某的身份,实质上是在为马某的职权和地位形成的便利条件“埋单”,符合《刑法》第388条之一规定的关系密切的人利用“国家工作人员的职权或地位形成的便利条件”。

综上,从主体要件到客观行为,向某利用其舅舅马某职务形成的便利条件,影响闵某、陈某、熊某的职务行为,为黄某谋取不正当利益的行为,符合利用影响力受贿罪的构成要件,应被认定为利用影响力受贿。

(戎静)

何某某滥用职权案

滥用职权罪的因果关系及其与其他犯罪的竞合适用

案情介绍

2006年4月,何某某在上海市原南汇区房屋土地管理局土地利用管理科工作期间,明知本市原南汇区宣桥镇项棣村11组地块已被上海南汇汇集投资建设有限公司(以下简称汇集公司)“人民西路”项目征收的情况下,仍按上海硕润建材有限公司(以下简称硕润建材公司)法定代表人董某某等人的请托,超越职权为硕润建材公司开具上述地块的用地预审意见书,并将开具时间倒签至2005年4月,使硕润建材公司得以将该用地预审意见书作为其申办“绿化苗圃用地”项目立项、规划等手续的依据。同年7月,何某某与沈某某、季某某、乔某某、董某某、徐某某等人共谋,采用变造沪府土(2005)105号上海市人民政府农转用及征地批文附表的手法,擅自将硕润建材公司加入批文附表,将前述宣桥镇项棣村11组征地范围内的1.7635公顷土地非法拆分给硕润建材公司,借此造成该公司“绿化苗圃用地”项目农转用及征地已由上海市人民政府批准的假象。同年10月,何某某利用职务便利,以上述变造的沪府土(2005)105号上海市人民政府农转用及征地批文,审核办理了硕润建材公司“绿化苗圃用地”供地手续,使硕润建材公司违规获批国有建设用地使用权。硕润建材公司以此于2012年4月参与轨道交通16号线动迁,获得动迁补偿人民币8988万元,造成国家财产重大损失。何某某于2006年至2007年,利用其上述职务便利分别收受董某某、上海三灶都市型工业园实业发展有限公司供地手续报批人员闵某、上海繁荣置业有限公司相关项目供地手续报批人员姚某某等人所送现金、消费卡共计价值7600元。2014年7月19日,何某某接受市纪委的调查,并如实供述了滥用职权的事实,同时主动供述了受贿的事实。

一审法院认为:被告人何某某身为国家机关工作人员,徇私舞弊,滥用职权,造成国家重大损失,情节特别严重,其行为已构成滥用职权罪;何某某身为国家工作人员,利用职务上的便利,非法收受他人财物,为他人谋取利益,其行为已构成受贿罪。何某某一人犯两罪,应当数罪并罚。何某某滥用职权罪系坦白,予以从轻处罚;何某某受贿罪系自首,退赔了赃款,予以减轻处罚。判决:被告人何某某犯滥用职权罪,判处有期徒刑5年;犯受贿罪判处有期徒刑6个月,决定执行有期徒刑5年3个月;违法所得予以没收。[1]

何某某上诉提出其滥用职权罪系从犯,原判认定其滥用职权罪且兼犯受贿罪,属重复评价;何某某退休后收受的2000元,不应计入受贿罪数额,有自首情节等。据此,何某某认为原判量刑畸重,要求法院改判。

二审审理期间,最高人民法院、最高人民检察院《关于办理贪污贿赂刑事案件适用法律若干问题的解释》颁布实施,该解释对受贿罪中的数额作了调整。据此,二审法院认为根据原判所定何某某的受贿数额,其行为已不再构成受贿罪,依法不予刑事追究。二审法院判决:撤销上海市浦东新区人民法院(2015)浦刑初字第5号刑事判决;上诉人(原审被告人)何某某犯滥用职权罪,判处有期徒刑5年。[2]

■ 理论争议

滥用职权罪作为渎职罪中常见的犯罪,其因果关系的判断是司法实务中的难点。

第一,如何认定多因一果关系,是否存在因果关系的中断情形是滥用职权罪认定的关键。

第二,滥用职权罪与渎职罪中特殊罪名的法条竞合如何适用法律的问题也需要探究,除特别法条优先普通法条外,是否考虑重法优于轻法。

第三,在滥用职权的同时还收受贿赂的,究竟是一罪还是数罪,如果将受贿罪与滥用职权罪数罪并罚是否属于一行为的重复评价?

■ 法理分析

1 关于滥用职权罪因果关系的认定

滥用职权罪作为渎职罪中最常见的犯罪之一,其因果关系的认定具有复杂性。渎职犯罪的因果关系是指渎职行为与危害结果之间引起与被引起的关

---

〔1〕 参见上海市浦东新区人民法院刑事判决书,(2015)浦刑初字第775号。
〔2〕 参见上海市第一中级人民法院刑事判决书,(2015)沪一中刑终字第1955号。

系。其原因行为是渎职行为,而渎职行为和一般的危害行为相比,涉及相关工作人员的职务范围、相关工作人员的渎职程度以及渎职行为对危害结果产生的影响力大小等问题,导致对其认定有一定的难度。渎职犯罪,特别是重大复杂的渎职犯罪,其危害结果的产生往往是多方原因造成的。很多职务部门在履行职务的过程中都存在一定程度的渎职行为,而正是这些部门都没有认真履行职责,才会导致重大危害结果的出现。渎职案件不同于一般刑事犯罪案件,其危害结果和渎职行为之间往往是间接联系,经常介入了其他的因素,如第三者的故意行为等。另外,有些危害结果同渎职行为之间的间隔时间比较长,可能在几个月甚至几年以后才会显现。这些都增大了渎职罪因果关系的认定难度。

本案中何某某是原南汇房屋土地管理局土地利用管理科的一名普通工作人员,在何某某之上,有科长、分管副局长以及局长;在原南汇房屋土地管理局内部,除了土地利用管理科这个部门,还有其他多个部门科室也介入土地管理事务,他们对外称"一门式服务",但在机关内部则存在权限分工,涉及多个科室和多个环节。在政府审批层面,有关土地使用权的批准权也不仅仅归属于原房屋土地管理局,土地所在地的宣桥镇人民政府、原南汇区规划管理局、原南汇区发改委以及建设用地事务中心等单位都必须行使相应的行政审批权。通过调查得知,建设单位要使用土地开发项目,具体流程非常复杂,主要包括以下步骤:(1)建设单位和土地所在的乡镇及村委会达成土地使用意向,之后与镇里签订征用土地转让协议;(2)建设单位到原南汇房屋土地管理局土地利用管理科进行用地预审,由用地科核发建设项目用地预审意见书;(3)建设单位凭预审意见等材料,以镇政府名义向区发改委报送立项申请,发改委对立项申请审批;(4)建设单位到规划部门等办理规划选址等规划许可手续;(5)规划手续办理后,到建设用地事务所办理测绘、权属调查;(6)建设单位到原房屋土地管理局土地利用管理科办理农转用及征地报批;(7)综合计划科将相关材料向市里报农转用及征地审批;(8)市里的农转用征地批文下发后,建设单位去办理征地包干手续;(9)涉及土地上的劳动力问题,需要缴清相关费用;(10)到房屋土地管理局办理供地批文和签订出让合同。

由上可见,在硕润建材公司违规获批土地使用权问题上,至少有6个国家机关和相关单位,即镇政府和村委会、房屋土地管理局、发改委、规划局、建设用地事务中心,以及10多个国家机关工作人员的先后违规,才使硕润建材公司能够最终获批土地使用权。就刑法因果关系而论,本案是一起十分典型的多因一果案件。尽管这样,在整体十分复杂的多因一果链条上,何某某的职权行为与硕润建材公司获批土地使用权的结果之间,还是存在刑法上的因果关系。

但是,硕润公司于 2012 年 3 月 28 日与宣桥镇政府签署动迁协议,进而获得 8988 万元的动迁款,是否为何某某等人在批地过程中违规造成的危害结果?案件的客观事实是,地铁 16 号线斜穿硕润建材公司违规获批的苗圃建设用地只有 4 亩,而硕润建材公司与政府部门谈判时提出整体动迁的要求,接受硕润建材公司要求的是具体主管动迁事务的政府部门。惠宝评估公司对于该动迁地块的评估报告载明:硕润建材公司的土地是绿化用地,不是住宅用地价格,而且两幢建筑是违章建筑,只能按成本价计算。土地建筑评估采用成本法,苗木是市场评估,土地总价 3055 万元。轨交通过的实际面积 2700 多平方米,价值 655 万元。然而有关政府部门在动迁补偿谈判的过程中没有抵抗住硕润建材公司的漫天要价,最终同意给予硕润建材公司动迁补偿款 8988 万元,这个金额是负责动迁谈判的部门及其工作人员所同意和决定的,何某某等人对这个高价补偿款的金额是否要承担刑事责任?

一种观点认为,2012 年有关部门与硕润建材公司之间进行动迁安置补偿谈判的活动,是完全独立于 2006 年何某某等人批办硕润公司土地使用权的。土地补偿款价码明显虚高,那是主导和负责动迁谈判的部门经受不住硕润公司的无理要求,一再软弱让步的结果,是一种非正常现象。按照刑法因果关系理论,介入行为如果是异常的并且独立于先前行为,该介入行为切断了先前行为与危害结果之间的因果关系,因此,何某某等人对 8988 万元损失不应当承担责任。何某某等人涉案行为的直接结果,是使硕润建材公司违规获批了涉案土地的国家建设用地资格。硕润建材公司在支付土地出让金、农民补偿费等方面并没有任何偷漏,相对于所获得的土地使用权,其实国家并没有发生损失。这块土地的建设用地资格即使批给其他单位,其他单位缴付土地出让金的金额和向当地农民支付补偿费的金额将与硕润建材公司实际支付的金额相同。何某某等人滥用职权行为,实质上是批地对象错误,也就是将本应批给汇集公司的土地批给了硕润建材公司,使硕润建材公司获取了建设用地资格。在何某某之后,在规划局、发改委、建设用地事务中心、宣桥镇政府等一系列部门共同玩忽职守的情形下,硕润建材公司才最终获批了涉案的土地。因此,认定何某某的滥用职权行为给国家造成巨额经济损失并不符合客观实际情况。

另一种观点认为,何某某滥用职权行为与损害结果之间具有刑法上的因果关系。首先,何某某在本案中滥用职权,体现在超越职权范围,违规出具用地预审意见书、伙同他人变造政府批文、依此违规审核办理供地手续,上述行为系硕润建材公司违规获批国有建设用地使用权的关键环节。其次,纵观全案,何某某不仅具有接受他人请托而滥用职权的故意,还参与预谋,实施了包括超越职权出具用地预审意见书、伙同他人变造政府批文、违规审核办理涉案供地手续等一系列行为,故何某某出具上述意见书系其滥用职权、造成损害后果的组成部分,对此应承担刑事责任。何某某等人的渎职舞弊行为使硕润建材公司有条件凭该地块参与轨交 16 号线动拆迁并获取动迁补偿款共计 8988 万元,该补偿款即国家的直接货币损失,两者间具有刑法上的因果关系。法院采纳了此种观点。

Ⅱ 滥用职权罪与非法批准征收、征用、占用土地罪的法律适用

在《刑法》规定的渎职罪中,第 397 条的滥用职权罪和玩忽职守罪是一般条款,除此之外,《刑法》还根据不同机构和不同主体身份,设定了各行各业分门别类的滥用职权和玩忽职守行为。按照法条竞合理论,特别条款应当优先于一般条款加以适用。一种观点认为,何某某等人的行为从构成要件出发,显然更符合《刑法》第 410 条的非法批准征收、征用、占用土地罪。该条规定:"国家机关工作人员徇私舞弊,违反土地管理法规,滥用职权,非法批准征收、征用、占用土地,或者非法低价出让国有土地使用权,情节严重的,处三年以下有期徒刑或者拘役;致使国家或者集体利益遭受特别重大损失的,处三年以上七年以下有期徒刑。"按照 2006 年 7 月 26 日最高人民检察院《关于渎职侵权犯罪案件立案标准的规定》,涉嫌下列情形之一的,应予立案:(1)非法批准征用、占用基本农田 10 亩以上的;(2)非法批准征用、占用基本农田以外的耕地 30 亩以上的;(3)非法批准征用、占用其他土地 50 亩以上的;何某某等人违法批给硕润建材公司的土地不属于基本农田,属于一般农用地,从定罪的土地面积数量标准来看,非基本农田面积达到"30 亩以上"的才构成犯罪。因此,无法认定何某某构成非法批准征收、征用、占用土地罪。一审法院认定何某某构成滥用职权罪,但是滥用职权罪的构成要件中含有致使"公共财产、国家和人民利益遭受重大损失",根据 2012 年 12 月 7 日最高人民法院、最高人民检察院《关于办理渎职刑事案件适用法律若干问题的解释(一)》第 1 条的规定,"公共财产、国家和人民利益遭受重大损失"主要是指人员伤亡或者造成经济损失 30 万元以上,或者造成恶劣社会影响等情形。但如前所述,如果把动迁谈判时由相关部门作出的同意给予硕润建材公司 8988 万元补偿撇除在何某某参与批地的责任范围之外,那么何某某的行为无法构成滥用职权罪。

另一种观点认为,宣桥镇项棣村 11 组地块已被汇集公司"人民西路"项

目征收,市政府农转用及征地批文附表中亦未有硕润建材公司及所谓绿化苗圃用地项目农转用及征地等内容。何某某伙同他人接受硕润建材公司董某某等人的请托后,超越职权、利用职务便利弄虚作假,采用倒签相关文书的开具时间、变造政府相关批文等方法,将已被国家征收的涉案 1.7635 公顷土地非法拆分给硕润建材公司,依此办理该公司所谓绿化苗圃用地的供地手续,使该公司违规获批国有建设用地使用权,并借此参与轨道交通 16 号线动迁,获得动迁补偿。如此作伪、造假等行径,并不属于我国《刑法》规定的非法批准征收、征用、占用土地罪。滥用职权罪中的“滥用”,既指胡乱、随意地使用权力,也包括超越限定的范围去行使权力,或者在职务范围内超越权力运用的前提、条件、程序、内容等要求而行使权力。在案证据证实,何某某在涉案时间段属于土地利用管理科工作人员,其职责包括负责办理原南汇区域内建设用地的审批、供地发文和建设用地批准书发放工作,已不具有办理建设用地土地预审职权。何某某在本案中的行为有两方面:其一,受人之托,超越职权,违规开具用地预审意见书;其二,参与变造政府批文,依此审核办理供地手续。故他并非单纯顺从领导的工作指示行事,而系积极所为。何某某等人的渎职舞弊行为使硕润建材公司有条件凭该地块参与轨交 16 号线动拆迁并获取动迁补偿款共计 8988 万元,该补偿款即国家的直接货币损失,故两者间具有刑法上的因果关系。因此,何某某的行为构成滥用职权罪。

Ⅲ 滥用职权罪与受贿罪的竞合问题

何某某于 2006 年至 2007 年,利用职务便利分别收受董某某、上海三灶都市型工业园实业发展有限公司供地手续报批人员闵某、上海繁荣置业有限公司相关项目供地手续报批人员姚某某等人所送现金、消费卡共计价值 7600 元。针对受贿罪数额的认定,辩护人提出,何某某在 2007 年 7 月退休,2007 年 12 月收受的消费卡 2000 元不应作为受贿数额一并计算。根据 2000 年最高人民法院《关于国家工作人员利用职务上的便利为他人谋取利益离退休后收受财物行为如何处理问题的批复》、2003 年《全国法院审理经济犯罪案件工作座谈会纪要》的内容:国家工作人员利用职务上的便利为请托人谋取利益,并与请托人事先约定,在其离退休后收受请托人财物,构成犯罪的,以受贿罪定罪处罚。即离退休以后收受请托人财物构成受贿罪的,必须有事先约定。没有证据证明何某某事先与请托人进行了事先约定,就不能将相应数额认定为受贿罪的犯罪数额。何某某在逢年过节时收受的价值 600 元、1000 元不等的财物,属于情节显著轻微,危害不大,可不认为是犯罪。

一审判决认为,何某某的行为构成滥用职权罪和受贿罪,应当数罪并罚。且何某某的滥用职权属于徇私舞弊滥用职权,根据《刑法》第 397 条第 2 款的规定,徇私舞弊滥用职权的,属于加重量刑情节。笔者认为,对何某某认定徇私舞弊滥用职权和受贿罪,属于重复评价。受贿罪是指国家工作人员利用职务上的便利,非法收受他人财物,为他人谋取利益的行为。如果为他人谋取利益还符合滥用职权罪的构成要件,受贿罪与滥用职权罪是否要数罪并罚是一个十分有争议的问题。鉴于受贿罪的本质特征是钱权交易,受贿罪的成立未必事实上的确为他人谋取了利益,因此,2012 年最高人民法院、最高人民检察院《关于办理渎职刑事案件适用法律若干问题的解释(一)》第 3 条规定:"国家机关工作人员实施渎职犯罪并收受贿赂,同时构成受贿罪的,除刑法另有规定外,以渎职犯罪和受贿罪数罪并罚。"也即,滥用职权罪与受贿罪是可以数罪并罚的,即对何某某的行为定性为滥用职权罪和受贿罪符合现行司法解释的具体规定。但是,何某某的徇私利行为已经被定性为受贿罪,又把徇私利作为滥用职权罪的量刑情节予以加重处罚,属于重复评价。

何某某针对一审判决提出了上诉,二审审理期间,最高人民法院、最高人民检察院《关于办理贪污贿赂刑事案件适用法律若干问题的解释》颁布实施,该解释对受贿罪中的数额作了调整,法院认为根据原判所定何某某的受贿数额,其行为已不再构成受贿罪,依法不予刑事追究。虽然何某某收受钱财的行为因为数额没有达到 3 万元而不构成受贿罪,但是其滥用职权的行为构成了犯罪,而且构成了徇私舞弊的滥用职权,属于滥用职权罪的加重处罚量刑情节。

(何萍)

某银行支行、童某等国有公司人员滥用职权罪

私分国有资产的司法认定

案情介绍

2010年11月,童某(男,1962年10月5日生)担任某国有银行支行行长后,为解决经费不足和职工福利问题,授意该支行办公室主任张某(男,1974年8月28日生)采取虚构项目的方式,向其上级行某某分行套取经营性费用。2010年,张某以虚构的维修费、燃料费、绿化费等名目套取资金22笔,合计65.0261万元。后经行长办公会决定,将其中22万元以春节过年费的名义发给该支行全体员工。2011年2月,温某(男,1968年10月17日生)出任该支行副行长,分管财务和市场营销。童某、温某继续指使张某套取现金。2011年,张某以上述方式向某某分行套取费用73笔,合计303.9538万元。经行长办公会决定,将其中38.6万元(其中现金21.7万元,另含价值16.9万元的购物卡)以春节福利费的名义发放给全体职工,以第三、四季度奖励和专项奖金的名义发给职工62.69万元。

案发后,某县人民检察院以某银行构成私分国有资产罪,应当追究被告人童某、温某和张某作为直接负责的主管人员和其他直接责任人员的刑事责任,向某县人民法院提起公诉。

某县人民法院经审理认为,依据《刑法》及相关司法解释的规定,私分国有资产罪中的"国有公司、企业"不包括国有控股、参股公司、企业。中国工商银行改制后属于国有控股公司,某银行支行作为中国工商银行的分支机构,不具备私分国有资产罪的主体要件,因此某银行支行和被告人童某、温某、张某的行为不构成私分国有资产罪。被告人童某、温某、张某作为国有控股公司的主管人员,对该公司的资产严重不负责任,损公肥私,集体违法研究决定以所谓福利费和奖金的名义发放给全体职工,致使国家利益遭受重大损失,其行为均已构成国有公司人员滥用职权罪,依法应予处罚。公诉机关指控的事实成立,唯有指控罪名不当。依照《刑法》第25条第1款、第37条、第64条、第168条第1款之规定,认定被告人童某、温某、张某犯国有公司人员滥用职权罪,均

免予刑事处罚。

宣判后,没有上诉、抗诉,判决发生法律效力。[1]

■ 理论争议

在本案中,具有理论争议的问题主要有两点:一是关于犯罪主体的认定争议;二是关于犯罪行为的定性争议。具体到本案,理论争议的问题体现为:国有控股、参股公司、企业是否属于私分国有资产罪中的"国有公司、企业"?在该公司企业供职的工作人员私分本公司、企业资产的行为如何定性?

针对第一个问题,理论界存在两种观点。第一种观点认为,私分国有资产罪中的"国有公司、企业"应作扩大解释,包括国有独有公司、企业和国有控股、参股公司、企业。第二种观点认为,该罪中的"国有公司、企业"应作狭义解释,即仅指国有独资公司、企业。

进而,针对第二个问题,司法实践中有观点认为,如果将私分国有资产罪中的"国有公司、企业"解释为"国有独资公司、企业",那么国有控股、参股公司、企业的国有资产将失去刑法的保护。另一种观点认为,虽然国有控股、参股公司、企业集体私分国有资产的行为不能被认定为私分国有资产罪,但是并不表示不构成其他犯罪。例如,这种行为依然可以构成国有公司、企业人员滥用职权罪。

■ 法理分析

从立法上来看,1997年修订的《刑法》增设的私分国有资产罪是基于当时中国社会情况的权宜之计。由于该罪在立法目的、犯罪构成等方面与贪污罪十分相似,故如何区分二者一直困扰着司法机关。私分国有资产罪的法定刑远低于贪污罪,如果对私分国有资产的犯罪行为不以贪污罪严惩,将给贪官污吏提供了一个制度"庇护所"。刑法解释对本罪持限缩的态度,该罪自设立以来其司法适用率也很低,目前设立该罪的社会条件已不复存在。[2] 在司法实践中,私分国有资产罪的认定涉及与贪污罪的区别、实行行为的认定以及犯罪的叙事建构等若干问题。在具体案件的分析过程中,基于对犯罪构成要件事实的评价、对案件事实本质的认识偏差、客观判断先于主观判断这一定罪基本

---

[1] 案例来源:"工商银行神木支行、童某等国有公司人员滥用职权案",载《中国刑事审判指导案例》编写组编:《中国刑事审判指导案例6》,法律出版社2021年版,第395-396页。

[2] 参见牛忠志、晋泽禹:《私分国有资产罪的废除》,载《天津法学》2021年第2期。

规则的违反,以及不同的案件事实的叙事建构,而易定性失当。[3] 因此,在具体案件办理过程中,应当以构成要件事实为主体进行案件核心要素研判,坚持客观公正的立场,全面而客观地描述案情,作出合法合理的规范评价,才能准确定罪量刑和贯彻罪刑法定原则。

在法律及其司法解释的规范意义上,《刑法》条文中"国有公司、企业"是指国有独资公司、企业,还是包括国有独资以及国有控股参股公司、企业,一直存在争论。司法实践中亦出现了相似案件的不同判决,因此对刑法概念作统一解释并统一裁判标准极有必要。根据2001年5月23日下发的最高人民法院《关于在国有资本控股、参股的股份有限公司中从事管理工作的人员利用职务便利非法占有本公司财物如何定罪问题的批复》[4]、2005年8月1日公布的最高人民法院《关于如何认定国有控股、参股股份有限公司中的国有公司、企业人员的解释》[5],2010年11月26日出台的最高人民法院、最高人民检察院《关于办理国家出资企业中职务犯罪案件具体应用法律若干问题的意见》等,刑法中的国有公司、企业,一般仅限于国有独资公司、企业。将"国有公司、企业"理解为国有独资公司、企业,是对法律条文和相关司法解释的准确理解,可以体现刑法条文间的协调衔接,同时采用竞合理论认定为他罪名。[6] 从刑法法益来看,将私分国有资产罪中的"国有公司、企业"作限制解释不会影响国有资产的保护。

在本案中,将私分国有资产罪中的"国有公司、企业"限制解释为"国有独资公司、企业"更符合立法原意。因此,某银行支行不构成私分国有资产罪。被告人童某、温某、张某,实施了向上级行套取经费,并以春节过节费、季度奖励、专项奖励以及其他名义发给职工共计123.29万元的行为,造成国家直接经济损失30万元以上,损害了工行实行的统收统支的财务管理制度,可以认定为"致使国家利益遭受重大损失",符合滥用职权罪的构成要件。国有控股、参股公司、企业工作人员私分本公司、企业国有资产的行为依法可以构成国有公司、企业人员滥用职权罪,对被告人童某、温某、张某应以国有公司人员

---

〔3〕 参见王登辉、罗倩:《私分国有资产罪的若干问题研究》,载《岭南学刊》2013年第6期。

〔4〕 该批复规定,在国有资本控股、参股的股份有限公司中从事管理工作的人员,除受国家机关、国有公司、企业、事业单位委派从事公务的以外,不属于国家工作人员。

〔5〕 该解释规定,国有公司、企业委派到国有控股、参股公司从事公务的人员,以国有公司、企业人员论。

〔6〕 参见白洁:《私分国有资产行为的定性——从三起"相似案件不同判决"来分析》,载《中国检察官》2017年第12期。

滥用职权罪定罪处罚。

此外,需要注意的是,关于本案被告人刑事责任的认定与分配问题。在司法实践中,手段的隐蔽性、形式的外观具备、获利人员的普遍性、利益分配的合比例性被作为区分贪污罪与私分国有资产罪的标准。然而,无论是手段的公开、具有集体决议的外观,抑或是分配的对象与方式,似乎不能仅仅成为私分国有资产罪违法性减轻的原因。私分国有资产罪处断上轻于贪污罪的原因,应当从责任角度进行剖析,由于该罪的集体参与性,使个别行为人责任的分配减少,处罚随之降低,贪污罪与私分国有资产罪的区分也应当以之为核心标准。[7] 因此,在本案中,鉴于三被告人的行为亦是为激励调动本单位全体职工的工作积极性,提高工作效率,并非谋取个人私利,其主观恶性较小,犯罪情节轻微,基于责任分配的理论视角,依法免予刑事处罚是正确的。

(杨继文)

---

〔7〕 参见陈文昊:《私分国有资产罪与贪污罪的罪质与区分——从责任分配的视角》,载《山东青年政治学院学报》2017 年第 3 期。

罗某华、罗某添、朱某灿、罗某游滥用职权案

滥用职权罪的“重大损失”认定

案情介绍

2008 年 8 月至 2009 年 12 月，罗某华、罗某添、朱某灿、罗某游先后被广州市黄埔区人民政府大沙街道办事处招聘为广州市城市管理综合执法局黄埔分局大沙街执法队（以下简称执法队）协管员。上述 4 人的工作职责是街道城市管理协管工作，包括动态巡查，参与街道、社区日常性的城管工作，劝阻和制止并督促改正违反城市管理法规的行为，配合综合执法部门开展集中统一整治行动等。工作任务包括坚持巡查与守点相结合，及时劝导中心城区的乱摆卖行为等。罗某华、罗某添从 2009 年 8 月至 2011 年 5 月担任协管员队长和副队长，此后由罗某添担任队长，罗某华担任副队长。协管员队长职责是负责协管员人员召集，上班路段分配和日常考勤工作；副队长职责是协助队长开展日常工作，队长不在时履行队长职责。上述 4 人上班时，身着统一发放的迷彩服，臂上戴着写有“大沙街城市管理督导员”的红袖章，手持一根木棍。2010 年 8 月至 2011 年 9 月，罗某华、罗某添、朱某灿、罗某游和罗慧洪（另案处理）利用职务便利，先后多次向多名无照商贩索要 12 元、10 元、5 元不等的少量现金、香烟或直接在该路段的“士多店”拿烟再让部分无照商贩结账，后放弃履行职责，允许给予好处的无照商贩在严禁乱摆卖的地段非法占道经营。上述行为导致该地段的无照商贩非法占道经营十分严重，几百档流动商贩恣意乱摆卖，严重影响了市容市貌和环境卫生，给周边商铺和住户的经营、生活、出行造成极大不便。由于执法不公，对给予钱财的商贩放任其占道经营，对其他没给好处费的无照商贩则进行驱赶或通知城管部门到场处罚，引起了群众强烈不满，城市管理执法部门执法人员在依法执行公务过程中遭遇多次暴力抗法，数名执法人员受伤住院。上述行为严重危害和影响了该地区的社会秩序、经济秩序、城市管理和治安管理，造成了恶劣的社会影响。

2011 年 12 月 28 日，广州市黄埔区人民检察院以罗某华、罗某添、朱某灿、罗某游犯滥用职权罪向黄埔区人民法院提起公诉。2012 年 4 月 18 日，黄埔

区人民法院一审判决，认为被告人罗某华、罗某添、朱某灿、罗某游虽未列入国家机关人员编制但在国家机关中从事公务，在代表国家行使职权时，长期不正确履行职权，大肆勒索辖区部分无照商贩的钱财，造成无照商贩非法占道经营十分严重，暴力抗法事件不断发生，社会影响相当恶劣，其行为触犯了《刑法》第397条第1款的规定，构成滥用职权罪。被告人罗某华与罗某添身为城管协管员前、后任队长及副队长不仅参与勒索无照商贩的钱财，放任无照商贩非法占道经营，而且也收受其下属勒索来的香烟，放任其下属胡作非为，在共同犯罪中所起作用相对较大，可对其酌情从重处罚。鉴于4被告人归案后能供述自己的罪行，可对其酌情从轻处罚。依照《刑法》第397条第1款、第61条，《全国人民代表大会常务委员会关于〈中华人民共和国刑法〉第九章渎职罪主体适用问题的解释》的规定，判决：被告人罗某华犯滥用职权罪，判处有期徒刑1年6个月；被告人罗某添犯滥用职权罪，判处有期徒刑1年5个月；被告人朱某灿犯滥用职权罪，判处有期徒刑1年2个月；被告人罗某游犯滥用职权罪，判处有期徒刑1年2个月。一审判决后，4名被告人在法定期限内均未上诉，检察机关也没有提出抗诉，一审判决发生法律效力。[1]

■ 理论争议

关于本案被告人是否应当以滥用职权罪论处，有两种不同的观点：

一种观点认为，根据刑法规定，滥用职权罪是指国家机关工作人员滥用职权，致使“公共财产、国家和人民利益遭受重大损失”的行为。而本案中罗某华等人的行为既没造成重大人员伤亡，也未造成巨大的经济损失，更没有损害国家声誉，无法形成重大损失的结果，不应以滥用职权罪追究被告人的刑事责任。

另一种观点认为，根据最高人民法院、最高人民检察院《关于办理渎职刑事案件适用法律若干问题的解释（一）》第1条第1款第3项“造成恶劣社会影响的”是判断公共财产、国家和人民利益遭受重大损失的标准之一。本案被告人的行为已经严重危害了该地区的社会秩序、经济秩序、城市管理和治安管理，足以构成社会影响恶劣，应当以滥用职权罪追究被告人的刑事责任。

---

〔1〕 案例来源：最高人民检察院检例第6号。

■ 法理分析

本文认为,滥用职权罪中“重大损失”应当根据最高人民检察院《关于渎职侵权犯罪案件立案标准的规定》、最高人民法院、最高人民检察院《关于办理渎职刑事案件适用法律若干问题的解释(一)》的相关规定来认定。同时,应当准确把握“造成恶劣社会影响”的内涵。

2006 年最高人民检察院《关于渎职侵权犯罪案件立案标准的规定》对滥用职权罪的立案标准进行了明确规定:(1)造成死亡 1 人以上,或者重伤 2 人以上,或者重伤 1 人、轻伤 3 人以上,或者轻伤 5 人以上的;(2)导致 10 人以上严重中毒的;(3)造成个人财产直接经济损失 10 万元以上,或者直接经济损失不满 10 万元,但间接经济损失 50 万元以上的;(4)造成公共财产或者法人、其他组织财产直接经济损失 20 万元以上,或者直接经济损失不满 20 万元,但间接经济损失 100 万元以上的;(5)虽未达到(3)(4)两项数额标准,但(3)(4)两项合计直接经济损失 20 万元以上,或者合计直接经济损失不满 20 万元,但合计间接经济损失 100 万元以上的;(6)造成公司、企业等单位停业、停产 6 个月以上,或者破产的;(7)弄虚作假,不报、缓报、谎报或者授意、指使、强令他人不报、缓报、谎报情况,导致重特大事故危害结果继续、扩大,或者致使抢救、调查、处理工作延误的;(8)严重损害国家声誉,或者造成恶劣社会影响的;(9)其他致使公共财产、国家和人民利益遭受重大损失的情形。这些规定虽明确了物质财产性损失和非物质财产性损失的立案标准,但未对“其他致使公共财产、国家和人民利益遭受重大损失的情形”进行更为详细的说明,导致刑事司法实践产生分歧。为此,2013 年出台的最高人民检察院《关于办理渎职刑事案件适用法律若干问题的解释(一)》完善了对“重大损失”兜底性条款的说明。其中第 1 条第 1 款第 3 项明确将“造成恶劣社会影响的”认定为《刑法》第 397 条规定的“致使公共财产、国家和人民利益遭受重大损失”。然而,上述两部司法解释依然没有对“造成恶劣社会影响”的情形进行具体说明。

滥用职权罪中“造成恶劣社会影响”属于非物质损失的范畴,难以依据客观的标准进行判断。如何准确认定一直是司法实践中的难题。“恶劣社会影响”的内涵应当依据法律解释的一般方法和原则去理解。首先,从文义上进行理解。“恶劣社会影响”应当包含三个基本词,即“恶劣”“社会”“影响”。

"恶劣"意为"很坏"[2],"影响"意为"对人或事物所起的作用"[3],"社会"则是指在特定环境下共同生活的生物,能够长久维持的、彼此不能够离开的相依为命的一种不容易改变的结构。结合三者的文义解释,渎职罪中的"恶劣社会影响"是指国家机关工作人员的渎职行为对社会的稳定造成了破坏,这种破坏能被社会公众所感知并对社会公众的思想或周围事物发生作用,引发人们的强烈不满。其次,在具体适用时需要综合考虑多方面因素,坚持从严、谨慎的原则。一方面,要考察渎职行为的严重程度。具体包括侵害的法益、行为的主观恶性、行为方式等。例如,与一般的扰乱社会秩序相比,损害国家的国际形象、损害党和国家权威及形象、损害司法公正是更为恶劣的行为,故意渎职比过失渎职更恶劣,徇私舞弊、索贿受贿、枉法裁判比玩忽职守更恶劣。另一方面,要考察渎职行为产生的社会影响程度。渎职行为对社会造成的影响应当是现实的,已发生了国家机关形象受损,社会正常秩序破坏,对社会公众心理、道德伦理和普遍价值认同造成了伤害等。[4] 但是,纳入考量范围的社会影响不包括潜在影响。因为,如果将潜在影响包含在考察范围内,将无限扩大渎职行为的社会影响界限,导致判断标准无法界定。这种社会影响能被社会公众感知,如通过媒体报道、群众反映,使处于渎职事件周围的人能看到、感受到不公,等等。但是,应当注意的是,恶劣的社会影响是因为渎职行为本身的恶劣性质所产生的,而不应是因为渎职事件消息的扩散而产生的。不能简单地将渎职事件的扩散范围作为认定影响严重程度的依据,而需要谨慎辨别其他因素的干扰。

在明确了"恶劣社会影响"的内涵后,渎职犯罪的认定依然需要结合主观判断。目前,主观判断的依据主要有两种。一种是办案人员的判断。即办案人员基于自身的知识体系、工作与生活经验、社会常识等因素,结合渎职行为的恶劣性质与社会影响,对渎职行为是否造成恶劣社会影响进行判断。另一种是社会公众的判断。即社会公众对渎职行为的认知与态度。由于办案人员个人作出判断通常受限于自身价值观念等因素,难以保证客观公正性,因此需要结合社会公众的心理因素。学术界曾将这两种依据作为独立的观点进行论证,但在司法实践中将二者结合进行综合考量的情况更为常见。实践中为了

---

〔2〕 中国社会科学院语言研究所词典编辑室编:《现代汉语词典》,商务印书馆2005年版,第356页。

〔3〕 中国社会科学院语言研究所词典编辑室编:《现代汉语词典》,商务印书馆2005年版,第1636页。

〔4〕 参见杨书文:《渎职犯罪结果犯之危害后果的认定》,载《中国检察官》2014年第6期。

保证对"恶劣社会影响"认定的客观性,办案人员通常需要调查渎职事件周围人群的证人证言,查看网络上关于某一渎职事件的点击率、评论情况等。但网络所反映出的群体态度很容易受到他人或媒体的影响和误导,无法完全保证认定工作的客观性和公允性。因此,办案人员的综合判断仍然是认定工作的主要核心,社会公众的判断通常作为必要的辅助参考。

回到本案例中,司法机关认定4人的行为具有"恶劣社会影响"主要有三点:其行为自身的严重性、对周边社会的影响、对社会秩序的破坏程度。尽管本案被告人的渎职行为没有造成重大人员伤亡与巨大的经济损失的后果,但导致该地段的市场经营秩序遭到严重破坏。占道经营、恣意乱摆卖的现象不仅影响了市容市貌和环境卫生,更给周边商铺和住户的经营、生活、出行造成极大不便。同时,被告人对给予钱财的商贩放任占道经营,对其他没给好处费的无照商贩则进行驱赶或通知城管部门到场处罚。其执法不公的行为引起了群众强烈不满,严重破坏了国家机关工作人员的公正性与廉洁性。综合以上因素,被告人的渎职行为属于直接故意,严重破坏了国家机关的形象与市场经营秩序,引发了社会公众的不满,性质恶劣,完全符合本文对"恶劣社会影响"的界定。黄埔区人民法院一审判决以滥用职权罪追究被告人刑事责任合法合理。

(杨继文)

蔡某失职致使在押人员脱逃案

渎职犯罪中"严重不负责任"的认定

案情介绍

蔡某系邢台监狱干警。2013 年 12 月初,蔡某在值班期间发现因犯盗窃、抢劫罪被判处有期徒刑 13 年的罪犯张某庆用手机打电话,没有按规定将该手机没收,放任张某庆继续使用手机,并在 2014 年 1 月 22 日晚与罪犯张某庆交换使用手机,致使张某庆事先通过手机与外界联系,从婚庆公司预定用于脱逃的出租车,于 2014 年 1 月 25 日上午 10 时左右,携带蔡某的手机从邢台监狱脱逃。2014 年 1 月 27 日,蔡某向人民检察机关投案,并如实供述自己失职致使在押人员脱逃的行为。同年 2 月 28 日蔡某因失职致使在押人员脱逃被刑事拘留,同年 3 月 17 日被取保候审。2014 年 7 月 17 日柏乡县人民法院对本案展开审理。

法院审理认为,被告人蔡某没有认真履行职责,致使正在服刑的罪犯持有使用手机,并以此为工具与外界联系,造成其从监狱顺利脱逃的严重后果,其行为构成失职致使在押人员脱逃罪。案发后,被告人蔡某主动到侦查机关投案,并如实供述其犯罪事实,系自首。公诉机关指控被告人蔡某的犯罪事实清楚,证据确实充分,罪名成立。鉴于被告人有自首情节,结合公诉机关对其免予刑事处罚的量刑建议,依照《刑法》第 400 条第 2 款、第 67 条之规定,判决被告人蔡某犯失职致使在押人员脱逃罪,免予刑事处罚。后来检察院以对蔡某量刑畸轻为由提出抗诉,邢台市中级人民法院裁定维持原判。[1]

理论争议

关于本案的定罪量刑,有两种观点:

---

〔1〕 案例来源:《蔡某失职致使在押人员脱逃罪一审刑事判决书》,载天眼查,https://susong.tianyancha.com/8d40127c1cb711e6b554008cfae40dc0。

一种观点认为,根据2006年最高人民检察院《关于渎职侵权犯罪案件立案标准的规定》(以下简称《立案标准》)的规定,“严重不负责任”是指“不履行或者不认真履行职责”。本案中被告人的渎职行为已达到“严重不负责任”程度,法院判决量刑过轻。

另一种观点认为,“严重不负责任”是指属于自身职责应管的事,放任不管,严重失职,造成严重后果。“严重不负责任”是入罪要件,不是量刑标准。法院的判决无误。

■ 法理分析

本文认为,上述争议来源于现行法律缺乏对于“严重不负责任”进行统一的解释。在《刑法》第九章渎职罪的规定中,绝大多数罪名对“严重不负责任”的表述采取了较为原则的方式,仅有少数罪名具体罗列了“严重不负责任”的表现形式。例如,第412条第2款对商检失职罪的规定:“前款所列人员严重不负责任,对应当检验的物品不检验,或者延误检验出证、错误出证,致使……”现有法律解释对“严重不负责任”的规定也存在差别。《立案标准》将“严重不负责任”解释为“不履行或者不认真履行职责”。而《关于正确认定和处理玩忽职守罪的若干意见(试行)》(已失效)则在不履行职责的基础上增加了“造成严重后果”的标准。但这种差别并非检察机关对同种类的犯罪认定标准出现了矛盾,而是由刑事诉讼程序不同阶段的工作要求所造成。在司法实践中,立案标准与入罪标准适用错误的情况时有发生。立案标准是判断案件是否成立的初始标准。入罪标准则是以犯罪构成为依据,综合判断罪体与罪责的标准。立案标准是刑事诉讼程序的启动标准,其认定的核心是“可能构成犯罪”。由于司法机关在立案程序启动后仍然需要通过侦查获取案件的相关事实与证据,依据立案标准对犯罪是否成立的判断并不完全准确。入罪标准是判断犯罪是否成立的重要依据,通常必须在综合了解案件事实与证据的前提下才能准确适用。二者的适用处于诉讼程序中不同阶段,对渎职行为性质的认定也不同,并非对同一概念的差异性界定。

依照刑法学界的通说,司法实践中对渎职犯罪的认定以结果犯论,即不仅要实施刑法所禁止的行为,同时还需要满足造成法定的危害结果之条件。这也意味着失职致使在押人员脱逃罪的犯罪构成不仅要有“严重不负责”行为,同时也需要“重大损失”或“严重后果”的结果。否则,将难以构成犯罪。

“严重不负责”从通常字面意义上来理解,可以分为“严重”与“不负责任”两个部分。“严重”是“不负责任”的修饰状语,以表明“不负责任”的程度。然而,在目前的法律及其解释中,并没有将“不负责任”进行单独规定或对其进行单独解释,而是统一采用“严重不负责任”的表述,因此司法实践中并不能将“严重”与“不负责任”拆分开来理解。依据现有的司法解释,“严重不负责”一般指“不履行职责”“不认真履行职责”“不正确履行职责”。“严重不负责”之行为必须与“职责”相关联。“职责”是所有渎职犯罪的前提,也是本案中法院判定涉案民警是否构成失职致使在押人员脱逃罪的重要依据。刑法对“职责”的界定通常是指法定职责,必须是相关国家机关工作人员履行职务必须遵循的工作规范,包括行政规范和程序规范。由于国家工作的多样性,不同国家机关的法定职责也会因为职业特点、惯例和规范,以内部决定、命令和规定等形式而形成不同的内容。但这些内容不能超越法定职责或与法定职责范围相抵触。同时,法定职责的内容不应超越该职业一般人员的预测可能性,即该职责的履行和完成必须在该职业一般人员看来具有可行性,以防止法定职责的范围无限扩大。

“严重不负责”与“危害结果”之间必须存在因果关系。刑法中的因果关系是渎职犯罪,尤其是过失型渎职犯罪认定中争议较多的问题。最高人民检察院在其公布的第八批指导案例指导意见中认为:“在渎职犯罪因果关系的认定方面,如果负有监管职责的国家机关工作人员没有认真履行其监管职责,从而未能有效防止危害结果发生,那么,这些对危害结果具有原因力的渎职行为,应认定与危害结果之间具有刑法意义上的因果关系。”这其中主要包含两层含义:其一,渎职行为与危害后果之间要存在直接、必然的因果关系;其二,当渎职行为与危害后果之间存在第三方介入时,认定渎职行为与危害后果之间是否存在刑法上的因果关系,介入因素是否对因果关系的成立产生阻却影响时,一般通过“相当性”来判断。具体到本案例中,判断“严重不负责任”危害行为是否为造成“危害后果”直接的、主要的原因,还需要综合4个方面的内容进行。一是要排除意外事件。意外事件超出了行为人的“预测可能性”和法律上的“期待可能性”,是“超法规的阻却责任事由”,因此不能作为追究被告人刑事责任的依据。二是危害行为与危害后果之间满足“条件说”,即如果危害行为没有发生,则危害结果一定或“高度盖然性”不会产生。三是行为人的主观归因。行为人对危害结果的产生具有主观上的过错,即明知危害结果可能产生而放任危害行为发展或轻信能够避免,应当预见而没有预见等。四是合理排除外因介入。在“多因一果”案件中,需要从介入因素异常性的大小、对结果发生的影响力大小、是否属于行为人职责范围三个方面来综合判断介入因素能否阻却因果关系的成立。司法实践中对“严重不负责”的认定必须结合其与“危害结果”之间因果关系来考察。否则,如果只是形式上满足了“不履行职责”“不认真履行职责”“不正确履行职责”的行为要件,却未产生相应的危害后果或不是产生危害后果的直接、必然原因。这种“严重不负责”并不能成为刑事追责的构成要件。综合来看,失职致使在押人员脱逃罪中的“严重不负责”必须同时满足违反法定职责,与危害结果有直接、必然的因果关系。

在本案中,被告人蔡某属于监狱民警。其职责具有一定的特殊性。一方面,监狱机构具有行政与司法的双重属性。监狱民警对罪犯既具有执行刑罚的职责,也负有教育、改造和日常管理的行政职责。另一方面,监狱内部犯罪行为的产生具有长期积累的特性。换言之,监狱内犯罪可能来源于行政管理失范的多重因素叠加,如管理制度缺失、设施配置不达标、多道防线失守,以及管理人员对罪犯思想动态不掌握、狱情不见底、直接管理不到位等工作失误,等等。行政管理不同于刑事追责,为了便于各级行政机关具体开展日常管理工作,司法部、省级监狱管理机关、监狱甚至监区制定的工作规范在制度严密性上不如刑事法律。为了保证不同岗位、不同级别民警的履职,监狱的行政管理制度并非绝对严丝合缝,而是适当留出一定的灵活空间以应对不同的需求。因此,“严重不负责任”不能将所有违反行政管理制度的行为囊括入内,而应结合行为可能引发的后果进行考量。对次要制度的违反,如未及时进行个别谈话、联号制度编排不合理等,不应当构成“严重不负责任”行为。而违反基本安全管理制度的行为,如点名、编排联号、加带械具、锁门、安全检查等以及脱岗、睡觉等放弃职守行为,则应当归为“严重不负责任”的行为。本案中被告人蔡某在值班期间发现罪犯张某庆用手机打电话,没有按规定将该手机没收,放任张某庆继续使用手机并与罪犯张某庆交换使用手机,属于直接违反监督管理制度的行为,符合“严重不负责任”的行为要求。此外,蔡某对于张某庆使用手机与外界联络,为逃脱行为提供便利的情况负有应当预见的义务,在主观上也符合失职致使在押人员脱逃罪的主观构成要件。在危害结果上也造成了张某庆利用蔡某手机租车从邢台监狱脱逃的后果。这种危害结果与蔡某放任张某庆使用手机并与其交换手机有着直接的因果关系。因此,本案中法院判决的罪名并无不当。在量刑方面,由于存在自首情节,法院对蔡某适用从轻、减轻情节未超出法定裁量权的范围,并不违法。张某庆逃脱后也未造成任何加重蔡某失职致使在押人员脱逃罪危害结果的后果,仅以蔡某的行为存在“严重不负责”的情形质疑法院判决量刑不当恐难以成立。邢台市中级人民法院裁定维持一审判决的裁定是正确的。应当注意的是,尽管蔡某被判处免予刑事处罚,但并不能同时免除其行政处分。蔡某的渎职行为虽不会受到刑事处罚,但仍然会受到行政处罚。从宏观角度来看,刑罚并不是法律维护社会公正的唯一工具。行政处罚作为刑罚的补充,同样能够实现一定的犯罪预防效果。

(程凡卿)

崔某国环境监管失职案

环境监管失职罪的主体认定

案情介绍

江苏省盐城市标新化工有限公司(以下简称标新公司)位于该市二级饮用水保护区内的饮用水取水河蟒蛇河上游。根据国家、市、区的相关法律法规文件规定,标新公司为重点污染源,系“零排污”企业。但标新公司自生产以来,从未使用有关排污的技术处理设施。除在2006年至2007年部分钾盐废水(共50吨左右)外售至阜宁助剂厂外,标新公司生产产生的钾盐废水及其他废水直接排放至厂区北侧或者东侧的河流中,导致2009年2月发生盐城市区饮用水源严重污染事件。盐城市城西水厂、越河水厂水源遭受严重污染,所生产的自来水中酚类物质严重超标,近20万盐城市居民生活饮用水和部分单位供水被迫中断66小时40分钟,造成直接经济损失543万余元,并在社会上造成恶劣影响。

盐城市环境保护局(现为盐城市生态环境局)饮用水源保护区环境监察支队负责盐城市区饮用水源保护区的环境保护、污染防治工作,标新公司位于市饮用水源二级保护区范围内,属该支队二大队管辖。被告人崔某国作为二大队大队长,对标新公司环境保护监察工作负有直接领导责任。崔某国不认真履行环境保护监管职责,并于2006年至2008年多次收受标新公司法定代表人胡某某小额财物。崔某国在日常检查中多次发现标新公司有冷却水和废水外排行为,但未按规定要求标新公司提供母液台账、合同、发票等材料,只是填写现场监察记录,也未向盐城市饮用水源保护区环境监察支队汇报标新公司违法排污情况。2008年12月6日,盐城市饮用水源保护区环境监察支队对保护区内重点化工企业进行专项整治活动,并对标新公司发出整改通知,但崔某国未组织二大队监察人员对标新公司进行跟踪检查,监督标新公司整改。直至2009年2月18日,崔某国对标新公司进行检查时,只在该公司办公室填写了1份现场监察记录,未对排污情况进行现场检查,没有能及时发现和阻止标新公司向厂区外河流排放大量废液,以致发生盐城市饮用水源严重污染。

在水污染事件发生后，崔某国为掩盖其工作严重不负责任，于2009年2月21日伪造了日期为2008年12月10日和2009年2月16日的两份虚假监察记录，以逃避有关部门的查处。

2009年3月14日，崔某国因涉嫌环境监管失职罪由江苏省盐城市阜宁县人民检察院立案侦查，同日被刑事拘留，3月27日被逮捕，5月13日侦查终结移送审查起诉。2009年6月26日，江苏省盐城市阜宁县人民检察院以被告人崔某国犯环境监管失职罪向阜宁县人民法院提起公诉。2009年12月16日，阜宁县人民法院作出一审判决，认为被告人崔某国作为负有环境保护监督管理职责的国家机关工作人员，在履行环境监管职责过程中，严重不负责任，导致发生重大环境污染事故，致使公私财产遭受重大损失，其行为构成环境监管失职罪；依照《刑法》第408条的规定，判决崔某国犯环境监管失职罪，判处有期徒刑2年。一审判决后，崔某国以自己对标新公司只具有督查的职责，不具有监管的职责，不符合环境监管失职罪的主体要求等为由提出上诉。盐城市中级人民法院认为，崔某国身为国有事业单位的工作人员，在受国家机关的委托代表国家机关履行环境监督管理职责过程中，严重不负责任，导致发生重大环境污染事故，致使公私财产遭受重大损失，其行为构成环境监管失职罪。崔某国所在的盐城市饮用水源保护区环境监察支队为国有事业单位，由盐城市人民政府设立，其系受国家机关委托代表国家机关行使环境监管职权，原判决未引用全国人民代表大会常务委员会《关于〈中华人民共和国刑法〉第九章渎职罪主体适用问题的解释》的相关规定，直接认定崔某国系国家机关工作人员不当，予以纠正；原判认定崔某国犯罪事实清楚，定性正确，量刑恰当，审判程序合法。2010年1月21日，盐城市中级人民法院二审终审裁定，驳回上诉，维持原判。[1]

■ 理论争议

关于本案被告人是否构成环境监管失职罪，存在以下三种观点：

第一种观点认为，被告人崔某国系江苏省盐城市饮用水源保护区环境监察支队二大队大队长，隶属于盐城市环境保护局，盐城市环境保护局属于国家机关单位，崔某国当然具备了国家机关工作人员的身份，是环境监管失职罪的主体。

---

〔1〕 案例来源：最高人民检察院检例第4号（2016年）。

第二种观点认为,盐城市环境保护局虽为国家机关,但其下辖的环保监察站为事业编制,崔某国不具备公务员身份,不属于国家机关工作人员,无法成为环境监管失职罪的主体。

第三种观点认为,崔某国是国有事业编制人员,虽不具备公务员编制,但依然属于在国家机构委托代表国家履行职能的组织中执行公务的人员,其代表盐城市环境保护局行使环境监管职权,依然可被视为国家机关工作人员,可以是环境监管失职罪的主体。

■ 法理分析

本文认为,本案中被告人是否构成环境监管失职罪,必须对渎职犯罪的主体资格进行判断。《刑法》第 408 条规定:"负有环境保护监督管理职责的国家机关工作人员严重不负责任,导致发生重大环境污染事故,致使公私财产遭受重大损失或者造成人身伤亡的严重后果的,处三年以下有期徒刑或者拘役。"该规定明确指出构成本罪的主体必须具备国家机关工作人员的身份。目前,我国《刑法》对国家机关工作人员的认定主要依据第 93 条,即国家机关中从事公务的人员,国有公司、企业、事业单位、人民团体中从事公务的人员和国家机关、国有公司、企业、事业单位委派到非国有公司、企业、事业单位、社会团体从事公务的人员,以及其他依照法律从事公务的人员。从这些规定中可以得知,与国家机关工作人员身份紧密关联的要素包括三点:身份属性、单位属性与行为属性。这三点要素也导致理论界对国家机关工作人员的认定出现了 5 种学说:身份说、单位性质说、公务说、身份公务说、新公务说。

身份说认为,国家机关工作人员作为犯罪主体,其身份具有特殊性,只有具备该身份的主体才可构成相应的犯罪。如果不具备国家机关工作人员身份的行为主体从事了公务行为,也无法构成渎职犯罪。身份说的核心思想以国家机关工作人员的身份为基础,没有考虑实施行为的性质是否包含"从事公务"的属性。由于该学说突出了职务犯罪对于主体的特殊性要求,在司法实践中容易取证和认定,且具有相当数量的司法解释作为判断辅助,其支持者不在少数。但是,由于身份概念的范围不断变化,随着我国经济社会的不断发展和相关人事体制的改革,"国家机关工作人员"的概念早已不同以往,诸多人质疑身份说界定身份范围的滞后性。

单位性质说认为,行为人是否为能构成渎职犯罪的主体,由其所属单位的性质决定。只要行为人所在的工作单位属于国家机关性质,那么该行为人就具备了国家机关工作人员的身份。反之,即使行为人实施了公务行为,由于其所属单位不具备国家机关属性,行为人也无法构成渎职犯罪。单位说对“国家机关工作人员”的概念进行了拆解,将其划分为“国家机关”和“工作人员”两个部分,其中“国家机关”是判断渎职犯罪主体的核心。然而,单位说在实践中面临一个简单而无法回答的问题,即国家机关中行政服务人员,如食堂厨师、保洁、保安,是否也是渎职犯罪的主体?按照单位说的基本论点,只要这些行政服务人员属于国家机关管理的员工,即使从事非公务职务也可以成为渎职罪主体;而具有国家公务员编制的人员只要所属单位不是国家机关,即使实施公务行为也不能成为渎职罪主体。这显然脱离了实践需求,无法保护国家机关与工作人员的廉洁性。

公务说认为,行为具有公务属性是区分国家机关工作人员与其他主体的重要特征。国家机关工作人员的本职工作就是代表国家执行公务,只有从事公务的国家机关工作人员才是刑事法律意义上国家机关工作人员。如果国家机关工作人员没有从事公务行为,即便其具备事实上的国家机关工作人员身份,也不能视为刑事法律上的国家机关工作人员。公务说与身份说相比,更好地把握了国家机关工作人员的本质特征,更加符合司法实践,在逻辑上也具备一定的合理性,但是在实践中难以把握,实际可操作性不强。因为公务行为的范围难以界定,尤其是出现不具备事实上的国家机关工作人员身份的工作人员实施了公务行为的情况时,公务说并不能准确判断行为人是否构成渎职犯罪。

为了解决公务说的缺陷,身份公务说随之诞生。身份公务说认为,行为人是否具备渎职犯罪主体资格,不仅要看其行为是否为公务行为,还要看其实施公务行为时是否具备一定的身份。也就是说,要同时考虑行为人的行为性质与身份属性,只有同时满足两者的前提下才可以认定行为人具有国家机关工作人员的身份。“身份”和“公务”是有机统一的,两者是紧密联系的,缺少任何一方都不能认定国家机关工作人员身份,两者缺一不可。〔2〕

新公务说认为,渎职罪主体资格必须同时满足三个要求,即以具备国家机关工作人员资格为前提,以拥有职责和职权为基础,以国家公职名义从事国家管理、公共管理和社会管理等公务行为。〔3〕 国家机关工作人员资格的获取可

〔2〕 参见李希慧、贾济东:《关于“国家机关工作人员”的本质论》,载《中南大学学报(社会科学版)》2003 年第 3 期。

〔3〕 参见刘沛贤:《论我国渎职罪主体的司法认定》,载《法制与社会》2010 年第 35 期。

以来源于法律,也可以是合法的授权或国家机关的委托。职责和职权来源于国家,是在行为人从事公务之前就存在、取得资格时就具有的,是行使国家管理和社会管理的公共职能。以国家公职名义要求行为人必须以国家机关的名义行使职权。新公务说虽然将“三要件”作为渎职罪主体资格成立的条件,但第二要件与第三要件只是将公务行为的特征进行了拆分。实践中并不存在以此标准拆分的公务行为,因为缺乏第二要件或第三要件的行为无法被称为公务行为。因此,新公务说本质上与身份公务说并无区别。

相比较之下,身份公务说更加符合实践的需要,但具体适用起来还需要进一步考虑以下因素。首先,要判断行为人从事的公务是否属于国家机关职权职责范围内的事项,即法律明确规定的国家机关职权职责。只有符合国家机关职权范围,行为人才可能具备国家机关工作人员身份。其次,要判断行为人行使的职权是否合理合法,即该项权力的行使必须由经过正当程序制定的法律明文规定,而不是由国家机关滥用职权而产生。再次,要判断国家机关工作人员与国家机关职权职责是否对应。具体包括:国家机关的权力和责任与承担义务和责任的组织是否对应;这些组织与国家机关工作人员之间是否对应;国家机关职责范围内的工作与国家机关工作人员的工作是否对应。[4] 最后,要看国家机关工作人员是否具有刑事责任能力,以排除主体不适格的情况。

综上,盐城市中级人民法院的二审判决符合本文的观点,即以身份公务说为基础判断被告人崔某国具备国家机关工作人员身份,认定其构成环境监管失职罪。

(程凡卿)

---

〔4〕 参见刘帅、王桂萍:《渎职罪中“国家机关工作人员”概念之反思》,载《鲁东大学学报(哲学社会科学版)》2018 年第 2 期。

黎某文等人受贿、食品监管渎职案

不作为渎职类案件追诉时效起算

案情介绍

被告人胡某贵、刘某清、叶某均、刘某富、张某富等人于2011年6月每人出资2万元，在未取得工商营业执照和卫生许可证的情况下，在东莞市中堂镇江南农产品批发市场租赁加工区建立加工厂，以病、死、残猪肉为原料，加入亚硝酸钠、工业用盐等调料，生产腊肠、腊肉，并将生产出来的腊肠、腊肉运至该市农产品批发市场固定铺位进行销售。

2011年10月17日，经群众举报，执法部门查处了该加工厂。10月25日，公安机关在农产品批发市场固定铺位缴获胡某贵等人存放的半成品猪肉7980公斤，经广东省质量监督检测中心抽样检测，该半成品含敌百虫等有害物质且严重超标。

被告人黎某文，原中堂镇产品质量和食品安全工作领导小组成员、经贸办副主任、中堂食安委副主任兼办公室主任、食品药品监督站站长，负责中堂镇食品安全的监督管理。被告人余某东于2005年起在东莞市江南市场经营管理有限公司任仓储加工管理部的主管。2010年至2011年，黎某文在组织执法人员查处江南农产品批发市场的无证照腊肉、腊肠加工窝点过程中，收受被告人刘某清、胡某贵、余某东等人贿款共十一次。黎某文在收受被告人刘某清、胡某贵、余某东等人的贿款之后，滥用食品安全监督管理的职权，多次在组织执法人员检查江南农产品批发市场之前通风报信，导致胡某贵等人逃避查处，并在一年多时间内持续非法利用病、死、残猪肉生产敌百虫和亚硝酸盐成分严重超标的腊肠、腊肉，销往东莞市及周边城市的食堂和餐馆。

被告人王某昌，原中堂中心屠场稽查队队长，被告人陈某基，原中堂中心屠场稽查队队员，二人所在单位受中堂镇政府委托负责中堂镇内私宰猪肉的稽查工作。2009年7月至2011年10月，王某昌、陈某基在执法过程中收受刘某清、刘某富等人贿款。王某昌、陈某基受贿后，滥用食品安全监督管理职权，多次在带队稽查过程中，明知刘某清和刘某富等人非法销售死猪猪肉、排骨而不履行查处职责,王某昌还多次在参与中堂镇食安委组织的联合执法行动前打电话给刘某清通风报信,让刘某清等人逃避查处。

2011年10月22日,胡某贵、刘某清因涉嫌生产、销售有毒、有害食品罪被刑事拘留,11月24日被逮捕。同年10月23日,叶某均、刘某富、张某富、叶某科、骆某、刘某素因涉嫌生产、销售有毒、有害食品罪被刑事拘留,11月24日被逮捕。2011年10月28日,朱伟全、曾某中因涉嫌生产、销售有毒、有害食品罪被刑事拘留,11月24日被逮捕。2012年3月6日,黎某文因涉嫌受贿罪被刑事拘留,3月20日被逮捕。同年4月26日,王某昌、陈某基因涉嫌受贿罪被刑事拘留,5月10日被逮捕。同年3月6日,余某东因涉嫌受贿罪被刑事拘留,3月20日被逮捕。

2012年5月29日,东莞市第一市区人民检察院以被告人胡某贵、刘某清犯生产、销售有毒、有害食品罪、行贿罪,叶某均、刘某富、张某富、叶某科犯生产、销售有毒、有害食品罪,骆某、刘某素犯销售伪劣产品罪,朱某全、曾某中犯生产、销售伪劣产品罪,黎某文、王某昌、陈某基犯受贿罪、食品监管渎职罪,余某东犯行贿罪,向东莞市第一人民法院提起公诉。

2012年7月9日,东莞市第一人民法院一审认为,被告人黎某文身为国家工作人员,被告人王某昌、陈某基身为受国家机关委托从事公务的人员,均利用职务之便,多次收受贿款,同时,被告人黎某文、王某昌、陈某基还违背所负的食品安全监督管理职责,滥用职权为刘某清等人谋取非法利益,造成严重后果,被告人黎某文、王某昌、陈某基的行为已构成受贿罪、食品监管渎职罪。[1]

■ 理论争议

关于追诉时效起算点如何计算,存在以下三种观点:

第一种观点认为,追诉时效应从行为人实施作为行为之日起计算。该观点认为,在黎某文等人案中,应当从行为人实施食品监管渎职行为之日起计算,即应当以黎某文等人第一次为胡某贵、刘某清、叶某均、刘某富、张某富等人逃避监管提供便利之日起计算。

第二种观点认为,追诉时效应从危害结果发生之日起计算。该观点认为食品监管渎职罪属于结果犯,根据《关于办理渎职刑事案件适用法律若干问

---

〔1〕 案例来源:最高人民检察院检例第15号。

题的解释(一)》(以下简称《渎职案件解释(一)》)第6条规定"以危害结果为条件的渎职犯罪的追诉期限,从危害结果发生之日起计算",即胡某贵、刘某清、叶某均、刘某富、张某富等人被执法部门鉴定加工厂产品有害物质严重超标之日。

第三种观点认为,不作为渎职犯罪中,应从被包庇之罪被追究之日起计算渎职犯罪追诉时效。该观点认为黎某文等人放任他人违法犯罪的行为属不作为渎职犯罪,其不作为的犯罪行为持续至2011年10月17日加工厂被查处。食品监管渎职罪追诉时效应当从此时起计算。

■ 法理分析

本文认为,认定渎职类案件诉讼时效的起算点,应当首先区分渎职犯罪的行为类型。渎职犯罪可分为作为类渎职犯罪与不作为类渎职犯罪。作为类渎职犯罪将行为人犯罪行为产生危害结果作为起算时间的重要判断依据,即根据《刑法》第89条及《渎职案件解释(一)》第6条的规定,从危害结果出现之日起计算追诉时效。不作为类渎职犯罪的行为具有持续的特殊性,追诉时效的起算点应在不作为行为终了之日,即在行为人失去作为可能性时起算追诉时效。

《刑法》第89条规定:"追诉期限从犯罪之日起计算;犯罪行为有连续或者继续状态的,从犯罪行为终了之日起计算。在追诉期限以内又犯罪的,前罪追诉的期限从犯后罪之日起计算。"这条规定对作为犯罪与不作为犯罪的追诉时效起算分别作出了规定。"追诉期限从犯罪之日起计算"针对的是"即成犯",即犯罪行为实施完毕,犯罪即成立的犯罪。此类通常以作为方式实施的犯罪,追诉时效从犯罪之日起计算。"犯罪行为有连续或者继续状态的,从犯罪行为终了之日起计算"针对的是连续犯与继续犯。对于连续犯追诉期限的认定,实践中的认识较为统一,即对不断连续实施的行为,从最后行为结束之时起算追诉时效。对于继续犯追诉期限的认定,通常认为应当从犯罪终了之日起计算。继续犯的犯罪行为实施且一直处于持续状态,危害结果也一直处于持续之中。例如非法拘禁罪,只要被害人没有解除被拘禁的状态,犯罪行为就尚未终了,危害结果也一直持续,因此其追诉时效应以被害人解除被拘禁之日起计算,即从犯罪终了之日起计算。这里应当注意状态犯与继续犯的追诉时效起算的区别。状态犯指的是犯罪行为实施完毕但危害结果仍在持续状态的犯罪类型。尽管状态犯的危害结果也处于持续状态,但追诉时效起算仍然是犯罪行为终了之日,而不考虑犯罪结果终了之日。例如,故意伤人罪的被害人受伤的危害结果一直持续至其康复,但其追诉时效是从危害行为终了之日起算,而非被害人康复之日。

观点一没有区分渎职犯罪的行为类型,将作为类犯罪的追诉时效套用至不作为类犯罪之上,存在明显的适用错误。本案中,黎某文等人身为国家食品监管人员,明知胡某贵、刘某清、叶某均、刘某富、张某富等人加工有毒有害食品而不履行监督职责,属于典型的不作为类渎职犯罪。而且这种不作为渎职犯罪在2010年至2011年处于持续状态,从犯罪行为实行之日起算追诉本案的诉讼时效不符合《刑法》第89条的规定。

观点二在准确界定渎职行为类型后,并未认定行为终了起算追诉时效,转而论述结果发生,引用《渎职案件解释(一)》第6条的规定,存在一定疑问。因《渎职案件解释(一)》第6条适用前提系作为结果犯,但本案黎某文等人的渎职行为的危害结果不止一个。《渎职案件解释(一)》第6条中所规定的多个结果,应从最后一个结果发生之日起算,但这与犯罪结果的持续状态不同,不得以某一犯罪结果持续状态的结束之日计算追诉期限。《刑法》第408条规定的食品监管渎职案的危害结果的产生不以执法部门鉴定结果为准,而应当以危害结果实际产生为准。即便要将危害结果作为参照,由于不作为类渎职犯罪的危害结果处于持续状态,其追诉时效也应当参考危害结果的终了之日而非执法部门鉴定结果产生之日。

观点三不仅准确界定了渎职行为的类型,并将不作为渎职行为的终了之日作为追诉时效起算点,与本书对不作为渎职类案件诉讼时效起算点认定的观点一致。在本案中,胡某贵、刘某清、叶某均、刘某富、张某富等人加工有毒有害食品的行为终止于被查出之日。客观上,黎某文等人的渎职行为因帮助对象失去犯罪能力而无法继续,同时其产生的危害结果也结束了持续状态,即具备了行为人失去作为可能性的条件。将被包庇之罪被追究之日作为本案食品监管渎职罪的追诉时效起算点,符合《刑法》第89条的规定。

综上,在认定渎职类犯罪追诉时效起算点时,首先需要区分渎职类犯罪的行为类型渎职类犯罪的行为类型包括作为和不作为。如果是作为类型的渎职类犯罪,需要进一步界定危害结果的发生时间,适用《渎职案件解释(一)》第6条的相关规定。如果是不作为类型的渎职犯罪,应当准确认定不作为行为终了之日起算追诉时效,不可混淆适用《渎职案件解释(一)》,因不作为犯系继续犯的一种,应直接依据《刑法》第89条中关于继续犯追诉时效的起算规定。

（程凡卿）

孟某非法低价出让国有土地使用权罪

渎职犯罪共犯的认定

案情介绍

孟某原为T市W区国有企业法定代表人,2010年,孟某找到时任W区规划土地管理局(以下简称土地局)局长尚某,提出自己欲购买该厂国有土地使用权,要求土地局按照改制企业的优惠出让政策办理土地出让手续,并要求将土地用途由工业仓储用地变更为商业用地。尚某遂向时任用地科科长王某指示:孟某是本区某主要领导的亲属,要按照已废止的改制企业优惠政策,尽快办理土地出让手续。之后,孟某向该局用地科咨询了相关事宜,随后提供了虚假的合同和相关材料,并将材料出具时间提前。王某在明知该宗土地出让不符合法律规定的情况下,仍安排办事人员拟定了国有土地使用权出让合同,经尚某批准将相关土地的国有土地使用权转让给孟某。土地使用权转让手续办理过程中,尚某因工作调动不再担任土地局局长,王某继续帮助孟某办理了土地使用权转让后续手续,并按照改制企业优惠政策收取土地出让金,造成国家经济损失数百万元。之后,在尚某授意下,时任地籍科科长赵某模仿他人笔迹在相关审批文件上虚假签批,向孟某发放了国有土地使用证。

2015年,T市H区人民检察院以尚某、孟某、王某、赵某四人涉嫌非法低价出让国有土地使用权罪向T市H区人民法院提起公诉。T市H区人民法院经审理,认定四人构成非法低价出让国有土地使用权罪,并对尚某等四名被告人作出了有罪判决,四人在法定期限内未上诉,该判决已经生效。[1]

理论争议

关于本案所涉及的渎职犯罪的共犯问题,存在以下两种观点:

---

〔1〕 案例来源:单奕铭:《论渎职犯罪的共犯认定——以T市某低价出让国有土地使用权案为对象的分析》,载赵秉志主编:《刑事法判解研究》第38辑,人民法院出版社2018年版,第174-180页。

第一种观点认为,尚某、王某、赵某为土地局在编员工,具有国家机关工作人员身份,是渎职犯罪的适格主体。孟某虽为国有企业法定代表人,属于国家工作人员,但在本案中其是以个人身份向国家实施购买行为,显然不具有代表国家机关或者国有单位从事公务的性质,并不是行使国家机关法定职权或者受委托行使国家机关法定职权的主体。在本案中,孟某不具备国家机关工作人员身份,因此不能成为渎职犯罪的主体,也不能构成渎职犯罪。

第二种观点认为,孟某虽不具备国家机关工作人员身份,但是依然可以成为渎职犯罪的共犯。渎职罪的共犯不要求犯罪主体都具备国家机关工作人员身份,只要孟某与国家工作人员具有共同的故意,实施了共同的犯罪行为,与危害结果具有因果关联,即可构成渎职犯罪的共犯。

■ 法理分析

我们认为,本案存在的争议涉及两个问题:其一,国家机关工作人员的界定;其二,非国家机关工作人员的共犯认定。

渎职犯罪在刑法学理论上属于纯正的身份犯,即刑法规定以犯罪主体的一定身份为犯罪构成必要要件,是否具有特定身份直接影响犯罪的成立。依照《刑法》、《刑事诉讼法》与最高人民检察院《关于渎职侵权犯罪案件立案标准的规定》等的有关规定,国家机关工作人员主要包括 7 类:(1)中国共产党各级机关中从事公务的人员;(2)国家各级权力机关中从事公务的人员,即全国与地方各级人民代表大会及其常务委员会中从事公务的人员;(3)行政机关中从事公务的人员,即国务院及其所属部、委、局和地方各级人民政府及其所属管理机构中从事公务的人员;(4)审判机关中从事公务的人员,即在最高人民法院和地方各级人民法院及其派出法庭中从事公务的人员;(5)检察机关中从事公务的人员,即在最高人民检察院和地方各级人民检察院中从事公务的人员;(6)军队各级机关中从事公务的人员;(7)人民政治协商会议各级机关中专职从事公务的人员。同时,根据 2002 年 12 月 28 日全国人大常委会公布的《关于〈中华人民共和国刑法〉第九章渎职罪主体适用问题的解释》的规定,在依照法律、法规规定行使国家行政管理职权的组织中从事公务的人员,或者在受国家机关委托代表国家机关行使职权的组织中从事公务的人员,或者虽未列入国家机关人员编制但在国家机关中从事公务的人员,在代表国家机关行使职权时,也视为国家机关工作人员。

国家工作人员是指一切国家机关工作人员,国有企业、事业单位和其他依照法律从事公务的人员,国家机关、国有公司、企业、事业单位委派到非国有公司、企业、事业单位、社会团体从事公务的人员与其他依照法律从事公务的人员。国家工作人员的范围要广于国家机关工作人员。国家工作人员同时符合国家机关工作人员身份必须满足“从事公务”的条件,即代表国家行使职权。通常情况下,国家职权的委托必须以书面形式呈现,仅仅依靠上级口头命令或者临时借调难以形成正式的委托。结合本案,尚某、王某、赵某为土地局在编员工,土地局为国家行政机关,因此三人具备国家机关工作人员的身份,这不存在争议。孟某原为T市W区国有企业法定代表人,属于国家工作人员。在本案中孟某以个人身份实施向国家购买国有土地使用权的行为,并未受到国家机关的委托。孟某的购买行为没有代表国家机关或者国有单位从事公务的性质,因此,孟某不具备国家机关工作人员的身份。但是,不具备国家机关工作人员的身份并不代表孟某无法构成非法低价出让国有土地使用权罪,还需要进一步考察其是否构成渎职罪的共犯。

根据《刑法》第25条的规定,共同犯罪是指二人以上共同故意犯罪。渎职犯罪中的共同犯罪包含一种特殊的情况,即由不具有国家职务身份的人与具有职务身份的人共同实施犯罪的的情形。依照《刑法》的相关规定,教唆他人犯罪的,按照他在共同犯罪中所起的作用处罚。在共同犯罪中起次要或者辅助作用的,是从犯。这就是说不具有犯罪所必须的身份,但是对具有身份的犯罪行为人具有教唆、帮助行为的,应当以共犯论。这也说明我国刑法在对待纯正的身份犯时,并不是完全排除非身份者构成身份犯的情况。共同犯罪的核心是行为主体在共同犯罪行为中的作用,而不是单纯地将身份作为必备要件。只要行为人满足共同犯罪的要件,是否具备特殊的身份并不能阻止其构成共同犯罪。特殊身份在犯罪认定中的作用是确定具体的罪名,而非决定共同犯罪成立的要件。实践中,对于无身份者与有身份者共同实施犯罪如何定性的问题,通说认为应当根据主犯犯罪的基本特征来定罪,如果主犯是有身份的,按身份犯来定罪,主犯无身份的,则以无身份者所犯之罪定罪。在渎职犯罪中,国家机关工作人员的身份是构成犯罪的必备要素,因为行为人具有国家机关工作人员的身份与国家利益受到侵害的事实具有必然因果关系。无身份者可以通过参与具有身份主体共同实行的行为构成共同犯罪。除非无身份者在共同行为中起到特别明显的主要作用,否则应当与具有特殊身份者一同被认定为共同犯罪。在认定渎职犯罪共犯时,除要考虑无身份者在犯罪行为中的作用外,还要结合主观要件与客观要件综合考察,即无身份者与有身份者需要具有共同的犯罪故意,共同实施了犯罪行为而非偶然的配合,危害结果与共同犯罪行为有因果关系。

结合本案的案情分析如下:首先,尚某、王某、赵某、孟某具有共同的犯罪故意。孟某虽然不具有国家机关工作人员的身份,但主动找尚某帮助其按照改制企业的优惠出让政策办理土地出让手续,并将土地用途由工业仓储用地变更为商业用地。尚某明知孟某不具备适用优惠条件的情形依然帮助孟某低价购买国有土地使用权。王某在明知该宗土地出让不符合法律规定的情况下,仍安排办事人员拟定了国有土地使用权出让合同,并经尚某批准将相关土地的国有土地使用权转让给孟某。赵某明知尚某违规帮助孟某购买国有土地,依旧模仿他人笔迹在相关审批文件中虚假签批,向孟某发放了国有土地使用证。四人在非法低价出让国有土地使用权的行为上具有共同的故意。其次,孟某在案件中实施了具体的共同犯罪行为。孟某在与用地科沟通联系过程中,为了获取非法利益,提供了出让土地所需的日期虚假的证明材料。最后,孟某在共同犯罪中发挥了重要作用。孟某作为犯罪的共同行为者不仅是整个犯罪行为的发起人,即教唆尚某帮助其低价购买国有土地使用权,同时也是犯罪行为的受益者。孟某的行为是整个犯罪行为中不可缺少的一部分。综合来看,法院判处孟某构成非法低价出让国有土地使用权罪并无不妥,该判决是合法正确的。

(程凡卿)

张某某逃离部队案

"违反兵役法规"之判断

案情介绍

2017年11月20日中午,张某某因不服从时任钦州市公安边防支队勤务中队二班副班长周某某的工作安排,二人发生口角致肢体冲突。张某某称腰痛要求去医院检查,钦州市公安边防支队安排人员带其到钦州市第一人民医院进行检查并治疗,也到解放军某医院进行检查。由于对医院的诊断结果不满意,2017年12月12日,张某某及其父亲张某提出回老家进行检查治疗,向部队请假7天获得批准,时间从2017年12月12日至18日止。张某某于2017年12月14日在某市第一医院进行检查,诊断为L5/S1椎间盘轻度突出。2017年12月19日,张某某请假期满后没有按时归队。2017年12月20日,张某某在某市解放军医院住院治疗,该院诊断为腰椎间盘突出症。住院时间为2017年12月20日至31日。出院医嘱为加强营养,卧床休息。张某某请假期满之后,钦州市公安边防支队指派干部通过电话、短信、邮寄信件等方式多次联系张某某及其父亲张某,告知逾假不归的后果,希望张某某尽快归队,但张某某及张某以需要继续留在某市治疗和认为部队对事件处理不公为由,不肯归队。后钦州市公安边防支队先后三次派出干部前往某市与张某某的家属沟通,劝说张某某返回部队,但张某某拒绝归队。直至2018年5月10日(公安机关立案之日)张某某仍然没有归队,逃离部队时间持续4个月22日。2018年5月13日,张某某在其家中被公安机关抓获归案。

一审法院认为,张某某作为现役士官,违反兵役法规,逃离部队,情节严重,其行为构成逃离部队罪,公诉机关指控张某某犯逃离部队罪罪名成立。根据张某某犯罪的事实、性质、情节及认罪、悔罪态度,判决:张某某犯逃离部队罪,判处有期徒刑1年。张某某不服,提出上诉并认为:(1)其没有逃离部队的主观故意,没有及时归队的主要原因是被周某某打伤,需要治疗;(2)根据三家医院的检查报告与医嘱,张某某的误工期最短需60天,即使其主观有逃离部队的故意,其逃离期限应当最早自2018年3月2日计算至被拘留时,逃离时间未达到情节严重,不应追究刑事责任。二审法院未采纳张某某及其辩护人的意见,裁定驳回上诉,维持原判。[1]

■ 理论争议

关于张某某是否构成逃离部队罪,存在以下两种观点:

第一种观点认为:张某某作为现役士官,请假期满后没有按时归队。在钦州市公安边防支队指派干部通过电话、短信、邮寄信件等方式多次联系劝返后,仍然拒绝归队,违反兵役法规,构成逃离部队罪。

第二种观点认为:张某某没有逃避服兵役的目的,系因身体疾病请假并获得批准离队。根据医院的检查报告,其误工时间需要至少60天,计算逃离部队时间直至被抓获之日,尚未达到情节严重,不应追究刑事责任。

■ 法理分析

上述争议的焦点在于张某某没有及时归队是否违反兵役法规,其逃离时间该如何计算,是否达到情节严重。

1979年《刑法》中未设置军人违反职责罪一章,也未设置逃离部队罪。最早将“逃离部队”纳入刑法规制的条文要追溯到1982年施行的《惩治军人违反职责罪暂行条例》(已失效)其第6条规定:“违反兵役法规,逃离部队,情节严重的,处三年以下有期徒刑或者拘役。战时犯前款罪的,处三年以上七年以下有期徒刑。”

1997年《刑法》基本沿用了《惩治军人违反职责罪暂行条例》的内容,其第435条规定:“违反兵役法规,逃离部队,情节严重的,处三年以下有期徒刑或者拘役。战时犯前款罪的,处三年以上七年以下有期徒刑。”根据刑法的规定,逃离部队罪的构成要件是“违反兵役法规”。2013年最高人民检察院、解放军总政治部(已变更)印发《军人违反职责罪案件立案标准的规定》第18条第2款规定,违反兵役法规是指“违反国防法、兵役法和军队条令条例以及其他有关兵役方面的法律规定”。其中,对判断是否违反《兵役法》,就显得尤为重要。1998年施行的《兵役法》第62条第1款规定:“现役军人以逃避服兵役为目的,拒绝履行职责或者逃离部队的,按照中央军事委员会的规定给予行政处分;战时逃离部队,构成犯罪的,依法追究刑事责任。”2009年施行的《兵役

---

[1] 案例来源:广西壮族自治区钦州市中级人民法院刑事裁定书,(2019)桂07刑终73号。

法》第62条第1款规定:“现役军人以逃避服兵役为目的,拒绝履行职责或者逃离部队的,按照中央军事委员会的规定给予处分;构成犯罪的,依法追究刑事责任。”2011年施行的《兵役法》第67条第1款沿用了该规定。2021年施行的《兵役法》则在第62条规定:“违反本法规定,构成犯罪的,依法追究刑事责任。”

这里需要讨论的问题是,当具体罪名罪状中的非刑事法律发生变更时,刑法的规制范围是否也随之发生变更。无实质意义说认为,虽然某些民事、行政、经济法律中也涉及刑事法律规定,但并非与刑法的连接点,实际上定罪处刑的依据仍在刑法,应坚持刑法的独立性判断。[2] 溯及说认为,当非刑事法律发生变更时,应当适用从旧兼从轻的溯及力原则。[3] 刑法解释说认为,非刑事法律解释同样需要遵循刑法解释规则。[4] 区分说则认为,“一刀切”的方法无法解决法律适用问题,主张根据行政刑法依附的刑法分则规范内容不同进而区分行政刑法与刑法分则的两种关系为视角解决问题。[5]

本文认为,“违反兵役法规”作为逃离部队罪的构成要件要素,显然前置法的法条变动将会影响刑法的规制范围。然而,如果认为逃离部队罪的规制范围完全依赖于《兵役法》的话,也会存在一些问题。例如,根据1998年《兵役法》的规定,现役军人以逃避服兵役为目的逃离部队,将给予行政处分。只有战时逃离部队的,才有可能构成犯罪。据此,有观点认为,虽然《刑法》第435条没有明确将“战时”作为本罪的构成要件要素,但是,根据1998年《兵役法》的规定,应当将“战时”作为本罪的入罪条件。[6] 本文认为,这种观点并不合适。最高人民法院、最高人民检察院于2000年发布的《关于对军人非战时逃离部队的行为能否定罪处罚问题的批复》明确规定:“军人违反兵役法规,在非战时逃离部队,情节严重的,应当依照刑法第四百三十五条第一款的规定定罪处罚。”根据该批复,“战时”并非逃离部队罪的构成要件。而且1997年《刑法》将“战时”作为第二档情节,显然不属于基本犯的内容。之后《兵役法》的修改也解决了这个问题。

还需讨论的内容是,逃离部队罪“情节严重”的标准是什么。《军人违反

---

〔2〕 参见吴允锋:《非刑事法律规范中的刑事责任条款性质研究》,载《华东政法大学学报》2009年第2期。

〔3〕 参见龚培华:《刑法溯及力问题研究》,载《上海市政法管理干部学院学报》2000年第6期。

〔4〕 参见万国海:《论刑法领域的非刑事法律适用问题》,载《法学》2006年第11期。

〔5〕 参见谭兆强:《论行政刑法对前置性规范变动的依附性》,载《法学》2010年第11期。

〔6〕 参见刘红岩:《论逃离部队罪》,载《廊坊师范学院学报》2008年第1期。

职责罪案件立案标准的规定》第18条第4款规定:“涉嫌下列情形之一的,应予立案:(一)逃离部队持续时间达三个月以上或者三次以上或者累计时间达六个月以上的;(二)担负重要职责的人员逃离部队的;(三)策动三人以上或者胁迫他人逃离部队的;(四)在执行重大任务期间逃离部队的;(五)携带武器装备逃离部队的;(六)有其他情节严重行为的。”本案张某某在假期届满之后,未及时归队,持续时间是否达3个月以上?三家医院的检查报告与医嘱表明,张某某的误工期最短需60天。按照假期届满之日开始计算持续时间是否合适,是控辩双方争议的焦点。本文认为,即使因病需要休假,也应按照相关规定履行申请审批程序,而不应自行决定,更不应借此拒绝按时返回部队。但确实存在伤情,没有履行申请审批程序的,在量刑时法庭应当酌情予以考量。

(刘杰)

后　记

《刑法案例教程》(分论)是华东政法大学和法律出版社联合推出的"新法科·高端法律实务和案例教学系列教材"中的一本,与《刑法案例教程》(总论)形成完整的刑法体系。该书由我担任主编,参加本书编写的是华东政法大学长期从事刑事法学教学和研究的优秀中青年学者以及部分刑法学博士研究生,他们分别是:

何　萍　华东政法大学刑事法学院教授、博士生导师
张　勇　华东政法大学刑事法学院教授、博士生导师
焦艳鹏　华东政法大学刑事法学院教授、博士生导师
陈　伟　华东政法大学刑事法学院教授、博士生导师
侯艳芳　华东政法大学刑事法学院教授、博士生导师
徐光华　华东政法大学刑事法学院教授、博士生导师
王恩海　华东政法大学刑事法学院教授、博士生导师
马寅翔　华东政法大学刑事法学院副教授、硕士生导师
徐　宏　华东政法大学刑事法学院副教授、硕士生导师
龙　敏　华东政法大学刑事法学院助理研究员、硕士生导师
杨海强　华东政法大学科研智库助理研究员、刑法学博士
戎　静　华东政法大学科研智库助理研究员、刑法学博士
程凡卿　华东政法大学科研智库助理研究员、刑法学博士
杨继文　华东政法大学科刑事法学院讲师、刑法学博士
周芊妤　日本早稻田大学法学研究科刑法学博士
周　辉　华东政法大学刑法学博士研究生
曾　腾　华东政法大学刑法学博士研究生
王明森　华东政法大学刑法学博士研究生
刘　杰　华东政法大学刑法学博士研究生
张　雯　华东政法大学刑法学博士研究生

旷　银　华东政法大学刑法学博士研究生
郑梦蝶　华东政法大学刑法学博士研究生
李芬静　华东政法大学刑法学博士研究生
邹宏建　华东政法大学刑法学博士研究生
刘　择　上海市静安区人民检察院检察官助理
刘艺鑫　江西财经大学硕士研究生

本书在编写体例上按照刑法分则的十章内容进行设计安排,仍然采用《刑法案例教程》(总论)的三大模块架构,分别为“案情介绍”“理论争议”“法理分析”。近日,中共中央办公厅、国务院办公厅印发的《关于加强新时代法学教育和法学理论研究的意见》中指出,坚持把马克思主义法治理论同中国具体实际相结合、同中华优秀传统法律文化相结合,总结中国特色社会主义法治实践规律,汲取世界法治文明有益成果。本书作者在写作过程中,特别注意用中国刑法学理论的学术体系、话语体系解决中国的司法实践问题,借鉴但绝不照抄照搬国外刑法理论。

和编写《刑法案例教程》(总论)一样,所有参著者在编写本书时都以极其负责的态度尽心尽力写作,想努力呈现一本有质量的作品给阅读者,但是,由于编著者的水平有限以及时间上的仓促,书中错误之处或许仍然在所难免,希望阅读者批评指正,我们一定及时修改。感谢法律出版社编辑陆帅文为本书出版所付出的辛勤劳动。

李　翔
于华东政法大学明镜楼
2023 年 4 月 21 日